Von S. Fischer-Fabian sind bei Bastei Lübbe Taschenbücher lieferbar:

61493 Karl der Große
61587 Christoph Columbus
64152 Alexander der Große
64192 Die ersten Deutschen
64197 Die deutschen Kaiser
64204 Ritter, Tod und Teufel
64206 Herrliche Zeiten
64209 Sie veränderten die Welt
64212 Die Macht des Gewissens

Über den Autor:

S. Fischer-Fabian, in Bad Salzelmen geboren, verbrachte seine Jugend im ostpreußischen Königsberg. Er besuchte die Universitäten Heidelberg und Berlin, wo er nach dem Studium der Geschichte, der Germanistik und der Kunstgeschichte promovierte. Er lebt heute am Starnberger See.

Mit seinen historischen Sachbüchern und Biografien, die alle Bestseller wurden, eroberte er sich weit über die Grenzen Deutschlands hinaus ein großes Publikum.

S. FISCHER-FABIAN

Preußens Gloria

DER AUFSTIEG EINES STAATES

BASTEI LÜBBE TASCHENBUCH
Band 64227

1. Auflage: Dezember 2007

Vollständige Taschenbuchausgabe

Bastei Lübbe Taschenbücher in der Verlagsgruppe Lübbe

© 2007 byVerlagsgruppe Lübbe GmbH & Co. KG,
Bergisch Gladbach
Das Buch erschien 1979 erstmals bei
Droemer Knaur Verlag Schoeller & Co., Locarno
Titelbild: akg-images
Einbandgestaltung: Tanja Østlyngen
Satz: Textverarbeitung Garbe, Köln
Druck und Verarbeitung: Ebner & Spiegel, Ulm
Printed in Germany
ISBN 3-404-64227-4

Sie finden uns im Internet unter
www.luebbe.de
Bitte beachten sie auch: www.lesejury.de

Der Preis dieses Bandes versteht sich einschließlich
der gesetzlichen Mehrwertsteuer.

Für Klara Pauling

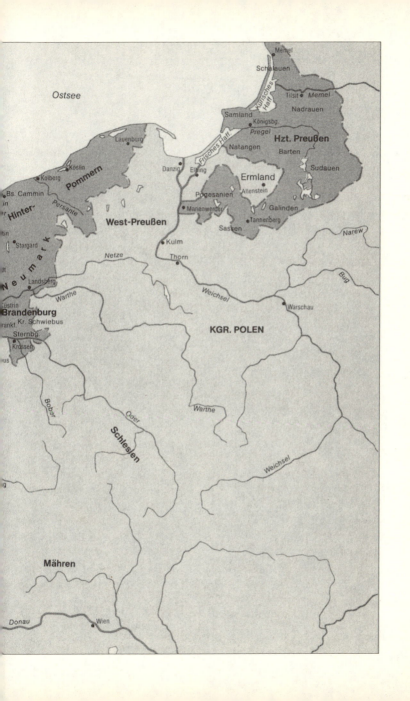

INHALT

EIN WORT ZUVOR 13

I FRIEDRICH I. ODER WIE MAN KÖNIG WIRD 17
Warten auf des Kaisers Kunde 17 · Der Sturz des Ministers 21 ·
Das Reich, »einem Monstrum ähnlich« 23 · Den Gatten
durch die Gattin bekehren 25· Spaniens Erbe und der Sonnenkönig 28 · Eine Krone kostet 8000 Soldaten 31 · Die Reise
nach Königsberg 33 · Der Protest des Papstes 37 · Pruzzen und
Preußen 38 · Der bittere Lorbeer der brandenburgischen Grenadiere 39 · »Ihr sollt Euch des Titels würdig machen ...« 42

II DIE KÖNIGIN UND DER PHILOSOPH 45
Ein Leibrock für eine Million 45 · Das Schicksal des Baumeisters Schlüter 48 · Das hohe Haus wie ein Gestüt betreiben 52 ·
»Es ist rar, dass Gelehrte nicht stincken« 54 · Ein Sechsjäh-
riger wird Rektor 57 · Der Reichsgraf Kolbe, ein dunkler Ehrenmann 60 · Regiert eine Wirtstochter das Land? 62 · Graf
Wartenberg, Graf Wittgenstein und Konsorten 64

III DAS ENDE DES »DREIFACHEN WEH« 68
Deserteure, Defraudanten, Delinquenten 68 · Einen Taler für
die Jungfernschaft 70 · Der Goldmacher Caetano 73 · Lubens
großer Plan 76 · Der Übermut der Reichen 79 · Friedrich der
Große oder die Macht des Zufalls 82 · Der Krieg als Geschäft 85 ·
Le Roi est mort, vive le Roi! 86

IV DER KÖNIG DER SOLDATEN 90
Ordre parieren, nicht raisonnieren 90 · Wusterhausen oder
Preußen en miniature 92 · Trat unter sie und hielt fürchterlich

Musterung 95 · »Gebet nichts mehr aus als Ihr einzunehmen habet!« 99 · »Gelehrte sind Salbader und Narren« 101 · Wie man einen Thronfolger erzieht 105 · Die Schatzkammer 110 · Das Vergnügen an einer Menge guter Truppen 112 · Der Rachen der Hölle 114 · Strafen von barbarischer Grausamkeit 117 · Werbung und Menschenraub 120 · Der Zar schenkt »ein paar Dutzend große Figuren« 124 · Sichere und unsichere Kantonisten 128 · »Wählte Ungnade, wo Gehorsam nicht Ehre brachte« 130 Friedrich Wilhelm – der erste Militarist? 134

V UND DER »GRÖSSTE INNERE KÖNIG« 139
Das »General-, Ober-, Finanz-, Kriegs- und Domänen-Direktorium« 139 · »Lieben sollt ihr mich, nicht fürchten!« 143 · Nichts ist erfolgreicher als der Erfolg 146 · Rocher de bronze – ein Fels von Erz 149 · Die Austreibung der Salzburger 151· Jeder dritte Berliner ein Franzose 156 · Der Kampf um Ostpreußen 159 · Das Glück von Hunderttausenden 162 · Rohe Jagd und rüde Jäger 165 · Die Mädchen ersäufen oder Nonnen daraus machen 168 · Der Besuch Peters des Großen 170 · Das Tabakskollegium und der Sadismus 173 · Ein preußischer Papiertiger 176 · Dank vom Hause Habsburg 179 · Die englische Heirat 181

VI EIN VATER UND SEIN SOHN 186
Die Uniform, ein Sterbekittel 186 · »Die schrecklichen Kinder« 189 · Die Flucht wird vorbereitet 191 · »Sire, töten Sie mich!« 193 · Die Tragödie des Hans Hermann von Katte 197· Das Verhör des »Böhsen Friederich« 199 · Die Leiden der Schuldlosen 202 · »Es gibt noch Richter in Berlin« 204 · »... und sterbe mit tausend Freuden für Sie, mein Prinz« 207 · Fern von Jupiter, fern von seinen Blitzen 210 · Die Braut als Kaufpreis 213 · Katte und die Folgen 216 · Die Qualen der Gicht 218 · Der König stirbt 221

INHALT

VII DIE THRONBESTEIGUNG DES GROSSEN FRIEDRICH 226
Der Tag der Betrogenen 226 · »Alle Religionen seindt gleich
und guht« 228 · Europa gründlich zu verändern 233 · Der Philosoph als Spion 236 · Maria Theresia und die »Türken« vor
Wien 238 · Schlesien – »Rendezvous des Ruhms« 240 · Die
Flucht vor dem Sieg 244 · Was Jupiter erlaubt ist 248 · »Diese
Hure von einer Königin« 251 · Die »Heldenäcker« von Chotusitz 254 · Ludwig XV. spielt Feldherr 257 · »Der Arme Mann
im Tockenburg« 259 · Va banque 262 · Die Falle 264 · »Annemarie ist todt gehauen« 267 · »Herrgott, helf mich!« 269 ·
Keine Katze mehr angreifen 272

VIII SANSSOUCI ODER DIE RUHE VOR DEM STURM 274
Das Lustschloss auf dem Weinberge 274 · »Himmlischer Vol-
'taire, bitte für uns!« 277 · Die Entführung der Barbarina 280 ·
Friedrich der Große – dem Strafgesetz verfallen? 281 · Stehend
sterben ... 284 · »Lieber Affe in Borneo als Minister in Preußen«
288 · Der Reisekönig 291 · Die drei fürchterlichen Tage 295 ·
Wer war schuld am Siebenjährigen Krieg? 297 · Der Albtraum
der Koalitionen 300

IX PREUSSENS GLORIA 303
Die sächsische Lösung 303 · »Für den Fall meiner Gefangennahme ...« 304 · Prag und Kolin 307 · »Wer Unglück nicht ertragen kann, verdient kein Glück« 311 · Leuthen und die schiefe Schlachtordnung 315 · Ein General und ein Grenadier 320 ·
Prinz Heinrich – der ewige Zweite 324 · »Der Große« – kein
großer Feldherr? 327 · Fredersdorf, der seltsame Freund 329 · Die
Hölle von Kunersdorf 332 · Der Dank des Vaterlands 335 · Das
Mirakel des Hauses Brandenburg 337 · Türken und Tataren 340 ·
Der Tod der Zarin rettet Preußen 342 · Endlich Friede ... 345

X DER ALTE FRITZ 348
Neues Land aus Sumpf und Sand 348 · Die Falschmünzer und

die Kaffeeriecher 352 · Der Prozess gegen den Müller Arnold 356 · »Dann gehe ich eben zum König« 359 · Meister der Politik 361 · Die erste Teilung Polens 364 · Die Rettung Bayerns 367 · Goethes abgeschmackte Plattheiten 370 · Blumen am Wegesrand 373 · Den Tod mit der Faust wegschlagen 375

DER WEG ZUM KÖNIGREICH. HISTORISCHER ABRISS 378

ZEITTAFEL 1688–1786 385

STAMMTAFEL 394

ZITIERTE LITERATUR 396

BILDNACHWEIS 403

REGISTER 406

KARTEN
Preußen um 1700 auf den Seiten 6 und 7
Preußen beim Tode Friedrichs des Großen auf den Seiten 404 und 405

Ein Wort zuvor

> *»Wie Gott will. Er wird wissen, wie lange Preußen bestehen soll. Aber leid ist mir's sehr, wenn es aufhört, das weiß Gott.«*
> Otto v. Bismarck

Theodor Fontane, der Dichter mit der griechischen Seele, der fritzischen Gesinnung und dem märkischen Charakter, schrieb einmal von dem »gleich sehr zu hassenden und zu liebenden Preußen«. Ein ambivalentes Gefühl, das so mancher mit ihm teilte, der diesen Staat schätzte wegen der Redlichkeit und Pflichttreue seiner Menschen, wegen ihrer Toleranz und ihrer Gottesfurcht, ihres Ordnungssinns und ihres Fleißes, ihrer Tapferkeit und Disziplin, ihrer ganzen Gesinnung, die das Dienen vor das Verdienen setzte; der aber auch das nicht übersah, was Fontane das »Borussische« nannte: die unheilvolle Verquickung von Absolutismus, Militarismus und Spießbürgertum, das Unliebenswürdige, die wichtigtuerische Feierlichkeit.

Die Pervertierung von Tugenden zu Untugenden jedoch, die aus Gehorsam Untertanengeist machte, aus Ordnungsliebe Pedanterie, aus Selbstbewusstsein Arroganz, aus dem Mehr-sein-als-Scheinen ein Mehr-scheinen-als-Sein, gehört eher der Zeit des Wilhelminismus an, da Preußen bereits im Reich aufgegangen war.

Dieses Zeitalter aber, dem der unglückselige zweite Wilhelm den Namen gab, ist für die meisten Menschen identisch mit dem Begriff Preußen, und das Märchen konnte entstehen vom Staat der menschenverachtenden Junker, der kriegslüsternen Militärs, des Kadavergehorsams, das Gräuelmärchen von Preußen als dem Hort finsterer Reaktion.

Die Siegermächte von 1945 haben auch noch daran geglaubt. Sie brachten den längst toten Preußen noch einmal um. Und zwar durch den Kontrollratsbeschluss Nummer 46, mit dem sie, geleitet von dem Gedanken der Erhaltung des Friedens und der Sicherheit der Völker, anordneten: »Der preußische Staat, seit jeher Träger des Militarismus und der Reaktion in Deutschland, hat de facto aufgehört zu existieren ... Er ist mit seiner Regierung und allen seinen Verwaltungsabteilungen aufgelöst.«

Die Sieger schienen daran zu glauben, dass Friedrich der Große und Bismarck geistige Väter eines Menschen waren, wie er sich unpreußischer nicht denken lässt: Hitlers. Und bei denen, die sie besiegt hatten, wurde es von vielen auch geglaubt. Schließlich hatte bereits in der Mantelnote zum Versailler Vertrag gestanden, dass die ganze Geschichte Preußens durch den Geist des Angriffs und des Krieges charakterisiert werde.

Nun hat schon der Historiker Heinrich von Sybel festgestellt, dass Preußen, was die Zahl der kriegerischen Auseinandersetzungen betreffe, am unteren Ende der internationalen Tabelle rangiert. Weit hinter Russland, Frankreich, England, Österreich. Amerikanische Studenten der Geschichte wollten es noch genauer wissen und berechneten, dass zwischen 1800 und 1940 278 Kriege geführt worden seien, an denen England mit 28 Prozent beteiligt war, Frankreich mit 26 Prozent, Russland mit 23 Prozent und Preußen/Deutschland mit 8 Prozent.

Wer für solche gegenseitige Aufrechnerei nichts übrig hat, wird sich der Tatsache nicht verschließen, dass Preußen im 18. Jahrhundert als Zufluchtsstätte galt für alle Menschen, die in Europa ihres Glaubens wegen verfolgt wurden; dass es ein Land war, in dem der Bürger, fühlte er sich ungerecht behandelt, sagen konnte »Dann gehe ich eben zum König ...«;

EIN WORT ZUVOR

dass Friedrich Wilhelm I. und Friedrich II. ihrem Staat durch
Arbeit dienten und ihn nicht wie die anderen Fürsten durch
Verschwendung ausbeuteten; dass es von den Intellektuellen
zum Land des Fortschritts erkoren war.

Golo Mann, der Liebe zu Borussia nicht verdächtig, meint:
»Eingeschränkt werden muss auch die alte Überlieferung, wonach Preußen ein Junkerstaat gewesen sei. Junker, privilegierte Landbesitzer, gab es auch anderswo ..., und es ging ihnen
anderswo besser ... Sie waren nicht die Herren in Preußen.
Der Staat war der Herr ... Keine wüste Soldateska, keine über-
mütige Generalität schaltete. Die Soldaten waren diszipliniert
bis zum Äußersten, Schrecklichsten; die Offiziere bescheiden
bezahlt und unpolitisch.«

Preußen hatte keine deutsche Mission, was auch immer die
Droysen/Treitschkes darüber gesagt haben mögen. Es wurde
ungewollt zum Gestalter des Deutschen Reiches. Seine Geschichte aber ist dessen ungeachtet ein Teil der Geschichte
unseres Vaterlands. Und nicht ihr schlechtester. Sie soll hier
gemäß der Maxime des großen Ranke erzählt werden: Wie es
eigentlich gewesen ist. Und aus ihrer Zeit heraus! Aus einer
Gegenwart, die von ihrer Zukunft nichts wusste, nichts wissen konnte.

Nur so scheint es möglich, Preußen gerecht zu beurteilen,
es weder zu verherrlichen noch zu verdammen. Zwei Extreme, die in der Vergangenheit das Preußenbild weitgehend bestimmten.

Von der Glorie Preußens zu berichten, heißt nicht, es wieder restaurieren zu wollen. Preußen existiert nicht mehr. Es
hat den Weg durchschritten, den ihm das Schicksal zumaß.
Seine Tugenden aber, die diesem Staat zu seiner Größe verholfen haben, blieben über die Jahrhunderte hinweg gültig.

Sie sollten es auch für uns sein. Für einen Staat, der reich
ist an Gütern, aber arm an Idealen.

I FRIEDRICH I. ODER WIE MAN KÖNIG WIRD

WARTEN AUF DES KAISERS KUNDE

Er stand vor dem Spiegel im Ankleidezimmer des Berliner Schlosses, den verkrümmten Rücken, an dessen Heilung sich seit seiner Kindheit Ärzte wie Kurpfuscher vergeblich versucht hatten, durch eine übergroße Allongeperücke mühsam verdeckend, setzte sich die Krone auf und stellte fest, dass sie ihn kleidete.

Da lagen das Szepter, das Schwert, der Reichsapfel, das Siegel und der purpurne Krönungsmantel mit den aufgestickten goldenen Adlern, dem Futter aus Hermelin und der mit drei riesigen Diamanten geschmückten Verschlussspange. Auch den Mantel hatte er in den letzten Monaten wieder und wieder anprobiert, mit kindlicher Vorfreude und schmerzhafter Ungeduld, die jetzt ihren Höhepunkt erreichten: täglich, stündlich, erwartete er die Nachricht aus Wien, schickte Boten zu den Stadttoren, ob der Eilkurier noch nicht gesichtet sei, drangsalierte seine Umgebung, plagte die Kurfürstin.

»Durchlauchtigster Kurfürst und bald, bald Großmächtigster König«, hatte ihm der Jesuitenpater Wolff, der beim Kaiser zu seinem Unterhändler geworden war, Ende Juli mitgeteilt, jetzt schrieb man den Monat November des Jahres 1700, und noch immer feilschten die Herren zäh um den Preis, den das kaiserliche Jawort kosten sollte, ohne das ein deutscher Fürst nicht gut ein König werden konnte. Er aber, Friedrich III., Kurfürst von Brandenburg, spielte inzwischen mit dem Gedanken, wenn nicht jeden, so doch fast jeden Preis dafür zu zahlen.

Nur Eitelkeit und Ehrgeiz schienen die Triebfedern zu sein, die den dritten Friedrich nach den Sternen greifen ließen –

Eigenschaften, die seinen berühmten Enkel, Friedrich den Großen, in den »Denkwürdigkeiten des Hauses Brandenburg« zu der Bemerkung veranlassten, dieser Herrscher habe Nichtigkeit mit Größe verwechselt, sei mehr an Glanz als an Gediegenheit interessiert gewesen und habe mit der Königskrone lediglich seinen Hang zu hohlen Zeremonien und verschwenderischem Prunk befriedigen wollen. Doch es schien nur so. Gewiss war er eitel und prunksüchtig, aber sein Wunsch, unbedingt König werden zu wollen, hatte noch andere Gründe.

Friedrich III. war ein typischer Fürst des Barock, eines Zeitalters, in dem die Hierarchie der Würden, die Strenge des Zeremoniells und die Gültigkeit der Etikette das Leben der Gesellschaft bestimmten. Die Schranken, die die Stände voneinander trennten, waren unüberwindbar. Nicht nur der Adel kapselte sich ab gegenüber dem Bürger und der Bürger gegenüber dem Bauern, jeder Stand war noch in Gruppen mit besonderen Vorrechten aufgeteilt, wobei der Höherstehende eifersüchtig über den Tieferstehenden wachte.

Ebenso von der Etikette bestimmt war der Verkehr der einzelnen Staaten miteinander. Trafen sich ihre Repräsentanten, sei es, um einen Krieg zu beenden, einen neuen vorzubereiten, um Beute und Untertanen zu verteilen, Provinzen voneinander zu trennen oder zu vereinen, Hochzeiten zu feiern oder Begräbnisse, so kam es regelmäßig zu erbitterten Streitigkeiten über die Sitzordnung am Verhandlungstisch, über den Vortritt beim Kirchgang, über den Vorrang beim Einzug.

Eine Persönlichkeit wie der Große Kurfürst bemühte sich jahrelang darum, vom Sonnenkönig Ludwig XIV. mit der brieflichen Anrede *mon frère* (»mein Bruder«) beehrt zu werden. Friedrich III. selbst musste erleben, dass er von einem König, der seinen Thron auch ihm verdankte, üble Zurücksetzung erfuhr: der Oranier Wilhelm, König von England, verweigerte dem Brandenburger bei einer Unterredung den ihm zustehen-

I Friedrich I. oder Wie man König wird

den Armstuhl und bot ihm einen einfachen Sessel an. Da beide Seiten sich hartnäckig weigerten nachzugeben, führte man die Unterredung schließlich im Stehen.

Friedrich III. war trotz oder besser *wegen* seiner so wenig königlichen Gestalt tief davon durchdrungen, zum König bestimmt zu sein. Was man als eine Art Kompensation körperlicher Minderwertigkeit gedeutet hat. Er war der ewigen Zurücksetzungen auch in schwerer wiegenden Fällen leid: bei der Konferenz zu Rijswijk 1697 zum Beispiel, die den Pfälzischen Erbfolgekrieg beendete – zu nicht geringem Teil ein Verdienst der tapferen Truppen Brandenburgs –, saßen seine Abgesandten bei den Verhandlungen an Nebentischen. Die Großmächte England, Spanien, Österreich, die Niederlande und Frankreich machten die Geschäfte unter sich aus und straften die brandenburgischen Forderungen mit Nichtachtung. Selbst Länder wie Savoyen, die Toskana, die Republik Venedig beanspruchten für ihre Repräsentanten den Vortritt vor den kurfürstlich-brandenburgischen Ministri, die dadurch ewigen *chagrin* (»Ärger«) hatten, um eines der Modeworte der Zeit zu gebrauchen.

Bei dem Bestreben, die Krone zu erringen, trafen sich persönlicher Wunsch und politische Notwendigkeit. Sachsens Kurfürst war bereits König geworden, König von Polen, die Hannoveraner schickten sich an, den Engländern einen König zu liefern, und den Wittelsbachern stand vorübergehend die spanische Krone in Aussicht. Brandenburg-Preußen geriet in Gefahr, bei dieser Art von Wettbewerb ins Hintertreffen zu geraten.

Der große Leibniz hat für Friedrichs Traum Verständnis gezeigt. Er erkannte, wie bedeutungsvoll der Königstitel für eine Ansammlung von Territorien sein musste, die auf der Landkarte Europas den farbigen Mustern eines Teppichs glichen. Von Kleve, Mark, Ravensberg im Rheinisch-Westfälischen über Minden, Halberstadt, Magdeburg und die Mark Brandenburg bis nach Pommern und Ostpreußen reichten sie. Wer von Preußen West nach Preußen Ost wollte, brauchte mit der Kutsche zwölf Tage und musste ein halbes Dutzend Grenzen passieren. Wüssten die Bewohner dieser Länder einen Monarchen über sich, könnten sie zu dem werden, was sie noch nicht waren: zu einem Staat.

Friedrich war keine Persönlichkeit. Von labilem Charakter, leichtfertig und oberflächlich, schwankend in seinen Entschlüssen, verweichlicht, seinen Ratgebern ausgeliefert. Dem dynastischen Gesetz der Thronfolge gemäß musste er herrschen, ohne das Zeug zum Herrscher zu haben. Das war seine private Tragödie. Doch erscheint sie weniger tragisch, wenn man bedenkt, wie viele nicht zum Herrschen geboren waren. Die sonst so patriotische preußische Geschichtsschreibung, die am liebsten jeden Hohenzollern zum Genie gemacht hätte, hat den »schiefen Fritz«, wie die Berliner ihn wegen seines Buckels respektlos nannten, stiefmütterlich behandelt. Sie maß ihn an seinem Vater, dem Großen Kurfürsten, und Friedrich dem Großen, seinem Enkel, zwei Männern, neben denen jeder schlecht aussehen muss.

So beeinflussbar und willensschwach er auch gewesen sein mag, in einem zeigte der Kurfürst Friedrich ungeahnte Qualitäten. Bei der Verfolgung seines Zieles, König werden zu wollen, blieb er zäh, hartnäckig, unnachgiebig, gegen jeden Einwand gewappnet, keinen Widerspruch duldend. »Wenn ich alles habe«, schrieb er in dumpfem Trotz, »was zu der königlichen Würde gehört [nämlich genügend Land, genügend Geld und genügend Soldaten], warum soll ich da nicht auch trachten, den Namen eines Königs zu erlangen?« Und später noch einmal: »... da der Kurfürst Friedrich I. in mein Haus die Kurwürde gebracht, so möchte *ich* die königliche Würde als Friedrich III. hereinbringen.«

Er glich einem Cato, der sein Im-übrigen-bin-ich-der-Ansicht-dass-ich-König-werden-muss ständig wiederholte, damit

I Friedrich I. oder Wie man König wird

»alle seine treuen Diener und Räte dahinarbeiteten«. Hier aber traf er auf weitgehende Renitenz. Besonders die älteren unter ihnen, die noch aus der Schule des Großen Kurfürsten stammten, hatten nicht vergessen, was ihnen beigebracht worden war: dass es besser sei, ein großer Fürst zu sein als ein kleiner König.

Der Sturz des Ministers

Auch Premierminister Danckelmann war für den Lieblingsplan seines Souveräns nicht zu haben. Er meinte, dass sich Brandenburg-Preußen, diese Streusandbüchse des Heiligen Römischen Reiches Deutscher Nation, Aufwand und Luxus eines Königshofes nicht leisten könne und in tiefe Schulden geraten werde. Doch selbst er, der Mächtigste im ganzen Land, hatte nicht genügend Macht, seinen Herrn von dem Krönungsplan abzubringen. Seine Weigerung, sich ganzen Herzens dafür einzusetzen, trug sogar zu seinem Sturz bei, der selbst in einem Europa Aufsehen erregte, das es gewohnt war, Minister kommen und gehen zu sehen, wie Gunst oder Ungunst der Herrscher es wollten.

Eberhard von Danckelmann, westfälischer Abkunft, mit allen Tugenden und Untugenden eines Westfalen ausgestattet, gewissenhaft, fleißig, sparsam, unbestechlich, aber auch stur und humorlos, dieser Mann kam, bereits mit zwölf Jahren zum Dr. jur. promoviert, als Erzieher des Prinzen nach Berlin, gewann dessen Vertrauen, ja Freundschaft, unterrichtete ihn nicht nur streng und gerecht, sondern nahm ihn, nachdem Friedrich durch den Tod des älteren Bruders zum Thronfolger geworden war, in Schutz vor der Stiefmutter, die man verdächtigte, sie sei selbst vor Giftmordanschlägen nicht zurückgeschreckt, um ihre eigenen Kinder zur Herrschaft zu bringen.

Jedenfalls schmeckte Friedrich die Tasse Kaffee, die sie ihm eines Tages nach einem Diner reichte, ziemlich bitter, und von Krämpfen war er nach Kaffeegenuss sonst auch nicht befallen worden. Danckelmann flößte ihm rasch ein Brechmittel ein, was, wie er allen erzählte, das Leben des Kurprinzen rettete.

Den Vater mit dem Sohne immer wieder zu versöhnen war eine weitere Aufgabe, denn Kurfürst Friedrich Wilhelm verstand sich mit Kurprinz Friedrich so wenig wie die meisten Hohenzollernväter mit ihren Söhnen – eine »Tradition«, die bis zu Wilhelm II. reichte. Vor allem aber bewahrte Danckelmann den jungen Staat vor Unheil, indem er das Testament des Großen Kurfürsten für nichtig erklären ließ, das den Söhnen aus der zweiten Ehe eigenen souveränen Landbesitz zusprach, wodurch der ohnehin zerstückelte Staat noch mehr zerstückelt worden wäre.

Nach der Thronbesteigung seines Zöglings zum Premierminister aufgestiegen, baute er eine mustergültige Verwaltung auf, organisierte das Postwesen, förderte die Tuch- und Glasmanufakturen, den Salzhandel und wurde zum Mitbegründer der Universität Halle und der Berliner Akademie der Künste. Wie alle, die erfolgreich sind, zog er sich die Feindschaft jener zu, die ihm den Erfolg neideten und seine geistige Überlegenheit fürchteten. Auch Vetternwirtschaft wurde ihm vorgeworfen, was nicht von ungefähr kam, denn der Premier hatte alle seine Brüder, sechs an der Zahl, in einflussreiche Stellungen gebracht, wo sie zusammen mit ihm das »Danckelmannsche Siebengestirn« bildeten.

Und er machte sich auch die Kurfürstin zur Feindin. Sophie Charlotte hasste ihn, weil er in allem preußisch dachte und handelte, sie aber unter dem Einfluss ihrer hannoveranischen Mutter Welfin geblieben war. Außerdem widersetzte er sich ihren ständigen Geldforderungen. Ihr vor allem, die sich an die Spitze seiner Gegner setzte, erlag er am Ende. Kurz vor

I FRIEDRICH I. ODER WIE MAN KÖNIG WIRD

dem Weihnachtsfest des Jahres 1697 ließ ihn der Kurfürst als Staatsverbrecher festnehmen und auf die bei Cottbus gelegene Festung Peitz schicken, wo er »den Rest seiner Tage bei strenger Haft verbringen möge«.

Nicht weniger als 289 Anklagepunkte, zu denen alle seine Feinde vom General bis zum Domestiken Material beitragen mussten, wurden ihm zur Last gelegt. Darunter so schwerwiegende wie »finanzielle Misswirtschaft«, »Begünstigung im Amt«, »Geheimnisverrat« und so läppische wie »unhöfliche Behandlung zweier Minister«, »Abfassung despektierlicher Karnevalsverse«. Die Beweise reichten in keinem Punkt zur Verurteilung aus, und einer der Richter hatte die Zivilcourage, seinen Fürsten darauf hinzuweisen, wie unzulänglich die Anklage sei.

Vergeblich. Friedrich III. wollte einen Mann loswerden, der ihm nicht nur beim Griff nach der Krone im Wege stand, sondern auch sonst unbequem geworden war, einen, der seinen Herrn gut kannte und zu sehr das geblieben war, was er seit seiner Jugend für ihn gewesen: Mahner und Mentor. Mit der Maßlosigkeit, die das schlechte Gewissen verrät, verfügte er, Eberhard von Danckelmann trotz nicht ergangenen Urteils weiterhin in Haft zu halten. Sie sollte zehn lange Jahre dauern und sah an ihrem Ende einen Mann, dessen Gemüt durch Verbitterung und Verzweiflung umdüstert war.

DAS REICH, »EINEM MONSTRUM ÄHNLICH«

Mit Danckelmann war ein Hindernis auf dem Weg nach Königsberg, wo die Krönung stattfinden sollte, weggeräumt. Sein Nachfolger, Kolbe von Wartenberg, erwies sich als gefügiger. Aber auch er konnte keine Fortschritte in Wien erzielen. Er wusste zwar, wie ein Wagenkorso zu veranstalten war, eine Treibjagd, ein Karnevalsfest – die Kunst, zäh und geschickt zu verhandeln, beherrschte er nicht.

»... ist in alle Wege zu divertieren [abzubiegen]«, hatte
Kaiser Leopold an den Rand der Akte geschrieben, die sich
mit dem brandenburgischen Projekt befasste. Für ihn war das
Ganze eine Anmaßung, die nur üble Konsequenzen haben
könne. Ein »neuer König der Vandalen an den Gestaden der
Ostsee«, wie er es ausdrückte, der Gedanke schien unerträglich, und noch unerträglicher fanden es die ihn umgebenden
Katholiken, dass ein Protestant – ein Ketzer! – die Krone tragen sollte.

Warum aber überhaupt Wien fragen? War der Kurfürst
nicht in der Lage, einfach vollendete Tatsachen zu schaffen,
indem er sich kurzerhand selbst krönte? Einmal König, würde man ihm die Anerkennung schon nicht verwehren. Diese
Vorschläge wurden in Berlin diskutiert, aber Friedrich war zu
klug, um sie zu akzeptieren.

Das Heilige Römische Reich, einst von den deutschen Kaisern des Mittelalters geschaffen, war zu einem lockeren Verband herabgesunken, der über 300 Territorien umfasste, ein
Sammelsurium von Herzogtümern, Bistümern, Reichsgraf-
schaften, geistlichen Fürstentümern, Reichsstädten, Reichs-
stiften, Landgrafschaften, Kurfürstentümern, verbunden oder
getrennt durch Korridore, gesprenkelt mit Exklaven und En-
klaven, von Ländern und Ländchen, die so klein waren, dass
dem Wanderer bei aufgeweichtem Boden ein ganzes Fürstentum an den Schuhsohlen kleben bleiben konnte, wie Heinrich Heine später spottete. Sie alle waren souverän oder
dünkten sich souverän und schickten ihre Gesandten nach
Regensburg zum immer währenden Reichstag, wo man,
getrennt in drei Kollegien, über das kaiserliche Beratungs-
programm beratschlagte, aber meist ratlos blieb, und Entschlüsse fasste, die von Entschlusslosigkeit strotzten. »Einem
Monstrum ähnlich« nannte der zeitgenössische Historiograph
und Staatsrechtler Samuel Pufendorf dieses Reich der Deutschen.

I Friedrich I. oder Wie man König wird

Trotz der Misere des Deutschen Reiches, die Kaiserkrone strahlte noch, und noch galt der Kaiser in Wien als der vornehmste Fürst unter den Fürsten Europas, ohne den keine Standeserhöhung möglich war. Sich seiner Zustimmung zu versichern war für Friedrich deshalb unumgänglich. Besaß er sie, konnte er getrost einer allgemeinen Anerkennung seiner neuen Würde entgegensehen.

Den Gatten durch die Gattin bekehren

Da wurde ihm von einer Seite Hilfe angeboten, von der er sie nicht erwartet hatte: von den Jesuiten. Die Gesellschaft Jesu hatte erkannt, dass an »höchster Stelle«, dort, wo die Politik gemacht wurde, am meisten für den Glauben zu erreichen war. Der Pater, der einem Souverän regelmäßig die Beichte abnahm, konnte auf die Dauer nicht ohne Einfluss auf dessen Entschlüsse bleiben. Auch sah man ihre Patres gern an den europäischen Fürstenhöfen, nicht nur an den katholischen, auch an den evangelischen: sie waren gebildet, geistreich, weltgewandt und verstanden sich als Meister der Konversation auf ihr Publikum. Einer von ihnen, der Pater Vota, einst Beichtvater des Polenkönigs, wandte sich vornehmlich an die Damen. Seine Erfahrung hatte ihn gelehrt, dass die Seelen der Männer am leichtesten über die Herzen der Frauen einzufangen waren.

»*De convertir le mari par la femme*« (»Den Gatten durch die Gattin bekehren«), wie man das in seinen Kreisen in der Sprache der Gebildeten ausdrückte, lautete sein Motto, als er sich der Kurfürstin Sophie Charlotte näherte, die ein geeignetes Opfer abzugeben schien. Die Welfin, aufgewachsen in einem hochkultivierten Haus, dürstete nach geistvoller Unterhaltung, nach gelehrter Disputation, nach Bildung in jeder Form.

Pater Vota diskutierte mit ihr die Nächte hindurch, vergaß dabei jedoch nie, gewisse Themen zu berühren: dass, zum Exempel, eine Königskrone auch auf andere Weise zu gewinnen sei als über Wien: der Papst habe einst sogar die Kaiser gekrönt, und auf den Felsen Petri den brandenburgisch-preußischen Königsthron zu gründen, wäre kein schlechtes Fundament.

Ein verstecktes Angebot. Dass es seinen Preis hatte, ahnte die kluge Sophie, und der Pater ließ sie hierüber nicht im Unklaren, als er gleichsam absichtslos ausführte, wie wenig die beiden Konfessionen voneinander trenne, wüssten doch beide, dass man nur zu den gemeinsamen Glaubenssätzen der ersten fünf Jahrhunderte des Christentums zurückfinden müsse, zu jenen frühen Zeiten, in denen die Kirche selbst nach Meinung der Protestanten rein und lauter gewesen sei. Es komme demnach nur darauf an, führte er weiter aus – die Vokabel »Rekatholisierung« nicht ein einziges Mal verwendend –, wiederzuvereinen, zu *reunieren*, was getrennt worden war.

Die Zeichen der Zeit standen dafür günstig: die Reunion war bei manchem Lutheraner und manchem Reformierten populär. Unter den Herrschern und Prinzen der Häuser Mecklenburg, Hessen, Braunschweig gab es Konvertiten; in der Kurpfalz feierte die Gegenreformation späte Siege; und war nicht Friedrich August I. von Sachsen, der Starke genannt, vom evangelischen zum katholischen Glauben übergetreten, um König von Polen werden zu können?

Die Kurfürstin schien wenig glaubensfest, aber nicht, weil ihr am Protestantismus Zweifel gekommen wären. Die Gedanken der beginnenden Aufklärung hatten sie gefangengenommen, wonach die Frömmigkeit auf der menschlichen Vernunft und auf der durch wissenschaftliche Erkenntnis gesicherten Wahrheit beruhe und nicht auf dem blinden Glauben nach Altväterweise. Unter diesem Gesichtspunkt war es gleichgültig, ob man katholisch war oder evangelisch. Schon die Mutter hatte ihr eingeprägt: »In jener anderen Welt wird

I Friedrich I. oder Wie man König wird

man uns nicht fragen, von was religion wir gewesen sein, sondern was wir gutts und böß getan haben.«

»Wenn uns einmal die Lust anwandeln sollte zu konvertieren, dann werden wir euch die Ehre zukommen lassen«, hatte der Kurfürst Pater Vota bei einer Audienz bedeutet, und Vota nahm ernst, was nicht ernst gemeint war. Friedrich hatte zu viel Angst vor »jener anderen Welt«, um einen solchen Schritt zu wagen. Er hing am Glauben seiner Väter und hat in seinem ganzen Leben nie daran gedacht, von seinem Bekenntnis auch nur um ein Jota zu weichen. Katholisch sein blieb für ihn, was es für seinen Vater gewesen war: ungläubig sein. Dem Pater zahlte er trotzdem weiterhin das jährliche Schmiergeld von dreihundert Talern, versehen mit dem Zusatz »zum Zwecke wohltätiger Stiftungen«.

Erfolgreicher war der Pater Wolff in Wien. Er diente dem Kaiser als Beichtvater. Ihm ging der ungewöhnliche Ruf voraus, nicht käuflich zu sein. Wolff, ein ehemaliger baltischer Baron, war auch am Berliner Hof ein angesehener Mann. Seine Rolle als Unterhändler verdankte er weniger seinem Ansehen als einem Missgeschick, das den Berliner Geheimen Räten unterlief. Sie verwechselten die bei der Diplomatenpost übliche geheime Chiffre und ließen die für ihren Gesandten bestimmte, das Krönungsprojekt betreffende Akte an eine falsche Adresse geraten – an die des Paters Wolff.

Er betrachtete das als des Himmels Fügung und widmete sich mit Feuereifer einer Angelegenheit, die ihn scheinbar nichts anging. Doch auch er war katholisch genug, um hier eine Chance zur Bekehrung eines Hochgestellten zu erkennen. Energisch betrieb er die Verbindung des brandenburgischen Kurprinzen Friedrich Wilhelm, des späteren Soldatenkönigs, mit einer kaiserlichen Erzherzogin. Die Söhne aus dieser Ehe sollten evangelisch getauft werden, die Töchter dagegen katholisch – wieder in der Hoffnung, dass Frauen ihre künftigen Männer eher bekehren würden als Männer ihre Frauen.

So nützlich die selbstlos-selbstsüchtige Tätigkeit der beiden Patres im Einzelnen gewesen sein mag, auf die entscheidende Wende bei den Verhandlungen hatte sie keinen Einfluss. Auch wenn die Jesuiten noch zu Wilhelms II. Zeiten von einer Dankesschuld des Hauses Hohenzollern sprachen. Die Entscheidung fiel auf einem anderen Feld, auf dem der hohen Politik. Und zwar in dem Augenblick, als der Kaiser Leopold etwas brauchte, was man seit den Zeiten des Großen Kurfürsten und der Schlacht von Fehrbellin mit Gold aufwog: brandenburgisch-preußische Grenadiere. Warum er sie brauchte, dazu bedarf es eines Blicks zurück.

Spaniens Erbe und der Sonnenkönig

Das Europa jener Jahrzehnte war das Europa Ludwigs XIV., eines Königs, der den das Staatsinteresse betonenden Vorsitzenden des Parlaments von Paris, des obersten Gerichtshofes von Frankreich, mit den Worten unterbrach: »Was heißt Staat, Monsieur? *L'état c'est moi!* – Ich bin der Staat!« Ein berühmtes Wort, das in klassischer Verkürzung das Zeitalter des Absolutismus kennzeichnet, wonach Herrscher und Staat ein und dasselbe sind. Versailles war zum steingewordenen Sinnbild dieser absoluten Macht geworden. Und zum Zentrum einer Kultur, die alle Länder des Kontinents in ihren Bann geschlagen hatte: man sprach französisch, las französisch, kleidete sich französisch, gab sich französisch bis in die letzten Lebensäußerungen hinein, und wenn man sich nicht wohl fühlte, war man nicht krank, sondern *malade.*

Eine imponierende Herrscherpersönlichkeit, der *Roi Soleil,* doch der Strahlenglanz der königlichen Sonne wärmte nicht nur, er versengte auch. Die deutschen Schulbücher kennen den Sonnenkönig als den Mann, der, von Machtgier und Ruhmsucht getrieben, Europa immer wieder mit Krieg über-

I Friedrich I. oder Wie man König wird

zog, dabei auch nach Deutschland einfiel, die fruchtbaren pfälzischen Lande barbarisch verwüstete, Städte wie Mannheim, Bingen, Bruchsal, Worms, Offenburg niederbrannte, Heidelberg zerstörte und die Gräber der deutschen Kaiser des Mittelalters im Dom zu Speyer schändete. Unternehmungen, die zu jenen Gräueltaten rechnen, wie sie die Weltgeschichte seit Anbeginn kennt. Diesmal wurden sie mit strategischen Notwendigkeiten begründet, waren jedoch militärisch sinnlos. Ihre Spuren sind noch heute zu besichtigen, wie etwa die Ruine des Heidelberger Schlosses.

Von 1688 bis 1697 hat dieser Krieg gedauert zwischen Ludwig und einer aus Österreich, Holland, Spanien, England und Savoyen gebildeten Allianz. Wenn man sich schließlich am Verhandlungstisch in Rijswijk einfand, dann nicht aus Friedensliebe, sondern aus Erschöpfung. Die Franzosen mussten ihre rechtsrheinischen Eroberungen wieder aufgeben, auch Lothringen und Breisach, durften aber Straßburg und das Elsass behalten.

Das war 1697, und jetzt, drei Jahre später, drohte eine neue Auseinandersetzung zwischen den alten Gegnern. Wieder ging es um ein Erbe. Diesmal allerdings um eines, für dessen Besitz die Großmächte bei aller Kriegsmüdigkeit auch den höchsten Einsatz nicht scheuten. Es ging um Spanien und seinen gewaltigen Kolonialbesitz in Mittel- und Südamerika und in Indien, um die spanischen Niederlande, um Mailand und Sizilien.

Erblasser war der spanische König Karl II. Seit seiner Jugend seelisch und körperlich verkrüppelt, war er ein Produkt der vom Hochadel bevorzugten Methode, Verwandte Verwandte heiraten zu lassen. Was auf die Dauer zur Inzucht führte, zum Ausbruch sonst nicht in Erscheinung tretender Krankheiten. Karl lahmte, litt an epileptischen Anfällen und lallte, anstatt zu sprechen. Mit fünf Jahren erst war er entwöhnt worden, mit zehn hatte er laufen gelernt. Die berühmt-berüchtigte Habsburger Kinnpartie, eine stark vorgewulstete Schleimhautlippe

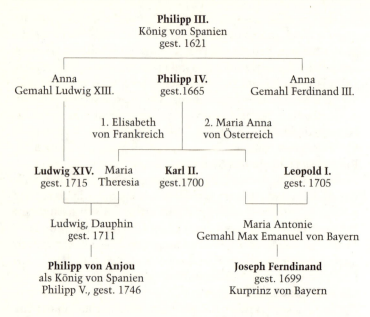

mit vorstehendem Unterkiefer, war bei ihm so stark ausgebildet, dass er nicht richtig kauen konnte. Derlei Mängel hätten jedem normalen Sterblichen die Ausübung eines öffentlichen Amtes verboten, nicht jedoch dem Inhaber eines Thrones, in dessen Herrschaftsbereich die Sonne nicht unterging. Das Einzige, was den spanischen Hof befremdete, war die Tatsache, dass der König sich auch als zeugungsunfähig erwiesen hatte.

Karl, auch »das Gespenst« genannt, war um die Wende vom 17. zum 18. Jahrhundert so krank, dass die europäischen Herrscherhäuser sich um die Nachfolge sorgten. Wer nun hatte das meiste Anrecht, das Erbe anzutreten?

Da gab es Ludwig XIV. Der Sonnenkönig war – und was jetzt kommt an genealogischer Kompliziertheit, zeigt, mit welchem Fleiß Europas Dynastien sich untereinander ehelich vermischten, um nur ja die Macht im eigenen Haus zu

I Friedrich I. oder Wie man König wird

halten –, der Sonnenkönig war ein Sohn der Infantin Anna, einer Tochter Philipps III., des Großvaters vom gespenstigen Karl, und damit ein Enkel dieses spanischen Königs, während seine erste Frau ebenfalls eine Spanierin war, die Tochter Philipps IV., des Vaters von Karl zwo. Aber auch Kaiser Leopold von Österreich war ein Enkel Philipps III. und seine erste Frau ebenfalls eine Tochter Philipps IV. Beide Schwiegersöhne erhoben Anspruch auf das Erbe, aus Gründen der Taktik nicht für sich selbst, sondern für Verwandte: Ludwig für seinen Enkel Philipp von Anjou, Leopold für seinen zweiten Sohn Karl. Wobei Leopold die besseren Argumente zu haben schien, hatte doch Ludwigs Gattin bei ihrer Vermählung allen Ansprüchen auf das spanische Erbe entsagt. Ja, aber nur, so die Anhänger Ludwigs XIV., weil sie dafür eine Mitgift von 500 000 Goldkronen erhalten sollte. Davon aber hatte sie nie eine Krone gesehen, und der Verzicht wäre damit wohl hinfällig.

Da Ludwig und Leopold sich mittels eines Teilungsvertrages nicht einigen konnten, versuchten sie den dahinsiechenden König Karl direkt zu beeinflussen. Der kaiserliche Gesandte, Graf Harrach, und der französische Bevollmächtigte, Marquis von Harcourt, gaben sich in Madrid mit höflichem Hass die Klinke des Regierungspalastes in die Hand. Jeder beanspruchte im Auftrage seines Herrn das ungeteilte Erbe für sich. Der Kaiser war zuversichtlich, denn er baute auf die deutsche Partei am spanischen Hof. Truppen aber würde er in jedem Fall brauchen: entweder, um das Erbe zu verteidigen oder, bei für ihn negativem Entscheid, um es dem anderen streitig zu machen.

Eine Krone kostet 8000 Soldaten

Diese Truppen sollte ihm der Brandenburger Friedrich liefern, dessen Gier nach der Krone, wie man sich am Wiener Hof erzählte, inzwischen einen Grad erreicht hatte, der um seinen Geisteszustand fürchten ließ. Trotz allem war nichts zu übereilen, noch lebte der Erblasser zu Madrid, und so ergab sich die makabre Situation, dass die Verhandlungen zwischen Wien und Berlin stockten, wenn es dem hohen Patienten besser ging, und dass sie zügig vorangingen, wenn sich sein Zustand verschlechterte. Schließlich schien sein Tod unmittelbar bevorzustehen, und noch etwas anderes hatte sich vom Gerücht zur Tatsache erhärtet: Frankreichs Unterhändler, die schon immer die besseren Diplomaten gewesen sind, hatten dem seiner Sinne nicht mehr mächtigen König am Sterbebett ein Testament abgenötigt. Darin wurde Ludwigs Enkel zum Erben der spanischen Monarchie erklärt. Habsburg war also leer ausgegangen.

Am 16. November 1700 wurde in Wien eilends der sogenannte Krontraktat zwischen Österreich und Preußen unterschrieben, ein für die weiteren Geschicke Deutschlands wichtiger Vertrag, dessen Bedeutung an diesem Tag allerdings niemand zu erkennen vermochte. Er ebnete einem Land den Weg zur Großmacht, die einst die Geographie Europas verändern sollte.

Das Aktenstück besagt in dürren Worten: Brandenburg-Preußen stellt dem Kaiser ein Hilfskorps von 8000 Soldaten (für das Wien im Kriegsfall 150 000 Gulden pro Jahr bezahlt), verzichtet auf noch ausstehende Hilfsgelder aus früheren Jahren, verspricht, bei künftigen Kaiser- und Königswahlen für Habsburg zu stimmen, erhält für alles und dies die Zusicherung, dass eine preußische Königswürde anerkannt werde, »wenn der Kurfürst über kurz oder lang, zu welcher Zeit es ihm gefallen möge, *wegen seines Herzogtums Preußen* sich für einen König proklamieren und krönen lassen wird«.

Auf diese Formulierung hatte Friedrich Wert gelegt. »Wenn ich die königliche Dignität auf meine *brandenburgischen* Lande nehmen will, bin ich kein souveräner König, sondern

I Friedrich I. oder Wie man König wird

ein Lehnskönig«, lautete sein Bekenntnis von Anbeginn. Denn Brandenburg war Reichsland. Das Herzogtum Preußen dagegen – 1618 durch Erbfall an die brandenburgischen Hohenzollern gekommen – war seit 1660 souveräner Besitz, der nicht zum Reich gehörte, und damit der Lehnsherrschaft des Kaisers entzogen. Wenn Friedrich sich krönte, dann war das ein Souveränitätsakt aus eigenem Recht und von Gottes Gnaden, zu dem lediglich die *Anerkennung* des Kaisers nötig war. Auch sein neuer Titel, bezog sich auf Preußen und nicht auf Brandenburg, weshalb er statt mit einem »von« erst einmal mit einem »in« vorlieb nehmen musste, »König *in* Preußen«, gab es doch eine Provinz *West*-Preußen und die gehörte den Polen. Erst Friedrich der Große wurde 1772 ein König *von* Preußen.

»Ich erstumme vor inniglicher Freude«, schrieb der Pater Wolff nach der Vertragsunterzeichnung an Friedrich, »dass nunmehr der Traktat wegen der von Ihrer Kurfürstlichen Durchlaucht mit höchster Billig- und Gerechtigkeit gesuchten königlichen Würde zu einem so glücklichen Ende geraten. Sage also mit inbrünstig-demütigstem zu Gott, mit treugehorsamstem Herzen zu Ihro Durchlaucht: Te deum laudamus.«

Die Reise nach Königsberg

Am Mittag des 23. November 1700 traf die Nachricht von der Unterzeichnung in Berlin ein; beim Abendessen wurde der erste Trinkspruch ausgebracht auf einen König, der noch keiner war. Drei Wochen später brach Friedrich mit zweihundert Personen Gefolge auf, als erste von insgesamt vier Abteilungen, unter Bedeckung von drei Kompanien Gardedukorps und der Schweizergarde. Man reiste, gegen jeden Brauch, bei strengem Frost, bei Eis und Schnee. Die Order, Weg und Steg instand zu setzen, war erfolgt, aber niemand hatte der unchristlichen Eile wegen sie befolgen können. Kaum, dass es den Dorfvorstehern möglich gewesen war, für den Pferdewechsel die nötige Zahl von Vorspannpferden aufzutreiben, von denen insgesamt über 30 000 benötigt wurden.

Wie ein Spuk mag den Bauern die Kavalkade erschienen sein, die da im fahlen Dezemberlicht durch ihre Dörfer jagte, auf dem Bock der Karosse, in der die Kurfürstin saß, zwei Kavaliere als Kutscher, in heroisch-galanter Nichtachtung der Temperatur angetan mit Perücke, gesticktem Schoßrock und bis zu den Knien reichenden Seidenstrümpfen.

Zwölf Tage dauerte die Reise nach Königsberg. Sie führte durch ein Land, das karg war, öde, nüchtern: düstere Kiefernwälder, Birken, dürre Heide, Röhricht und Möwenschrei, Sumpf und Sand, Bruch und Luch, über die die Nebel zogen, ärmliche Dörfer unter weitem Himmel und über allem eine Melancholie, die mit den Händen greifbar schien. Schön in ihrer Trostlosigkeit und trostlos in ihrer Schönheit, diese Landschaft, von der Fontane später sagte, dass man guten Willen haben müsse, um hier das Gute gut zu finden, eine Landschaft aber, die das Wesen des Preußentums prägte.

Anfang Januar 1701 begannen in Königsberg die Krönungsfeierlichkeiten, deren Prunk und Gepränge die sonst eher nüchternen Bewohner der Stadt am Pregel in einen Taumel versetzten, als seien sie, so ausländische Berichterstatter, gänzlich närrisch und von Sinnen. Trotz der klirrenden Kälte wogten tagein, nachtaus Tausende von Menschen über den Steindamm zum altstädtischen Markt, in das kneiphöfische und löbenichtsche Viertel, vorbei an Tannenbäumen, an denen – kostbarste Kostbarkeit – Apfelsinen und Zitronen hingen, durch die überall aufgerichteten Triumphpforten hindurch, im magischen Schein flammender Freudenfeuer, unter dem Geläut der Glocken und dem Donner pausenlos abgefeuerter Geschütze, der die Fenster zerspringen ließ, hin zum Schlosshof, wo die Brunnen standen, aus denen weißer und

I FRIEDRICH I. ODER WIE MAN KÖNIG WIRD

roter Wein sprudelte, wo der Ochse am Spieß briet, dessen Hörner vergoldet und dessen Inneres gefüllt war mit Gänsen, Hühnern, Ferkeln und Wildbret.

Keinem von denen, die hier feierten, kam der Gedanke, dass er selbst die Feier bezahlt hatte. Mit jener Kronsteuer, die das arme Land hatte aufbringen müssen: 500 000 Taler insgesamt. Allein die diamantenen Knöpfe am scharlachroten Krönungsgewand Seiner Majestät kosteten pro Stück 3000 Taler, und die für die Krone bestimmten Juwelen, vom Hofjuden Liebmann seit langem bei Venedigs Juwelieren bestellt, schlugen mit 180 000 Talern zu Buch.

Diese Krone setzte sich Friedrich eigenhändig aufs Haupt bei jenem feierlichen Akt, der im großen Schloss*saal* stattfand und nicht in der Schloss*kirche*. Hier war, was selten genug ist, aus der Geschichte gelernt worden, dass ein Gekrönter nicht abhängig sein sollte von dem, der ihn gekrönt hatte – wie es den deutschen Kaisern des Mittelalters von den Päpsten geschehen. Man wies den katholischen Bischof Zaluski ab, der der Meinung war, dass das *sacra* im Titel »*sacra regia majestas*« eine Salbung voraussetze, man hielt aber auch die protestantischen Geistlichen auf Distanz.

Der lutherische Hofprediger Sanden und der reformierte Prediger Ursinus durften zwar die Majestäten salben, aber erst *nach* der Krönung, sie segneten lediglich ab, was bereits Realität geworden war. Das ihnen verbliebene Recht zu lehren und zu ermahnen nahmen sie jedoch gründlich wahr und betonten in ihren Predigten, ein Regent solle nie vergessen, dass er um seiner Untertanen willen auf der Welt sei und nicht die Untertanen um seinetwillen. Allein nach diesem Prinzip sei die Regierung eines Königs zu führen.

»Wir wollen die Zeremonien der Krönung nicht schildern«, schreibt Leopold von Ranke, »sie haben für unser Gefühl ... etwas Überladenes. Doch hat das Selbstergreifen der Krone eine Würde, welche der Tatsache entspricht und sie ausdrückt. Dass die Salbung nicht vorangeht, sondern nachfolgt ..., drückt eine Unabhängigkeit der weltlichen von der geistlichen Macht aus, wie sie vielleicht, ausgenommen bei der Krönung des [staufischen] Kaisers Friedrich II. in Jerusalem, früher bei keiner anderen Krönung hervorgetreten ist.«

Der frisch Gekrönte, der sich nun Friedrich I. nannte, zeigte sich zusammen mit seiner Gemahlin. Sie war es, an der sich diesmal die üblichen Rangstreitigkeiten und Eifersüchteleien entzündet hatten. Schuld war die Schleppe ihres Krönungsgewandes, die zu tragen mehrere Damen für sich in Anspruch nahmen, darunter die Frau des Premierministers Wartenberg, Tochter eines Schankwirts vom Rhein, was schlimm genug war, aber auch ihr Ruf war schlecht. Sophie Charlotte, die Kluge, Geistvolle, Adelsstolze, wollte sich lieber mit ihrer Schleppe erwürgen als solche Trägerin dulden, musste dann aber doch einem Kompromiss zustimmen: die Frau Premierminister durfte einen kleinen Zipfel halten. Sophie war all der Pomp und die Pracht ohnehin zuwider, und man erzählte sich, dass sie während der endlosen Zeremonien ostentativ eine Prise Schnupftabak nahm.

Der allgemeinen Hochstimmung taten derlei Zwischenfälle keinen Abbruch. Friedrich bewies sein Königtum durch königliche Freigebigkeit, ließ auf Straßen und Plätzen einen Regen von 8000 Talern niedergehen, um die sich die Menge balgte, veranstaltete eine Hofjagd in den Wäldern um Königsberg, deren Strecke von vier Bären, einem Wisent und fünfzehn Wölfen von der wilden Urtümlichkeit Ostpreußens zeugte. Er verkündete eine Amnestie für alle Gefangenen, mit Ausnahme jener, die getötet, Gott gelästert oder Schulden gemacht hatten – und verurteilte jeden zu einem Dukaten Buße, der ihn statt mit »Majestät« noch mit »Durchlaucht« anredete.

DER PROTEST DES PAPSTES

Sein vollständiger Titel lautete jetzt: »Friedrich, von Gottes Gnaden König in Preußen, Markgraf zu Brandenburg, des Heiligen Römischen Reiches Erzkämmerer und Kurfürst; zu Magdeburg, Kleve, Jülich, Berg, Stettin, Pommern, Kassuben und Wenden, auch in Schlesien zu Krossen Herzog; Burggraf zu Nürnberg, Fürst zu Halberstadt, Minden, Cammin; Graf zu Hohenzollern, der Mark und Ravensberg, Herr zu Ravenstein und der Lande Lauenburg und Bütow.«

Wenige Wochen nach der Krönung kam es zum ersten Protest gegen die neue Majestät. Er stammte von Papst Clemens XI., der die Bemühungen der Patres Vota und Wolff jetzt auf sein Konto nahm und sich gewisse Hoffnungen für die katholische Sache in Brandenburg-Preußen machte. Die Hoffnungen blieben unerfüllt, und der Papst fühlte sich bestätigt in seiner Meinung, wonach der Hohenzoller kein König war, nicht einmal ein Kurfürst, sondern ein Ketzerfürst, der, anstatt neue Ehren zu gewinnen, die alten verlieren müsse. Das Herzogtum Preußen galt der Kirche nach wie vor als das Land, das der katholische Deutsche Ritterorden im 13. Jahrhundert erobert hatte, und damit als ihr Eigentum. Es kümmerte sie nicht, dass dieses Ordensland seit fast zwei Jahrhunderten ein weltliches Land war und protestantisch dazu.

Clemens verschickte an alle katholischen Höfe ein Breve, in dem der Markgraf (!) Friedrich von Brandenburg ein »acatholicus« genannt wurde, ein Kirchenräuber, der in »frechem Attentat« sich den geheiligten königlichen Namen ohne die Zustimmung der Kirche angemaßt und darüber hinaus sein Königtum auf altes katholisches Ordensland gegründet habe. Einem solchen Menschen die königlichen Ehren zu erweisen, hieße, dem Teufel die Hand reichen.

Die Zeiten jedoch waren vorbei, da die Päpste die Kaiser und die Könige machten und jedermann in Europa vor

dem Bannstrahl zitterte. Die Staaten nahmen das Breve zur
Kenntnis – und schickten ihre Gesandten mit dem Anerken-
nungsschreiben nach Berlin. Selbst Frankreich und Spanien,
Hochburgen des katholischen Glaubens, folgten, wenn auch
etwas später, diesem Schritt. Nur die Polen, die ehemaligen
Lehnsherren des Herzogtums Preußen, brauchten über ein
halbes Jahrhundert, um sich zur Anerkennung durchzurin-
gen. Beim Vatikan dauerte es noch etwas länger. Im offiziellen
römischen Staatskalender fand der staunende Leser bis 1787
den Herrscher des inzwischen zur Großmacht aufgestiegenen
Preußen unter dem Titel »Marchese di Brandenburgo«.

PRUZZEN UND PREUSSEN

Anfang März verließ König Friedrich I. Ostpreußen, das Land,
in dem alles angefangen. Der Deutsche Ritterorden hatte,
1226 vom Staufenkaiser Friedrich II. dazu ermächtigt, die Ur-
einwohner unterworfen und zum Christentum gezwungen.
Sie hießen Pruzzen, Prußen gesprochen, gehörten zum baltischen Zweig der indogermanischen Stämme, lebten zwischen
der unteren Weichsel und der Memelmündung, waren hochgewachsen, blondbrünett und blauäugig.

Durch ihre bis zur Selbstvernichtung führende Tapferkeit
bereiteten sie den Rittern in einem dreiundfünfzig Jahre währenden Krieg auf Erden die Hölle, unterlagen aber schließlich
der Übermacht. Glande aus Samland, Herkus Monte aus Natangen, Glappo aus Warmien, Auktumo aus Pogesanien, Diwan aus Barten hießen die Führer des großen Aufstands von
1260. Man sollte sich ihrer erinnern, und zwar nicht nur, weil
sie, die Besiegten, und das ist mehr als merkwürdig in der
deutschen Geschichte, den Preußen ihren Namen gaben.

Als Friedrich zur Regierung kam und Preußens Aufstieg
begann, sprachen nur noch auf der Kurischen Nehrung eini-

I Friedrich I. oder Wie man König wird

ge alte Männer das Pruzzische. Die Bräuche der Pruzzen aber lebten. Sie verehrten die Geister des Wassers und des Waldes, versammelten sich unter heiligen Bäumen. Die klangvolle, vokalreiche Sprache ist heute noch erkennbar in Ortsbezeichnungen und Familiennamen.

Die Königsberger verabschiedeten ihren König mit einem »Unterthänigsten Freuden-Zuruff«, in Verse gegossen von einer Professorengattin, die, wie der Chronist vermerkte, »trotz ihrer fünfzehn Kinder noch eine fruchtbare Dichterin war«. Im Dröhnen der salutschießenden Kanonen reimte sie:

So sauset und brauset ihr donnernden Stücke,
durchstreiffet, durchpfeiffet die summende Lufft.
Werfft lauter Gedeyen, Erstreuen und Glücke,
durchhallet, durchknallet Berg, Grüffte und Klufft.
Lasst unserem Großmächtigsten König zu Ehren
ein hertzliches Vivat! und Freuden-Ruff höhren,
ihr lermenden, schwermenden Zunder-Racketen.

Der bittere Lorbeer der brandenburgischen Grenadiere

Die Berliner empfingen den »schiefen Fritz«, als kehre ein siegreicher Feldherr heim. Sein Einzug im Mai 1701 mit 63 sechsspännigen Karossen führte durch sechs blumengeschmückte Ehrenpforten, die St.-Jürgen- und die Georgstraße entlang, die dadurch flugs zur Königstraße wurden, über die aus pirnaischem Sandstein erbaute, viel bewunderte Lange Brücke bis zum Schloss, an dessen Neugestaltung der Baumeister Schlüter seit zwei Jahren arbeitete. Ein Triumphzug à la Cäsar, doch gerade zum Soldatischen verspürte Friedrich, obwohl seine Truppen ständig in Kriegshändel verwickelt waren, nie eine Neigung. Er hat hier seine Rolle nur gespielt. Bei den Feldzügen seines Vaters hatte er sich damit begnügt, die Honneurs für die Adligen zu machen, die auf ihren Bildungsreisen das »Kriegstheater« miterleben wollten, wenn auch von einem sicheren Logenplatz aus. Später als Kurfürst folgte er den brandenburgischen Truppen, die die Stadt Bonn belagerten, den Hauptstützpunkt der Franzosen am Rhein, und zeigte sich höchst angenehm unterhalten von dem herrlichen Bombardement seiner Artillerie.

Friedrich trug jetzt die Krone, und die Frage, ob der Preis dafür nicht zu hoch gewesen sei, ob das Unternehmen überhaupt sinnvoll, ist damals wie später oft gestellt und viel beantwortet worden.

Wenn man an Österreichs Feldmarschall Prinz Eugen denkt, scheint es sich eher gelohnt zu haben. Der Mann, dem Europa seine Rettung vor den Türken verdankt, hätte am liebsten alle Minister am Galgen hängen sehen, die seinem Kaiser zur Anerkennung der preußischen Königskrone geraten. Er hatte erkannt, was den anderen verborgen geblieben war: dass dieser junge Staat einst seinen Schatten werfen würde auf die habsburgischen Lande.

Das jedoch betraf die Zukunft. Die unmittelbare Gegenwart ließ den Vertrag eher günstig für Österreich erscheinen. 8000 Soldaten für 150 000 Dukaten im Jahr waren in dieser Qualität in Europa sonst nicht zu haben. Man durfte sie zwar nur im Reich einsetzen, aber zur Not auch in Italien, denn das Herzogtum Mailand rechnete dazu und die spanischen Niederlande auch. Wenn der Krieg um das spanische Erbe sich zum Reichskrieg entwickelte, dann würde überdies jener Paragraph des Krontraktates gültig werden, wonach weitere Truppen zu stellen waren.

Nicht viel anders ist es dann gekommen. Bis 1714 sollte der Erbfolgekrieg dauern, übrigens der erste Weltkrieg in der Geschichte der Völker mit blutigen Schauplätzen in den Niederlanden, in Italien, in Spanien, in Süddeutschland und auf

I FRIEDRICH I. ODER WIE MAN KÖNIG WIRD

den Weltmeeren. Das waren dreizehn Jahre, in denen Friedrich in Feldzüge verwickelt blieb, bei denen es nicht um Preußen ging, sondern um die Interessen der habsburgischen Dynastie und der Seemächte England und Holland. Über 30 000 seiner Landeskinder kämpften schließlich auf den verschiedenen Kriegsschauplätzen. Bei Turin, bei Oudenaarde, bei Malplaquet erwarben sie Ruhm, bei Höchstädt, wo sie unter den beiden berühmtesten Feldherren der Zeit, Prinz Eugen und Marlborough, gegen die Franzosen und die mit ihnen verbündeten Bayern kämpften, entschieden sie die Schlacht.

»Ich selbst bin Zeuge gewesen«, schrieb Prinz Eugen über den Anteil der Preußen am Sieg, »vorzüglich, was die auf dem rechten Flügel gestandene Infanterie betrifft, deren Offiziere und Soldaten mit unerschrockener Herzhaftigkeit gefochten und die feindlichen Angriffe etliche Stunden aufgehalten, bis endlich mit Gottes Hilfe durch ihr entsetzliches Feuer der Feind in eine solche Konfusion gebracht worden, dass er ihrer Bravour nicht länger zu widerstehen gewusst, sondern die Flucht ergriffen.«

Doch um ihren Ruhm wurden sie betrogen. Da man sie bewusst nicht als geschlossenen Heeresverband einsetzte, sondern in einzelne Korps aufteilte, konnten ihre Erfolge politisch nicht genutzt werden. Ihr Land wurde nach wie vor behandelt, als sei es zweiten Ranges. Ihre Dienste galten unter Eingeweihten als unentbehrlich, sie honorieren aber wollte man nicht. Der Kaiser hielt nicht einmal die im Krontraktat festgelegten Bedingungen ein, zögerte die Zahlung der Subsidien hinaus und scheute sich nicht, die vereinbarte Summe herunterzuhandeln. Die in Italien stehenden preußischen Truppen mussten mit den Kaiserlichen sogar um die Brotlieferungen feilschen.

Der andere große Verbündete, Holland, mit dem die Hohenzollern auch verwandtschaftlich verbunden waren, versuchte, Friedrich um einen Teil des ihm zustehenden Erbes zu bringen. Die oranische Erbschaft aus der ersten Ehe des Großen Kurfürsten bestand zwar aus weit verstreuten, doch fruchtbaren Landstrichen und reichen Städten wie Geldern, Moers und Krefeld, die zur Abrundung des linksrheinischen Besitzes sich anboten; und das auf schweizerischem Boden gelegene Neuchâtel.

Um Geldern zu bekommen, musste der englische Gesandte als Vermittler eingeschaltet werden, was er sich mit einer »Dienstaufwandsentschädigung« von 50 000 Talern honorieren ließ. Im Falle Moers war 1702 sogar militärischer Einsatz nötig, um die holländischen Freunde vom rechten Weg zu überzeugen. In raschem, unblutigem Handstreich unter Führung des Generals Fürst Leopold von Anhalt-Dessau, wobei preußische Grenadiere im Morgengrauen den Burggraben durchschwammen, wurde die Besatzung überrumpelt, die Offiziere in ihre Quartiere eingeschlossen und »mit möglichster Verhütung aller Violenz delogiret«. Eine Affäre nach dem Geschmack des Fürsten, der sich freute, in diesem unglückseligen Krieg einmal etwas »für Euer Majestät alleinige hohe Belange« tun zu können.

»Ihr sollt Euch des Titels würdig machen ...«

Bei all diesen Streitereien spielte Friedrich gelegentlich mit dem Gedanken, seine Truppen aus der Allianz zurückzuziehen und sie dort einzusetzen, wo bedrohte Grenzen zu schützen waren und lebenswichtige Interessen: im Osten seines Landes. Hier war es zu einer anderen Auseinandersetzung gekommen, dem großen Nordischen Krieg. Die Schweden unter Führung Karls XII. kämpften gegen die Sachsen und Polen Augusts des Starken, gegen die Russen Peters des Großen und gegen die Dänen um die Vorherrschaft. Wie im Westen wurde Preußen auch im Osten heftig als Bundesgenosse begehrt, mit

I Friedrich I. oder Wie man König wird

dem Unterschied, dass der Lohn höher schien und die Aussicht, ihn zu gewinnen, günstiger.

Schweden bot das polnische Westpreußen an, die ersehnte Landverbindung nach Ostpreußen, Russland lockte mit Vorpommern, auch das Ermland und Litauen waren im Gespräch. Dass Friedrich seine Chance nicht genutzt hat, die ihm scheinbar auf dem Präsentierteller angeboten wurde, haben ihm Preußens Geschichtsschreiber übel genommen. Einer der bekanntesten, Johann Gustav Droysen, prägte das Wort, das alle Epigonen übernahmen. »So seltsam zeigt sich preußische Macht und ihre Aktion« heißt es da, »im Westen Krieg ohne Politik, im Osten Politik ohne Armee.«

Doch um im Osten jene Macht einzusetzen, die allein imstande war, politischen Forderungen Nachdruck zu verleihen, dazu wäre eine Persönlichkeit vom Schlage des Großen Kurfürsten notwendig gewesen, ein Mann, der den Mut gehabt hätte, ein gefährliches Spiel zu wagen. Denn nichts anderem wäre ein solcher Frontwechsel gleichgekommen: auf der einen Seite standen der Wortbruch gegenüber den Mitgliedern der Großen Allianz, der Verzicht auf die Subsidien, von denen die Hofhaltung des neuen Königs bestritten wurde, Verzicht auch auf die oranische Erbschaft, und auf der anderen Seite das Risiko, sich zur falschen Zeit mit dem falschen Partner zu verbünden.

Ein solcher Mann war Friedrich nicht, und so wenig wie jemand zum Heldentum verpflichtet werden kann, so wenig darf man von Preußens erstem König verlangen, was ihm nicht gegeben war. Und so genügten Schmeicheleien, wie ebenbürtig Preußens Monarch allen anderen Monarchen sei, wie glanzvoll sein Hof, wie rühmenswert seine Truppen, wie schön seine Frau – Komplimente, die Prinz Eugen und der Herzog von Marlborough bei ihren Besuchen in Berlin geschickt anzubringen wussten –, oder Appelle an die gemeinsame Sache oder Drohungen, dass ein Sieg Frankreichs das Ende der preußischen Königsherrlichkeit bedeuten würde, um den König auf dem Pfad der Tugend zu halten.

Das Ziel, durch die Königskrone ein Gleicher unter Gleichen zu werden und nicht bloß der Führer einer Auxiliarmacht, der man erlaubte mitzuhelfen, aber nicht mitzuentscheiden, dieses Ziel war nur unzulänglich erreicht worden. Friedrichs Traum hat sich in seinem Erdenleben nicht erfüllt, die Zukunft aber sollte ihm Recht geben.

Wie sehr der erste Friedrich sich damit um sein Land verdient gemacht, ist selbst von Friedrich dem Großen anerkannt worden, der ihm sonst – ungerechterweise – nichts Gutes nachsagte: »Was in seinem Ursprung ein Werk der Eitelkeit schien, erwies sich nachher als ein Meisterstück der Politik ... Es war eine Lockspeise, die Friedrich seinen Nachkommen hinwarf und durch die er sagen wollte: ich habe den Titel erworben, Ihr sollt euch seiner würdig machen; das Fundament eurer Größe habe ich gelegt, an euch ist's, den Bau zu vollenden.«

II Die Königin und der Philosoph

Ein Leibrock für eine Million

Friedrich war nun König, und was vorausschauende Männer befürchtet hatten, trat ein: er wurde ein teurer König. Er lebte über seine Verhältnisse, spielte Versailles, ohne die Mittel zu haben, die seinem großem Vorbild zur Verfügung standen. Ruinös vor allem wirkten sich Korruption, Verschwendungssucht und Misswirtschaft aus.

Der vom Vater früher solide veranschlagte Haushalt wurde unter Friedrich von Etat zu Etat überschritten. Allein der Aufwand für den Hof stieg auf das Doppelte – logischerweise, denn die Zahl der Hofbediensteten hatte sich gleichfalls verdoppelt. Die endlosen Fluchten des Schlosses wimmelten von Kämmerern, Kammerjunkern, Hofjunkern, von Kammerjungfern, Kammermädchen, Jungfernmädchen, von Hofmeistern, Vorreitern, Leibkutschern, von Kammermusikern, Kunstpfeifern, Hoftrompetern, von Leibmedici, Leibbarbieren, Leibwächtern, von Pagenmeistern, Pagen, Pagenknechten, von Läufern, Beiläufern, Informanten, von Schokoladenbereitern, Silberkammerbediensteten, Weißzeugbeschließern, von Mohren, Heiducken, Hofnarren. Und eine Hofwehmutter gab es auch.

Alles, auch Nebensächliches, hatte das Zeichen des Überflusses zu tragen. Selbst die an allen Höfen hoch geschätzten Zwerge (denn über nichts konnte man sich mehr amüsieren als über körperliche Gebrechen) mussten ihre silberverzierten Kittel in goldverbrämte Livreen umtauschen. Die Rechnungen des Hofkonditors, die uns fein säuberlich erhalten geblieben sind, schnellten von 5144 Reichstalern im Jahr der Königskrönung auf 17 054 Taler im Jahr 1708 empor. Getränke und Speisen kamen in solchen Mengen auf die Tafel, dass sie nicht verbraucht werden konnten. In Berlin blühte der Schwarzhandel mit Bier, Burgunderwein und Champagner, mit Fasanen-, Enten- und Gänsebraten, mit Pasteten und Desserts. Alles zu Sonderpreisen direkt aus der Hofküche. Die »jute jebratene Jans« schmeckte, auch wenn man sie nicht mit »joldenen Jabeln« aß.

Der König selbst gab schlechte Beispiele. Auswärtige Gäste, die man zu den zahllosen Festen einlud, zu den Bällen, Opernaufführungen, Theatergastspielen, durften nicht unbeschenkt die Residenz verlassen. Die Präsente, die er ihnen überreichte, sollten von seinem Reichtum zeugen, und da hieß es großzügig sein mit goldenem Geschirr, diamantenbesetzten Tabatieren, silbernen Leuchtern, smaragdenen Ringen, schlichtem Bargeld.

Der Herzog von Marlborough bekam, ehe er sich's versah, eine juwelenbesetzte Agraffe an den Hut geheftet. Wert: 20 000 Taler. Frankreichs Gesandter, der nach einer Besichtigung der königlichen Preziosenkammer geäußert hatte, dass er außer seinem eigenen Herrn niemanden in Europa kenne, der sich solcher Schätze rühmen dürfe, sah sich für diese Bemerkung umgehend belohnt. Von einem König, der häufig durchblicken ließ, dass allein der Wert seines Galarockes von Sachverständigen auf eine Million geschätzt werde. Kennzeichnend auch der Brief an die Schwiegermutter, die allzu stolze Welfin aus Hannover. In der Absicht, ihren Neid zu wecken und sie zu ärgern, schrieb er, dass er gar nicht mehr genau wisse, wie viele Juwelen er eigentlich besitze.

An den Hof nach Berlin geschickt zu werden zahlte sich aus. Man konnte dort mit einer gewissen Wahrscheinlichkeit seinen Geldbeutel auffüllen und die Geschenke an Ort und Stelle in Dukaten verwandeln. Die Hofjüdin Liebmann, seit dem Tod ihres Mannes für Geschmeide aller Art zuständig,

II DIE KÖNIGIN UND DER PHILOSOPH

kaufte prompt und zahlte gut. Sie ging kein Risiko dabei ein: sie bot dieselben Stücke wieder ihrem König an. Mit gewinnbringendem Aufschlag. Eine Praxis, die Friedrichs Schulden bei Madame Liebmann auf über eine Viertelmillion steigen ließ.

Die Hofjuden, die man offiziell Hoffaktoren nannte, spielten in Mitteleuropa seit dem Dreißigjährigen Krieg eine immer wichtigere Rolle. Die Herrscher waren in dauernden finanziellen Schwierigkeiten. Versailles nachzuahmen kostete Geld, und da man es nicht hatte, musste man Kredite aufnehmen. Die Liebmanns in Berlin, die Oppenheimers in Wien, die Lehmanns in Dresden, wie einige der bekanntesten unter den Hofjuden hießen, waren nie verlegen bei solchen Diensten. Selbst argen Schuldnern und notorisch Kreditunwürdigen erschlossen sie noch Geldquellen. Die Stellung des Kreditnehmers musste nur hoch genug sein. Irgendwie kamen die Zinsen – von jenen, die sie aufbringen mussten, »Wucherzinsen« genannt – wieder herein. Wer also ein neues Lustschloss bauen, einen fremden Staatsmann bestechen, einen der zahlreichen Agenten bezahlen, eine teure Geliebte aushalten wollte, ging zum Juden. Die Liebmanns und Co. wurden gebraucht, aber nicht geliebt, denn wie zu allen Zeiten gefiel das Geld mehr als der Geldgeber.

Die Gerechtigkeit gebietet, auch jenen finanziellen Aufwand zu erwähnen, der bleibende Werte schuf. Es sind die Bauten, die unter Friedrich entstanden, die Akademien, die gegründet wurden, die bedeutenden Männer, die in Preußen einen Wirkungskreis fanden. Gewiss, es war der Barockfürst, der seine Macht und seine Herrlichkeit in Marmor und Stein verewigt sehen wollte, der die Künstler heranzog, weil sie dem Ruhm seines Hauses dienten, der die Gelehrten berief, weil es vorteilhaft schien, sich mit ihnen zu schmücken, der manches einfach deshalb haben wollte, weil es Ludwig XIV. auch hatte. Doch sind die Motive hier nebensächlich. Wichtig ist nur, was der kleine zierliche Mann mit seiner kulturellen

Besessenheit erreicht hat: er machte aus einem Provinznest eine Stadt, der die Zeitgenossen den Titel »Spree-Athen« gaben. Und das war eine Tat.

Das Schicksal des Baumeisters Schlüter

Friedrichs Baulust begann mit einer maßlosen Selbstüberschätzung. Versailles und Schönbrunn, Europas gewaltigste Schlossbauten, genügten nicht, ihm schwebte ein Projekt vor, das beide übertraf. Fischer von Erlach, kaiserlicher Oberbauinspektor in Wien, dessen Bauten die Stadt an der Donau zur Weltstadt des Spätbarock machten, bekam den Auftrag. Was er beim Bau von Schönbrunn nicht hatte verwirklichen können, nämlich »die Idee eines deutschen Königsschlosses«, versuchte er jetzt nachzuholen und entwarf ein gigantisches Lustschloss, dessen Flügel ein auf einer gewaltigen Terrasse gelegenes kreisförmiges Becken umfassten. Ein Weltwunder, das Versailles in den Schatten gestellt hätte, doch war es, gemessen an den Mitteln seines Bauherrn, unausführbar. Fischer von Erlach kam nicht zum Zuge in Preußen, was man bedauern könnte, wenn nicht an die Stelle des genialischen Architekten das Genie getreten wäre: Andreas Schlüter.

Als im Winter 1950 das Gebiet um den Berliner Lustgarten von dumpfen Detonationen erschüttert wurde, sank ein Bau in sich zusammen, der in den letzten Monaten des Krieges schwer gelitten hatte, den man jedoch, wie so vieles, was zerstört worden war, hätte wieder instand setzen können – wenn man es nur gewollt. Der Hass gegen den Geist Preußens aber, so wie ihn die damaligen Machthaber verstanden, war stärker als der Respekt vor der eigenen Geschichte. Das Berliner Schloss, das in seinen wesentlichen Teilen Schlüters Handschrift trug, ein Meisterwerk des norddeutschen Barock, wurde dem Erdboden gleichgemacht.

II Die Königin und der Philosoph

Wir wissen bis heute nicht, wann er geboren wurde, in welcher Stadt er aufwuchs (Hamburg und Danzig streiten sich darum), was in seinem Todesjahr im fernen Petersburg geschah, wohin ihn der Zar 1713 geholt hatte – ein Schleier des Geheimnisses liegt über dem Leben des eigenwilligen, starrköpfigen, überaus komplizierten Mannes Andreas Schlüter.

1694 sagte er dem Polenkönig in Warschau seine Dienste auf, folgte dem Ruf als Hofbildhauer nach Berlin, mit 1200 Talern Jahresgehalt, ein für die damalige Zeit gutes Salär, doch erbärmlich wenig, denkt man an die 6000 Taler, die ein *maître de la garderobe* bekam, an die 20 000 eines Kammerherrn. Er traf auf eine Stadt, in der sich neues Leben zu rühren begann, die über die Wälle hinauswuchs und Vorstädte erhalten hatte: wie die Dorotheenstadt, die Friedrichstadt mit 300 schmucken Häusern, erbaut im soliden Stil des aus Holland stammenden Baumeisters Nering. Doch tat sich noch viel Ländlich-Idyllisches in der etwa 20 000 Einwohner zählenden Residenz. Was eine Verordnung beweist, die die brandgefährdeten Strohdächer unter Strafe stellte und die auf den Hauptstraßen liegenden Dunghaufen, und eine andere, wonach es verboten war, dass die Schweine sich Unter den Linden suhlten.

Auf eben jener Prachtstraße, die einmal Weltruhm erlangen sollte, wurde gerade der Bau des Zeughauses begonnen, und hier bekam der Mittdreißiger Schlüter seine erste größere Aufgabe. Die Masken der sterbenden Krieger im Lichthof des Gebäudes haben nichts zu tun mit dem Heroenkitsch der Kriegerdenkmäler, mit dem von den Mächtigen so gern gebrauchten Wort, wonach es süß sei und ehrenreich, für das Vaterland zu sterben. Diese Köpfe künden von der unendlichen Qual des Todes auf dem Schlachtfeld, das kein Feld der Ehre ist, sondern ein Schindanger. Ein Bekenntnis in Stein, das sich nur das Genie leisten konnte: der König protestierte nicht, dass so viel Unheldisches den heldischen Bau schmücken sollte. Das berührt sympathisch. Doch sein größtes Verdienst war, ein Genie wie Schlüter überhaupt beschäftigt zu haben.

Aus den Gebäuden der alten Kurfürstenburg formte Schlüter »den mächtigen, schicksalsschweren Würfel seines majestätischen Palastes, mit der abweisenden, imperatorisch gedrungenen Wucht der Schlossplatzfassade, dem vornehmen Ernst seines Hofes und der lichten Front am Lustgarten«, und wer noch selbst über die prunkvollen Höfe gewandert ist, durch die gewaltigen Treppenhäuser, die Hunderte und Aberhunderte nie bewohnter Paradezimmer entlang, der erinnert sich jenes Gefühls aus Bewunderung und fröstelndem Erschrecken, das einen hier befiel: es war Preußen, das dem in Süddeutschland so heiteren Barock einen düsteren Stempel aufgeprägt hatte.

Phänomenal die Arbeitskraft dieses Mannes, der, vom Hofbildhauer zum Leiter des gesamten Kunstwesens und zum Direktor der neugegründeten Akademie der Künste aufgestiegen, nicht nur Meisterwerk auf Meisterwerk schafft, getrieben von der Ahnung, dass ihm nicht viel Zeit beschieden sein werde, sondern auch das Organisatorische bewältigt: die Erschließung neuer Steinbrüche, die Abrechnung mit den Handwerkern, die Suche nach Fachkräften, die Prüfung der Werkstücke, der Kampf mit den Hofbeamten um die Finanzierung. Es entstanden der Schweizer Saal, der Rittersaal und der »Schlüterhof«. Und es entstand das Werk, das genügt hätte, seinen Namen unsterblich zu machen, das Reiterstandbild des Großen Kurfürsten, heute vor dem Charlottenburger Schloss von den Touristen aus aller Welt bewundert. Der große Mann aber scheiterte trotz allem. »Ich muss nicht nur leiden«, heißt es in einem der wenigen schriftlichen Zeugnisse, die uns von ihm überliefert sind, »dass ich mein so lang mit großer Mühe zusammengebrachtes Werk abbrechen und davon in der Welt Schande haben muss, sondern ich muss auch Herzeleid von dem gemeinen Manne und Nachrede in allen Häusern erdul-

II Die Königin und der Philosoph

den, ich kann vor Traurigkeit nicht schlafen, vor Angst meiner Seelen ...«

Schlüter scheiterte, weil er, im Gegensatz zu vielen Baumeistern seiner Zeit, nicht aus dem Ingenieurfach kam und über der Phantasie die Technik vernachlässigte. Ein fast 100 Meter hoher Turm, dazu bestimmt, das Wahrzeichen der Residenz zwischen Lustgarten und Schlossfreiheit zu bilden, war mit seinen luftigen Säulengeschossen und dem Glockenspiel ein wunderschönes Bauwerk, nur im Boden verankern ließ es sich nicht. Schlüter hatte Berlins sumpfigen Grund nicht beachtet. Schwere Fehler beim Bau kamen hinzu. Sein Starrsinn, nicht einsehen zu wollen, dass er den komplizierten technischen Problemen nicht gewachsen war, ließ ihn auf eine Katastrophe zusteuern. Es half nichts, dass er einen zweiten, einen dritten Entwurf machte, immer längere Pfähle in den Boden rammte, immer stärkere Stützpfeiler aufführte, immer mehr Ankereisen verbaute – das gefährliche Knistern in den Mauern wurde stärker, der »Münzturm«, wie er genannt wurde, begann sich Zentimeter für Zentimeter zu neigen. 1706 musste Schlüter, um das Leben seiner Arbeiter und die Bewohner der umliegenden Häuser nicht zu gefährden, den Befehl zum Abbruch geben.

Jene, die ihm seinen Erfolg missgönnt hatten, sie frohlockten. An ihrer Spitze Eosander von Göthe, ein begabter Architekt, doch verglichen mit Andreas Schlüter ein Dekorateur. Zum neuen Baudirektor für den in Ungnade Gefallenen ernannt, wurde ihm der Erweiterungsbau des Berliner und des Lietzenburger Schlosses (das nach dem Tode der Königin Charlottenburger Schloss genannt wurde) anvertraut, eine Aufgabe, die er mit seinen Talenten bewältigte, ohne dass es ihm gelungen wäre, die ursprüngliche Konzeption zu zerstören.

Das Hohe Haus wie ein Gestüt betreiben

Der Bewohnerin des Lietzenburger Schlosses verdankt es
Friedrich I. nicht zuletzt, wenn die Zeit seiner Herrschaft zu
Preußens kulturellem Vorfrühling wurde. Sophie Charlotte
war eine ungewöhnliche Persönlichkeit, keinesfalls nur auf
Kirche, Küche und Kinder beschränkt, wie es Hohenzollern-
gattinnen später zukam, auch nicht bloße Gefährtin, eher
ein wenig *femme fatale*, die einzige Rolle, mit der sich eine
Frau damals Geltung verschaffen konnte – und Intellektuelle
dazu.

Ihr Enkel Friedrich der Große, dem sie den fritzischen
Blick vererbte, jenes leuchtend blaue, wie magisch wirkende
Auge, bezeichnete sie als eine Frau, die »das Genie eines großen Mannes mit den Kenntnissen eines Gelehrten in sich vereinigte«. Zar Peter, der sich auf seiner Reise durch Europa am
meisten für Hinrichtungen interessierte (als man ihm, mangels eines Delinquenten, das Rädern nicht vorführen konnte, bot er einen Mann seiner Begleitung an) und für Frauen,
hätte Sophie Charlotte am liebsten mit nach Hause genommen. Und der Sonnenkönig wollte das schöne Mädchen aus
der deutschen Provinz bei ihrem Aufenthalt in Versailles mit
einem Prinzen seiner Dynastie verkuppeln.

Die Welfen hatten es, 1684, vorgezogen, die kaum Sechzehnjährige dem brandenburgischen Kurprinzen anzutrauen.
Die Schöne und der Bucklige, *la belle et la bête*. Hannover
brauchte Preußens Unterstützung beim Kaiser, um Kurfürstentum zu werden, Preußen schätzte Hannovers englische
Verbindungen. »... und ist es ein Glück, dass sie nach das
Üßerliche nichts fraget und alzeit vor ihm amitié und estime
spüren lässt«, schrieb Charlottens Mutter in dem üblichen
mit französischen Vokabeln gespickten verderbten Deutsch.

Freundschaft und Achtung wird sie ihm entgegengebracht
haben, Liebe nicht, nicht einmal Zärtlichkeit. In einem ihrer

II Die Königin und der Philosoph

Briefe spricht Sophie offen darüber. Es ist ein Dokument, das davon zeugt, welche Opfer gebracht werden mussten, wenn man sein hohes Haus wie ein Gestüt betrieb. Über den Gemahl, der seinen Wunsch, mit ihr zu schlafen, durch die Übersendung seines Bettzeugs anzukündigen pflegte, heißt es da: »Ich muss enden, meine theure Freundin, denn die entsetzlichen Kissen treffen ein. Ich gehe zum Opferaltar ...«

Die Welt Friedrichs I. mit der sklavischen Nachahmung des französischen Hofes, seiner steifen Förmlichkeit und lästigen Etikette war nicht ihre Welt. Nicht das gräßliche Lever, bei dem der Landesvater auf dem Nachtstuhl thronend die Mitglieder des Geheimen Staatsrates empfing; nicht die sterbenslangweiligen Diners, bei denen jeder Bissen vom Obermarschall präsentiert, vom Kammerjunker gereicht, vom Kammerherrn gekostet wurde; nicht die pompösen Feierlichkeiten mit ihrem Paukenwirbel, Trompetenschall, Glockengeläut, Kanonendonner.

Sophie Charlottens Refugium war Schloss Lietzenburg. Hier war sie Mittelpunkt eines Kreises bedeutender Männer und galanter Frauen, darunter vieler Hugenotten, wie die französischen Protestanten hießen. Sie waren ihres Glaubens wegen aus dem katholischen Frankreich vertrieben worden und zählten bald zur Elite Preußens. Sophie hielt diesen Kreis mit ihrem hervorstechendsten Talent zusammen: der Konversation.

Die geistreich-geistvolle Unterhaltung, heute längst zum Partygeschwätz verkümmert, gehörte zur Kultur wie die Architektur, das Theater, die Musik und das Briefeschreiben. Konversation zu treiben war ein sehr weibliches Talent, das, zur Kunst erhoben, Gespräch, Dialog, Disputation umfasste und äußerst fruchtbar sein konnte. Leibniz bekannte nach Sophiens Tod, dass er es ihr verdanke, wenn er seine Studien vertieft und neue Anregungen erhalten habe. Etwa für Teile seiner »Theodizee«, eines seiner philosophischen Hauptwerke, in dem er versuchte, die Existenz des Bösen und Sinnlosen mit dem Glauben an die göttliche Gnade und Allmacht zu vereinen.

Dass Sophie Charlotte sich nicht in bloßer Schöngeisterei erschöpfte, bewies die Gründung der »Sozietät der Wissenschaften«, eines gemeinsamen Werks des Königs, der Königin und des Philosophen Leibniz. Sie sollte dem praktischen Leben dienen und ihre Mitglieder sich nicht zu schade sein, über scheinbar Banales nachzudenken, über Feuerspritzpumpen, Seidenraupen, Kalender, Förderschächte zum Beispiel, und außerdem dafür zu sorgen, dass »so viel schöne Concepta, Inventa, Vorschläge, Experimenta vortrefflicher Leute vor Verlieren und Vergessen praeserviret werden«. Leibniz warnte seine Kollegen vor wissenschaftlichem Hochmut, denn er wisse schon lange, dass selbst Laboranten, Scharlatane, Marktschreier, Alchimisten und Vaganten Leute von scharfem Geist sein könnten.

»ES IST RAR, DASS GELEHRTE NICHT STINCKEN«

Leibniz war der Star des Lietzenburger Musenhofes, ein moderner Ausdruck, doch für die damalige Zeit gültig. Auch der Starkult fehlte nicht, den man mit ihm trieb. Philosoph, Mediziner, Mathematiker, Konstrukteur von Rechenmaschinen, Historiker, Sprachforscher, Jurist, Theologe, einer der schöpferischsten Menschen überhaupt, eine »Akademie auf zwei Beinen«, dazu russischer Justizrat, kaiserlicher Reichshofrat, Politiker, Diplomat und Agent in welfischen Diensten, das war Gottfried Wilhelm Leibniz.

»… und hoffe, dass Sie bereits auf dem Sprung sind, abzureisen. Ich erwarte Sie mit Ungeduld in Lietzenburg., klingt es aus den Briefen Charlottes. Oder: »Was Sie zu kommen zwingt, ist ein Werk der Nächstenliebe.« Immer wieder schickt sie ihm, wegen des Pferdewechsels im Halberstädtischen, Mag-

II Die Königin und der Philosoph

deburgischen und Brandenburgischen und der Zollgrenzen, »Fuhrzeddel« nach Hannover. Für die Königin war der einer Bürgerfamilie entstammende Gelehrte ein Gleicher unter ihresgleichen, keine Selbstverständlichkeit, denkt man an die Herzogin von Orléans, die nach einem Besuch »Leibenitzens« anerkennend feststellte: »Es ist rar, dass gelehrte Leutte sauber sein undt nicht stincken ...«

Leibniz hatte es nicht leicht mit seiner Freundin und Gönnerin. Sophie, ein Kind des beginnenden Zeitalters der Vernunft, das den Menschen aus seiner »selbstverschuldeten Unmündigkeit« zu befreien versuchte, war von Zweifeln erfüllt. Sie zweifelte an den aus der mittelalterlich-scholastischen Welt stammenden Fundamenten des Glaubens, an der Gültigkeit der Konfessionen, an der Offenbarung, an den Wundern, an der Vorsehung, an der göttlichen Weltordnung überhaupt. Manchmal wusste auch Leibniz keine Antwort mehr auf die Fragen seiner Freundin, und wir hören förmlich seinen Stoßseufzer: »Sie will das Warum des Warum wissen.«

Ihre Skepsis, ihr Hang, aus jeder Antwort eine neue Frage zu machen, ihre Nüchternheit und Wissbegier waren berlinische Eigenschaften, und nicht umsonst hat man ihr später das Prädikat »die erste Berlinerin« verliehen. Dazu gehörte auch die Lust am Bonmot, das meist nicht *bon* war, sondern *mal*, »böse«, denn es entlarvte die Menschen ihrer Umgebung auf witzige und schonungslose Weise. Der Berliner Bankier Fürstenberg hat diese Leidenschaft einmal in die Worte gefasst: »Lieber'n juten Freund verlieren als'n jutet Bonmot.«

Sie blieb sich treu, als es ans Sterben ging. Ihre Lebensfreude, die aus Lietzenburg oft ein »Lustenburg« gemacht hatte, denn die Kinder des Musenhofes waren nie Kinder von Traurigkeit gewesen, sogar Leibniz hatte gelegentlich geklagt über allzu »lüderliches Leben«, diese Vitalität ließ sie 1705 zum Karneval nach Hannover reisen, obwohl sie an einer Halsgeschwulst erkrankt war. Sie versuchte, die Krankheit mit ihrem Willen zu unterdrücken, brach aber nach einem Ball mit Erstickungsanfällen zusammen. Sie wusste, wie es um sie stand, und wer sie über ihren Zustand belügen wollte, stieß auf Unverständnis.

Dem um ihr Seelenheil besorgten Prediger de la Bergerie sagte sie: »Ich habe seit zwanzig Jahren der Religion ein ernsthaftes Studium gewidmet. Sie können mir nichts sagen, was mir nicht bekannt wäre. Ich kann Sie versichern, dass ich mit meinem Gott gut stehe und ruhig sterbe.« An eine hemmungslos weinende Freundin richtete sie die Frage, ob sie denn geglaubt habe, dass sie, die Königin, unsterblich sei, und setzte hinzu: »Beklagen Sie mich nicht, denn ich gehe jetzt, meine Neugier zu befriedigen über die Urgründe der Dinge, die mir Leibniz nie hat erklären können.« *Einem* Menschen wenigstens, so bekannte sie ihrer engsten Vertrauten, der Pöllnitz, in ihrem letzten Bonmot, würde sie wenigstens eine Freude machen können, und das sei der König. »Das Schauspiel meines Leichenbegängnisses wird ihm Gelegenheit geben, seine ganze Pracht zu entfalten.«

Friedrich fiel in tiefe Ohnmacht, als er vom Tod seiner nur 37 Jahre alt gewordenen Frau erfuhr. Sein Schmerz war echt. Er hatte sie geliebt und war ihr immer treu gewesen. Seine einzige Tugend, diese Treue, oder wie sein Enkel sarkastisch hinzufügte: insofern man so etwas eine Tugend nennen dürfe. Nachdem man ihn in den nächsten Tagen mehrmals zur Ader gelassen, damit er die schwarze Galle der Melancholie loswerde, hatte er sich so weit wieder erholt, um das zu tun, was die Verblichene prophezeit hatte: er organisierte mit dem ihm eigenen Geschick das »prächtigste Begräbnis aller Zeiten«, eine *pompes funèbres* erster Klasse. Die Welt sollte erfahren, welchen Verlust er erlitten hatte und wie Preußen eine Leiche zu feiern verstand.

Berlin versank in Wolken schwarzen Tuches: die Straßen wurden mit Gaze ausgelegt, die Häuser mit Flor drapiert, die

Einwohner zogen dunkle Gewänder an. 80 000 aus allen Teilen des Landes herbeigeeilte Neugierige bildeten ein meilenweites Spalier (während hinter ihrem Rücken die leer stehenden Häuser von Dieben heimgesucht wurden). Nachts loderten Fackeln, schickten Pylone ihre Rauchfahnen zum Himmel. Totenköpfe, Skelette und Mumien erinnerten die im Dom Versammelten an ihre Vergänglichkeit. Auf einem bronzenen Monument lagen sich die allegorischen Figuren der Flüsse Spree und Havel weinend in den Armen. »Nun lasset uns den Leib begraben«, sang der Chor hundertfach, während die sterblichen Überreste feierlich in den von Schlüter geschaffenen Sarkophag gesenkt wurden, vor dem der Tod saß und den Namen der Königin in das Buch der Geschichte eintrug.

Ein Sechsjähriger wird Rektor

»Ermahnung an die Teutschen, ihren Verstand und ihre Sprache besser zu üben, samt Vorschlag einer teutsch gesinnten Gesellschaft« lautete der Titel einer Abhandlung, die Leibniz von einer anderen Seite zeigt. Er war hier der Repräsentant einer nationalen, gegen das Übergewicht Frankreichs gerichteten Bewegung. Verwunderlich auf den ersten Blick, drückte er sich doch wie alle Gebildeten am liebsten französisch aus. Doch hatte das eine mit dem anderen wenig zu tun: man konnte sehr wohl französisch sprechen und deutsch denken: Selbst der von Kopf bis Fuß französisierte Friedrich, der den Schirm aufspannte, wenn es in Paris regnete, bestellte sich von seiner Akademie ein »Großes Deutsches Wörterbuch«. Dem Hofhistoriographen Samuel von Pufendorf hatte er Zugang zu den geheimsten Akten verschafft, damit er die Geschichte Friedrich Wilhelms schreiben könne. Ein Auftrag, dem wir die erste moderne und für lange Zeit einzige Biographie des Großen Kurfürsten verdanken.

Pufendorfs Schüler und Freund, Christian Thomasius, hielt seine Vorlesungen an der Universität Leipzig 1687 erstmals in deutscher Sprache, eine unerhörte Neuerung, die die Professoren um ihre akademische Würde fürchten ließ. Auch die von ihm herausgegebene literarische Zeitschrift konnte von jenen gelesen werden, die kein Latein verstanden. Sie trug den schönen barocken Titel »Scherz- und ernsthafte, vernünftige und einfältige Gedanken über allerhand lustige und nützliche Bücher und Fragen« und war die erste deutsche Zeitung, weshalb man Thomasius auch den Begründer des deutschen Journalismus nennt.

Christian Thomasius war in vieler Beziehung ein Ketzer, einer, der von der allgemein als »richtig« angenommenen Lehre abwich. Er bezeichnete die immer noch grassierenden Hexenverfolgungen und Hexenverbrennungen – erst 1793 brannte die letzte »Hexe« – als eine Ausgeburt menschlicher Dummheit; er war dagegen, dass man Angeklagte »zwecks Wahrheitsfindung« folterte, er plädierte für Toleranz gegenüber anderen Religionen und gab dem natürlichen Recht des Menschen, dem Naturrecht, den Vorzug vor jedem überlieferten Dogma. So viel gesunder Menschenverstand war schon immer ein Ärgernis und erregte diesmal besonders die Lutheraner. Sie waren seit langem so engstirnig und unduldsam wie jene, die ihr Meister, Martin Luther, einst bekämpft hatte. Sie erwirkten seine Ausweisung aus dem zu Sachsen gehörenden Leipzig, und Thomasius flüchtete, begleitet von einer stattlichen Anzahl seiner Schüler, ins preußische Halle.

An der Saale stieß bald ein anderer von den unduldsamen Sachsen Vertriebener zu ihm, August Hermann Francke. Der evangelische Theologe verfocht ähnliche Grundsätze wie Thomasius. Der Pietismus, wie die neue religiöse Bewegung hieß, wandte sich gegen die sinnentleerte Kirchgängerei und den sinnlosen Dogmenstreit. Francke kämpfte dafür, dass der Christ seinen Glauben wieder innerlich erlebte und dass er etwas für

II Die Königin und der Philosoph

ihn tat. Praktische Nächstenliebe war es denn, die die Franckeschen Stiftungen entstehen ließ. Mit ihren Armenschulen, Waisenhäusern und Pensionsanstalten, mit den Lateinschulen und Lehrerseminaren, die den Begabten, gleich welchen Standes, eine Chance boten, wurden sie zu einem für ganz Europa vorbildlichen System der Erziehung und der Fürsorge.

1694 wurde in der Saalestadt auch eine Universität gegründet, zu der Studenten und Professoren aller Länder Deutschlands sich drängten, denn hier wurde Bahnbrechendes, Zukunftweisendes gelehrt. Friedrich III., der den sechsjährigen Kurprinzen Friedrich Wilhelm zum Rektor der neuen Alma Mater machte, konnte so viel Fortschrittlichkeit recht sein. Sowohl die Naturrechtler als auch die Pietisten waren für die Allmacht des Staates, wie sie sich im Landesherrn verkörperte. Nur er als der gestrenge, gerechte Vater wäre imstande, die Ordnung aufrechtzuerhalten, den Übermut der Stände in Schranken zu halten und den Frieden zwischen den Religionen zu wahren.

In Preußen sollte jeder nach seiner Fasson selig werden. Eine Toleranz, die notwendig schien in einem Staat, der eine Hochburg des Protestantismus bildete, in sich aber gespalten war in die Anhänger der lutherischen Kirche, deren »Gott« Luther bildete, und in die der reformierten Kirche, die sich auf die Reformatoren Zwingli und Calvin beriefen. Das Herrscherhaus zum Beispiel und die Hugenotten waren reformiert, der landbesitzende Adel dagegen vorwiegend lutherisch.

In Halle sollten die Beamten ausgebildet werden, denen das Wohl des Staates oberste Pflicht war, und die Pastoren, die ihr Heil in einem tätigen, der Nächstenliebe gewidmeten Christentum sahen. Halle wurde damit zur Stadt, in der Preußen die geistigen Waffen zu schmieden begann, die sich auf dem Weg zur Großmacht zumindest als so wichtig erwiesen wie der eiserne Ladestock und der Gleichschritt.

DER REICHSGRAF KOLBE,
EIN DUNKLER EHRENMANN

Sophie Charlotte nannte ihn einen »Windbeutel« und konnte sich nicht genug wundern, dass der König auf »ein solches Vieh« hereinfiel. Für die kronprinzliche Familie war sie »eine große Hur«, und Friedrich Wilhelm erinnerte sich zeit seines Lebens, wie er als Kronprinz, der mit Geld nicht zu korrumpieren war, durch ihren Körper bestochen werden sollte. (»Wenn Königliche Hoheit sich vergnügen wollen, brauchen Königliche Hoheit sich nur durch Ihren Stallmeister anmelden zu lassen, ich werde Königliche Hoheit das Vergnügen bereiten.«)

Die Rede ist von den beiden Wartenbergs, von Kasimir Kolbe von Wartenberg und seiner Frau Katharina, zwei Figuren, die auf der Bühne des höfischen Theaters zu Berlin Hauptrollen spielten. Sie sind ein Beispiel für Rankes Wort von der Berechtigung der kleinen Züge in der Historiographie, dass also Geschichte auch durch Geschichten bestimmt wird. Oder wie es die so unverblümte wie scharfsichtige Liselotte von der Pfalz, die mit dem Herzog von Orléans, dem Bruder des Sonnenkönigs, verheiratet war, an einem französischen Beispiel darlegte. »Unser König [Ludwig XIV.], sagt die Historie, ist aus Generosität aus Holland abgezogen und hat Frieden gemacht. Die rechte Ursache war, dass Madame de Montespan wegen ihrem Kind nach Versailles gekommen – und die wollte der König wieder sehen … ich weiß auch gewiss, dass dieser ganze Krieg nur angesponnen worden, weil Monsieur de Lionne, welcher damals Minister, wegen seiner Frau eifersüchtig war auf den Prinz Wilhelm von Fürstenberg, und um dem zu schaden, fing er mit Holland an.«

Wartenberg gehörte zu jenen für die Zeit typischen Höflingen, die um ihrer Karriere willen selbst die eigene Mutter verkauft hätten. Korrupt, intrigant, habgierig, bildeten

II Die Königin und der Philosoph

sie, verglichen mit Persönlichkeiten wie Danckelmann, die schlechtere Möglichkeit, Staatsdiener zu sein., Sie sind die Urbilder jener dunklen Ehrenmänner, wie sie Schiller später mit seinem Hofmarschall Kalb, Lessing mit seinem Kammerherrn Marinelli schuf.

Der stets elegant gekleidete Pfälzer Kolbe, dessen Gesicht, wie seine Gegner verbreiteten, von den vielen hinterhältigen und schleichend-heimlichen Gedanken gezeichnet war, verfolgte eine höchst einfache Taktik: er war seinem Herrn gefällig, redete ihm zu Munde, folgte den schrulligsten Launen, widersprach nie, und was die eigene Meinung betraf, so brauchte er sie nicht zu unterdrücken, er hatte keine. Da er es überdies verstand, die an allen Höfen grassierende Langeweile durch Lustbarkeiten zu vertreiben und die dazu notwendigen Mittel bereitzustellen, ohne dass die Schulden wie Schulden wirkten, hatte er sich bald beliebt und unentbehrlich gemacht. Außerdem war er klein und zierlich. So klein und zierlich wie Friedrich, der ganz im Gegensatz zu seinem Nachfolger hochgewachsene Leute verabscheute.

Er überhäufte diesen angenehmen und bequemen Mann, der niemals auf die Idee gekommen war, ihn an die moralischen Verpflichtungen eines Herrschers zu erinnern, wie es der Vorgänger getan, mit Ehren und mit Geld: Kolbe stieg vom einfachen Kämmerer zum Oberkammerherrn und Premierminister auf. Er wurde darüber hinaus zum Oberstallmeister ernannt, zum Generaldirektor der Domänen, zum Oberamtmann der Schatullgüter, zum Marschall des Königreichs Preußen, zum Protektor der Königlichen Akademien, zum Kanzler des Ordens vom Schwarzen Adler, zum Inhaber des Generalerbpostmeisteramtes. Alles Ämter, die reich dotiert waren und ihrem Inhaber ein Jahreseinkommen von 150 000 Taler einbrachten – kleine Aufmerksamkeiten nicht gerechnet, darunter ein Landgut und ein Grundstück an der Spree nebst Bauholz zur Errichtung eines Lustschlosses (Monbijou).

»Auf dass er«, wie sein hoher Gönner in unfreiwilligem Zynismus erklärte, »bisweilen sein Gemüt, welches von vielen großen Geschäften fatigiret wird, daselbst in etwas ausruhen möchte.«

Der Reichsgraf Kolbe – auch dazu hatte er es inzwischen gebracht – hätte zufrieden sein können. Er war es nicht. Seiner Gemahlin brachte man weit weniger Gunst entgegen als ihm. Katharina Kolbe von Wartenberg, geborene Rickert, die er einst dem Kammerdiener Biedekapp ausgespannt, hatte niemals die nicht ganz unbegründete Angst verloren, dass man sie unter Wert behandele. Sie entstammte, wie erwähnt, keinem hohen Haus, sondern einem Wirtshaus, war also keine Geborene, sondern eine Gewisse. So ging sie, bei der Krönung in Königsberg haben wir es bereits erlebt, keinem Streit aus dem Weg und nahm jede Gegnerin an, die ihr den Rang ablaufen wollte, dabei mit der urwüchsigen Burschikosität des Kindes aus dem Volke verfahrend.

REGIERT EINE WIRTSTOCHTER DAS LAND?

1709 bei der Taufe der Prinzessin Wilhelmine zum Beispiel drängte sie sich vor die Gattin des holländischen Gesandten von Lintlo, was ihr nicht zukam. Da Madame Lintlo auch Ellenbogen hatte, gerieten sich die Damen in die Haare, der Oberzeremonienmeister von Besser musste sich dazwischenwerfen, konnte aber nicht verhindern, dass die Kolbe der Lintlo ein Lockengebinde abriss, das sie triumphierend schwenkte. Zu einem ähnlichen Skandal kam es mit der Frau eines russischen Ministers. Klüger war die Herzogin von Holstein, sie ließ sich den Verzicht auf die ihr gebührenden zeremoniellen Vorrechte von Frau Wartenberg mit 10 000 Talern bezahlen. Nur bei Luise von Mecklenburg-Schwerin, der Nachfolgerin von Sophie Charlotte, kam sie an die Falsche. Die Mecklen-

II Die Königin und der Philosoph

burgerin befahl nach einer der einschlägigen Rangstreitigkeiten kurzerhand, man möge die Kolbe aus dem Fenster werfen.

Katharina triumphierte jedoch immer wieder, denn sie besaß die Gunst des Königs, ja sie galt als die *maîtresse en titre.* Galt, war es aber nicht, und dieser kleine Unterschied kündet von einer erstaunlichen preußischen Erfindung, der der Renommier-Maitresse. Wenn es ein Versailler Diktat gab, dem die deutschen Fürsten am willigsten folgten, so war es die Institution der Maitresse. Da man nicht aus Liebe heiraten durfte, musste man die Liebe woanders suchen.

Nur Friedrich war hier desinteressiert. Die Sache mit der Übersendung des Bettzeugs hatte ihm immer genügt. Um nun den Schein zu wahren, tat der kleine König etwas höchst Rührendes: er promenierte mit der Frau seines Premierministers sommers im Schlossgarten und winters auffällig hinter einer Balkontür, unter der Schlüter sinnigerweise ein Basrelief angebracht hatte, das die Göttin Venus auf einem schlafenden Löwen zeigte.

Mancher zweifelte am schönen Schein und die Frage, hat er nun oder hat er nicht, nährte den Hofklatsch, doch hatte er anscheinend *nicht.* Die Gräfin gestand im holländischen Exil dem Freiherrn von Pöllnitz, dass sie so viele Liebhaber gehabt habe wie Muscheln am Strand von Scheveningen, der König Friedrich aber sei nicht darunter gewesen, »so gern ich diese wohl unstreitig ehrenvollste Eroberung gemacht hätte«.

Der Reichsgraf selbst unterstützte seine Frau bei ihren Zeremonialschlachten, weil jede Minderbewertung – so stark war die Etikette – seine eigene Macht minderte. Jahrelang kämpfte er darum, dass sie in Lietzenburg zugelassen werde, was stets am Widerstand Sophie Charlottes scheiterte, die sich strikt weigerte, »das Mensch« in ihrem kultivierten Zirkel zu empfangen. Der Premierminister bot ihr schließlich eine Erhöhung der Apanage an und die Begleichung ihrer Schulden, eine Offerte, der Charlotte nicht gewachsen war. Sie gab nach, denn Lietzenburg war ihr lieb und ziemlich teuer. Auf eine kleine, sehr weibliche Bosheit konnte sie nicht verzichten. Sie sprach mit der Kolbe nur französisch, wohl wissend, dass ihr Gast diese Sprache nicht beherrschte ...

Katharina, die in einer viel gelesenen Schmähschrift eine Hexe, eine Teufelin, eine babylonische Zauberin genannt wurde, muss etwas Besonderes gehabt haben, das nicht nur in ihren roten Haaren, den meergrünen Augen und der sanft heiseren Stimme bestand. Es war wohl jenes gewisse Etwas, ohne das auch negative Karrieren nicht möglich sind. Schließlich war es ihr gelungen, und das selbst noch im Alter, eine Reihe bedeutender Männer in sich verliebt zu machen, und so müssen wir der von der Sittengeschichte getroffenen Feststellung zustimmen, wonach sie eben eine Frau mit starker sexueller Ausstrahlung war. »... so veranlagten Frauen werden die Männer viel leichter untertan als feiner organisierten weiblichen Wesen«, heißt es da mit unüberhörbarem Seufzer.

Auch Wartenberg selber, der auf ihre Treue ansonsten keinen Wert legte, war ihr untertan, und zwar derart, dass man vom Grafen und der »regierenden Gräfin« sprach. Da Katharina ihren Mann beherrschte und ihr Mann den König, sei die wahre Beherrscherin Preußens eine ehemalige Wirtstochter, meinte die Mutter Sophie Charlottes und sprach damit aus, was alle dachten. Doch war es so schlimm nicht, dazu fehlte der Wartenberg der Geist einer Montespan, die Intelligenz einer Pompadour, der Witz einer Dubarry, wie ihre großen französischen Kolleginnen hießen.

GRAF WARTENBERG, GRAF WITTGENSTEIN UND KONSORTEN

Wie nun Wartenberg sich seiner Gegner entledigte und durch eigene Kreaturen ersetzte, ist ein Schulbeispiel höfischen In-

II Die Königin und der Philosoph

trigantentums. Ränke traten an die Stelle der Staatskunst, sich gegenseitig befehdende Parteien zersplitterten die Kräfte, die Eignung für ein Amt war weniger wichtig als die Gunst. Das hat es an anderen Höfen und zu anderen Zeiten auch gegeben, und der Kampf um die Alleinherrschaft ist nie zimperlich geführt worden. Doch kämpfte hier kein Vollblutpolitiker um die Macht, weil er anders seine Politik nicht verwirklichen konnte, hier intrigierte ein Höfling, dem Preußen gleichgültig war, der keine politischen Ziele hatte, es sei denn die, ein Vermögen zusammenzuraffen.

Wartenberg verstand wenig vom schwierigen Geschäft des Staatsmannes. Und er wusste es. Nicht umsonst präsentierte er seinem Herrn ein Revers, wonach nicht er für eventuelle Fehlschläge verantwortlich gemacht werden könne, sondern jene, die ihm zu den betreffenden Schritten geraten hätten. Friedrich unterschrieb das wohl einmalige Dokument und stellte seinem Premier damit einen Freibrief aus, eine Art Jagdschein, wie sich bald zeigen sollte.

Sein erster Schlag traf das Geheime Ratskollegium, das den König in allen wichtigen Fragen beriet und praktisch die Regierung bildete oder zumindest hätte bilden sollen, denn Wartenberg ignorierte die Herren immer häufiger. Dem Widerstand, der ihm daraufhin entgegenschlug, begegnete er damit, dass er Friedrich »schmerzlichst ersuchte, die gegen Seine Majestät treuesten Diener erhobenen Vorwürfe« zu prüfen, dergestalt, dass jedes Ratsmitglied sie öffentlich wiederhole.

Es traf ein, was er hatte erreichen wollen: die Herren kniffen und erklärten dem König ergebenst, sie hätten nichts gegen des Oberkammerherrn reichsgräfliche Gnaden vorzubringen. Wenn sie diesmal die Wahrheit gesagt hatten, so mussten sie vorher gelogen haben, und so lügnerische Ratgeber zu strafen war eines Premierministers Pflicht. Wartenberg kam ihr rasch nach.

Oberhofmarschall Graf Lottum durfte sich auf seine Güter zurückziehen. Hofmarschall von Wengsen, den man dazu angestiftet hatte, seinem König die Wahrheit über des Grafen Kolbe Machenschaften zu sagen, wurde als Strafgefangener auf die Festung Küstrin verbracht. Einem Dritten machte man kurzerhand den Prozess. Schwerer war dem Oberkriegskommissar Graf Dönhoff beizukommen, da er zusammen mit dem die Armee befehligenden Generalfeldmarschall Barfus eine starke Fraktion bildete, die sich überdies der Unterstützung der Königin Sophie Charlotte sicher sein konnte.

Doch in einem Staatswesen, in dem Illegales an der Tagesordnung war, fiel es nicht schwer, den Fleck auf der Weste zu finden. Bei Dönhoff waren es einige tausend Taler, mit denen er sein Gehalt etwas zu eigenmächtig aufgebessert hatte. Auch ihm wurde geraten, er möge sich in Zukunft mehr um seine Kartoffeln und Rüben kümmern. Feldmarschall Barfus, ein Held im Türkenkrieg, doch ein Hasenfuß im Kampf mit den Höflingen, kapitulierte freiwillig und reichte seine Demission ein. Mit dem Ausscheiden des Oberhofmeisters Graf Dohna war die Opposition beseitigt.

Bei der Neubesetzung der frei gewordenen Stellen zeigte sich Kolbes ganze Durchtriebenheit. Generalkriegskommissar wurde Daniel Ludolf Danckelmann, der Bruder des Mannes, zu dessen Ausschaltung der Reichsgraf selbst beigetragen hatte. Ein teuflischer Einfall, diese Berufung, würde es doch Daniel Ludolf mit Rücksicht auf seinen eingekerkerten Bruder nie wagen, gegen Wartenberg zu opponieren. Oberhofmarschall wurde ein Herr Wittgenstein, der den Vorteil hatte, von hohem Adel zu sein, was Friedrich liebte, und einen Berg Schulden zu haben, was Wartenberg schätzte. Er hatte ihm eine Abteilung Dragoner geschickt, mit deren Hilfe Wittgenstein die Bauern seiner Reichsgrafschaft um eine Summe erpresste, die sie laut Urteil des Reichskammergerichts gar nicht zu zahlen brauchten. Da Wartenberg auch die übrigen

II Die Königin und der Philosoph

Gläubiger auf Distanz hielt, machte er den Grafen derart von sich abhängig, dass es keine Niedrigkeit gab, zu der er ihn nicht hätte zwingen können.

Ein anderer Graf, der von Wartensleben, bekam den Posten des Generalfeldmarschalls. Das schien ein Fehler zu sein: härter konnte man die altgedienten preußischen Generale nicht vor den Kopf stoßen, als ihnen den Chef der aus zwei Regimentern bestehenden sächsisch-gothaischen Liliput-Armee vorzusetzen. Der Fehler war berechnet. Wartenslebens Stellung war wegen der Verbitterung aller Militärs ständig stützungsbedürftig. Und er wusste, wer allein ihn stützen konnte.

Blieb noch Heinrich Rüdiger Ilgen, ein stiller, unauffälliger Beamter, Mitglied des Geheimen Ratskollegiums. Leibniz hatte ihn einst in der Provinz entdeckt und zu einer Karriere verholfen, die bis in die Kanzlei des Großen Kurfürsten führte. Wartenberg mochte den Geheimrat nicht: der Mensch war ihm, da schwer durchschaubar, unheimlich und hatte etwas von einer grauen Eminenz. Man wusste nie, woran man mit ihm war. Er wusste viel, zu viel, ein Grund, warum Beamte wie er die Ministerwechsel überdauerten. Auf ihn war schwerlich zu verzichten. Er verfügte über all das, was Wartenberg fehlte: immensen Fleiß und solide Kenntnisse in der auswärtigen Politik und der inneren Verwaltung.

Wartenberg, Wittgenstein, Wartensleben waren die drei Namen, die von nun an in aller Munde waren, und die Leute spotteten, dass ihnen ein dreifaches W(eh) bereitet werde. Die Teufel, die sie damit an die Wand malten, wurden bald leibhaftig.

III Das Ende des »dreifachen Weh«

Deserteure, Defraudanten, Delinquenten

Preußens Thronfolger, der nachmalige Soldatenkönig Friedrich Wilhelm I., ging auf Freiersfüßen. Die Braut stammte wieder aus dem bewährten Hochzeitshaus der Hannoveraner. Friedrich war doppelt glücklich darüber: der junge Mann war schwierig, und vielleicht würde die Ehe ihn etwas weniger schwierig machen; außerdem war es wieder mal eine Gelegenheit, sich selbst zu feiern. Da alles, wie gewohnt, vom Feinsten sein sollte, wurde die mit den Hannoveranern verwandtschaftlich verbundene Herzogin von Orléans, besser bekannt unter dem Namen Liselotte von der Pfalz, gebeten, die Ausstattung zu besorgen. Sie kam dem ehrenvollen Auftrag mit Eifer nach, konnte sich aber nicht enthalten, über eine der Bestellungen ihrem Befremden Ausdruck zu geben.

»... däucht mich aber«, schrieb sie, »dass Lack und vergoldetes Porzellan sind zu saubere Sachen, um vor ein Kackstuhl zu dienen, es müsste denn schon ein Schauscheißen seyn ...«

Etwa zur gleichen Zeit erreichte die Hofkanzlei in Berlin ein Brief, den der Pfarrer des Kirchdorfs Pillupöhnen in Ostpreußen geschrieben hatte, und in dem es hieß: »... nachdem die unbarmherzigen Exukanten [Steuereintreiber] die blutarmen Leute auf tatarisch traktiert und der ganz elend verarmte Mann das Letzte hat ausstoßen müssen, haben schon viele, ja, die meisten, bei jetziger Zeit in vier bis sechs Wochen keinen Bissen Brot geschmeckt, nichts Gesalzenes gegessen, da kein Schilling vorhanden, Salz zu kaufen.«

Es hat nichts mit Demagogie zu tun, wenn man diese beiden Dokumente gegenüberstellt. Sie zeugen von der sozialen

III DAS ENDE DES »DREIFACHEN WEH«

Wirklichkeit, von einer Gesellschaft, in der sich Arm und Reich krass gegenüberstanden: maßloser Luxus und trostlose Armut, der privilegierte Adel und der rechtlose Bauernstand. Ein Mittelstand fehlte. Die Handwerker waren durch eine erstarrte, noch aus dem Mittelalter stammende Zunftverfassung in ihrer Entwicklung eingeengt, die Beamten durch die unregelmäßige oder ganz ausbleibende Zahlung ihrer Gehälter desinteressiert, die Kaufleute durch die Unzahl der Zollschranken behindert.

Das soziale Elend war die Ursache für eine Unzahl menschlicher Tragödien, für die Entstehung eines wahren Heeres von Gescheiterten und Verzweifelten. Deserteure, Defraudanten, entlaufene Lehrlinge, verkrachte Studenten, von der Scholle vertriebene Bauern zogen bettelnd, raubend, stehlend durch das Land, einer ägyptischen Plage gleich, die man bald hinnahm, als sei sie von Gott gewollt. Die Kriminalität war hoch wie selten zuvor, und drakonische Strafen blieben wirkungslos. Als man auf Berlins Straßen unter Trommelschlag bekannt gab, dass jeder Diebstahl im Wert von über zehn Talern künftig mit dem Tode bestraft werde, wurden am anderen Tag aus dem Ankleidezimmer der Königin über tausend Taler gestohlen.

Trotz allen Elends war Friedrich nicht imstande, seinen Aufwand einzuschränken. In der ständigen prunkvollen Demonstration der eigenen »Grandeur« sah er die Stütze seines Herrschertums. Nur so glaubte er es auf die Dauer im öffentlichen Bewusstsein verankern zu können. Er war überzeugt, dass ein König, der nicht tagtäglich zeigte, dass er einer ist, es auch nicht lange bleibe. Das Volk diente ihm dazu lediglich als Staffage. Seine Sorgen und Nöte kannte er nicht. Sie hätten ihn auch nicht sonderlich interessiert. Da unterschied er sich in nichts von den Herrschern auf den Thronen Österreichs, Frankreichs, Englands, Spaniens, Russlands, von den Serenissimi der Klein- und Kleinststaaten zu schweigen. Sie

alle als »Blutsauger«, »Volksschädlinge«, »gewissenlose Aus-
beuter« zu bezeichnen, mag vom heutigen Standpunkt aus
seine Berechtigung haben. Aber eben *nur* vom heutigen! Menschen und Mächte, das klingt schon wie eine Binsenweisheit,
sollten nicht vom Katheder der Gegenwart herab verurteilt,
sondern aus ihrer eigenen Zeit heraus verstanden werden.

Einen Taler für die Jungfernschaft

In dem Minister Wartenberg fand das Volk ohnehin keinen
Fürsprecher beim König. Er war lediglich darauf bedacht, das
jeweils größte Leck im Staatsschiff zu stopfen. Steuern schienen dazu das geeignete Mittel, und es mutet abenteuerlich an,
wenn man liest, was alles besteuert wurde.

Zur Erweiterung des Schlossbaus um das Doppelte, zur
Wiedervermählung des Königs, zu Huldigungen durfte man
durch »freiwillige« Spenden beitragen, wie wir bereits bei der
Krönung gesehen. Jede Dienstleistung einer Behörde, seien es
Stempel, Abschriften von Akten, Ausstellung von Urkunden,
Entgegennahme von Bittschriften, unterlag hohen Gebühren.
Wer Pferd und Wagen benutzte und damit das Straßenpflas-
ter abnutzte, zahlte eine Karossensteuer, und wer eine Perücke trug, eine Perückensteuer. Beide Steuern waren an einen
Monsieur Papus de Laverdange verpachtet, dessen Schergen
die Chaisen kontrollierten und die Köpfe. Wer sich illegal bedeckt hatte, ohne das amtliche Siegel, wurde seiner Locken-
pracht beraubt und durfte kahlhäuptig seinen Weg fortsetzen;
zum unbändigen Vergnügen der Gassenbuben. Die künstliche
Frisur brachte gutes Geld, denn sie war Standesabzeichen: je
länger die Locken wallten, umso höher war die Stellung ihres
Trägers. Ludwig XIV. hatte sie, um seine Glatze zu verbergen,
eingeführt und damit hoffähig gemacht. Eine aus Frankreich
importierte Perücke aus echtem Haar kostete 1000 Taler plus

III DAS ENDE DES »DREIFACHEN WEH«

25 Prozent Importsteuer. Landesprodukte aus Ziegen- oder Pferdehaar, die von den einfachen Leuten getragen wurden, schlugen mit nur sechs Prozent Steuer zu Buch.

Nicht nur, was man *auf* dem Kopf trug, musste versteuert werden, der Kopf selbst wurde herangezogen. Da der König schlecht leugnen konnte, auch einen zu haben, taxierte er sich gleich auf 4000 Taler. Eine beachtliche Summe, mit der er zeigen wollte, wie hoch er über allen stand. Der Kopf eines Grafen kam auf sechzig Taler, der eines Kaufmanns auf zwölf, der eines Handwerkers auf vier und der einer Magd auf vier Groschen. War das Mädchen schon über zwanzig und noch immer Jungfer, zahlte sie für ihre Jungfernschaft einen Silbertaler pro Jahr. Wollte sie sich am Sonntag schön machen, waren für die neuen Schuhe, die Strümpfe und den Hut je ein Groschen fällig. Der Verehrer, der sie mit einer Tasse Kaffee, Tee oder Schokolade zu verführen suchte, brauchte für diese Genussmittel einen Erlaubnisschein. Preis: zwei Taler pro anno.

An den Toren wurden die im Morgengrauen zum Markt fahrenden Bauern peinlich gefilzt. Für jede Gans, jedes Scheffel Getreide, jeden Topf Honig bat man sie zur Kasse. Abgaben, die sie sogleich auf den Marktpreis aufschlugen. Bald hatte die Akzise, die Verbrauchssteuer, den größten Teil der »Consumation« erfasst. Selbst um die Borsten der Schweine kümmerte sich der Fiskus, indem er sie mit einem Monopol belegte und an die Bürstenbinder verkaufte.

Das vom Großen Kurfürsten ersonnene geniale System der indirekten Steuern, das in ganz Europa vorbildlich geworden, war sorgfältig auf die steuerliche Leistungskraft der einzelnen Bürger zugeschnitten gewesen: sein Staat nahm nicht nur, er gab auch, indem er die Wirtschaft förderte, sie vor der ausländischen Konkurrenz durch Zölle schützte, überhaupt auf allen Gebieten dafür sorgte, dass die Henne, die die Eier legte, keine Not litt. Unter seinem Sohn wurde die Steuerschraube immer stärker angezogen, und Besteuerung wurde zur Beraubung. Monsieur de Laverdange mit seinen Chaisen und Perücken machte Schule.

Bald war auch die Fleischsteuer und die für Getränke, Lebensmittel, Kaufmannswaren an Steuereinnehmer verpachtet, dubiose Figuren meist, die nur eines im Sinn hatten: möglichst rasch die Pachtsumme wieder hereinzuholen, um die eigenen Taschen zu füllen. Ihre Methoden waren von ausgeklügelter Brutalität, und alle vertraten sie den Standpunkt, dass nach ihnen die Sintflut kommen dürfe. So betrieben sie das, was Wartenberg ihnen in Vollendung vormachte und für sein ganzes System typisch war: Raubbau.

Der Hof fraß alle Steuern gieriger als Moloch seine Kinder, und man begann, auf die Subsidien zu schielen. Diese Hilfsgelder zahlten seit dem späten Mittelalter die reichen Länder den armen Ländern, damit sie entweder gar nichts taten, also neutral blieben, oder sehr viel taten, nämlich Truppen stellten. Reich geworden waren die Niederlande und England. Die Ausbeutung ihrer Kolonien und der Überseehandel hatten es ihnen gestattet, große Geldreserven anzulegen, während Preußens Reichtum lediglich aus einer gut gedrillten Armee bestand. Die von diesen Ländern geleisteten Subsidien, dazu bestimmt, die auf allen Kriegsschauplätzen kämpfenden brandenburgisch-preußischen Truppen auszurüsten und zu verpflegen, wurden von Wartenberg jetzt mehr und mehr für die Zwecke des Hofes verwendet. Mit dem Ergebnis, dass die Grenadiere keinen Sold mehr bekamen und die Kavalleristen kein Futter für die Pferde.

Die Stellung von Soldaten gegen Hilfsgelder geriet ins Zwielicht, und wenn zweifellos auch preußische Interessen auf dem Spiel standen – Englands Marschall Marlborough vergaß nie zu betonen, dass es bei den Feldzügen gegen das aggressive Frankreich Ludwigs XIV. auch um Sein oder Nichtsein Preußens ging –, man sprach nicht zu Unrecht von Menschenhandel.

III Das Ende des »dreifachen Weh«

Der Goldmacher Caetano

Die finanziellen Sorgen Berlins trieben bald die seltsamsten
Blüten. Wenn, so schien man sich zu sagen, auf natürlichem
Weg kein Geld zu beschaffen war, dann eben auf übernatürli-
chem. Aus Obersachsen ließ man Schatzgräber kommen, die
mit Wünschelruten nach den während des Dreißigjährigen
Krieges vergrabenen Schätzen suchten.

1705 tauchte am Hof der Don Domenico Manuel Caetano
Conte de Ruggiero auf. So falsch sein Grafentitel war und sein
aus altem römischem Patriziergeschlecht stammender Name –
er kam aus den Elendsvierteln Neapels –, so echt war sein
Rang als kurbayerischer Feldmarschall, Generalfeldzeugmeis-
ter, Staatsrat, Kommandant von München. Titel, die ihm der
Kurfürst von Bayern für ein Versprechen verliehen hatte, das
er nicht hatte halten können, jetzt aber Friedrich von neuem
machte: Gold herzustellen.

Den schlechten Ruf, der ihm auch aus Wien, Düsseldorf
und Hannover vorausgeeilt war, erklärte er mit dem Neid seiner Feinde, gegen die in Schutz zu nehmen er Friedrich untertänigst bat. Er wolle sich auf eine Art erkenntlich zeigen, die
einem König der Könige würdig sci, wie er, die Schwäche des
Hohenzollern für plumpe Komplimente sofort erkennend –
sich ausdrückte. Friedrich, von Geldgier und Schmeichelei
gleichermaßen geblendet, ernannte den Grafen flugs zum
preußischen Generalmajor, schenkte ihm sein in Diamanten
gefasstes Porträt, brachte ihn im Fürstenhaus auf dem Fried-
richswerder unter und geruhte, eine Probe seiner Kunst ent-
gegenzunehmen.

Die Probe fand in Gegenwart Seiner Majestät und der
höchsten Würdenträger in der alten Gesindeküche des Schlosses statt, wo man eigens einen Schmelzofen eingebaut hatte. Caetano verwandelte unter atemloser Spannung seiner
Zuschauer eine Kupferstange von einer Elle Länge (in Preu-

ßen 66 cm) und einem Zoll Durchmesser (2,6 cm) mit Hilfe einer rötlichen Tinktur in ein gelb glänzendes Metall. Zwei Münzbeamte und ein Juwelier stellten nach eingehender, an Ort und Stelle vorgenommener Untersuchung fest: reines Gold.

Der König und seine Minister waren berauscht von den sich abzeichnenden Zukunftsaussichten, und selbst der Kronprinz schien verblüfft: er, der als Einziger so misstrauisch gewesen war, dass er, dem »Grafen« assistierend, eigenhändig das Kupfer in den Tiegel getaucht hatte, denn der logische Verstand sagte ihm, ein Mensch, der Gold zu machen verstände, bräuchte keinen König, um königlich leben zu können.

Logik aber war nicht gefragt angesichts einer solchen Probe und eines Mannes, der dem König nicht nur ein Fläschchen mit der geheimnisvollen Tinktur schenkte, sondern beiläufig meinte, er könne binnen zweier Monate etwa sechs Millionen Golddukaten machen. Der kleine Vorschuss in Höhe von 60 000 Silbertalern, um den er bat, sei nötig, um mit den unumgänglichen Vorbereitungen für eine derartige Massenproduktion zu beginnen.

Im 18. Jahrhundert hatten die Goldmacher Konjunktur. Ihre Disziplin, die Alchimie, hatte ursprünglich nichts gemein mit irgendwelchen Scharlatanerien, sondern fußte auf einer uralten Tradition, wonach es ein Elixier geben müsse, das alle unedlen Metalle in das edelste verwandeln könne. *Quinta essentia* oder Stein der Weisen wurde das Elixier genannt. Auf der Suche danach hatten die Alchimisten so nützliche Dinge entdeckt wie den Weingeist, das Schwarzpulver, den Phosphor – doch kein Gold. Im Zeitalter der beginnenden Wissenschaft waren sie dann bloße Scharlatane geworden.

Sie fanden ihre Opfer vornehmlich in den höchsten Kreisen, dort, wo so viel Geld verschwendet wurde, dass die Finanzen in chronischer Unordnung waren. Friedrich hatte gerade

III Das Ende des »dreifachen Weh«

großen Verdruss gehabt mit dem Berliner Apothekerlehrling Böttger, dem Jüngsten aus der Goldmacherzunft, der nach Dresden geflohen war, wo er unter dem Schutz Augusts des Starken stand, der seine Auslieferung zu verhindern wusste. Der Sechzehnjährige konnte auch dem Sachsen kein Gold liefern, doch war er hinter ein Geheimnis gekommen, das die Europäer den Chinesen schon immer hatten entreißen wollen: die Kunst, »weißes Gold«, Porzellan, herzustellen.

Den Italiener galt es mit allen Mitteln an den Hof zu binden, denn die Probe, die er gegeben hatte, war überzeugend. Dass hier ein gekonnter Taschenspielertrick vorlag, ahnte nur der Kronprinz. Man richtete ihm eine Werkstatt ein und wartete auf die Tonne Gold, die er zu produzieren zugesagt hatte. Aber statt des Edelmetalls kamen Ausflüchte, dann erneute Versprechungen, dann ein Ölgemälde, das den König inmitten von Bergen von Dukaten zeigte, schließlich kam nichts mehr, denn der Meister war abgereist. Man holte ihn zurück, er verschwand wieder heimlich über die Grenze, diesmal wurde er festgenommen und auf die Festung Küstrin verbracht. Ein Gefesselter, so ließ er pathetisch aus seinem Kerker verlauten, sei unfähig, die hohe Kunst des Goldmachens auszuüben, woraufhin man ihn freiließ. Wieder in Berlin, begann er in seiner Hexenküche, umgeben von brodelnden Kolben und zischenden Tiegeln, eingehüllt in schweflige Dämpfe, mit phantastischem Aufwand zu experimentieren. Gold gaben die Retorten jedoch auch diesmal nicht her.

Der König, mehrfach gewillt, den Grafen als Betrüger zu entlarven, jedoch immer wieder gequält von der Ungewissheit, damit den Esel zu schlachten, der wie im Märchen vielleicht *doch* Dukaten scheißen könne, handelte nun. Der Conte de Ruggiero wurde nicht, wie sonst üblich, ausgewiesen, sondern zum Tod durch den Strang verurteilt. Der Henker bereitete sich das grausige Vergnügen, den Galgen und die Kleider des Delinquenten mit Rauschgold – dünn ausgewalztem Messingblech – zu schmücken. Auf dem Richtplatz stand der Graf im Morgengrauen und beteuerte flehentlich bis zum letzten Atemzug: »Ich kann Gold machen, bitte, ich kann es ... ich ...«

LUBENS GROSSER PLAN

Der Steckbrief bezeichnete das gesuchte Individuum als gefährlichen »Vagabunden«, der seinem Land unermesslichen Schaden zugefügt habe, und es werde jeder, der ihn beherberge, bestraft, dagegen jeder, der ihn anzeige, belohnt. Bei dem Gesuchten handelte es sich um den ehemaligen kurmärkischen Kammerbeamten Christian Friedrich Luben, den der König seiner Verdienste wegen vor nicht allzulanger Zeit als Luben von Wulffen in den Adelsstand erhoben hatte. Luben gehörte zu den Menschen, die das Gute wollen, und dabei doch nur an ihre Karriere denken. Sein Aufstieg war steil, sein Sturz umso tiefer. »Denn das war nun einmal der Sinn der Zeit«, meinte Ranke, »dass misslungene Unternehmungen, sei es in der inneren oder äußeren Politik, an den vornehmsten Urhebern derselben, die als persönlich verantwortlich galten, geahndet wurden.« Ein Sinn, der *unserer* Zeit verloren gegangen zu sein scheint.

Lubens Plan erschien so einfach wie kühn. Er sah vor, die dem Fiskus gehörenden Domänen, die Staatsgüter, nicht mehr ausschließlich den bisherigen Pächtern, kapitalkräftigen Unternehmern, zu überlassen, sondern sie unter die Bauern und andere Interessenten gegen einen jährlichen Erbzins aufzuteilen.

Die Bauern waren, sieht man von einigen Landstrichen westlich der Weser ab, leibeigen. Sie gehörten ihrem adligen Gutsherrn, den Junkern, mit Haut und Haaren, hatten ihm Gehorsam zu schwören, waren seiner Gerichtsbarkeit unter-

III Das Ende des »dreifachen Weh«

worfen, mussten sich sogar samt ihrem Hof verkaufen lassen.
»Seid untertan der Obrigkeit, die Gewalt über euch hat«, das
Bibelwort hörten sie allsonntäglich von einem Pfarrer, der
seinen Schäfchen das Gottgewollte ihres Daseins zu erklären
hatte. Erst waren die Felder des Herrn zu bestellen, war *seine* Ernte einzubringen, *sein* Korn zu dreschen, *sein* Holz zu
fahren, ehe der eigene Acker bewirtschaftet werden durfte.
Die Steuereinnehmer kassierten bei ihnen, nicht bei der Herrschaft, die, von wenigen Ausnahmen abgesehen, der Steuerpflicht nicht unterlag.

Nun gab es, wie zu allen Zeiten, gute und schlechte Herren, und gewiss waren die guten in der Überzahl, weil ihnen
die Klugheit gebot, den Ochsen, der für sie drosch, nicht das
Maul zu verbinden. Bei ihnen haben die Bauern ihr Auskommen gehabt, zumindest in den fetten Jahren. In den mageren
aber, wenn die Halme verdorrten und das Vieh verhungerte,
blieb ihnen zum Leben zu wenig und zum Sterben zu viel.

Das alles sollte nach Lubens Plan nun anders werden. Aus
Leibeigenen würden Freie werden, Bauern, denen das Land,
das sie bestellten, gehörte und auch das Gehöft. Bei der Übernahme der Erbpacht verkaufte man ihnen das lebende und
das tote Inventar zu günstigem Preis. Wer kein Geld hatte,
bekam Kredite oder nahm Hypotheken auf. Die bisherigen
Frondienste durften durch ein jährliches Dienstgeld abgelöst
werden.

Freie Bauern auf freiem Grund, das war zu Beginn des
18. Jahrhunderts ein revolutionärer Gedanke, und Luben versuchte, ihn durch die Aufzeigung aller Vorteile annehmbar
erscheinen zu lassen. Die Bauernbefreiung würde ein höheres
Steuereinkommen liefern, mehr Wohlstand schaffen und damit mehr Kinder – sprich Soldaten und eine größere Anzahl
von Einwanderern anlocken. Argumente, die einen Wartenberg nicht hätten überzeugen können, wenn nicht noch eine
andere Rechnung gewesen wäre: der Erbzins der Bauern ver-

sprach das Doppelte einzubringen als das bisherige Pachtgeld. Außerdem bestand die Aussicht auf schnelles Geld, erzielt durch den Verkauf der Scheuer und Scheunen, des Saatgetreides und des Viehs, von den sofort zu zahlenden Erbstandsgeldern und Kautionen ganz abgesehen.

Jeder Plan ist so gut oder so schlecht wie die, die ihn auszuführen haben, und das waren die Amtskammern in den einzelnen Provinzen. In ihnen saßen Männer, die sich von Berlin nicht in ihre Angelegenheiten hineinreden lassen wollten, im Übrigen von dem neuen System wenig hielten, denn der Wert des Grund und Bodens, so meinten sie, würde steigen, der einmal festgelegte Erbzins aber immer gleich bleiben, womit der Staat um die Wertsteigerung auf ewig betrogen wäre. Eine Meinung, die auch der Kronprinz energisch vertreten hatte, ohne sich durchsetzen zu können.

Zum passiven Widerstand der Beamten kamen andere Misshelligkeiten. Einige Bauern blieben die zu hoch angesetzten Zinsen schuldig, andere traten die Erbpacht wegen unerfüllter Versprechen nicht an, wieder andere wurden vom ortsansässigen, sich allen Veränderungen widersetzenden Adel schikaniert, der die Luben'sche Reform als Anfang vom Ende seiner Privilegien betrachtete.

Das Unternehmen geriet vollends in die Krise, als die Pest in den Jahren 1708 bis 1710 die östlichen Provinzen des Landes heimsuchte, mit der Hungersnot im Gefolge, bei der die Menschen »wie die Blätter von den Bäumen fielen, wie die Fliegen beim herannahenden Froste«. Die Pestkarren brachten tagein, tagaus ihre grausige Last in die Massengräber, ganze Landstriche verödeten, in manchen Dörfern gab es keinen Überlebenden, und der Chronist berichtet, wie in den Siedlungen die wilden Hunde hausten, die Eule im Gestein nistete, und Nesseln und Disteln wucherten. Über zweihunderttausend Menschen, ein Drittel der Gesamtbevölkerung, wurden dahingerafft.

III Das Ende des »dreifachen Weh«

Es hat etwas Gespenstisches, wenn man in zeitgenössischen Berichten liest, dass selbst jetzt die Steuereintreiber noch losgeschickt wurden und wie man sich sorgte, dass sie sich infizieren könnten. Wartenberg und seine Kreatur Wittgenstein bestanden trotz aller Hilferufe der Ortsbehörden unnachsichtlich auf ihrem Geld. Der Besuch des sächsischen und des dänischen Königs in Berlin, ein Ereignis, das mit kostspieligen Empfängen und Festen verbunden gewesen war, hatte die Schuldenlast gerade wieder um ein Beträchtliches vermehrt, wozu auch August der Starke beigetragen hatte, der im Vollrausch das gesamte Mobiliar des Schlosses Caputh, nebst unschätzbaren Porzellanen, kurz und klein schlug. Sie betrug jetzt bei einem Gesamtetat von vier Millionen Talern etwa anderthalb Millionen, eine ungeheuerliche Summe, und Friedrich wusste nichts davon, wollte auch nichts wissen.

Der Übermut der Reichen

Die trostlose Finanzlage war dann doch nicht mehr zu verschleiern: das Steueraufkommen war rapide gesunken, die Schulden so hoch, dass niemand mehr bereit war, dem preußischen König einen Kredit zu gewähren – selbst die Berliner Bankiers weigerten sich, auch nur einen Heller herauszurücken –, es war kein Geld mehr da für Prunk und Pracht. Der König, zum ersten Mal der Wahrheit gegenübergestellt, reagierte wie ein verzogenes Kind, dem man sein liebstes Spielzeug wegnehmen wollte. Launisch, reizbar, die Schlechtigkeit der Menschen weinerlich beklagend, saß er in seinem Riesenpalast und fragte nach den Schuldigen. Luben gehörte dazu, gewiss, aber der Kammerrat allein genügte ihm nicht. Er ahnte dumpf, dass Wartenberg für alles verantwortlich war, aber den Oberkammerherrn zur Verantwortung zu ziehen, hieße, sich selbst zu beschuldigen. Denn es gab den Revers, wonach er von aller Schuld freigesprochen war. Deshalb wurde nur gegen Wittgenstein ermittelt, das schwächere Mitglied des »dreifachen Weh«.

Die Untersuchungskommission stand bald, trotz allen Widerstands der Behörden und der Angst ihrer Beamten vor späteren Repressalien, vor einem Abgrund der Korruption, Erpressung, Unterschlagung. Der Domänendirektor Wittgenstein hatte sich aus der Domänenkasse bedient, wenn der Hofmarschall Wittgenstein es für die Hofkasse gebraucht, hatte einen Teil der überhöhten Salzsteuern unterschlagen, war auch nicht davor zurückgeschreckt, sich an Witwenpensionen und Waisenstiftungen zu vergreifen und die Bürger der bei einem Großbrand eingeäscherten Stadt Krossen um die ihr zustehenden Gelder aus der Feuerkasse zu betrügen, hatte darüber hinaus sich selbst saniert, indem er die Grafschaft Hohenstein, die er mit zweifelhaftem Recht für sich beanspruchte, zusammen mit den von ihm gemachten Schulden an die Krone veräußerte.

Wittgenstein wurde aus seinem Haus heraus von einer Abteilung Gardedukorps verhaftet und gleichzeitig eine Reiterstaffette hinter dem Packwagen hergeschickt, der mit 39 000 Talern veruntreuten Geldes in Richtung Grenze unterwegs war. Als man den Hofmarschall in die Festung Spandau schaffte, liefen die Berliner neben der Kutsche her und schrien: »An den Galgen mit ihm! An den Galgen!!« Der drohte jedoch nur kleinen Dieben, die großen ließ man laufen. August Graf von Sayn-Wittgenstein, der auf seine Weise dazu beitrug, dass das einfache Volk nur noch vom »Fürstengesindel« sprach, durfte nach sechsmonatiger Untersuchungshaft und der Zahlung eines, verglichen mit seinen Betrügereien, nur geringen Bußgeldes auf seine Güter zurückziehen. Später finden wir ihn im Dienste des kurpfälzischen Hauses, dessen Mitglieder sich nicht im Geringsten an seiner kriminellen Vergangenheit störten.

III Das Ende des »dreifachen Weh«

Kronprinz Friedrich Wilhelm, der sich hier wider seine sonstige Gewohnheit in die Hofintrige einmischte und, jede Rücksicht auf die Angst des Vaters vor »Unannehmlichkeiten« beiseite schiebend, das Rattennest mit aushob, er hat den von Wittgenstein sein Leben lang verabscheut. Als er, längst König, bei einem Besuch der Grafschaft Hohenstein im dortigen Rathaus ein Porträt des Grafen entdeckte, stieß er wütend seinen Krückstock mitten ins Gesicht des Porträtierten. »Diese Familie«, knurrte er, »ist bei mir nicht en vogue.«

Wittgensteins Entlarvung bereitete auch den Fall Wartenbergs vor, der nun durch keine noch so hohe Gunst mehr zu halten war. Wie es bei seiner Entlassung zuging, erinnert an den letzten Akt einer Schmierenkomödie, deren Schauspieler schlecht waren und die Handlung kitschig.

Der Reichsgraf, insgeheim davon unterrichtet, er möge »mit guter Manier retirieren«, erlangt eine Abschiedsaudienz beim König, bei der sich beide in die Arme sinken und sich unter Tränen ihre gegenseitige Hochachtung bekunden, Wartenberg den König zu noch größerer Rührung veranlasst, als er das ihm einst geschenkte Schloss Monbijou nebst Garten wieder zurückschenkt, wofür er auf der Stelle einen Brillantring erhält, am anderen Tag zwei mit sechs Rappen bespannte Karossen, schließlich die Versicherung, dass niemand sein Vermögen antasten dürfe, er außerdem für seine den Hohenzollern erwiesenen Dienste mit einer jährlichen Pension von 23 000 Talern rechnen dürfe. Das nun wieder bewegt den Reichsgrafen heftig, wenngleich er die Pension nicht braucht, liegen doch allein in den eisenbeschlagenen Kisten, die er bei seinem Abzug aus Berlin im Januar 1711 mit sich führt, etwa 380 000 Taler, exakt 100 000 mehr, als die Bewohner Ostpreußens im Jahr an Steuern aufbringen müssen, Menschen, denen Wartenberg in ihrer schrecklichen Not nicht einmal das Saatgetreide vorzustrecken bereit war.

Von Frankfurt aus, seinem Ruhesitz, schickt er später das Bernsteinherz zurück, das ihm Friedrich nach der Krönung als Unterpfand ewiger Treue überreicht hatte. Er hat es zerbrochen, denn auch sein eigenes sei, vor Kummer und Bitternis, gebrochen.

Eine höhere Gerechtigkeit ließ Wartenberg das zusammengeraffte Geld nicht mehr genießen. Er starb im Jahr darauf, und die Gräfin sorgte für den schaurigen Abschluss, indem sie dem König ankündigte, sie werde, da ihr verstorbener Mann seinem letzten Wunsch gemäß in der Parochialkirche zu Berlin ruhen solle, die Leiche nicht in dem sonst üblichen, ihr aber zu teuren Zinksarg überführen, sondern in einem leeren Weinfass.

Sie selbst begab sich nach Venedig, dem Zürich des 18. Jahrhunderts, und kümmerte sich um die bei den dortigen Banken eingerichteten geheimen Konten, deren Gesamthöhe man auf vier bis fünf Millionen Taler schätzte. Ihre Spur führte dann nach Paris, wo sie sich junge Liebhaber kaufte und mit ihren von den verschiedenen Vätern stammenden Kindern Erbschaftsprozesse führte – eine alternde Mätresse, »von aller Welt verachtet und verlacht«, wie die Herzogin von Orléans berichtete.

Blieb noch das dritte Weh, der Graf Wartensleben, der eher ein Mitläufer war, deshalb jedoch nicht weniger schuldig. Auch er stand auf der Liste der Abzusetzenden, aber man setzte ihn nicht ab, denn an seiner statt hätte man den Fürsten Leopold von Anhalt-Dessau zum Feldmarschall ernennen müssen, und den Dessauer konnte der König nicht ausstehen.

FRIEDRICH DER GROSSE
ODER DIE MACHT DES ZUFALLS

Am 24. Januar 1712, es war ein Sonntag, wurde Friedrich der Große geboren, ein Ereignis, das für die Geschichte Deutsch-

III DAS ENDE DES »DREIFACHEN WEH«

lands von besonderer Bedeutung war. Wie so oft in der Geschichte war der Zufall im Spiel. Aus dem Kind, das da »recht fett und frisch« in der Wiege lag und »brav krakeelte«, hätte nie ein König werden können, der große Friedrich, wenn nicht die beiden vor ihm geborenen Brüder im ersten Lebensjahr gestorben wären.

Der erste starb, weil sein Großvater direkt vor dem Zimmer des Säuglings mit den Kanonen ein derartiges Salutschießen veranstaltete, dass das Prinzlein das »böse Wesen« bekam und nicht lange darauf verschied. Dem zweiten wurde die schwere Goldkrone zum Verhängnis, die man ihm bei der Taufe auf sein zerbrechliches Köpfchen gedrückt hatte. Das jedenfalls erzählte man sich insgeheim im ganzen Land. Es war Klatsch, und der lebt vom heimlichen Grusel. Es wäre nicht gruselig gewesen, wenn man für den frühen Tod den Durchbruch der Milchzähne verantwortlich gemacht hätte, wie es die Ärzte taten. Doch starben auch damals die Kinder nicht am Zahnen, wenn sie gesund waren und widerstandskräftig. Die beiden Prinzen waren es nicht. Man hatte sie entsprechend französischer Hofsitte der Mutter nach der Geburt weggenommen und vom Personal aufziehen lassen. Ihr früher Tod hatte seine Ursache im Mangel an Nestwärme, was man heute Hospitalismus nennt.

Aus einem unbewussten Gefühl heraus weigerte sich die Kronprinzessin diesmal, ihr Kind fremden Leuten anzuvertrauen. Sie verärgerte damit die für das Zeremoniell verantwortlichen Höflinge, rettete aber wahrscheinlich dem Säugling das Leben. Er gedieh, und der Großvater, der ihm seinen eigenen Namen gegeben hatte, konnte bald berichten, dass »der kleine Prinz Fritz nunmehro 6 Zähne hat und ohne die geringste Incommodität.« Vor lauter Stolz hatte er sich die Nabelschnur des Enkels in ein diamantbesetztes Medaillon einschließen lassen, das er um den Hals trug.

Friedrich war über die Geburt des Thronfolgers glücklich und erleichtert. Da die großen Familien auf zahlreiche

Nachkommen angewiesen waren, wenn sie den Fortbestand ihres Hauses sichern wollten – die Hohenzollern besonders auf Söhne, denn eine Frau als Thronfolgerin kam bei ihnen nicht in Betracht –, hatte er vorsorglich eine dritte Ehe geschlossen. Falls nämlich die Kronprinzessin versagt hätte, hätte er den männlichen Nachkommen zeugen müssen. Um sich dafür zu rüsten, war er eigens nach Karlsbad gereist, wo er durch eine Wasserkur seine Potenz stärken wollte. Sie schien jedoch nicht recht angeschlagen zu haben, denn in den vier Ehejahren hatte sich, wie er seinem Leibarzt verärgert gestand, »bezüglich des Beischlafs nichts Reelles ereignet«.

Das Vergnügen an seinem Enkel gehörte zu den wenigen Freuden, die ihm noch beschert waren. Die Situation Preußens war freudlos genug. Im Inneren galt es, die Trümmer der fehlgeschlagenen Domänenreform zu beseitigen, den alten Zustand der Verpachtung auf Zeit wiederherzustellen, was einen heillosen Wirrwarr zur Folge hatte, und die Missstände abzustellen, die unter den Wartenbergs und Wittgensteins in der Verwaltung eingerissen waren. Auch den von der Pest heimgesuchten Provinzen musste, so gut es ging, geholfen werden. Der Kronprinz, der am »Retablissement« Ostpreußens entscheidend mitwirkte, war auf bloßes Flickwerk angewiesen, auf die Beseitigung der schreiendsten Missstände, denn die Zeit war zu kurz, und die Köpfe, die man der Hydra glaubte abgeschlagen zu haben, wuchsen sofort wieder nach.

Überall traf er auf den Widerstand jener, die unter Wartenberg gut gelebt hatten und nicht bereit waren, das gute Leben aufzugeben. Sie fanden beim König offene Ohren, der zwar der Sparsamkeit jetzt das Wort redete, sich selbst aber davon gern ausnahm. Zu trist war das Leben nun in Berlin, zu trostlos die Stille in dem Schloss. Es kam zu Rückfällen in die alte Verschwendungssucht, so, als er eine Staatskarosse in Auftrag gab, deren Wagenkasten aus reinem Kristall, deren Beschläge aus Silber, deren Türgriffe, Fußrasten und Laternen aus Gold zu fertigen waren.

DER KRIEG ALS GESCHÄFT

Auch in der Außenpolitik stand das neue Königreich nicht gut da. Schon zum zweiten Mal waren am Nordischen Krieg beteiligte Truppen – Russen, Sachsen und Polen – durch sein Hoheitsgebiet marschiert, obwohl Preußen neutral war. Aber Neutralität nutzt wenig, wenn sie von eigenen Soldaten nicht verteidigt werden kann. Zwar hatte der König genug Soldaten, insgesamt 50 000, aber sie waren im Westen und Süden Europas eingesetzt, im Krieg gegen Ludwig XIV., der endlich kriegsmüde geworden war und im holländischen Utrecht um die Friedensbedingungen zu feilschen begann. Doch von den Gegnern Frankreichs wollten nur England und Holland Frieden: denn der Kaiser Joseph war gestorben, und die Gefahr, dass sein Bruder Österreichs und Spaniens Krone errang, war groß, womit man statt der Bourbonen die Habsburger als Konkurrenten um die Weltherrschaft gehabt hätte. Österreich dagegen wollte den schwer angeschlagenen französischen Koloss endgültig stürzen und sich nicht um die Früchte eines 12-jährigen Krieges bringen lassen.

Preußen blieb kaisertreu. Das war ehrenhaft und vor allem erstaunlich, denkt man daran, wie oft es in den vergangenen Kriegsjahren von Wien beleidigt, gekränkt, betrogen worden war. Dank vom Hause Habsburg ernteten die Preußen auch diesmal nicht, selbst die seit Jahren ausgebliebenen Subsidien wurden nicht beglichen, dafür zogen sie sich den Zorn Englands zu, dessen Außenminister ihren König einen Bettelfürsten nannte, der nicht einmal fähig sei, seine eigenen Kriege zu finanzieren, sondern dafür ständig das Geld anderer Leute brauche. Man saß wieder einmal zwischen den Stühlen und musste sich bei den Utrechter Verhandlungen wie ein lästiger Bittsteller behandeln lassen.

Was man Preußen schließlich gnädigst gewährte – Lingen, Moers, Neuchâtel, Geldern –, stand in keinem Verhältnis zu dem Opfer an Gut und vor allem an Blut, das man gebracht. Ganz im Gegensatz zu England, das mit den eigenen Söhnen geizte und sich die Söhne anderer gekauft hatte. Den Krieg ausschließlich mit Hilfe von Subsidien zu führen und »alle anderen Dinge Völkern zu überlassen, deren Körperbau sich besser dazu eignet«, wie Marlborough es zynisch ausgedrückt hatte, diesem Ziel war man nahegekommen in diesem »*most businesslike of all our wars*«.

Das Geschäft bestand für die Engländer im Gewinn der Hudsonbay, von Neuschottland und von Neufundland, womit die Zugänge nach Kanada gesichert waren, und der endgültigen Erwerbung Gibraltars, des Tors zum Mittelmeer. Ferner in einem Monopol für den Sklavenhandel mit Spanisch-Amerika, den lukrativsten Handel überhaupt. Damit waren sie die eigentlichen Gewinner des spanischen Erbfolgekriegs. »*England rules the waves*« – die Stunde des britischen Weltreichs war gekommen.

LE ROI EST MORT, VIVE LE ROI!

Der König Friedrich starb einen schweren Tod. Seit seinen Kindertagen von schwacher Konstitution, immer von irgendwelchen Leiden befallen, dazu von störrischer Unvernunft im Essen wie im Trinken, besaß sein Körper nur noch wenig Widerstandskraft. »Engbrüstigkeit« und »Stickfluss« plagten ihn und Erstickungsanfälle bereiteten ihm Todesängste. Die Brechmittel, die man ihm eingab, halfen nicht, und der Aderlass, ein altes Behandlungsverfahren, das bei akuten Herzbe-

III Das Ende des »dreifachen Weh«

lastungen wohltätig sein kann, wurde so häufig von den Leib-
ärzten angewandt, dass Friedrich immer mehr verfiel. Zum
ersten Mal ließ er, der so leidenschaftlich gern Feste feierte,
die jährliche Feier zur Erinnerung an seine Krönung absagen.

Ein düsteres Bild bietet das graue Schloss an der Spree in
den Januartagen des Jahres 1713. Der König, von manischer
Unruhe gepeinigt, lässt sich vom Bett auf den Armstuhl bringen, vom Armstuhl ins Bett, verlangt zu essen, schickt das
Essen zurück, drangsaliert seine Umgebung – und erschrickt
immer wieder zu Tode, wenn durch die geschlossenen Fenster
die grässlichen Schreie dringen, der weinerliche Singsang.

Es ist die Königin, die da in ihren Gemächern tobt, sich
die Haare zerrauft, die Kleider vom Leib reißt, die nach dem
Kronprinzen verlangt, ihm, als er kommt, zu Füßen fällt und
ihn anfleht: »Ach, mein guter Herr, wolle Er es nicht zulas-
sen, dass ich mit dem Sultan von Marokko verheiratet werde.« Oder: »Der Geheime Rat von Kameke war hier und hat
mir den Kopf zerspalten. Lieber Herr, kann Er ihn wieder zu-
sammenfügen?«

Sophie Luise von Mecklenburg, die Friedrich zur dritten
Frau nahm aus Sorge um die Thronfolge, bei ihrem Einzug in
Berlin vor fünf Jahren als »mecklenburgische Venus« gefeiert,
ist dem Wahnsinn verfallen.

Sie war am Berliner Hof nie heimisch geworden und hatte
sich immer stärker isoliert. Aus dem biederen Residenzstädt-
chen Grabow kommend, war sie dem Intrigenspiel der sie
umgebenden Parteien nicht gewachsen, tat meist das Falsche,
widmete sich endlich religiösen Andachtsübungen; durch
ständige Demütigungen deprimiert und von des Königs Eingeständnis verstört, dass er sie nicht geheiratet hätte, wenn
er gewusst, dass die Kronprinzessin zu diesem Zeitpunkt bereits wieder guter (Thronfolger-)Hoffnung war. Immer stärker
verlor sie den Bezug zur Wirklichkeit. Sie war die typische
Lutheranerin, dogmatisch, streng, unduldsam gegenüber jeder

anderen Konfession, auch der ihres Mannes, der zur reformierten Kirche gehörte. Als er sie einmal zur Rede stellte und ironisch meinte: »Wenn Sie glauben, Madame, dass ich der ewigen Verdammnis anheim falle, dürfen Sie nach meinem Tod niemals vom seligen König sprechen«, antwortete sie: »Ich werde dann sagen: ›Der liebe verstorbene König‹«.

Ein Dialog, der zeigt, wie unversöhnlich sich Lutheraner und Reformierte in Preußen gegenüberstanden, dabei waren sie Angehörige *einer* Konfession, der protestantischen, aber beide eifersüchtig darauf bedacht, dass die Unterschiede in Lehre und Kult bewahrt blieben. So duldeten die Reformierten keine Bilder und Altäre, zählten die Gebote anders, waren der Meinung, dass der Mund beim Abendmahl durch das Brot und den Wein nur Zeichen empfange, glaubten ferner, dass sie die Auserwählten eines Gottes seien, der ihr gesamtes Leben vorherbestimme.

Auf sich selbst beschränkt und von allen gemieden, begann die durch Inzucht bedingte Geisteskrankheit Sophie Luises auszubrechen, mit den für eine Schizophrenie bezeichnenden Wahnvorstellungen. Perioden völliger Gestörtheit wechselten mit Zeiten, in denen sie ansprechbar, scheinbar normal blieb. Bei einem ihrer Anfälle konnte sie ihren Wächtern entkommen, rannte über die Galerie zum Schlafzimmer des Königs, verletzte sich dabei an einer Glastür, stand dann, blutbefleckt, mit wirren Haaren und zerkratztem Gesicht vor dem Bett des Kranken, jammerte, schrie …

Friedrich erlitt einen Schock. Abergläubisch wie trotz aller Aufklärung die meisten seiner Zeitgenossen, glaubte er, »die weiße Frau« gesehen zu haben, das hohenzollernsche Hausgespenst, das dem, der es erblickte, den Tod brachte. Sein Befinden verschlechterte sich durch heftige Selbstanklagen. Die Beleidigungen, die er seiner Frau zugefügt habe, so glaubte er, seien an ihrem bedauernswerten Zustand schuld. Er siechte dahin. Man rief den Kronprinzen, schickte nach den Geist-

III Das Ende des »dreifachen Weh«

lichen – da plötzlich schien er sich zu erholen. Er aß Austern, trank Bernauer Bier und ließ sich ans Fenster bringen, um den auf dem Vorplatz harrenden Menschen zuzuwinken.

Der kleine verwachsene Mann, der sich alles gegönnt hatte und dem Volk wenig, der notorische Verschwender und Müßiggänger, er war bei den Berlinern seltsamerweise beliebt. Während sein Sohn, der Sparsame, Unbestechliche, Fleißige, als König sehr unpopulär war. So ungerecht kann es zugehen. So scheinbar ungerecht ...

Dem Kronprinzen Friedrich Wilhelm ging das langsame Sterben des Königs nah. Er hatte nie ein besonders gutes Verhältnis zu seinem Vater gehabt, dazu waren die beiden Männer zu verschieden, er war aber trotz aller Krisen immer loyal gewesen. Der nun Vierundzwanzigjährige besuchte den Todkranken täglich, und wenn er aus dem Krankenzimmer kam, war er in Tränen aufgelöst, was viele erstaunte, die ihn nur als einen hart gesottenen Mann kannten. Bei einem dieser Besuche traf er auf der Schlosstreppe den Geheimen Rat Bartholdi, der ihm des Langen und Breiten auseinandersetzte, dass der bevorstehende Tod des Königs zwar ein Unglück sei, die Tatsache aber, dass er einen solchen Nachfolger finden würde, ein großes Glück.

Friedrich Wilhelm, so berichtete der hannoversche Resident Heusch, sah ihm, nachdem er geendigt hatte, starr ins Gesicht und sagte, indem er seine Tränen trocknete: »Was hast du Hundsfott dich darum zu bekümmern ...«

Ein Wort, das sich wie ein Lauffeuer verbreitete und alle erschauern ließ. Man ahnte, was jetzt kommen würde ...

IV DER KÖNIG DER SOLDATEN ...

ORDRE PARIEREN, NICHT RAISONNIEREN

Der 26. Februar 1713 war ein Sonntag. Die Herren, die unter einem trostlos grauen Himmel den Schlossplatz überquerten, fröstelten im nasskalten Wind, der von der Spree herüberwehte. Sie waren für sieben Uhr bestellt, aber die Türen zu den inneren Räumen des Schlosses waren versperrt. Es standen auch keine Schweizer mehr davor in ihren goldbestickten Uniformen, sondern baumlange Grenadiere in grobem Tuch. Man beschied ihnen, im Vorsaal zu warten, und die Wartezeit währte lange genug, um mit halblauter Stimme darüber zu mutmaßen, was sie bei der bevorstehenden Audienz erwarte.

Einmal unterbrach ihr Gespräch das dumpfe Rollen einer Kutsche, die unter Bedeckung und mit verhängten Fenstern über das Kopfsteinpflaster der Schlossfreiheit fuhr. »Die Liebmann«, flüsterte jemand. Die Hofjüdin Esther Liebmann war in der Nacht, unter dem Verdacht »unverhältnismäßiger Gewinne«, verhaftet worden und nun auf dem Weg nach Spandau.

Gegen acht Uhr wurden die Minister endlich vorgelassen. Der König ging ihnen entgegen und musterte sie schweigend. Über das, was er ihnen sagte, sind wir durch den Bericht des sächsischen Gesandten von Manteuffel zuverlässig unterrichtet.

»Sie alle, meine Herren«, sagte er, »haben dem verstorbenen König gut gedient. Ich hoffe, dass Sie mir das Gleiche tun werden. Ich bestätige einen jeden von Ihnen in seinem Amt und verspreche, vorausgesetzt, Sie sind mir treu, nicht nur ein guter Herr zu sein, sondern ein Kamerad, ein Bruder.

IV DER KÖNIG DER SOLDATEN ...

Doch eines zuvor: Sie sind daran gewöhnt, gegeneinander zu intrigieren, und ich will, dass solche Intrigen unter meinem Regiment aufhören.« Er machte eine Pause. »Sollte jemand unter Ihnen sein, der neue Kabalen anfängt, so werde ich ihn auf eine Weise züchtigen, die ihn verwundern wird.«

Gedrungen, mit seinen 24 Jahren bereits von unübersehbarer Korpulenz, den Körper eingezwängt in eine Uniform, die er von nun an bis in seine letzten Tage tragen würde, auf dem Kopf die einfache Perücke mit dem Zopf statt der voluminösen Allongelocken, kaum Hals, das Doppelkinn aus dem Kragen herausquellend, ein kleiner, wie schmollend geschürzter Mund, das Gesicht von jenem zarten Teint, den er zu seinem Kummer von der Mutter geerbt und als Knabe mit Speckschwarte vergeblich hatte zu bräunen versucht, so stand er vor ihnen und fixierte sie mit Augen, aus denen blitzartig der Zorn sprang, wenn er auf Widerspruch stieß.

Die Stechbahn sei zu klein für die Verteidigung der Berliner Garnison? Es genüge, die Stadttore (die beim Tod eines Fürsten 48 Stunden geschlossen wurden) lediglich für den Verkehr nach *auswärts* zu schließen? »Man möge sich merken«, sagte er in seinem harten, polternden Deutsch, denn er hasste das auch am preußischen Hof übliche Französisch, eine Sprache, die für ihn gleichbedeutend war mit allem, was weibisch, luxuriös, unnatürlich, »man möge sich merken, dass ich weder Rat brauche noch Raisonnement, sondern Gehorsam!«

Da war es zum ersten Mal, das »Wir sind Herr und König und tun, was Wir wollen« und auch das »Ordre parieren, nicht raisonnieren«, zwei Sätze, die zu Leitmotiven seiner Regierung in den nächsten 27 Jahren wurden.

Der absolute Herrscher zeigte sich, ohne dessen Wissen kein Spatz vom Dach fiel, ohne dessen Willen sich keine Hand zu rühren hatte. Nur die Seligkeit gestand er seinen Untertanen zu, denn die sei für den lieben Gott, »alles andere aber muss mein sein«. Doch dieser liebe Gott war es, dessen Existenz ihn daran hinderte, zum Tyrannen zu werden, zum Typ des Despoten, der keine anderen Götzen neben sich duldete, und auch dem Sonnenkönig ähnelte er nicht, der in grandiosem Hochmut glaubte, dass er der Staat sei. Friedrich Wilhelm hielt sich allenfalls für den Amtmann des Herrn, von ihm war er mit seiner Aufgabe betraut, ihm würde er einst Rechnung legen müssen, so wie die Amtsleute auf Erden Rechenschaft schuldig waren der irdischen Obrigkeit.

WUSTERHAUSEN ODER PREUSSEN EN MINIATURE

Am nächsten Tag zog sich der neue Herr nach Wusterhausen zurück, nachdem er befohlen hatte, dass niemand ihm dorthin folgen dürfe. In dem Marktflecken südöstlich Berlins lag ein Jagdschloss, in dem der geringste Serenissimus der deutschen Kleinstaatenlandschaft seinen Aufenthalt nicht genommen hätte, so primitiv war es, so puritanisch eingerichtet, so welt-verloren gelegen.

Friedrich Wilhelm war es seit seinen Kindertagen immer der liebste Ort gewesen, seine Zuflucht, fern vom lauten, prunkvollen Hof des Vaters. Hier hatte er König gespielt, doch nicht so wie andere Kinder ein solches Spiel spielten. Er war mit dem verbissenen Ernst bei der Sache gewesen, der ihn auch sonst auszeichnete oder, nach dem Urteil seiner Mutter, brandmarkte, denn niemand war Sophie Charlotten fremder gewesen, unheimlicher als dieser junge Mann, der so sparsam war, dass er in seinem Rechnungsheft jeden Silbergroschen ver-merkte, den er ausgegeben hatte: »Vor einen Hund zu füttern«, »Vor Carton und Bindfaden«, »Vor Reparatur der Truimmeln und Stöcker«.

»Geizig in einem so zarten Alter«, hatte sie geklagt, »an-dere Laster kann man vermindern, dieses aber wächst, und welche Folgen hat es!

IV Der König der Soldaten ...

Sophie Charlotte, für die die Schönheit ohne verschwenderische Großzügigkeit nicht denkbar war, irrte, was die Folgen betraf. Mit zehn Jahren hatte Friedrich Wilhelm Wusterhausen geschenkt bekommen, mit zwanzig Jahren hatte er aus dem verwahrlosten Gut in des Reiches Streusandbüchse einen Musterbetrieb gemacht. Sümpfe waren trockengelegt worden, Wüsteneien unter den Pflug genommen, dürre Heiden bewässert, Windbrüche aufgeforstet, man hatte ein Gestüt gebaut, eine Meierei, eine Schäferei, eine Ziegelei, ja, eine Brauerei, die Bier nach einem von ihm entworfenen Rezept herstellte. Und wenn der Gärtnerbursche Jürgen Ernst ein Mädchen schwängerte, dann sollte er *das Mensch* gefälligst heiraten; mit der Ermahnung, noch mehr Nachwuchs zu zeugen, schien doch der größte Reichtum eines Landes der Reichtum an Kindern.

In Wusterhausen wurden die Kabinettordres erfunden, jene auf schlichtes Papier in Quartformat (etwa DIN A4) diktierten Erlasse, mit denen Friedrich Wilhelm und Sohn Friedrich das alte Preußen regierten. Sie waren präzise im Detail, zeugten von umfassender Kenntnis der Sachlage und sind ohne die sonst übliche barocke Umständlichkeit. Die älteste Ordre, die uns überliefert ist, beginnt mit dem später klassisch gewordenen Satz »Seine Königliche Hoheit, Unser allergnädigster Herr, haben aus besonderen Gnaden resolviert, dass ...« und duldet, wie die nach Tausenden zählenden Ordres, die ihr folgten, keinen Widerspruch.

In Wusterhausen wurden auch die Marginalien entwickelt, an den Aktenrand geschriebene Bemerkungen, die so lakonisch waren, wie sie geistreich sein konnten oder zynisch oder grob. Bei Friedrich Wilhelm waren die Marginalien im Gegensatz zu denen seines Sohnes meist nur grob. »Narrenpossen!« heißt es da oder, zu einem Unterstützungsgesuch, »Non habeo Pekunia – Habe jetzo kein Geld. Abweisen!«, oder, zu einem Bericht des Kammerkollegiums, »Der Quark ist nicht das schöne Papier wert« oder, angesichts eines Kassendefizits, »Haftbar machen. Sollen alles wegnehmen«. Bei schweren Vergehen malte er einen Galgen an den Rand.

In dem kleinen Schreibzimmer des Schlosses sah man auch die ersten Ärmelschoner, ein Requisit, ohne das der preußische Beamte von nun an nicht mehr denkbar war. Die Karikaturisten versahen ihn selbst dann noch mit ihnen, als er sie längst nicht mehr trug. Friedrich Wilhelm hatte die Schoner eines Tages kreiert, um die Ärmel seines Rocks zu schützen.

Soldaten durften in Wusterhausen nicht fehlen. Da der junge Mann das ihm als Thronfolger anvertraute Regiment nicht dorthin verlegen konnte, schuf er sich eine Privatarmee. Seine Leidenschaft für die Jagd und für das Militär gingen dabei die merkwürdigste Verbindung ein: er steckte seine Reitknechte, die Jagdgehilfen und die Treiber in abgelegte Uniformen, bewaffnete sie mit alten Gewehren und einem Mörser und ließ sie täglich exerzieren. Zu ihrem erheblichen Missvergnügen, versteht sich. Da den Bauern der Domäne Abgaben und Frondienste erlassen wurden, wenn sie ihrem Herrn einen Sohn oder einen Knecht überließen, wuchs die kleine Truppe bald zu Kompaniestärke an, und eines Tages sah man an ihren Flügeln besonders große, starke Männer, Vorläufer der langen Kerls, jenes Regiments, das ihm den Neid und den Spott ganz Europas eintragen sollte.

Das Städtchen im Teltowschen galt ihm als Staat *en miniature:* hier probierte er im Kleinen, was er später im Großen tat. Eine Versuchsanstalt hat man es genannt, in dem der König die Experimente anstellte, die ihm die Kenntnisse für die Führung eines Staates vermittelten: die Art zu regieren, zu verwalten, zu kommandieren wurde hier geprägt, sodass der Kronprinz bereits wusste, was er als König zu tun hatte. Da er außerdem seit seinem 14. Lebensjahr Mitglied des für die Innenpolitik verantwortlichen Geheimen Rats war – eine Mitgliedschaft, die eine gründliche Lehrzeit war –, bestieg ein fertiger Mann den Thron.

IV DER KÖNIG DER SOLDATEN ...

Vier Tage genügten ihm, um in der Verlassenheit Wusterhausens – die durch die Anwesenheit des Geheimsekretärs Creutz, des einzigen Menschen, den er um sich duldete, nur unterstrichen wurde – sein Regierungsprogramm zu Papier zu bringen. Im Mittelpunkt standen die einzelnen Etats, insbesondere der Etat des Hofes. Von Berlin aus war vergeblich versucht worden, die Einzelheiten auszuspionieren. Gutes erwartete man nicht, konnte man nicht erwarten, nachdem der »Neue« vor seinem Aufbruch sich rasch noch die Kostenaufstellung für das Pferdefutter hatte geben lassen und mit seinem Stift darüber hinweggefahren war. Mit dem Ergebnis, dass die Minister nur noch sechs Pferde hatten statt bisher zwanzig und die Hofbeamten gar keine mehr. Sie sollten, ebenso wie die Prediger, in Zukunft zu Fuß gehen.

»Mein Vater gab so viel Futter«, begründete er seine Maßnahme, »damit alle Welt ihm aufs Land folgen konnte, ich streiche es, damit jedermann zu Hause bleibe.«

TRAT UNTER SIE UND HIELT
FÜRCHTERLICH MUSTERUNG

Schlimmste Erwartungen wurden übertroffen, als Friedrich Wilhelm in Berlin verkündete, was er in Wusterhausen ersonnen hatte. »Des Lamentierens und Klagens war von nun an kein Ende«, berichtete eine der viel gelesenen Geschriebenen Zeitungen. Von den 276 000 Talern Jahresetat waren ganze 55 000 geblieben, etwa 20 Prozent. Zum Vergleich: allein die Hofkonditorei hatte unter dem alten König 17 000 Taler verbraucht.

Der Generalfeldmarschall von Wartensleben – wie die meisten Minister nur deshalb im Amt geblieben, weil der König ohnehin allein regieren wollte – verlor auf einen Schlag 12 000 Taler von seinem Jahresgehalt. Dem Minister Kameke wurden sogar 22000 gestrichen. Ilgen, der so gut über die ausländischen Affären Bescheid wusste, behielt gerade noch 6000 im Jahr. Der Bischof Ursinus musste in Zukunft mit der Hälfte seines Einkommens auskommen, und der Oberzeremonienmeister von Besser, dessen Aufgabe es gewesen war, dem Berliner Hof einen Hauch von Versailles zu geben, stellte fest, dass es ihn nicht mehr gab. In wehmütiger Bitternis schickte er seinem Herrn ein Stück von den Kinderschuhen, die er sich zur Erinnerung erbeten hatte, als er ihn auf seinen Armen gewiegt.

Das erbarmungslose »Hat bisher gehabt – Soll künftig haben« verschonte auch alte Freunde nicht: den Grafen Alexander zu Dohna nicht, den einstigen Lehrer, auch nicht den Fürsten Leopold von Anhalt-Dessau, den Vertrauten aus kronprinzlichen Tagen, dem er so oft sein Herz ausgeschüttet hatte. Der Dessauer, der nach Friedrichs I. Tod nach Berlin geeilt war, um sich für die hohen Ämter zur Verfügung zu halten, auf die er Grund hatte zu hoffen, bekam den Bescheid, dass der König immer sein Freund sein werde, »der Finanzminister und Feldmarschall des Königs von Preußen aber ist der König von Preußen!« Auch unter dem Personal des Hofes hielt Friedrich Wilhelm fürchterlich Musterung. Er brauchte keine Livreebewahrer, Federschmücker, Reiseschneider, Gartenammerfänger, Silberdiener, Wachsbleicher und schon gar keine Diener, die eigene Diener brauchten, um ihren Dienst verrichten zu können. Wer von ihnen nicht kleiner war als fünf Fuß sechs Zoll (1,72 Meter), musste seine Livree mit der Uniform tauschen, die adligen Pagen wurden Kadetten, die höheren Chargen Offiziere, die Hoftrompeter und Hofpauker durften statt zu Tische zukünftig zur Fahne rufen. Als eines Tages die Hofdamen der in ihre mecklenburgische Heimat zurückgebrachten geistig umnachteten Königinwitwe zur gewohnten Tafel erschienen, wurde ihnen des Königs Order mitgeteilt: »Keine Menage mehr. Ist mein Will.«

IV Der König der Soldaten ...

Die Sparmaßnahmen waren nur bei denen unpopulär, die von ihnen betroffen wurden, die anderen freuten sich, auch wenn es mehr die Schadenfreude war, und in Berlin sang man nach der Melodie des »Doktor Eisenbart« das schöne Lied:

> *»Die Kuren, so der König thut, sind bisher wohl geraten,*
> *man setzt nicht mehr so häufig auf Pasteten, Torten, Braten.*
> *Wer große Bissen eingeschluckt, dem hilft er von dem Steine,*
> *wer sich in Kutschen fahren ließ, den bringt er auf die Beine.*
> *Wer sich in Sänften tragen ließ, der kann nun wieder gehen,*
> *wer auf der faulen Seite lag, beginnet aufzustehen.*
> *Kurz, was uns sonst nicht denkbar schien bei unserem lieben Alten,*
> *geschieht unterm Neuen jetzt: er lehrt den Hof die Wirtschaft halten ...«*

Offen zu protestieren gegen die neue Wirtschaftshaltung wagte niemand. Vor diesem Mann hatte man bereits Angst gehabt, als er noch Kronprinz war. Nur einer fürchtete sich nicht, und das war der Hofprediger Steinberg. Bei der Sonntagspredigt sagte er es seinem Herrn ins Gesicht, warum Gott den Patriarchen Abraham, Isaak und Jakob Barmherzigkeit erwiesen habe: »... weil sie das Gebot ihrer Väter geachtet.« Die da in der Kirche versammelt waren, wussten, wie das Gebot in *seinem* Falle lautete, hatte doch der sterbenskranke Friedrich I. seine Diener der Fürsorge des Sohnes überantwortet mit den Worten: »Hier habt ihr euren neuen Vater, der euch behüten wird ...«

Friedrich Wilhelm war durch dergleichen Vorhaltungen, auch wenn sie Vater und lieben Gott zugleich bemühten,

PREUSSENS GLORIA

nicht zu beeinflussen. Er ließ sich nicht einmal dazu herbei, das Testament des verstorbenen Königs zu öffnen, aus Angst, dass die Erfüllung des letzten Willens ihn einiges Geld kosten würde: die Gewährung von Renten, von Dotationen und anderen Gnadenerweisen. »Er ist jetzo gleich einem trunkenen Menschen«, schrieb Karl Hildebrand von Canstein, der Bibel-Canstein, an seinen Glaubensbruder Francke nach Halle, »denket an nichts, als nur abzuziehen und reich zu werden ...« Doch alle Hoffnung, dass der Sturm bald ausgerast haben werde, denn so könne es nicht weitergehen, wie die Botschafter nach Wien, Paris, London berichteten, erwies sich als trügerisch.

Der »Sturm« raste weiter und fegte die Lustschlösser hinweg, von denen über zwei Dutzend aus dem kargen Boden des Landes emporgeschossen waren und den Staat Millionen kosteten. Sie wurden verpachtet oder versteigert. Nur Potsdam, Charlottenburg, Monbijou und Köpenick blieben der Krone. Den Lustgarten, vom Großen Kurfürsten und seinem Sohn zu einer grünen Augenweide ausgestaltet, verwandelte die Walze in einen Exerzierplatz. Die Bosketten, Rondelle, Rosenbeete des französischen Gartenkünstlers Siméon Godean in Charlottenburg mussten Kohl und Rüben weichen. Steinerne Säulen wurden zu Baumaterial, bronzene Statuen zu Kanonen, Fontänen schickten ihre Strahlen in neu installierte Wasserleitungen. Die auf der Spree vor Anker liegende Prunkjacht schaffte man nach Petersburg und tauschte sie gegen Soldaten. Die Löwen, Tiger und Bären der Menagerie wurden gegen teures Geld an August den Starken verkauft, die Theatergarderoben an jedermann verhökert, sodass man Unter den Linden Bettler traf, die im Kostüm der Cäsaren um eine milde Gabe baten.

Die Medaillensammlung des Vaters wanderte in den Schmelztiegel, wie auch das Silber, das die 24 Schlösser und Schlösschen überreich schmückte. Die Kandelaber, Wandleuchter, Poka-

le, Tafelservices, Kamingeräte, Toilettengarnituren, Schreib-
zeuge, Tafelaufsätze, sie zerschmolzen. Allein aus dem Schloss
Oranienburg wurden sechs achtspännige Fuhren mit Silber-
zeug nach Berlin gekarrt, vom König höchstpersönlich ver-
packt. Man sprach von etwa siebentausend Zentner Edel-
metall, die der königliche Plünderer erbeutet hatte. In die
Münzen, die man daraus schlug, ließ er den Adler prägen mit
der Umschrift »*Nec soli cedit*« – »Weicht auch der Sonne
nicht«.

»GEBET NICHTS MEHR AUS ALS IHR EINZUNEHMEN HABET!«

Der sparsame Hausvater machte vor sich selbst nicht Halt. Das
Geld, das er pro Jahr für sich beanspruchte, so viel hätte bei
seinem Vater ein Feuerwerk gekostet. Im Siebenhundert-Zim-
mer-Labyrinth des Schlosses bewohnte er ganze fünf Räume.
Zwei Pagen genügten ihm zu seiner persönlichen Bedienung.
Er bevorzugte Hausmannskost wie Weißkohl mit Schweine-
bauch, grüne Erbsen mit Hammelkarbonade, Rindsmaul mit
Rindsfüßen, kontrollierte die Küchenzettel und schrieb nicht
selten an den Rand »zu teuer«. Er befahl, die Reste zu verwer-
ten, und sinnierte beim Tokayer, dem damals teuersten Wein,
ob er je reich genug sein werde, um davon zwei Bouteillen zu
trinken.

Dass man an seiner Tafel hungrig wieder aufstehen musste, ist eine Mär, die die Tochter Wilhelmine mit so viel Fleiß
wie Falschheit in ihren berühmt-berüchtigten Memoiren kol-
portierte. Es ging frugal zu, aber nicht knapp. Wer wie ein
Gourmet speisen wollte, sollte gefälligst zu Grumbkow gehen, dem Generalkriegskommissar. Was auch der König gelegentlich tat, denn billig essen war sein Leibgericht, und
nichts bereitete ihm größeres Behagen, als den Nassauer zu

spielen. »Seine Majestät waren gestern mein Gast«, schrieb Österreichs Gesandter, »er dinierte, soupierte und kotzte wie ein Wolf.«

Nicht nur die Mutter Sophie Charlotte, auch andere Zeitgenossen haben dem König krankhaften Geiz bescheinigt und ihn verglichen mit Molières Harpagon, der seine Schätze um der Schätze willen liebt. Ein Vorwurf, der verständlich wird in einer Zeit, in der der kleinste Fürst Größe mit Verschwendung verwechselte und Kargheit als Armutszeugnis galt. In der barocken Welt des scheinbaren Überflusses war Friedrich Wilhelm eine perverse Erscheinung, einer, den man zum lächerlichen Geizhals stempeln *musste*, wollte man mit ihm innerlich fertig werden. Man übersah bewusst, dass der Geizige die Gehälter seiner Beamten pünktlich zahlte, was sonst nie die Regel gewesen, und auch die Gläubiger befriedigte, die an seines Vaters Tür meist vergeblich gepocht hatten.

Knausrig war er auch nicht, als es galt, dem verstorbenen König die letzte Ehre zu erweisen. Zwar verbot er das sonst übliche Auslegen der Straßen mit schwarzem Tuch und wollte von Triumphbögen und Ehrenpforten nichts wissen, auch verfremdete er das Begräbnis zu einer militärischen Haupt- und Staatsaktion, zu der er fast die ganze preußische Armee aufbot, doch ging alles so vor sich, dass, wie ein Augenzeuge meldete, der Verstorbene selber höchst befriedigt gewesen wäre. Das *castrum doloris*, das man im Innern des Doms errichtet hatte, strahlte im Glanz Tausender von Kerzen, und die marmornen Statuen der zwölf brandenburgischen Kurfürsten aus dem Hause Hohenzollern waren um den Katafalk gruppiert, als hielten sie die Totenwache für den ersten König aus ihrem Geschlecht.

Friedrich Wilhelms Grundsatz war, dass Armut nicht schände, Schuldenmachen dagegen sehr, es also besser sei, mit Honneur nichts zu haben als mit Deshonneur im guten Stande zu sein. Ein weitgehend aus der Mode gekommener

IV Der König der Soldaten ...

Grundsatz, wie auch der Rat an seinen Sohn: »... gebet nichts mehr aus als Ihr einzunehmen habet, alsdann werdet Ihr sehen, wie florissant [blühend] dass eure Finanzen sich befinden werden.«

Die Sparsamkeit gehört zu jenen Tugenden, die er seinem Volk durch sein Vorbild einimpfte, eine Tugend, die die Jahrhunderte überdauerte, an die sich unsere Väter und Vätersväter gern erinnern, ja die beinahe ins Schwärmen geraten, wenn sie davon berichten, wie schmal ihre Kost war, wie wenig aufwendig ihre Lebenshaltung, und wie sehr sie den Pfennig zu ehren wussten.

»Gelehrte sind Salbader und Narren«

Der Gefahr übertriebener Sparsamkeit, an der falschen Stelle zu sparen, entging auch Friedrich Wilhelm nicht. Gewiss, der König war ein Pragmatiker, und pragmatisch dachte er bis zur letzten Konsequenz. Universitäten waren lediglich dazu da, ihm Beamte zu liefern. Er berief Professoren, die den Studenten beibringen sollten, wie Staat und Finanzen am besten zu verwalten, wie die Industrie zu fördern und die Domänen zu bewirtschaften seien – und richtete damit die ersten Lehrstühle für Volkswirtschaft und Verwaltung in Europa ein. Von den Wissenschaftlern interessierten ihn nur die Mediziner. Die Armee brauchte, im Frieden und noch mehr im Krieg, Wundärzte und Regimentschirurgen, was zur Gründung der Berliner Charité führte und eines *Theatrum anatomicum,* wo den Studenten die theoretischen Kenntnisse vermittelt wurden.

Ähnlich praktisch verfuhr er mit der noch zu Schlüters Zeiten gegründeten Akademie der Künste, die ihm ein Dorn im Auge war. Wenn er sie dennoch bestehen ließ, so nur um sie zu eigenem und allgemeinem Nutzen zu verwenden. Der Akademiedirektor wurde dazu verpflichtet, Porträts von

Bauern, Dienern, Grenadieren in Umrisslinien zu zeichnen, die der König dann in schlaflosen Nächten fein säuberlich ausmalte. Ein anderer Maler bekam die Aufgabe, die Pferde, die Hunde, die auf der Jagd erbeuteten Hirsche abzubilden – und vor allem die besten Zuchtsauen der Musterdomänen, als ein anschauliches und verpflichtendes Vorbild für die anderen Gutsbetriebe.

Gemälde sammelte er auch, aber nur »Stücke von holländischem goût«, denn er liebte Holland, weil es so sauber war, so solide und überschaubar. Nach den holländischen Stücken kamen gleich die Konterfeis seiner langen Kerls und seiner Generale, schöne, lebensgetreue bunte Bilder ohne künstlerischen Wert. Und es gab Antoine Pesne, einen bedeutenden Maler, der ihm regelmäßig die Porträts der Gattin und der vielen Kinder zu liefern hatte, besonders jener, die nicht mehr lebten oder fern von Berlin weilten, denn er liebte sie alle, wenn auch auf seine Weise.

Mit Pragmatik aber war es nicht mehr zu entschuldigen, wenn der König hoch dekorierte Offiziere, die sich mit ihrem Blut um Preußen verdient gemacht hatten, einfach entließ, wenn er Witwen die Gnadenbezüge strich und Hofbeamten a. D. die Pensionen, wenn er den schmählich behandelten Minister Danckelmann durch einen offiziellen Empfang zwar die Ehre wiedergab, nicht aber das widerrechtlich beschlagnahmte Vermögen. Vollends fragwürdig wird es, denkt man an die Art, wie er mit Künstlern und Wissenschaftlern umzuspringen pflegte.

Der große Schlüter, in Ungnade gefallen noch zu Lebzeiten des Vaters, fand auch beim Sohn keine Gnade und wanderte nach Russland aus. Eosander von Göthe durfte ein letztes Mal bei der Bestattung Friedrichs I. seine Künste zeigen und auch Arp Schnitger, der Meister des Orgelbaus, bekam den Laufpass. Über die Weiterbeschäftigung von Kunsthandwerkern wie Emailleuren, Goldschmieden, Stuckateuren, Malern und

IV Der König der Soldaten ...

Tapetenwirkern entschied die Antwort auf die Frage »Bringen sie Nutzen?«. Diese Antwort fiel negativ aus. Der Gedanke, dass Kunst und Wissenschaft jedem Staat einen im Sinne des Wortes *unschätzbaren* Gewinn einbringen, war ihm völlig fremd und auch die Erkenntnis, dass Künstler das Salz sind, ohne das keine echte Zivilisation denkbar ist.

Die Bibliothekare, die er in dem neuen Rangreglement auf unterster Stufe ansiedelte, durften bleiben, sofern sie bereit waren, ihre Tätigkeit *ehrenamtlich* auszuüben. 1734 wies er ihnen zum Ankauf von Büchern vier Taler an, 1735 deren fünf, in den anderen Jahren gar nichts. Bücher brachten ja auch keinen direkten Nutzen, also waren nur Bibel, Gesangbuch und Kochbuch erwünscht (drei Werke, die bis in das 20. Jahrhundert hinein die Bibliothek des deutschen Normalhaushaltes bildeten).

Buchgelehrte verachtete er und versäumte keine Gelegenheit, sie lächerlich zu machen. Die Professoren der Universität Frankfurt an der Oder demütigte er, indem er sie zwang, mit dem Hofrat Morgenstern über das Thema zu disputieren »Gelehrte sind Salbader und Narren«. Um den Gelehrtenstand zu verhöhnen, ernannte Friedrich Wilhelm den hallischen Universitätsprofessor Gundling, einen bedauernswerten Trunkenbold, zum Direktor der Akademie der Wissenschaften, einer Institution, der einst Gottfried Wilhelm Leibniz vorstand – Leibniz, von dem der König sagte, dass er nichts wert sein könne, sei er doch nicht einmal zum Wachestehen zu gebrauchen!

Christian Wolff, ein Mann, um den die Universität Halle von ganz Europa beneidet wurde, war dem König nicht nur wie alle Philosophen ein närrischer Windmacher, sondern ein des Landes zu verweisender Staatsfeind, lehrte er doch den Determinismus, wonach kein Mensch Herr seines Willens sei, man deshalb vernünftigerweise auch keinen Deserteur bestrafen dürfe.

Die zur Audienz befohlenen Gelehrten wurden schlechter behandelt als die Lakaien, »Blakschisser« und »Dintenklexer« geschimpft und barsch unterbrochen, wenn sie etwas lateinisch zitierten.« »Was die lateinische Sprache anbelangt«, hatte der König in der Instruktion zur Erziehung des Kronprinzen festgelegt, »so soll Mein Sohn sie *nicht* lernen.« Offiziere, die sie dennoch beherrschten, verschwiegen es schamhaft. Wer Bücher las, machte sich verdächtig. Selbst Seckendorff, des Kaisers Gesandter am Hof zu Berlin, musste in Wusterhausen seine Reisebibliothek hinter einem Vorhang verbergen, wollte er sich nicht den Spott des Königs zuziehen. Wenn man mit Recht feststellt, dass Friedrich Wilhelm den Charakter unseres Volkes mitgeprägt hat, denkt man an Pflichttreue, Fleiß und Sparsamkeit. Das gilt aber unglückseligerweise auch für die in manchen Kreisen vorherrschende Abneigung gegenüber allem »Bildungskram«. Noch zu Kaisers Zeiten geschah es, dass ein aus dem »Reich« nach Ostpreußen versetzter Beamter scheel angesehen wurde, weil er als Bücherwurm verschrien war. (»Der Kerl ist ein Belletrist.«)

»Lieber ein verschnittener Türke sein, als im Preußen Friedrich Wilhelms zu leben!«, rief der Archäologe Winckelmann aus, der den Deutschen die antike Kunst erschloss, und verließ seine altmärkische Heimat.

Es hat nicht an Versuchen gefehlt, diesen Mangel an jeglicher Kultur zu entschuldigen. Die Gelehrten damals, so argumentierten preußenfreundliche Historiker, seien selbst schuld gewesen an ihrer schlechten Behandlung, denn sie protzten mit Wissen und waren doch unwissend, waren eingebildet, aber nicht gebildet, dazu gestelzt, von lächerlichem Gehabe. Und hat er nicht die Musik Händels geliebt, der König, und im Winter regelmäßig Konzertabende veranstaltet? Wobei verschwiegen wurde, dass er Händel als Schlafmittel missbrauchte, denn er schnarchte bereits nach wenigen Minuten selig vor sich hin. Auch seine Malerei war ihm weniger ein Bedürfnis als ein Schmerzstiller, denn seine Bilder tragen nicht umsonst das Signum »*In tormentis pinxit*« – »Unter Qualen gemalt«, da er später sehr an Gicht litt.

Doch braucht ein Mann wie Friedrich Wilhelm keine Entschuldigungszettel. Er war, wie die meisten großen Männer, ein Mensch mit Widersprüchen, eine, wie man urteilte, »halb lächerliche, halb widerwärtige Figur« und »Preußens größter innerer König«, ein »Despot à la russe« und ein »gütiger Landesvater«, ein »frivol mit dem Lebensglück seiner Kinder spielender Barbar« und ein »tief religiöser, gottesfürchtiger Mensch«, ein »friedliebender Monarch« und ein »heilloser Militarist«; er war »schreckenverbreitend, misstrauisch, brutal, geizig« und »liebevoll, entgegenkommend, ehrlich und großzügig«. Eigenschaften, die nebeneinander nicht denkbar sind, und es doch waren ...

Wie man einen Thronfolger erzieht

Mit sieben Wochen nahm man ihn der Mutter weg und brachte ihn an den Hof nach Hannover, Sophie Charlottes Elternhaus. Man vertraute ihn der dicken Madame Montbail an, die wie eine große Glucke über ihn wachte. Er wuchs heran zu einem schönen Knaben, der mit seinen blonden Locken an einen Engel erinnerte, sich aber wie ein Teufel benahm. Der kleine Friedrich Wilhelm tyrannisierte alle, besonders seinen fast gleichaltrigen Cousin Georg, den späteren König von England, was der ihm nie vergaß und ihn später immer nur »meinen Vetter, den Korporal« nannte. Jedenfalls entwickelte sich hier eine dauerhafte Feindschaft.

Auffallend war die Wut, die aus dem Kind hervorbrach, wenn es »fein gemacht« werden sollte. Den silberdurchwirkten Schlafanzug warf er ins lodernde Kaminfeuer, die gepuderte Perücke in den Abort. Vor der drohenden Züchtigung floh er auf die Fensterbrüstung einer Mansarde und verhandelte von dort, mit der Drohung, sich in die Tiefe zu stürzen, um den Erlass der Strafe. Hannover atmete auf, als er, nun vierjährig, 1692 nach Berlin zurückgeschafft wurde, wo ihn eine Mutter empfing, die ihren »David«, ihren »Cupido« maßlos verwöhnte, ihm jeden Willen ließ, auch den, nichts lernen zu wollen.

Mit sieben war er noch völlig unwissend.

Um die Bestallung des Erziehers kam es zum Machtkampf jener, die allzu gut wussten, dass dem die Zukunft gehörte, der den Thronfolger erziehen durfte. Oder, wie es einer der Geheimen Räte einmal durch die Blume ausdrückte: »Die Windeln des Kindes, das für den Purpur geboren ist, flößen uns eine geheime Ehrfurcht ein, aber es kann geschehen, dass sie einen blutdürstigen Domitian anstelle eines milden Titus umschließen. Die Geburt macht den Fürsten, aber nur eine gute Erziehung kann ihn auch zum Regieren instand setzen ...«

Zwei Parteien standen sich am Hof zu Berlin gegenüber, die gleichzeitig zwei Erziehungsprinzipien vertraten. Auf der einen Seite Sophie Charlotte, der das Ideal des Kavaliers vorschwebte, des Weltmannes aristokratischer Prägung, der mit der Feder so gut umzugehen verstand wie mit dem Degen: gebildet, tapfer, vernunftbegabt, der nach den Gesetzen handelte, die er sich selbst gab und sich nicht scherte um landläufige Moralbegriffe.

Diesen *honnête homme* kleidete auch ein Schuss Frivolität und Galanterie, denn, so Sophie, »die Liebe verfeinert den Esprit und veredelt die Sitten«. Man möge den Knaben also nicht zu puritanisch halten und ihm die Frauen nicht verteufeln.

Auf der anderen Seite stand der Premierminister Danckelmann, einst der Erzieher Friedrichs I., einer Aufgabe, der er mit unerbittlicher Strenge nachgekommen war, wie wir gesehen haben. Der harte, ernste Mann schien besessen von seiner

IV Der König der Soldaten ...

Mission, dem Staat, dem Haus der Hohenzollern zu dienen, und er war eifersüchtig darauf bedacht, dass der Knabe nicht »aufs Hannöversche dressiert« werde. *Seine* Erziehungsmaxime war, Gott zu fürchten, zu beten und zu arbeiten.

Sophie Charlotte gelang es, einen Mann ihrer Wahl als Gouverneur des kurprinzlichen Hofstaates durchzusetzen, den Grafen Alexander, der uralten ostpreußischen Familie der Dohnas entsprossen, doch als halber Franzose von weiterem Horizont, der Bildung und dem Geist nach dem weltläufigen hannoverschen Haus näherstehend. Dohna glaubte fest, dass ihn der Herrgott ausersehen habe, den Thronfolger heranzubilden. Danckelmanns Beziehungen reichten weiter. Er setzte von Dohna eine eigene Kreatur entgegen, den Hofmeister Cramer, der alles hasste, was nach französischer Kultur roch, und Gewähr bot, dass Sophie Charlottes Saat nicht aufging.

Wenn Friedrich Wilhelm später die Gelehrsamkeit und die Gelehrten verabscheute, dann hatte er es hier gelernt, denn Cramer, der den eigentlichen Unterricht gab, war unreinlich, pedantisch und so gelehrt wie als Pädagoge untauglich. Er schlug seinem Zögling die Begriffe um die Ohren, dozierte über Philologie, Latein, Historie, Philosophie, Juristerei und vergaß dabei Nebensächlichkeiten wie die Unterrichtung in Lesen und Schreiben, verlor schließlich, da keine Fortschritte zu verzeichnen waren, jede Lust, und bald sah man Schüler wie Lehrer stundenlang dumpf vor sich hindösen.

Sein Nachfolger Rebeur, ein Franzose, den Dohna aus der Schweiz kommen ließ, sah sich einem Kind gegenüber, dessen äußere Haltung der seelischen und geistigen Wirrnis entsprach, in die man es gestürzt hatte: gebückt, das Gesicht verzerrt, hockte der Neunjährige an dem viel zu hohen Pult, buchstabierte stockend oder malte mit verkrampfter Hand Buchstaben aufs Papier.

Jean Philippe Rebeur war nicht viel besser als sein Vorgänger, wenn er ellenlange Passagen aus dem Alten Testament ins Französische übersetzen ließ, dem Kind die Füße wegen schlechter Haltung in einen Holzblock schraubte und aus dem Lateinunterricht, die Vorliebe seines Schülers für alles Militärische erkennend, ein Manöver machte, wobei die vier Konjugationen in vier Armeen eingeteilt wurden, die Gerundia die Tamboure waren und der Imperativ ein Zepter trug.

Der Widerwille, der Trotz und das Gefühl des Versagens führten bei Friedrich Wilhelm zu fürchterlichen Ausbrüchen. Er riss sich die Kleider vom Leib, zerschlug Möbel, drosch mit der Faust auf den Lehrer ein, schrie, dass er, wenn er erst groß sei, alle hängen werde, und brach plötzlich schluchzend zusammen. Er überfiel Rebeur mit Küssen und versprach ihm, in der Hoffnung, seine Vergebung zu erlangen, für später den Himmel auf Erden – und ein prunkvolles Begräbnis. »... auf Euer Leichentuch, Monsieur«, schluchzte er, »werde ich alle Deklinationen, Konjugationen und Sentenzen, die Ihr mich gelehrt, in Gold sticken lassen.«

Dieses Chaos von Hoffen und Bangen versuchte Rebeur zu steuern, indem er an das Ehrgefühl seines Schülers appellierte, ihm klar zu machen versuchte, dass ein Fürst, der nichts wisse, auch nicht regieren könne, ihm schließlich vorhielt, dass er, der Neunjährige, nicht einmal über das Wissen eines Vierjährigen verfüge. Die rührende Antwort »Ich halte mich für klug genug, Monsieur« empörte Rebeur, und er fuhr stärkeres Geschütz auf. Die Raserei, die Unaufmerksamkeit und die Faulheit Friedrich Wilhelms, argumentierte er, könnten Zeichen dafür sein, dass Gott ihn nicht zur Seligkeit, sondern zur Verdammnis bestimmt habe.

Rebeur wusste, was er sagte. Er gehörte, wie ja auch das Herrscherhaus, der reformierten Kirche an, und der Gott Calvins war ein fürchterlicher Gott. Er verhieß seine Gnade nicht allen, die da mühselig und beladen sind, sondern nur einer auserwählten Schar, jenen, die *prädestiniert* waren. Wer sich zu den Auserwählten zählen dürfe, darüber Gewissheit

IV DER KÖNIG DER SOLDATEN ...

zu erlangen »war das tödlich ernste Anliegen der reformierten Gläubigen dieser Zeit«. Der einfache Bürger konnte es an seinem Erfolg im Leben erkennen, denn Misserfolg kam einer selbstverschuldeten Verdammnis gleich. Ob ein Fürst der Gnadenwahl teilhaftig wurde, war am Aufstieg oder Niedergang seiner Dynastie ersichtlich.

Die Lehre von der Prädestination, die viele Menschen in die schwärzeste Verzweiflung stürzte, für die Erziehung zu verwenden, war verantwortungslos. Und es grenzte an Sadismus, wenn Rebeur Friedrich Wilhelm im Ungewissen darüber ließ, ob er zu den Auserwählten gehöre oder einst der Hölle überantwortet würde. Albträume vom Jüngsten Gericht ließen ihn nachts schweißbedeckt aufschrecken. Er suchte nach Offenbarungen, ob er nicht vielleicht doch zu den Erwählten gehöre, betete lange Stunden, aber auch die dreitausend Bibelverse, die er hatte auswendig lernen müssen, konnten ihm nicht helfen. Bis er wieder anfing zu rasen und herausschrie: »Unser Herrgott ist ein Teufel!«

Die Jahre vergingen, und zu einem regelmäßigen Unterricht ist es nie gekommen. Wenn er drei Vokabeln pro Woche lernte, hat Friedrich Wilhelm später einmal gesagt, dann sei das einem Wunder gleichgekommen. Die Parteien am Hof verschärften ihre Überwachung, schickten ihre Spione sogar in die Unterrichtsstunden und warfen sich gegenseitig vor, den Prinzen bewusst verdummen zu lassen, um ihn desto leichter beherrschen zu können. Alle behaupteten, seine Freunde zu sein, aber Freunde hatte er nicht.

Den Vater sah er meist nur bei den öffentlichen Examina, in denen er Kenntnisse vortäuschte, die er nicht besaß, und papageienhaft wiederholte, was man ihm eingetrichtert hatte. Die Mutter war weiter entfernt, als Meilen zwischen Berlin und Lietzenburg lagen, und die Distanz wurde nicht geringer, als man ihn täglich zu ihr hinausfuhr. War ihm Berlin verleidet, weil hier Leute wie Wartenberg den Ton angaben, so verabscheute er Lietzenburg, weil man sich dort allzu geistreich gab: geistreich und frivol, charmant und lüstern, galant und bedenkenlos. Es war eine Clique fröhlicher Nichtstuer, die sich maßlos amüsierte, wenn das Fräulein von Pöllnitz dem ratlosen Jüngling ihre Jungfernschaft zum Geschenk anbot, die Hofdamen sich an seiner Naivität weideten und ihn zu verführen suchten.

Erfahrungen, aus denen eine lebenslange Abneigung erwuchs gegen Kavaliere und Frauenspersonen, gegen hohlen Prunk, gegen eine Welt, in der der Schein wichtiger war als das Sein ...

DIE SCHATZKAMMER

Am 17. April 1713, einem Ostermontag, steigt Friedrich Wilhelm I. zusammen mit dem Hofkammerpräsidenten von Kameke hinab in den Gewölbeteil des alten Schlosses, der direkt unter seinen Wohnräumen liegt. Die beiden Wache stehenden Grenadiere öffnen die eisenbeschlagenen Eichentüren, ziehen die schweren Fallgitter hoch, die aus dem dreifach verstärkten Mauerwerk ragen, nehmen ihre Posten ein. Sein zufriedener Blick geht über die Kisten, Kasten, die Beutel und Fässer, die hier in der Tiefe lagern. Es ist die Schatzkammer, seine Schatzkammer, die er in den letzten Wochen gefüllt hatte. Nur er weiß, wie viele frischgeprägte Taler sie birgt.

Der holländische Gesandte schätzte allein das Gewicht der Golddukaten auf über 120 Zentner. Sein Land hatte kürzlich dazu beigetragen, den neu angelegten Keller zu füllen. Was Friedrich I. nicht erreicht hatte, die Begleichung der seit Jahren überfälligen 600 000 Taler Subsidiengelder, hatte der Neue auf Anhieb geschafft, und man stellte im Haag befremdet fest, wie schlecht mit ihm Kirschen essen war, denn »in allem, was seine Armee betrifft, ist er unerschütterlich und unnach-

IV Der König der Soldaten ...

giebig«. Auch sein Vater war »schuld«, wenn Friedrich Wilhelm reicher war, als er geglaubt hatte.

Bei der Öffnung der hinterlassenen Schatullen und der Suche nach Geheimverstecken war man auf schier unglaubliche Weise fündig geworden. Der kleine bucklige Mann, der so verschwenderisch sein konnte, hatte hamstergleich Gold, Silber, Elfenbein und Juwelen zusammengetragen und nichts davon herausgerückt, auch als die Not des Landes am größten war. Unvorstellbar, wenn man die gehorteten Millionen zielgerecht eingesetzt hätte, außenpolitisch gegenüber den auf Erpressung bedachten Habsburgern, innenpolitisch beim Wiederaufbau der schwer heimgesuchten östlichen Provinzen.

Des Königs Gerechtigkeitsgefühl zeigte sich jetzt, indem er seine gefürchtete Liste noch einmal vornahm und einige Ungerechtigkeiten rückgängig machte. Wobei besonders die Offiziere berücksichtigt wurden, die an Kriegsverletzungen litten. Er entband ferner alle höheren Hofbeamten von ihren Repräsentationspflichten. Bisher musste jeder Minister seinen eigenen kleinen Hof halten, dessen Aufwand beträchtlich gewesen war. Jetzt sparte man Geld, und es gab hohe Herren, die insgeheim bekannten, dass sie zum ersten Mal schuldenfrei seien und über genügend Bargeld verfügten.

Den meisten jedoch ging es anfangs wesentlich schlechter als unter dem »guten alten König«. Nicht nur jenen, denen man ans Portemonnaie gegangen war, sondern auch dem Volk von Berlin. Die Berliner hatten sich jahrzehntelang vom Hof ernährt, hatten Häuser gebaut, Bauholz beschafft, Karossen gestellt, Wohnungen vermietet, Waren geliefert, Geld verliehen, Schmuck, Möbel, Kleider, Luxusgegenstände jeder Art hergestellt, und selbst für die Kleinen waren vom überreichen Tisch noch genügend Brosamen gefallen.

Damit war es mit einem Schlag zu Ende: der Handel stagnierte, die Künstler verließen das einstige Spree-Athen, die von den Handwerksmeistern Entlassenen vergrößerten das

Heer der Elenden, Konkurse waren an der Tagesordnung, und die Bauern kehrten von den Märkten mit vollen Wagen und leeren Taschen zurück. Die Verbrauchssteuer sank rapide, eine allgemeine Wirtschaftskrise, eine Rezession, wie man es heute nennen würde, war die Folge. Die Berliner, frech wie eh und je, nagelten in der Nacht ein Schild an das Schlossportal, auf dem geschrieben stand: »... ist dieses Schloss samt Residenz meistbietend abzugeben.« Der Minister Grumbkow wagte es, seinem Herrn in einer Denkschrift vorzuschlagen, den Hofstaat wieder zu vergrößern, die Gehälter auf den alten Stand zu bringen und die beiden Akademien wieder in vollem Umfang wirken zu lassen, mit anderen Worten: das Rad zurückzudrehen.

Der König hätte sich selbst verleugnet, wäre er auf solche Vorschläge eingegangen. Die gegenwärtigen schlechten Zeiten waren ihm ein Übergang. Er hatte feste Vorstellungen, wie der Krise beizukommen war. Anstelle des Arbeitgebers Hof, soviel war ihm in Wusterhausen klar geworden, musste ein anderer Arbeitgeber treten, die Armee – und dieser Arbeitgeber war nach seinem Herzen.

Das Vergnügen an einer Menge guter Truppen

1712, ein Jahr vor der Thronbesteigung Friedrich Wilhelms, war seine Wusterhausener Privatarmee bereits auf über 600 Mann angewachsen. Er hatte das Lustschlösschen und das Jägerhaus in Unterkünfte verwandelt und auch die Bürgerhäuser nicht verschont, in deren Stuben bis zu elf Soldaten einquartiert wurden. »Der Wirt nebst den Seinigen fast selbst nicht mehr hineinkommen kann«, klagte der Amtmann Hüneke in einem Brief an den Kronprinzen.

Das Bürgerquartier, in dem der Soldat wohnte, sich seine selbst gekaufte Nahrung zubereitete, war üblich und wurde

IV Der König der Soldaten ...

erst viel später von der Kaserne abgelöst. Auch ein Pulverturm war in dem Städtchen entstanden, eine Hauptwache, und in der Kirche hob Friedrich Wilhelm die Kinder reihenweise aus der Taufe, alles neue Grenadiere, versteht sich.

Er selbst hatte jede Gelegenheit wahrgenommen, auf den Kriegsschauplätzen in die Praxis umzusetzen, was er daheim geprobt hatte. Durch viele Jahre hindurch können wir die Gesuche verfolgen, mit denen er seinen Vater um Fronturlaub bat, um Beurlaubung *zur* Front. Dort draußen verbrachte er nach seinen eigenen Worten die glücklichsten Tage seiner Kronprinzenzeit.

Der Krieg war ihm, nach den Worten seines bewunderten Vorbilds, des Herzogs von Marlborough, eine Schule, »die die großen Männer macht und wo man die Fürsten nur soweit schätzt, als sie sich dessen durch ihre Tapferkeit und durch ihre gute Haltung würdig machen«. Eine Maxime, die er so ernst nahm, dass er in der Schlacht von Malplaquet im Kugelhagel unbeirrt weiterritt, als der Kommandeur seines Regiments, Oberst von Tresckow, neben ihm tödlich getroffen wurde. Er handelte auch in anderen gefährlichen Situationen bewusst gegen die väterliche Instruktion, »Seine so theure Person, den Leibes-Erben, nicht zu exponieren«. Und er erfuhr mit Stolz, dass die in Wusterhausen gedrillten Soldaten, was ihre taktische Schulung betraf, allen anderen als Vorbild dienten.

60 Bataillone von solchen Leuten, hatte einer der englischen Generale nach der Besichtigung gesagt, und kein preußischer König müsste sich jemals wieder schikanieren lassen. Friedrich Wilhelm ging nach der Thronbesteigung daran, sich diese Bataillone, und noch einige mehr, zu schaffen. »Mein Vater«, sagte er bei der Amtsbestätigung der Minister, »fand Freude an prächtigen Gebäuden, großen Mengen Juwelen, Silber, Gold und Möbeln und äußerlicher Magnifizenz – erlauben Sie, dass ich mein Vergnügen habe, das hauptsächlich in einer Menge guter Truppen besteht.«

Die 38 000 Mann, die aus dem spanischen Erbfolgekrieg heimkehrten, waren ihm nicht genug. Noch im Jahr der Thronbesteigung erhöhte er die Truppenzahl auf 45 000 und gab allen jenen, die gehofft hatten, die Uniform ausziehen zu dürfen, den Bescheid, dass seine Soldaten künftig so lange zu dienen hätten, bis sie Invaliden seien. Gleichzeitig bewilligte er ihnen mehr Sold: sie bekamen jetzt acht Groschen in fünf Tagen, eine lächerliche Summe immer noch, denn sie mussten sich davon, wie erwähnt, selbst ernähren.

1729 hatte er 69 000 Soldaten und bei seinem Tod fast 80 000, eine phantastische Zahl, vergleicht man sie mit der der Einwohner. Mit seinen zweieinhalb Millionen stand Preußen an zwölfter Stelle in Europa, mit der Stärke seiner Armee dagegen an vierter, übertroffen nur vom volkreichen Frankreich mit 60 000 Soldaten, von Russland mit 130 000 und von Österreich mit 100 000.

Wer von seinen engsten Vertrauten ihm vorzuhalten wagte, dass es an Frevel grenze, von den sieben Millionen Talern Gesamteinkünften fünf Millionen für militärische Zwecke auszugeben, dem gab er zur Antwort: »Wenn man in der Welt was will dirigieren, gewiss die Feder es nit machet, wenn es nit mit complete Armee soutenirt [gestützt] wird.«

Friedrich Wilhelm begnügte sich nicht damit, die Quantität zu vermehren, er verbesserte auch die Qualität.

DER RACHEN DER HÖLLE

Noch unter Friedrich I. glichen die Regimentschefs selbständigen Unternehmern, die mit ihrem Landesherrn einen Vertrag abschlossen, der ihnen für Werbung, Unterhalt und Ausrüstung eine bestimmte Summe zusicherte. Sie kleideten ihre Leute ein, rüsteten sie aus nach ihrem Belieben und exerzierten sie nach eigenem Reglement. Ein organisiertes Chaos

IV DER KÖNIG DER SOLDATEN ...

war die Folge mit Räuberzivil statt Uniformen, mit Waffen der verschiedensten Herkunft, mit höchst eigenwilligen Dienstvorschriften. »Wir sehen hier bei der Armee so viele Moden«, schrieb ein Offizier des Regiments Alt-Dohna, »dass es schwer ist zu wählen, jeder kleidet sich nach seiner Phantasie, die einen schwedisch, die andern berlinisch, andere gar französisch.«

Damit war es jetzt zu Ende. »Vereinheitlichung« war die Devise, der jede Schuhschnalle, jeder Knieriemen, jede Halsbinde unterworfen war. Man schoss die gleiche 14-lötige Kugel aus dem gleichen Gewehr und pflanzte das gleiche Bajonett auf. Man marschierte im gleichen Schritt nach demselben Regimentsmarsch und exerzierte nach demselben Reglement. Alles sollte nach und nach »ganz egal« werden.

Im Mittelpunkt der Ausbildung stand das Exerzieren, jene berüchtigte preußische Spezialität, die im tagtäglichen stundenlangen Wiederholen ein und desselben Schrittes, ein und derselben Wendung, ein und desselben Griffes bestand, bis man beim Marschieren nur *einen* Tritt hörte, und beim Feuern nur *einen* Schuss. Was wie eine einzige Schikane, wie ein ungeheuerlicher Stumpfsinn wirkte – beobachtete man die auf den öden Sandplätzen wie aufgezogen sich bewegenden Soldaten–, war nicht sinnlos: es galt, die schwerfälligen Marscheinheiten derart zu drillen, dass sie auf dem Schlachtfeld jedem Kommando gehorchten und selbst angesichts heftigster feindlicher Attacken noch die taktischen Bewegungen ausführten, die die Kunst der Planung und Heerführung, der Strategie, zur Voraussetzung hat.

Man muss eines der Exerzierreglements gelesen haben, um zu ermessen, wie kompliziert es war, auch nur einen einzigen Schuss aus dem Gewehr abzufeuern. »Die Kerls müssen sehr geschwinde«, heißt es da, »den Hahn in die Ruhe bringen, hernach sehr geschwinde die Patron ergreifen, selbige sehr geschwinde kurz abbeißen, dass sie Pulver ins Maul bekommen, darauf geschwinde Pulver auf die Pfanne schütten, die Pfanne geschwinde schließen, das Gewehr hurtig zur Ladung herumwerfen ..., nach diesem muss die Patrone geschwinde in den Lauf gebracht und rein ausgeschüttet, der Ladestock auf das allergeschwindeste herausgezogen, geschwinde verkürzet, geschwinde in den Lauf gesteckt, dass die Ladung fest angesetzt wird, hernach mit einem Ruck geschwinde herausgerissen, an seinen Ort gebracht.« Erst jetzt konnte das Gewehr hochgenommen, angeschlagen und Feuer gegeben werden. 62 Handgriffe und Wendungen (von denen die Griffe wiederum in bis zu 13 verschiedene Tempi zerfielen!) musste der Infanterist wie im Schlaf beherrschen.

Viel zu verdanken hatte die Armee Fürst Leopold von Anhalt-Dessau. Er führte den eisernen Ladestock ein, ein Instrument, das haltbarer war als der bis dahin übliche hölzerne Stock. Er setzte auch den Gleichschritt durch, was der Infanterie im Angriff mehr Wucht verlieh. »Erfunden«, wie es in den einschlägigen Werken heißt, hat er ihn nicht, schon die Griechen kannten ihn. Der König und sein General waren die beiden ranghöchsten Exerziermeister. Was sie einübten, ausprobierten, prüften, der eine im »Lustgarten« zu Potsdam, der andere auf der »Wiese« in Halle, wurde richtungweisend für alle anderen Einheiten im Land. Besonders auf die Steigerung der Feuergeschwindigkeit legten sie Wert, brachten es so weit, dass die einzelnen Pelotons drei Salven in der Minute abfeuerten, ein rollendes Feuer, von dem Friedrich der Große später sagte, dass es dem »Rachen der Hölle« gleiche.

Der Drill schulte die Soldaten für die Schlacht, und er machte sie zugleich zu zuverlässig funktionierenden Rädchen in der großen Maschinerie, genannt Armee. Der Weg dahin führte über die Brechung des eigenen Willens, über die bedingungslose Unterordnung.

IV Der König der Soldaten ...

Strafen von barbarischer Grausamkeit

Es gab wohl nur wenige Truppen in der Weltgeschichte, in denen so viel geprügelt wurde. Der Stock des Korporals fuhr auf die »lieben blauen Kinder« des Königs bei jeder Gelegenheit herab, bläute ihnen die Gewehrgriffe ein, strafte sie, wenn die Rockknöpfe nicht blinkten und der Puder auf den Perücken grau war.

Die vielen Bestimmungen gegen übermäßige *brutalité* der Unteroffiziere, die Aufforderungen, einen Rekruten nicht mit Schlägen die Lust am Soldatenleben auszutreiben, beweisen das Vorhandensein eines wahren Prügelregiments. Gewiss, der Stock bestimmte auch im Zivilleben das Verhältnis zwischen Vorgesetzten und Untergebenen: der Bauer prügelte den Knecht, der Meister den Lehrling, der Vater sein Kind, der Kaufmann den Stift, der Lehrer den Schüler (ein Schulmeister wies voller Stolz eine private Statistik vor, wonach er im Laufe seiner Amtstätigkeit 124 000 Peitschenhiebe und 911 527 Stockschläge ausgeteilt habe). Dass man Rekruten vielleicht auch auf andere Weise zu Soldaten hätte machen können, merkte der Preußenkönig nach einer Besichtigung der Infanterie im benachbarten Hannover. »Sie tun es aus Lust und nicht aus Subordination«, stellte er verärgert fest, »denn die Offiziere fast keinen Kerrel schlagen dürfen, und das wissen alle die Gemeine und geht doch in Ordnung, das wundert mir am meisten.«

Er wunderte sich, aber er änderte nichts. Selbst die ungewöhnlich hohe Zahl der Deserteure trug nicht zur Einsicht bei. Allein 1714 vermerkten die uns erhaltenen Generallisten 3471 Fahnenflüchtige, also beinahe sechs Bataillone. Fast jede Nacht schreckte der dumpfe Knall der Alarmkanonen die Bewohner aus dem Schlaf. Die Pfarrer der umliegenden Dörfer mussten die Sturmglocken läuten, die Bauern alle Brücken, Furten und Wegkreuzungen besetzen. Wer einen Deserteur wieder einfing, bekam zwölf Taler Kopfgeld. Wer ihm half, riskierte sein Leben.

Meist glückte jedoch die Flucht, denn Preußen war, wie Voltaire einmal spottete, alles andere denn ein *grenzenloses* Land. Mehr als zwei Tagesmärsche brauchte der Flüchtling nicht, das rettende Ausland zu erreichen. Um von Potsdam nach Sachsen zu gelangen, genügte sogar eine Nacht. Günstige Fluchtmöglichkeiten boten nächtliche Biwaks und Märsche durch dichte Wälder. Selbst strategische Überlegungen wurden von der Angst vor Desertionen bestimmt: bei der Rheinkampagne 1734/35 an der Seite Österreichs weigerte sich Friedrich Wilhelm, mit seinen Truppen ein unübersichtliches Gelände an der Mosel zu passieren.

Auf Fahnenflucht stand die »Gasse«, besser bekannt unter dem Namen Spießrutenlaufen, eine Strafe, die aus der spätmittelalterlichen Heeresrechtspflege stammte. Der Delinquent musste mit nacktem Oberkörper, auf der Brust zusammengebundenen Händen, die Bleikugel zwischen den Zähnen (um sich den Schmerz zu verbeißen), eine von etwa 200 Mann gebildete Gasse durchschreiten, von denen jeder mit einer in Salz getauchten Haselrute auf ihn einschlug, bis das Fleisch in Fetzen herunterhing. Um den Verurteilten am schnellen Gehen zu hindern, schritt ihm ein Unteroffizier voran, der ihm eine Säbelspitze vor die Brust hielt. Der Major galoppierte die Front entlang und achtete darauf, dass die Leute richtig zuschlugen. War der Deserteur zu mehreren Gassen verurteilt, zog sich die Qual über Tage hin und hatte häufig seinen Tod zur Folge.

Die anderen Strafen waren von ähnlicher barbarischer Härte, denkt man an das Stehen am Pfahl mit zugespitzten kleinen Stöcken unter den Füßen; an das Krummschließen mit der Fesselung des linken Arms an den rechten Fuß; an das Reiten auf einem hölzernen Esel, dessen Rücken zugespitzt war. Sie wurden bei vergleichsweise geringen Vergehen wie

Allergnädigste

Declaration

Des geschärfften

EDICTS

Von 1723.

Gegen die Durchhelffung

Der

DESERTEURS;

Daß auch diejenige/ so von eines/ oder des andern

Soldaten

DESERTION,

Nur einige Nachricht und Wissenschafft haben/

Es aber denen Regimentern, und Compagnien nicht sofort anzeigen/ ebenmäßig
an Leib und Leben gestraffet werden sollen.

Sub Dato Berlin/ den 5. Augusti 1726.

MAGDEBURG/

Druckts Johann Daniel Müller, Königl. Preuß. priv. Buchdr.

Titelseite eines der zahlreichen Edikte, die sich gegen die Fahnenflüchtigen und ihre Helfershelfer richteten.

Widerspruch, Trunkenheit, Glücksspiel verhängt. Wer einen Befehl verweigerte oder einen Offizier tätlich bedrohte, wurde standrechtlich erschossen, was, schwacher Trost für das Opfer, als ehrlicher Soldatentod galt. Das Hängen dagegen, bei dem der Delinquent vorher mit glühenden Zangen gezwickt wurde, machte über den Tod hinaus ehrlos.

Neben den Desertionen verlor die Truppe immer wieder Männer, die in ihrer Verzweiflung keinen anderen Ausweg wussten, als sich umzubringen. »Sie konnten nicht entfliehen und die Freiheit erlangen«, notierte Pfarrer Bruns aus Halberstadt, der Seelsorger der Potsdamer Riesengarde. »... daher stürzten sich viele ins Wasser, andere verstümmelten sich, hingen sich auf, noch andere, ihres Lebens überdrüssig, mordeten, um wieder gemordet zu werden.«

Die Männer, die das blaue Tuch trugen, waren in der Mehrzahl dazu gezwungen worden: durch List, Gewalt oder Betrug. Und die wenigen Freiwilligen gehörten zu jener Sorte Menschen, die noch zu Zeiten Friedrichs II. von einem Offizier als »Schlingel, Kanaillen, Gesindel, Hunde und Kroppzeug« bezeichnet wurden. Unter ihnen die Disziplin aufrechtzuerhalten, war in der Tat nur mit äußerster Strenge möglich.

Werbung und Menschenraub

Kein sonderlich angenehmes Kapitel, das Kapitel über die Rekrutierung von Soldaten im 18. Jahrhundert. Die Gerechtigkeit gebietet zu erwähnen, dass es nicht nur von Friedrich Wilhelm I. handelt. Die Art etwa, wie die englische Flotte zu ihren Matrosen kam, war auch nicht sonderlich fein. Verwunderlich erscheint, wenn man noch bei einem Historiker des ausgehenden 19. Jahrhunderts liest: »... galt im Allgemeinen noch der Grundsatz der Freiwilligkeit. Es gab keinen legalen Zwang zum Eintritt in die stehende Armee; auch für die ein-

IV DER KÖNIG DER SOLDATEN ...

heimischen Elemente beruhte der Militärdienst prinzipiell auf der ›Werbung‹ mit Handgeld und Kapitulation [gegenseitigem Vertrag].«

Die Praxis zeigt ein anderes Bild. Zwar überließ Friedrich Wilhelm es den Regimentern, sich ihren Bedarf im Bereich ihrer Standquartiere zu besorgen, doch die Obristen wussten allzu gut, wie hoch die Ansprüche ihres obersten Kriegsherrn waren und wie minderwertig das »Material«, das ihnen die Kreise und Städte lieferten. Dort benutzte man seit jeher die Aushebung als willkommene Gelegenheit, auch asoziale Elemente loszuwerden wie Landstreicher, Trunkenbolde, Arbeitsscheue. Oder man bot zu kleine und schwächliche Männer an.

In solchen Fällen schritten die Regimenter selbst zur Tat, indem sie Werbungen veranstalteten. Zwar hatte »werben« auch damals die Bedeutung von »sich um jemandes Gunst bemühen«, und es war Sache des Umworbenen, diese Gunst zu gewähren, wenn ihm das Handgeld hoch genug erschien. Auf diese Art jedoch war die angestrebte Erhöhung der Sollstärke nicht zu erreichen, und die Werber griffen zu anderen Mitteln.

In Naugard etwa wurden die beiden Torschreiber von zwei Unteroffizieren des Regiments Anhalt-Zerbst weggeschleppt, während sie an den Toren gerade die Steuer kassierten. In Perleberg hoben die Werber junge Männer aus, die bei ihrem Pfarrer das Abendmahl nahmen. In Berlin holten sie Bürger aus den Wirtsstuben, in Stettin Seeleute von im Hafen ankernden Schiffen, in Ostpreußen Knechte von den Bauernhöfen. Doch die Gewalt stieß zunehmend auf Gegengewalt. In Hagen wurde ein Kommando des Regiments von Auer, das die Kirche während des Gottesdienstes umzingelt hatte, mit einem Hagel von Steinen bedacht. Schüsse fielen, die Glocken läuteten Sturm, auf den Straßen lagen Tote und Verwundete. In Geldern hob das Pannewitzsche Regiment wider jedes Recht

50 Mann aus, darunter angesehene ältere Bürger, die sich mit hohen Lösegeldern freikaufen mussten.

Bald war kein junger Mann, der über gesunde Knochen verfügte, seiner Freiheit mehr sicher. Er zog der Heimat das Elend vor, wie man die Fremde nannte. Die Flut der in Berlin einlaufenden Klagen, noch mehr aber der fühlbar werdende Mangel an Arbeitskräften, zwang den König zu Konzessionen. Zwar glaubte er, so ließ er verlautbaren, dass die Jugend nach ihrer natürlichen Geburt und des höchsten Gottes eigener Ordnung ihrem Land mit Blut und Gut zu dienen pflichtig sei, doch solle niemand mit Gewalt zu dieser Pflicht angehalten werden.

Die Betonung lag auf dem Wort »Gewalt«. Täuschung und Betrug dagegen blieben, da nicht ausdrücklich verboten, erlaubt. So jedenfalls verstanden die Werber ihren König, und sie verstanden ihn gut, denn in den folgenden Erlassen hieß es stets, die Leute sollten »mit guter Manier, gelinden Worten und möglicher Listigkeit« weggeholt werden. Lediglich die Mittel also waren zu verfeinern, um »Desordre und Bruit«, sprich Skandale, zu verhindern. Die Verlogenheit, die hier im Spiel war, zeigt die Ordre vom 9. August 1713. Hierin wurden die Offiziere angehalten, die durch Preußen reisenden Passagiere der Postkutschen nicht zum Militär zu pressen und auch den Postillon in Frieden zu lassen – »wenn selbiger nicht von der Größe, dass er bei Dero Bataillon Grenadirer stehen könne«!

Die Körpergröße war es, die über das Schicksal so mancher Untertanen entschied. Ob eine Existenz vernichtet wurde, ein glückliches Familienleben zerstört, eine bürgerliche Karriere beendet, darüber entschieden Zentimeter. Mit 1,65 Meter war man gerettet, bei 1,68 Meter wurde es kritisch, 1,72 Meter, oder nach damaligem Maß 5 Fuß sechs Zoll, galt als »gefährliche Größe«. Wer 1,80 Meter und mehr brachte, dessen Schicksal war besiegelt, ob er nun arm war oder reich, ob

IV DER KÖNIG DER SOLDATEN ...

EDICT,

Daß

Niemand

Mit

Gewalt nach Preussen

zu gehen angehalten werden soll/

Und was

Diejenigen/

so freywillig dahin ziehen wollen,

Vor

BENEFICIA

zu geniessen haben.

Sub dato Berlin/ den 10. April 1723.

BERLIN,

Gedruckt bey Gotthard Schlechtiger/ Königl. Preußis. Hof-Buchdr.

Die »Beneficia«, die Vergünstigungen, die den nach Zehntausenden zählenden Einwanderern gewährt wurden, waren preußisch ordentlich in Erlassen und Verordnungen festgelegt.

niedrig- oder hochgeboren. Gelang ihm nicht schleunigst die Flucht, erwarteten ihn zwanzig Jahre und mehr in öden Quartieren und auf staubigen Exerzierplätzen.

Der Zar schenkt
»ein paar Dutzend grosse Figuren«

Im Frühjahr 1712 traf der Fähnrich Voigt als Kornhändler verkleidet in der pommerschen Stadt Kolberg ein und suchte einen Gutsverwalter auf, dessen Verhältnisse er unter dem Vorwand, ihm einen Teil der nächsten Ernte abkaufen zu wollen, gründlich ausspionierte. Wieder in seinem Gasthaus, schrieb er einen Brief, der noch am selben Abend mit Eilposten nach Berlin gesandt wurde.

»... dass ich hierselbst eine überaus große und lange Familie entdeckt habe«, hieß es darin, »deren Oberhaupt ich knappest unter die Arme reiche, und der Sohn, welchen ich zwar nur aus der Ferne gesehen, wird nicht viel kleiner sein. Es ist die Sache auch schon so unterbauet, dass, wenn Ew. Kgl. Hoheit nur diesen Kerls wegen an hiesigen Magistrat schreiben wollen, so werden sie den Kerl in aller Stille ausheben und anhero schicken ...«

1712, in diesem Jahr war Friedrich Wilhelm noch Kronprinz, aber die große Jagd auf lange Kerls hatte längst begonnen. Das Jagdgebiet blieb nicht auf Preußen beschränkt, es erstreckte sich über ganz Europa. In Kurland, in der Ukraine und besonders in Ungarn und Kroatien machten die Jäger Beute. Die Berichte über diese Jagden lesen sich, als befinde man sich in der Zeit der Antike mit ihren Sklavenmärkten. Die Preise der Riesen richteten sich nicht nur nach der Größe, sondern auch danach, dass sie »kein hässlich Gesichte und keine Hauptfehler« besaßen und nicht zu alt waren. Für inländische Sechsfüßler (1,88 Meter) wurden 600 Taler gezahlt.

IV DER KÖNIG DER SOLDATEN ...

Für 1,92 Meter große Männer aus dem Ausland 3000 Taler. Für einen Zweimetermann vom Schwarzen Meer boten die Werber 5000 Gulden.

Am teuersten kam der 2,16 Meter messende Schotte James Kirkland, für den der preußische Gesandte von Borck 8162 Silbertaler einschließlich Bestechungsgelder und Transportkosten auf den Tisch legen musste. Es war derselbe Borck, von dem wir eine höchst merkwürdige Korrespondenz besitzen.

»Ich habe dem Stallmeister Sainson eine Schilderei [Gemälde] mitgegeben, welche ein unbekannter Maler gemachet. Es gibt auch allhier noch etliche Stücke, welche besonders curieuse sind«, schreibt der Gesandte. Und sein König antwortet: »Ich habe gern aus Eurem ersehen, dass Ihr mit einer bequemen Gelegenheit ein artig Gemälde von einem berühmtem Meister abgeschickt. Ich bin begierig zu sehen, ob Ihr meinen goût getroffen. ... Auch die Statue ist mir richtig gesandt und gefällt mir die Façon und Arbeit.«

Der kunstfeindliche König als Kunstliebhaber? Mit Gemälden und Statuen waren lange Kerls gemeint, Tarnbezeichnungen, deren man sich aus Gründen der Geheimhaltung bedienen musste. Immer häufiger war es zu Demarchen europäischer Staaten am Berliner Hof gekommen, die sich gegen Menschenjagd und Menschenraub auf ihrem Hoheitsgebiet richteten. Da sie meist ergebnislos blieben, schritt man zu Gegenmaßnahmen. August von Sachsen drohte preußischen Werbeoffizieren mit dem Tod; der Landgraf von Hessen-Kassel erließ Steckbriefe, wonach jeder Werber dem nächsten Festungskommandanten zu übergeben sei; Hannover machte sogar Truppen mobil und drohte mit Krieg.

Doch die Leidenschaft war stärker als die Vernunft, und der König durch nichts abzubringen von seinem Trieb, hünenhafte Menschen zu sammeln. Er verkaufte sogar Ämter, wenn das Geld nur ja in die Rekrutenkasse floss. Er wusste, dass das nicht rechtens war, und es bereitete ihm schlaflose Nächte, in denen er aufstand und die Dokumente seiner »Narretei« verbrannte. Darunter die Kostenrechnung für einen Offizier, der nach Rom gegangen war unter dem Vorwand, katholisch zu werden, mit der Absicht aber, einen riesigen Mönch aus einem Kloster zu entführen (was auch gelang). Während Friedrich Wilhelm sonst um jeden Pfennig fuchste, hier vergeudete er das Geld: zwischen 1713 und 1735 gingen zwölf Millionen Taler Werbegelder ins Ausland.

Es hatte sich bald herumgesprochen, dass man seine Gunst erringen konnte, wenn man seine »Sammelleidenschaft« befriedigte. Die Beliebtheit Seckendorffs, des kaiserlichen Gesandten, rührte nicht zuletzt daher, dass er dem König die Konzession zur Werbung in den kaiserlichen Erblanden verschaffte. Die preußischen Generale und Obristen, schrieb er nach Wien, seien absolut unbestechlich, was das Geld anlange, würden »hingegen mit größter Freude etliche große Kerls annehmen«. Zar Peter pflegte zu den jeweiligen Gelegenheiten statt der üblichen Preziosen lieber »ein paar Dutzend große Figuren« zu schenken. Die Zarin Anna folgte später dem bewährten Brauch, verlangte allerdings als Gegengabe westfälische Messerschmiede, die, als sie sich weigerten, ihre Heimat mit der Fremde zu tauschen, kurzerhand dorthin deportiert wurden. Aus Paris, London, Kopenhagen trafen ähnliche Sendungen ein.

Für die preußischen Offiziere war es geradezu eine Lebensfrage, ob sie in ihren Kompanien genügend große Burschen vorweisen konnten. Wer mit Sechsfüßlern im ersten Glied aufwartete und darüber hinaus bereit war, seinem königlichen Herrn einige von ihnen abzutreten, erfreute sich bald allerhöchster Gnadenbeweise. So bekam der General Schmettau für einen Riesen 5000 Taler und eine Stiftsstelle für seine unverheiratete Schwester. Andererseits konnte es geschehen, dass ein Kompaniechef vor versammelter Front kassiert wur-

IV DER KÖNIG DER SOLDATEN ...

de, wenn die Maßliste, die er vorlegte, nur mittelgroße oder gar kleine Soldaten aufwies.

Die größten und ansehnlichsten Exemplare fanden sich im I. Bataillon des Garderegiments zu Fuß, dem Leibregiment des Königs. Unter den etwa 500 Männern, die aus allen Ecken der Welt stammten, waren Giganten, wie man sie sonst nur in den Schaubuden der Jahrmärkte bestaunen konnte. Hohmann, der Flügelmann, war so riesig, dass August der Starke bei einem Besuch in Potsdam sich vergeblich mühte, ihm die Hand auf den Kopf zu legen. Der norwegische Schmiedeknecht Jonas Erichsson übertraf ihn noch: er brachte 2,68 Meter.

Des Königs Kolosse wurden gehätschelt, erhielten höheren Sold, bekamen Geschenke in Form von Häusern und Grundstücken, ihre Frauen durften Bier- und Weinstuben betreiben oder kleine Läden. Wer sich eines der ihren versicherte, um eine Petition zu überreichen, konnte mit günstigem Bescheid rechnen. Der König liebte sie sehr, aber sie liebten ihn weniger. Immer wieder kam es zu Verschwörungen; wie 1730, als siebenundachtzig Ungarn, Polen und Kroaten Potsdam in Brand stecken wollten.

Militärisch waren des Königs Kerle sinnlos. Gewiss, sie konnten das 1,55 Meter lange Gewehr rascher laden, dafür waren sie unbeweglicher und weniger ausdauernd. Wie überhaupt die Körperlänge kein Kriterium dafür ist, ob einer ein guter oder ein schlechter Soldat ist. Ganz abgesehen davon, dass etliche von den Gardisten an hypophysärem Riesenwuchs litten, bedingt durch hormonale Störungen, und nicht gerade die Gesündesten waren. Friedrich II. hat die Potsdamer Wachtparade dann auch unverzüglich aufgelöst bis auf eine als lebendes Museum dienende Traditionseinheit. Er war von ihrer Wertlosigkeit im Krieg überzeugt und von ihren Unterhaltskosten verschreckt (291 000 Taler jährlich gegenüber 72 000 für ein normales Regiment!).

Eine fürstliche Marotte war es, der das Leibregiment seine Entstehung verdankte, und wenn es überhaupt einen Sinn gehabt hat, so den, der nicht im Sinne seines Erfinders war: die Förderung religiöser Toleranz. Die katholischen Österreicher, griechisch-orthodoxen Russen, islamischen Türken, reformierten Flamen, lutherischen Märker, die in seinen Reihen standen, hielten ihre eigenen Gottesdienste ab und stellten bald fest, dass ihr Gott sich nicht allzu sehr von dem ihrer Kameraden unterschied.

Sichere und unsichere Kantonisten

Das 1733 eingeführte Kantonsreglement, das erste gesetzlich geordnete Rekrutierungssystem, beseitigte die schlimmsten Ungerechtigkeiten bei der Aushebung. Jedes Regiment hatte jetzt einen bestimmten Bezirk, Kanton genannt, der ihm Rekruten zu stellen hatte. Die Wehrtauglichen wurden in einer Stammrolle registriert und trugen, bereits als Kinder, einen roten Büschel am Hut oder eine rote Halsbinde. Den gewaltsamen Werbungen war damit ein Ende gesetzt.

Man spottete, dass auf ähnliche Art das Vieh gekennzeichnet werde, das zum Schlachthof musste, aber die jungen Leute fanden sich damit ab, wussten sie doch auf diese Art frühzeitig, was ihnen einst blühte. Und sie wussten auch, dass das Jahr für sie nur 60 bis 80 Tage hatte. Das waren die Monate des Exerzierens und der Besichtigungen. Für die restliche Zeit bekamen sie Urlaub, um ihren gewohnten Tätigkeiten im Gewerbe oder in der Landwirtschaft nachgehen zu können. Den blauen Rock sollten sie jedoch weiterhin tragen und zum Kirchgang am Sonntag die volle Uniform, damit sie, die Kantonisten, nicht zu »unsicheren Kantonisten« würden.

Auch die Ausländer bekamen Urlaub, wenn sie eine nutzbringende zivile Tätigkeit nachweisen konnten. Im Ausland

Oben: Unter'n Linden, Unter'n Linden ..., die später weltberühmte Prachtstraße zeigte sich um 1700 noch recht bescheiden. Den Berlinern war es streng verboten, »dorten ihre Sauen zu suhlen«.

Unten: Der Königin Sophie Charlottes Musenhof bildete das vor den Toren Berlins gelegene Schloß Lietzenburg, später Charlottenburg genannt.

Vorhergehende Seite: »... warum soll Ich nicht danach trachten, die Würde eines Monarchen zu erlangen?« Kurfürst Friedrich III. brachte den Hohenzollern die Königswürde ins Haus und hieß von nun an Friedrich I.

Das Riesenspielzeug des Soldatenkönigs. Friedrich Wilhelm I. besichtigt im Potsdamer Lustgarten seine langen Kerls.

Oben: List und Gewalt, Betrug und Bestechung waren die gängigen Mittel, mit denen die Werbeoffiziere die Rekruten anwarben.

Links: Der Offizier schlägt, »fuchtelt«, den Grenadierkorporal mit der flachen Degenklinge. Unter dem Arm des Korporals der Stock, mit dem dieser seinerseits die Soldaten zu prügeln pflegte.

Rechts: Der Galgen, das Richtschwert und das Rad gehörten zum Repertoire barbarischer Strafen, mit denen die Disziplin in der Armee aufrechterhalten wurde.

Im Tabakskollegium war Zeremonielles verpönt, Etikette unerwünscht. Man politisierte, bramarbasierte, rauchte aus langen Tonpfeifen und trank heftig über den Durst. Bisweilen erschienen die kleinen Prinzen und entboten artig eine gute Nacht.

»In tormentis pinxit – unter Qualen gemalt« lautete das Signum unter den Bildern Friedrich Wilhelms I. Mit seinen Malkünsten, die man heute »naiv« nennen würde, versuchte er über die Schmerzen der Gicht hinwegzukommen. Er malte mit Vorliebe Porträts, aber auch Szenen aus dem täglichen Leben, wie hier den Juden und den Bauern.

»Ma thuat mi aus dem Vatterland um Gottes Wort vatreiba«, sangen die wegen ihres Glaubens aus der Heimat vertriebenen Salzburger Protestanten. Preußen wurde ihnen zum »Gelobten Land«.

IV DER KÖNIG DER SOLDATEN ...

wurde nämlich weiterhin geworben. Noch um 1740 war jeder dritte Soldat ein Fremder. Preußen hatte nicht genug Menschen, um den Moloch Armee zu sättigen, auch waren viele der Jungen dem Staat nützlicher, wenn sie bestimmten Berufen nachgingen oder sich in ihnen ausbilden ließen. Die Söhne von Pfarrern, von höheren Beamten und gut situierten Bürgern, die Hoferben, die Handwerksmeister, die Studenten der drei Universitäten, die im Ausland angeworbenen Facharbeiter, vornehmlich die der wichtigen Tuchindustrie – sie alle wurden nicht zur Armee eingezogen. Auch die meisten Bewohner der größeren Städte waren freigestellt. Ein Grund unter anderen, warum Friedrich Wilhelm I. Berlin nie hatte leiden können.

So waren es in erster Linie die Bauern und die besitzlosen Kleinbürger, an die man sich hielt, es sei denn, sie waren zu klein geraten. Und so kam es, dass Mütter, wenn sie mit ihren Kindern zur Nacht gebetet hatten, noch ein Stoßgebet hinterherschickten, worin sie den Herrgott anflehten, er möge ihr Kind nicht zu groß werden lassen. Andere vermischten den Haferbrei mit Branntwein, was, nach dem Aberglauben der Zeit, zur Kleinwüchsigkeit führen sollte.

Trotz allem *Größen*wahn (der so weit ging, dass der König lange Männer mit langen Frauen kopulierte, um lange Kinder zu erhalten), trotz aller noch verbliebenen Missstände war die Reform der Armee auf die Dauer erfolgreich. Ihre Soldaten waren gut ausgebildet, ordentlich gekleidet, wohl diszipliniert und konnten etwas, was sie sonst nicht gelernt hätten – lesen und schreiben. Nichts mehr an ihnen erinnerte an die zuchtlosen Kriegsknechte, die noch in den Jahren nach dem Dreißigjährigen Krieg den Hass der Bauern und die Verachtung der Bürger erregt hatten. Aus dieser Armee gingen Männer hervor – und das war vielleicht noch wichtiger –, die ein neues Selbstbewusstsein entwickelten.

Sie ertappten sich dabei, dass sie, wenn sie in ihre Dörfer und Kleinstädte zurückkehrten, den Kopf höher trugen. Der Rock, den sie anhatten, war der Rock des Königs, ihres neuen Vorgesetzten, und der stand über jenen, die ihnen bis dahin vorgesetzt waren. Besonders die jungen Bauernsöhne sahen ihre adligen Gutsherrn, zu deren heftigem Missvergnügen, mit anderen, kritischeren Augen an. Sie fühlten sich nicht mehr als das Eigentum ihres Herrn und wussten, dass er auch nicht mehr ihr Gerichtsherr war, denn die Jurisdiktion lag nun bei ihrem Regiment.

»Wählte Ungnade, wo Gehorsam nicht Ehre brachte«

Aber auch das Offizierskorps veränderte sich.

Die Generale, Obristen, Majore, Hauptleute und Leutnants der alten Armee waren feudal und exklusiv, fühlten sich als Mitglieder des internationalen Adels, denen das Verdienen wichtiger war als das Dienen und der Krieg ein Abenteuer. Nicht wenige dienten unter fremden Fahnen, dort, wo sie hofften, ihr Glück zu machen, Ruhm und Ehre zu gewinnen. Wie international man war, zeigte der Abend vor der Schlacht von Malplaquet 1709, als die Franzosen sich mit den Preußen und Österreichern trafen, man tausend Artigkeiten austauschte und »zum Ende alle Mühe der Welt hatte, sich voneinander zu trennen«. Am Tag darauf trafen sie mit der Waffe aufeinander, kämpften mit Bravour und wussten mit Noblesse zu sterben.

In den öden Friedenszeiten vertrieben sie sich die Zeit mit Affären und Duellen. Ihr Platz waren Casino und Quartier. Den Staub des Exerziergeländes zu schlucken, wäre ihnen nicht eingefallen. Die Mannschaft zu drillen, überließen sie den Korporalen, hätten es selber auch gar nicht gekonnt, da

IV Der König der Soldaten ...

sie die in den Reglements vorgeschriebenen Schritte und Griffe nicht beherrschten.

Unter Friedrich Wilhelm lernten sie sie schnell, und wer nicht den Anforderungen entsprach – »Geschwind laden, geschlossen antreten, wohl anschlagen, wohl in das Feuer sehen, alles in tiefster Stille« –, fand sich, ehe er noch recht begriffen hatte, auf seiner Klitsche wieder. Von nun an durfte der Offizier von seinen Leuten nicht verlangen, was er nicht selbst bereit war zu leisten und zu leiden. Glücksritter und Abenteurer, Männer von zweifelhaftem Ruf und dunkler Vergangenheit wurden nicht mehr geduldet. Die Weste musste rein sein und das Wappenschild ohne Flecken. Offiziere sollten nicht um des Geldes, sondern um der Ehre willen dienen. Die Franzosen nannten es *travailler pour le roi de Prusse*«, was soviel hieß wie eine Sache um ihrer selbst willen tun ohne den Anreiz materiellen Gewinns. Diese Selbstlosigkeit glaubte man den aus dem Ausland stammenden Herren nicht zumuten zu können und entließ sie in ihre Heimatländer.

Viele vom einheimischen Adel wären ihnen gern gefolgt. Die Hand, die den neuen Besen führte, kehrte ihnen zu scharf, fegte allzu viele alte Privilegien hinweg. In den Armeen Frankreichs, Österreichs oder Russlands ließ es sich leichter leben. Das aber wusste der König zu unterbinden. Er mahnte die Junker an ihre Pflicht gegenüber dem Vaterland oder verbot ihnen, wenn das nichts fruchtete, kurzerhand das Ausland. Er wachte über sie wie ein gestrenger Vater, ließ sich regelmäßig zum 1. Januar die Konduitenlisten einreichen, in denen verzeichnet stand, wie seine Offiziere im abgelaufenen Jahr sich geführt: ob sie getrunken oder Schulden gemacht hatten, im Dienst nachlässig oder gegen ihre Vorgesetzten aufsässig gewesen waren. Bei seinen Inspektionen in den verschiedenen Landesteilen unterhielt er sich mit jedem einzelnen, schmeichelte und erschreckte sie durch seine genaue Kenntnis ihrer

Lebensumstände, ihres Herkommens und dadurch, dass er sie, wo er sie auch traf, wiedererkannte und mit dem Namen anredete.

In einem Nachruf auf seinen Generaladjutanten, in dem er zwei Dutzend Eigenschaften aufführte, die ein Offizier haben müsse (darunter Feindschaft und Hass gegen Weichheit und schnöde Listen, Falkenaugen und gute Ohren, Verachtung des Todes, Gottesfurcht, Herzhaftigkeit), heißt es im letzten Absatz: »Fähnrich und Feldmarschall stehen als des Königs Offiziere in der Ehre völlig gleich.«

Sie waren es nicht nur in der Ehre, sondern auch, und das war in den Armeen Europas ohne Beispiel, im gesellschaftlichen Verkehr. Die Subordination blieb auf den Dienst beschränkt, privat verkehrte man als Herr zu Herr miteinander, auch wäre der Leutnant vom Obristen schwer zu unterscheiden gewesen, denn man trug, mit Ausnahme der Generale, keine Rangabzeichen.

Der Befehlsgewalt des ranghöheren Offiziers über den im Rang niedriger stehenden waren Schranken gesetzt. Wer vor versammelter Mannschaft von seinem Vorgesetzten beleidigt wurde, durfte Satisfaktion fordern. Der Leutnant von Weiden tötete im Duell den General von Dockum, Chef des Dragonerregiments in Tilsit. Der Major von Zieten, der spätere berühmte Reitergeneral, forderte den Oberstleutnant von Wurmb auf schwere Säbel. Selbst vor Königsthronen machte der Offiziersstolz nicht Halt. Friedrich Wilhelm, der den wegen seiner gründlichen Bildung bekannten (oder, wenn man will, verschrienen) Major Jürgas einen »Tintenkleckser« schimpfte, bekam zur Antwort: »Das, Majestät, sagt nur ein Hundsfott!« Und der von Kleist legte die Hand an den Degen, als Friedrich II. im Zorn den Stock gegen ihn hob.

Wahres Preußentum hat nichts zu tun gehabt mit Kadavergehorsam, einem Begriff übrigens, der aus dem Jesuitenorden stammt (die Ordensmitglieder hatten so gehorsam zu

IV DER KÖNIG DER SOLDATEN ...

sein, »als wären sie ein Leichnam, der sich überall hintragen lässt«). Fontane sagt in seinem Roman »Stechlin«, der von echt preußischem Lebensgefühl zeugt, dass die wirklich Vornehmen nicht dem Machthaber gehorcht haben, sondern dem ihnen innewohnenden Gefühl der Pflicht. Sie wussten auch, wann sie bei aller Königstreue nicht zu gehorchen hatten. So wie es York von Wartenburg 1812 bei Tauroggen, am Vorabend der Befreiungskriege, gewusst hat und Johann Friedrich Adolf von der Marwitz, der von Friedrich II. im Siebenjährigen Krieg den Befehl bekam, das Schloss Hubertusburg zu plündern. Marwitz kam dem Befehl, ein Kriegsverbrechen zu begehen, nicht nach, weil das – wie er seinem König melden ließ – gegen die Ehre eines Offiziers von Seiner Majestät Regiment Gens d'armes sei. Auf seinen Grabstein in Friedersdorf ließ er die Inschrift setzen: »Sah Friedrichs Heldenzeit und kämpfte mit ihm in allen seinen Kriegen. *Wählte Ungnade, wo Gehorsam nicht Ehre brachte.*«

Winston Churchill hat Marwitzens Tat vor dem britischen Unterhaus als Beispiel für Zivilcourage und edle Gesinnung hingestellt. Theodor Heuss, der erste Präsident der Bundesrepublik, sagte in einer Gedenkstunde zur zehnten Wiederkehr des Aufstands gegen Hitler: »So mag das Preußische als moralische Substanz begriffen werden. Und wenn irgendwo, dann steht Preußens Denkmal in einer Dorfkirche der Mark Brandenburg. In Friedersdorf.«

In Marwitz zeigte sich eine Gesinnung, die vergleichbar ist mit der der Männer des 20. Juli, der Witzleben, Kleist, Tresckow, Moltke, Stauffenberg, Schulenburg – kaum ein Name fehlt von jenen, die Preußen großgemacht haben –, Männer, die nach dem für das Offizierskorps Friedrich Wilhelms geltenden Gebot handelten, wonach der Gehorsam dort endet, wo es um die Ehre geht.

Friedrich Wilhelm – der erste Militarist?

Wichtig ist es, die Väter für sich zu gewinnen, wichtiger aber noch die Söhne, denn sie vertreten die Zukunft – aus dieser Erkenntnis heraus gründete Friedrich Wilhelm in Berlin das Corps Cadets, in dem die jungen Adligen zu Offizieren ausgebildet wurden. Zäh rang er mit den sich sträubenden Familienoberhäuptern um jeden Sohn, versprach als Lockmittel kostenlose Ausbildung oder holte sich die Zwölf- bis Vierzehnjährigen mit Gewalt von den Gütern. Sie mussten nur kräftig genug sein, das Kurzgewehr (eine dreieinhalb Meter lange Pike) oder die Fahne zu tragen. Die Eltern, so verkündete er in einem Rundschreiben, sollten sich glücklich schätzen, dass er ihren Sprösslingen zu einer Karriere verhalf, und sie davor bewahrte, auf dem Lande zu verbauern.

Mit welch erbarmungsloser Härte der Offiziersnachwuchs damals und später geschult wurde, wissen wir aus den Memoiren eines anderen Marwitz, des Generals Ludwig von der Marwitz, der als halbes Kind in das Regiment Gens d'armes eintrat: zwei Uhr früh Wecken, bis halb vier Stalldienst, dann Exerzieren auf grobschlächtigen Rössern, die der Kinderhand nicht gehorchen wollten und bei der ersten Attacke durchgingen, Stürze, bei den Paraden die schwere Standarte in der Faust, nachmittags die Schleiferei zu Fuß, Ohnmachtsanfälle, Prügel mit der flachen Degenklinge, der Fuchtel, in der »Freizeit« der Unterricht in Fortifikation, Mathematik, Geographie, Französisch, Geschichte, in Tanzen und Fechten. Das alles galt noch bis in die Zeit Moltkes, der über seine Kadettenzeit lakonisch sagte: »Freudlose Kindheit. Entbehrungen und Herzenskälte.«

Trotz aller Härte war es für die jungen Edelleute, die nicht zum Gutsbesitzer oder höheren Beamten bestimmt waren, bald eine Selbstverständlichkeit, Offizier zu werden. Die Schaffung dieser Elite mit ihrem Korpsgeist und strengem

IV Der König der Soldaten ...

Ehrbegriff gilt als das Meisterwerk Friedrich Wilhelms: die ostpreußischen, märkischen, pommerschen Junker, bis dahin vornehmlich damit beschäftigt, ihre Stellung zu stärken und die der Kurfürsten und Könige zu schwächen, bekamen mit dem Dienst in der Armee eine neue Aufgabe. Aus Frondeuren wurden Königstreue, die dem neuen Staat einen festen Rückhalt boten.

Ihr Dienst war entbehrungsreich, von ermüdender Eintönigkeit und wurde schlecht bezahlt. Elf Taler bekam ein Secondleutnant (etwa 150 Euro) im Monat. Davon musste er sich verpflegen und seinen Burschen bezahlen. Mit einem Zuschuss von zu Hause konnte er kaum rechnen. Der einzige Reichtum seiner Eltern bestand im Kinderreichtum. Wollte er nicht Schulden machen, musste er den Freitisch bei seinem Kompaniechef in Anspruch nehmen, und ein Kavallerieleutnant reimte in seinem Tagebuch kummervoll: »Wie grausam die Sorgen der Nahrung mich quälen, wie sauer gebohren, wie dürftig ich sey, wie viel der Lieutenant noch schuldig dabey. Er hatte nichts, musste von Anfang gleich borgen, sich, was er benöthigt, à conto versorgen.«

Kam kein »hübscher, kleiner Krieg«, von dem mancher insgeheim träumte, hieß es warten und warten – meist zwanzig lange bittere Jahre –, bis die Kompanie geschafft war. Auch als Hauptmann war das Gehalt gering, doch bot ihm die so genannte Kompaniewirtschaft die Möglichkeit, für sein Alter zu sorgen (Pensionen waren ja nicht obligatorisch, sondern ganz und gar von der Gnade des Königs abhängig). Die feste Summe, die ihm die Generalkriegskasse für die Entlohnung der Mannschaft anwies, kam auch dann, wenn der größte Teil der Leute beurlaubt war. Und beurlaubt wurde fleißig. Dieses Geld wanderte auf die hohe Kante, und es gab Kompaniechefs, die mit keinem Minister getauscht hätten.

Doch für die Mehrzahl der Offiziere bestand der eigentliche Lohn in dem Bewusstsein, einem Stand anzugehören, der rechtlich und sozial privilegiert war, zu dem ein Bürgerlicher nur in Ausnahmefällen Zutritt fand.

Das »Meisterwerk« aber hatte auch seine negativen Auswirkungen. »Ich habe Kommando bei meiner Armee und soll nicht Kommando haben bei die tausend sakramentische Blackisten [Tintenkleckser]? Das schwöre zu Gott, wo das Geringste unter meine Diener passieret, werde ich nach die Kriegsartikel erkennen lassen.« In diesen Worten des Königs scheint die Gefahr auf, die in einer ausschließlich von soldatischen Kategorien bestimmten Denkungsart liegt. Eine Gefahr, die schlimme Folgen hatte.

Hier liegt die Ursache, wenn später im Wilhelminismus, als das Preußentum entartet war, der Uniformträger alles war und der Zivilist allenfalls schäbig; wenn der Bürger vom Gehsteig in die Gosse trat, um den Herrn Offizier vorbeizulassen; wenn der Leutnant mehr galt als der Universitätsprofessor; wenn die Antwort auf die Frage »Haben Sie gedient?« wichtig wurde für die Vergabe einer Stellung, für das Urteil des Richters, für das Verhalten des Vorgesetzten; wenn der Bürger vor der Amtsperson Haltung annahm und vor dem Polizisten die Faust in der Tasche ballte; wenn aus der Tugend des Gehorsams die Untugend des Untertanengeists wurde; wenn es zu einem Hauptmann von Köpenick kommen konnte (der übrigens auf die in Preußen übliche Frage »Wo haben Sie gelegen?« die klassische Antwort gab »Ick hab' immer nur jesessen«).

Den »ersten Militaristen« der Weltgeschichte haben Friedrich Wilhelm seine Gegner genannt und auf das »krebsartige Auswuchern des militärischen Denkstils in alle Bereiche des zivilen Lebens« verwiesen. Aber er war schon ein merkwürdiger Militarist. Einer, der das von ihm geschmiedete Schwert selbst dann nicht zog, als das Haus Habsburg ihn um Jülich-Berg betrog, ein kleines, aber wertvolles Stück Land, das ihm als Erbschaft zustand; der martialisch polterte, kein Engländer oder Franzose solle über die Deutschen gebieten »und meinen

IV Der König der Soldaten ...

Kindern will ich Pistolen und Degen in die Wiege geben«, es aber immer nur bei Drohgebärden beließ. Selbst die eigene Frau nahm ihn in dieser Beziehung nicht ernst, bemerkte, wenn er wieder einmal davon sprach loszuschlagen, mit Verachtung: »Ihr, Ihr wollt Krieg haben?«

Er wollte wirklich keinen. Der leidenschaftliche Soldat war ein müder Krieger. Oder wie die Engländer sagten, er sei nur im eigenen Schafstall ein Wolf. Dabei fehlte es ihm nicht an Mut. Bei Malplaquet hatte er bewiesen, dass er ein Mann war, als er unbeirrt ins feindliche Feuer ritt. Aber es ist etwas anderes, an einem Krieg teilzunehmen, als ihn verantwortlich zu führen oder ihn gar anzufangen. Als es gegen die Schweden ging, wäre er nicht marschiert, wenn nicht seine europäischen Verbündeten marschiert wären. Und so kam er zu Stettin und Vorpommern, den wichtigsten Erwerbungen seiner Regierungszeit, wie die Jungfrau zum Kinde. An der Rheinkampagne im Verlauf des polnischen Thronfolgestreits nahm er zwar teil, war aber schließlich froh, dass alles ausging wie das Hornberger Schießen. Er hatte seinen Soldaten ohnehin befohlen, täglich nur zwei Meilen (15 Kilometer), höchstens drei, zu marschieren, den vierten Tag Ruhe zu halten und nur gute Quartiere zu beziehen.

Er glich jenen deutschen Sauf- und Betefürsten, wie wir sie aus dem Jahrhundert der Reformation kennen: friedfertig, trinkfest und gottesfürchtig. Religiöse Skrupel hinderten ihn daran, die Macht zu gebrauchen, die er besaß, aber auch seine Sparsamkeit. Der Gedanke, seine blitzblanken, im wahren Sinne *teuren* Grenadiere in einen Krieg zu schicken, sie gleichsam ihrem Zweck zu entfremden, muss ihm unerträglich gewesen sein. Wie auch die Vorstellung, welche Unsummen ein solcher Krieg verschlingen würde. Die Preußen, so schnell schossen sie wirklich nicht.

Den Zusammenschluss der voneinander getrennten Gebiete Preußens durch Neuerwerbungen, sprich Neueroberungen, dieses zwar lebenswichtige, aber naturgemäß schmutzige Geschäft lud er seinem Nachfolger auf. Dennoch beschwor er ihn in seinem Testament mit seinem merkwürdigen Deutsch »um Gottes willen kein ungerechten Krig anzufangen und nicht ein agressör zu sein; denn Gott die ungerechten Krige verbohten und jemals müsset rechenschaft gehben von jedem Menschen, der dar in ein ungerechten Krig geblieben ist. Bedenkt Gottes gericht scharf ist; leset die Historie, da werdet Ihr sehen, dass die ungerechte Krige nicht guht abgelaffen sein.«

V UND DER »GRÖSSTE INNERE KÖNIG«

DAS »GENERAL-, OBER-, FINANZ-, KRIEGS- UND DOMÄNEN-DIREKTORIUM«

Wie stark der Ertrag der Verbrauchssteuern sinken würde, falls die Armee in den Krieg marschierte, hat der König immer wieder durchgerechnet. Denn die Armee war inzwischen zum großen Arbeitgeber geworden: was sie brauchte an Kleidung und Schuhen, an Essen und Trinken, an Gewehren, Pulver und Granaten, an Wagen, Sätteln, Taschen, Trommeln und Gamaschen, kam überwiegend aus dem eigenen Land. Produziert von kleinen und mittleren Handwerksbetrieben, von Manufakturen, wie die Vorläufer der modernen Fabriken genannt wurden, von Gütern und Domänen. Diese Heereslieferungen mussten bezahlt werden, doch nicht mehr mit Subsidien, die auszuhandeln, anzumahnen, einzuklagen Friedrichs I. Minister hauptsächliche Aufgabe gewesen war und Preußen vom Ausland abhängig gemacht hatten, sondern mit eigenen Steuergeldern.

Da sie niemals ausgereicht hätten, die Jahr für Jahr neu aufgestellten Regimenter zu unterhalten, ohne dass es zu hoher Verschuldung gekommen wäre, galt es, einen anderen Weg der Finanzierung zu finden. Das hieß nicht, die Steuern zu erhöhen, wie es alle Staaten Europas in solchem Fall bedenkenlos getan hätten, es hieß, den allgemeinen Wohlstand zu heben. Am Beginn dieser Aufgabe stand die Reform der Verwaltung.

Im Dezember 1722 zog sich der König von niemandem begleitet in die Einsamkeit eines seiner Jagdschlösser zurück und bedeckte in tage- und nächtelanger Arbeit eine Unzahl Seiten groben Papiers mit jener Schrift, die seine Kabinetts-

sekretäre bisweilen genauso verzweifeln ließ wie die Historiker später. Ihre Entzifferung war schwierig, die Orthographie
abenteuerlich, die Grammatik ohne jede Regel. Ins Reine getragen und gewissermaßen übersetzt, erwies sich die »Botschaft« immer als treffend, sinnreich und gedankenvoll. Was
diesmal aus Schönebeck in der Schorfheide zu den Ministern
gelangte, war darüber hinaus brisant, glich einem »Donner-
schlack«, und der König bat seinen Dessauer in stiller Vorfreude, er möge ihm schreiben, »was die Herren für Gesichter
machen, ob sie confus seien oder gelassen«.

Sie waren konfus.

Die Instruktion besagte, dass das Generalfinanzdirekto-
rium – zuständig für die Einkünfte aus den Staatsgütern, den
Forsten, Salzwerken, Hütten, der Post, der Münze, dem Zoll –
und das Generalkriegskommissariat – verantwortlich für die
Steuern der Bauern (Kontribution) und die der Städter (Akzise) – künftig *mit*einander zu arbeiten hätten. Waren doch
die leitenden Herren bis dahin mehr damit beschäftigt, sich
darüber zu streiten, ja zu prozessieren, was von wem an wen
in welcher Höhe abzuführen sei. Ein Streit, der von beiden
mit der Formel »Wir, Friedrich Wilhelm« nur scheinbar zum
Wohl des Staates geführt wurde.

»General-, Ober-, Finanz-, Kriegs- und Domänen-Direktorium« nannte sich die neue, wieder in Berlin angesiedelte
Behörde in barocker Umständlichkeit. Doch die Arbeit, die
in den vier für die einzelnen Provinzen zuständigen Departe-
ments geleistet wurde, gedieh zum Vorbild für fast drei Generationen preußischer Verwaltungsbeamter. Dem früheren
Kompetenzgerangel, das sich bis auf die unterste Ebene er-
streckt hatte, wurde ein Ende bereitet: auch in den Provinzen
gab es bald nur noch eine Behörde, die Kriegs- und Domänenkammern. Ihre Beamten mussten keinen studierten Kopf
haben, sondern praktisch denken können, was jedem eine
Aufstiegschance bot. Für die Räte galt, dass kein Pommer in

Pommern, kein Märker in der Mark, kein Westfale in Westfalen tätig sein durfte, niemand also in seiner eigenen Heimat. Eine Weisung, erlassen von jemandem, der die Menschen kannte und ihre Vorliebe für die eigenen Vettern.

Was von dem kleinsten Beamten im fernen Ostpreußen verlangt wurde, galt für die hohen in Berlin gleichermaßen. »Die Herren sollen arbeiten, wofür wir sie bezahlen«, schrieb er ihnen ins Stammbuch. »Werden immer sagen, es ist nicht möglich, aber sie sollen die Köpfe daran stecken und befehlen wir ihnen hiermit ernstlich, es sonder Raisonnieren möglich zu machen.«

Der Tag begann für die Minister und Geheimen Räte sommers um sieben, winters um acht Uhr, und endete erst dann, wenn alle in der Woche eingegangenen Vorgänge erledigt waren – eine angesichts heutiger bürokratischer Praktiken märchenhafte Vorstellung. Wer eine Stunde zu spät kam, zahlte 100 Dukaten, wer unentschuldigt fehlte, büßte mit sechs Monaten Gehaltsentzug. Der Geschäftsgang war »kollegial«, das heißt, Beschlüsse mussten gemeinsam gefasst werden. Doch jeder war für das, was er tat oder anordnete, verantwortlich und wurde mit Hab und Gut, ja Blut, haftbar gemacht. (Während unsere Rechnungshöfe Verstöße gegen Rechtmäßigkeit und Wirtschaftlichkeit zwar anprangern, die Schuldigen aber nie büßen müssen, weil es in diesem Fall den Tatbestand der »Amtsuntreue« nicht gibt.) Kam bei den Verhandlungen keine Gemeinsamkeit zustande, wandte man sich an den Monarchen.

Der König war der Präsident des Generaldirektoriums, doch hat er nie an einer Sitzung teilgenommen. Nicht aus Bequemlichkeit – aus Klugheit. Er wusste, dass die Autorität eines Herrschers sich abnutzt, wenn er allzu viel Umgang pflegt mit den zu Beherrschenden. Auch fürchtete er, den wortgewandten, auf ihrem Gebiet außerordentlich beschlagenen Herren des Direktoriums nicht immer vom Fleck weg Paroli bieten zu können. Er brauchte Zeit für seine Antworten. So ließ er seinen Stuhl frei, und da niemand anderer ihn einnehmen durfte, war er zwar nicht da, doch stets anwesend. Die Räte jedenfalls hatten dieses Gefühl, das durch das lebensgroße Porträt noch verstärkt wurde.

Friedrich Wilhelm führte die Regierung von seinem Kabinett aus, was genau genommen heißt, von seinen Privatgemächern, die aber nicht im Berliner Schloss lagen, sondern in Potsdam oder in einem der Jagdschlösser. Hier prüfte er die von den Ministern eingereichten Gesetzesvorschläge, die aus den Provinzen einlaufenden Berichte und traf seine – meist einsamen – Entscheidungen. Sie bestanden entweder aus Randbemerkungen, den erwähnten Marginalien, oder aus Kabinettsordern, die seine Sekretäre nach seinen Angaben formulierten und dem Generaldirektorium überbrachten. Erfolgreich aus dem Kabinett zu regieren vermochte nur ein Herrscher, der neben dem Blick für das Ganze auch die Details übersah und gewillt war, bis zur Erschöpfung zu arbeiten. Friedrich Wilhelm I. war dieser Mann, und man hat ihn mit Recht Preußens »größten inneren König« genannt.

Damals ist jenes Beamtentum entstanden, das zusammen mit der Armee zum Fundament des Preußenstaates wurde: Männer gehörten ihm an, die sparsam waren, ordentlich, pünktlich, unbestechlich und bereit, sich im Dienst zu verzehren. Tugenden, die ihr Land zum bestverwalteten in ganz Europa machten. Der Text des Liedes, den später das Glockenspiel in Potsdam spielte, war ihr Leitmotiv, so simpel er uns auch heute, leider, klingen mag: »Üb' immer Treu und Redlichkeit, bis an dein kühles Grab, und weiche keinen Finger breit von Gottes Wegen ab.«

Solche Beamten wuchsen nicht wild, sie mussten erzogen werden. Um dieses Ziel zu erreichen, wandte der König Praktiken an, wie wir sie nur von modernen Diktaturen kennen – und verabscheuen. So den Einsatz von Spitzeln, *espions* genannt, aus deren *secreter correspondence* er ersah, wer von seinen Dienern arbeitsscheu war, wer bestechlich, wer betrügerisch. Ihnen drohte Kassation, Festung oder die »Karre«, Zwangsarbeit.

Diese Spione waren Pächter, Dorfschulzen, Amtsleute, Bauern, einfache Menschen meist, die er dazu erniedrigte, andere Menschen zu denunzieren. Skrupel hat er dabei nicht gehabt. Der Zweck heiligte ihm seine Mittel, und er hätte sich keinen anderen Rat gewusst, dem Schlendrian und der Korruption zu begegnen, die unter seinem Vater eingerissen waren. Seinem Grundsatz, wonach Kontrolle besser ist als Vertrauen, verschaffte er überall Geltung.

Kurz nach seinem Regierungsantritt verbot er allen seinen Untertanen unter 30 Jahren, ins Ausland zu reisen. Er glaubte nicht daran, dass Reisen bildete, sondern »vielmehr im Gegenteil die anderswo im Schwang gehenden Missbräuche und Untugenden bei uns eingeführt oder wenigstens die Kosten [Devisen!] vergeblich und ohne einigen dem Vaterland dadurch zuwachsenden Vorteil angewendet werden«.

»LIEBEN SOLLT IHR MICH, NICHT FÜRCHTEN!«

Ein entsetzlicher, ein furchtbarer Mensch, der da über seine Untertanen herfällt, den säumigen Postmeister aus dem Bett prügelt, den korrupten Domänenrat hängen lässt, müßig gehenden Marktfrauen den Strickstrumpf in die Hand drückt, die Lehrer vor versammelter Klasse examiniert, dem Tanzmeister mitten auf dem Fahrdamm eine Probe seines Könnens abfordert, die Bauern schlägt, die immer noch kein Stroh in den Dünger streuen, den gehassten Advokaten eine lächerlich machende Amtstracht vorschreibt; der sich um alles und um jedes sorgt, darum, dass die Dächer Ziegel kriegen, die Ortschaften Laternen, die Dörfer Feuerspritzen, die Landstraßen

Obstbäume und die Wege Maulbeergehölze (für die Seiden-raupen).

Von Unruhe gepeinigt, ist er ständig unterwegs. Aus fünf, sechs schlichten Postwagen besteht seine Kolonne, die über die endlosen Straßen rollt. Keine Vorreiter in Gala, keine ge-schniegelten Lakaien, bewaffneter Begleitschutz nur, wenn er sich der polnischen Grenze nähert. Diktate, Unterredungen bereits während der Fahrt. »Cito! Cito!« Diese Wörter, die er an den Rand seiner Erlasse zu schreiben pflegt, sind das Mot-to. »Rasch! Schnell!« Schneller als jene, die seine Ankunft den Regimentskommandeuren, Domänenräten, Richtern ver-raten wollen, doch nicht so schnell, um nicht kurz Halt zu machen, weil er einen Pächter sieht, der seine Bauern ver-drischt. Rasch, schnell, knapp vier Tage braucht er für die 670 Kilometer lange Strecke von Berlin nach Königsberg, Tag und Nacht nicht unterscheidend, weder Wind noch Wetter scheu-end, das Leben reicht nicht aus für das, was er sich vorgenom-men hat; »sofort tun!«, »immediat ausführen!«, wie wenige Stunden hat der Tag, Konferenzen, Audienzen, Resolutionen, Inspektionen, Aktenstudien, Paraden.

»Wer es nicht sieht, kann es nicht glauben, dass ein Mensch in der Welt, von was Verstand er auch ist, so viel differente Sachen an einem Tag expedieren und selbst thun könnte, wie dieser König täglich thut.« So Seckendorff.

Es geht nicht in seinen Kopf, warum er so oft auf dumpfe Gleichgültigkeit trifft, auf die schier unausrottbare Trägheit, auf Renitenz. Da sind die Landwirte aus dem Magdeburgi-schen, die nicht nach Ostpreußen gehen wollen, aber Ost-preußen braucht sie doch, und die Königsberger Domänenrä-te, die es ablehnen, sich nach Tilsit versetzen zu lassen, dabei wissen sie, wie wichtig ihre Tätigkeit dort wäre. Kujone alle, Hundsfötter, Halunken.

Der Menschenhass bricht aus ihm heraus. »Man muss cou-pe courte machen, die Leute wollen mir forcieren: sie sollen nach meiner Pfeife danzen oder der Deuffel hole mir: ich lasse hängen und braten wie der Zar und tractiere sie wie Rebeller.« Er brät sie nicht, aber die Königsberger lässt er in Eisen legen und für zwölf Monate auf die Festung bringen. In einer Nachschrift bekennt er – und nichts ist bezeichnender, wie schwer er es sich in allem macht –: »Gott ist bekannt, dass ich es ungerne tue und wegen die Bärenhäuter zwei Nacht nit recht geschlafen habe.«

Das aber weiß niemand, und so geht der Schrecken vor ihm her. Wenn er die Schlosstreppe herunterkommt, den Stock aus Weißdorn in der Rechten, das eine Bein leicht nachziehend – die Gicht beginnt ihn zu plagen –, und den Weg zur Friedrichstadt einschlägt, wo er zu bauen befohlen hat, drücken sich die Leute in die Toreinfahrten, schließen die Fenster, hasten davon. Warum rennen sie vor ihm davon? Warum? Warum? Er will ja nur, dass sie arbeiten, wie er arbeitet, Diener des Staates sind, wie er Diener ist, dass sie ihre verdammte Pflicht und Schuldigkeit tun.

Aber in dem Wörtchen »verdammt«, da liegt es eben: es ist eine Pflicht, der niemand gern nachkommt, eine Schuldigkeit, die keiner empfindet. Weil es keine Preußen gibt, sondern Menschen aus der Altmark, der Neumark, aus Pommern, aus Königsberg, Magdeburg, Minden, Kleve. Preußen ist ihnen Hekuba. Noch …

Einmal will er es wissen, eilt einem der Flüchtenden nach, packt ihn, herrscht ihn an: »Sag Er mir, weshalb Er davonrennt?«

Er bekommt zur Antwort: »Weil ich mich vor Ihro Majestät fürchte.«

Da packt er den Stock und schlägt und schlägt und schreit nach jedem Schlag: »Lieben! Lieben! Lieben sollt ihr mich!«

Eine berühmte Szene, die Gelächter ausgelöst hat, Spott, Hohn, Schadenfreude, aber sie hat etwas Tragisches. Der Mann mit dem Stock trug eine Sehnsucht in sich, die niemand bei ihm vermutet hätte.

Einer von jenem Schlag Menschen, dieser König, die immer geliebt werden wollen, aber oft nicht einmal Beliebtheit zu erringen vermögen. Ein Deutscher. Auch in seiner Sittenstrenge, die oft ins Moralinsaure umschlug, in seiner Rechtschaffenheit, die mit Selbstgerechtigkeit einherging; in seinem sturen Fleiß, seiner Lust am Bier und wilder Jagd; in seiner Treuherzigkeit, die ihn die mit ausländischem Geld Bestochenen in seiner engsten Umgebung nicht sehen ließ; und nicht zuletzt in seiner immer wieder hervorbrechenden Melancholie, die von heftigem Selbstmitleid begleitet wurde.

Nichts ist erfolgreicher als der Erfolg

Aber er hatte Erfolg. Und nur der Erfolg zählte. Er wusste perfekt umzugehen mit dem Instrumentarium des Merkantilismus. Dieses System einer staatlich gelenkten einheitlichen Wirtschaft hatte sich, von Frankreich ausgehend, in Europa weitgehend durchgesetzt. Ziel des Merkantilismus war es, den allgemeinen Lebensstandard zu heben, doch weniger um des Volkes als um des Staates willen. Die Förderung des Handels, des Gewerbes und der Landwirtschaft und das damit verbundene erhöhte Steueraufkommen sollten die Mittel liefern, verschwenderisch zu leben, fürstlich zu bauen, siegreich zu Felde zu ziehen.

In Preußen war es die Armee, die im Mittelpunkt aller wirtschafts- und handelspolitischen Maßnahmen stand. Schafwolle beispielsweise durfte nicht mehr ausgeführt werden, weil das neu gegründete Berliner Lagerhaus, Deutschlands größte Textilfabrik, sie brauchte, um Uniformen, die übrigen Manufakturen, um Zivilkleidung herzustellen. Gleichzeitig verbot man den Import ausländischer Tuche, weil deren bessere Qualität eine zu starke Konkurrenz gewesen wäre. Ähnlich verfuhr man mit dem Getreide: in den Jahren magerer

Ernten Exportverbot und die Öffnung vorsorglich angelegter Magazine, damit der Verbraucher keine Überpreise zahlen musste, in den fetten Jahren Importsperre zum Schutz der Bauern vor dem Dumping. Das besondere Augenmerk galt den Manufakturen, die als Spinnereien, Webereien, als Betriebe der Ledererzeugung und der Metallverarbeitung die Handwerksstuben zu ersetzen begannen. Durch die Teilung der Arbeit und die Beschäftigung von Lohnarbeitern konnten sie mehr produzieren und dem Massenbedarf der Armee nachkommen.

Die Wollindustrie wurde auf diese Weise sogar exportfähig und beherrschte zum Verdruss der Engländer eine Zeit lang Teile des russischen Marktes. Die blauen Tuche aus Berlin erwarben sich einen gewissen Ruf in Europa, und dass die Stadt an der Spree ihre spätere Stellung als Zentrum der Maßkonfektion den Uniformschneidern Seiner Majestät verdankt, ist wenig bekannt. »Ein Land ohne Manufakturen«, schrieb der König in seinem Testament, »ist ein menschlicher Körper sonder Leben, ergo ein todtes Land, das beständig pauvre und elendiglich ist und nicht zum Flor sein Tagelang gelangen kann.«

Auch mit den Zünften wurde Fraktur geredet. Diese Handwerkerverbände, im Mittelalter gegründet, um für fachgemäße Ausbildung, gute Qualität und ehrliche Preise zu sorgen, waren längst entartet und hielten die Ordnung nicht aufrecht, sondern störten sie. Ewiges Kompetenzgerangel und der Missbrauch ihres Monopols verhinderten jede freie Entwicklung. Ein von Preußen auf dem Regensburger Reichstag eingebrachtes Gesetz, die hochwichtige Reichshandwerksordnung, stellte die Zünfte unter staatliche Aufsicht und sorgte dafür, dass aus Vagabunden wieder wandernde Gesellen wurden, ein Meisterstück nicht mehr ein Vermögen kostete, der Lehrling sich leichter lossprechen lassen konnte und der blaue Montag nicht mehr allzu blau war (die Maurer haben dann dafür gesorgt, dass er nicht ganz ausstarb). Wer wann wo welches Handwerk ausüben durfte, darüber sollte künftig der Bedarf entscheiden und nicht der Konkurrenzneid.

Dass es wirklich so gehandhabt wurde, dabei half eine neue Städteordnung. Besonders in den kleinen und mittleren Städten war Vernunft zu Unsinn geworden, Wohltat zur Plage, denn die alten Ratsfamilien übten ihre Ämter nicht mehr im Sinne der Bürger aus, sondern betrachteten sie als Krippen. Die Justiz war korrupt, die Polizei heruntergekommen und die Kunst, Schulden zu machen, ohne die alten zu tilgen, aufs Höchste verfeinert. Niemand schien dem König für die Durchsetzung geordneter Verhältnisse geeigneter als seine alten, bewährten Regimentsquartiermeister. Als sie nach getaner Arbeit abzogen, bei der sie äußerst rücksichtslos vorgegangen waren, ließen sie einen so genannten Steuerrat zurück, einen Beamten des Königs, der verantwortlich zeichnete für die Kontrolle der Brot-, Fleisch- und Bierpreise, des Brunnen- und Abfuhrwesens, der Bau- und Pflastersachen, des Markt- und Zunftwesens, der städtischen Polizei und – vor allem – der Finanzen. Stieß er auf Renitenz oder Obstruktion, wandte er sich hilfeheischend an den jeweiligen Garnisonskommandanten.

Vater Staat herrschte nun auch in den Städten mit dem ihm eigenen Kasernenhofton. Der Bürger hatte wenig zu melden – von freier Selbstverwaltung konnte nicht die Rede sein –, doch auf die Dauer profitierte er davon, dass Ordnung geschaffen war und seine Stadt zu gedeihen begann.

Auch eine Steuerreform wagte Friedrich Wilhelm – seit jeher das heißeste Eisen, das anzufassen sich Regierungen noch immer gescheut haben. Sein Ziel war es, die Lasten ohne Unterschied des Ansehens zu verteilen. Gemäß der Devise *Suum cuique* – »Jedem das Seine«, die Friedrich I. in den von ihm gestifteten Schwarzen Adlerorden prägen ließ und die ja Rechte und Pflichten umschloss. Doch war es schon schwer, Gleichheit vor dem Gesetz durchzusetzen – was die fehlgeschlagene Justizreform bewies –, so schien es noch schwerer, Steuergerechtigkeit zu üben. Die Bauern, so hat man ausgerechnet, zahlten bis zu 40 Prozent ihres Reinertrags.

ROCHER DE BRONZE – EIN FELS VON ERZ

Die Adligen widersetzten sich jeder Art von Abgaben. Ihre Steuern beständen seit alters her darin, so ihr Argument, dem König als Vasallen zu dienen. Sie vergaßen aber, dass solche Vasallendienste schon lange nicht mehr geleistet wurden. Aus Pommern und aus der Neumark kehrten die Kommissionen, die die Heranziehung des Adels zur Grundsteuer vorbereiten sollten, unverrichteter Dinge wieder zurück. Doch gelang es wenigstens, das Gestrüpp der Hornsteuer, Klauensteuer, Tranksteuer, Justizsalariengelder, Marsch-, Fuhr- und Zuschussgelder, Kreisexpensen, Fortifikationssteuern, Schlossbausteuern und so fort zu lichten.

Was der König mit Gewalt nicht zu erreichen vermochte, versuchte er mit List. Wenn die Herren schon ihre nicht mehr geleisteten Lehnsdienste im Munde führten, sollten sie ihm auch wieder die Ritterpferde stellen, das heißt, für jedes einstmals zu stellende Ross 40 Taler zahlen. Diese Forderung setzte er gegen härtesten Widerstand durch und kam damit doch noch zu seiner, wenn auch vergleichsweise geringen, Steuer.

Die Junker hatten bald Gelegenheit zu neuem Zorn. Was nämlich in den Provinzen nicht gelungen war, glückte in Ostpreußen: die Gutsbesitzer ähnlich stark heranzuziehen wie die Bauern. Zwar hatte es hier völlige Steuerfreiheit für den Adel nie gegeben, dafür hatte der Deutsche Ritterorden gesorgt, doch war die Erhebung sehr lasch gehandhabt worden, von Adligen für Adlige, und wer weniger zahlen wollte, gab einfach weniger an, als er wirklich besaß.

35 000 »verschwiegene« Hufen, das waren über eine Million Morgen, kamen zutage, als das gesamte Land neu vermessen und nach der Güte des Bodens in Klassen eingeteilt wurde. Dass nicht nur die Quantität zur Bemessungsgrundlage herhielt, sondern auch die Qualität, war das Fortschrittliche am Generalhufenschoß, wie das neue System hieß. Wer von fetten Böden goldenen Weizen erntete, sollte endlich mehr bezahlen als jener, der von mageren Wiesen schlechtes Heu einbrachte. Die Domänen, von denen es in Ostpreußen aus der Zeit der Deutschordensritter besonders viele gab, wurden wie in den übrigen Provinzen nur noch an Bürgerliche verpachtet. Sie boten Gewähr dafür, dass sie ihre privaten Interessen nicht mit denen ihres Geschäfts vermischten. Was ihnen die Junker vorgemacht, als sie Domänenland in Adelsland verwandelt hatten.

Die Dohnas, Lehndorffs, Finckensteins, Dönhoffs begegneten all diesen Maßnahmen mit Erbitterung. Dass einer ihres Standes, Graf Truchsess von Waldburg, die Reformen durchsetzte, konnte ihren Groll nur steigern. Für sie war er ein Verräter. Dabei tat er nur, was er als richtig erkannt hatte, ohne Rücksicht auf seinen »gesellschaftlichen Ruf«, auf sein Vermögen, seine Gesundheit.

Friedrich Wilhelm kümmerte der Zorn der ostpreußischen Junker wenig. Als sie ihm eingaben, der Generalhufenschoß werde das ganze Land ruinieren, schrieb er an den Rand der Eingabe: »Corios, tout le pays sera ruiné. Nihil credo, aber das kredo, dass der Junker ihre Autoritäten wird ruiniert werden!« (»Merkwürdig, dass das ganze Land ruiniert sein wird. Ich glaube es nicht, aber ich glaube, dass die Autorität der Junker wird ruiniert werden!«) Und dann jenes Wort wie ein Schwerthieb: »Die Hufenkommission soll ihren Fortgang haben. Ich komme zu meinem Zweck und stabilisiere die Souveränität und setze die Krone fest wie einen rocher von bronze [einen Fels von Erz].« Die Herren sollten wie jeder gemeine

Bürger Ordres parieren. Wenn sie dazu bereit waren, wollte er ihnen gern »den Wind von Landtag« lassen, wie er sarkastisch meinte. Sie machten in der Tat nur noch »Wind«, die landständischen Versammlungen, die einst ein gewichtiges Wort mitzureden hatten über Krieg und Frieden, Landesteilung und Regentschaft, über Gesetze, Verordnungen und über die Erhebung von Steuern.

Die Zentralisierung der Behörden, die Förderung des Handels und des Gewerbes, die Reform der Zünfte, die neue Städteordnung, die Rationalisierung der Domänen (allein ihre Einkünfte stiegen um anderthalb Millionen Taler!), das alles trug dazu bei, die Finanzen gesunden zu lassen und die Ausgaben und Einnahmen auszugleichen. Friedrich Wilhelm, den sie spöttisch den »Plusmacher« nannten, war gewillt, weiterhin Plus zu machen. Dazu brauchte er Menschen, oder wie man es nannte, »eine Peublierung«. Immer wieder waren seine Agenten im Reich unterwegs gewesen und hatten mit verlockenden Versprechungen versucht, Fachkräfte zur Ansiedlung in Preußen zu bewegen, wie Tuchmacher, Strumpfweber, Hutmacher, Gerber, Seifensieder, Bürstenbinder, Stricker, aber auch Bankiers, Kommerzianten, Handelsleute, Manufakturiers. Viele waren gekommen, für die dünn besiedelten Lande aber immer noch zu wenige. Allein in Ostpreußen lagen durch die Pestkatastrophe über 1,8 Millionen Morgen Ackerland brach. Da wurde dem König Hilfe zuteil von einer Seite, die das gewiss nicht gewollt hatte ...

Die Austreibung der Salzburger

Sie stammten aus den Tälern der salzburgischen Alpen, wo sie als Bauern auf ihren behäbigen Höfen gesessen hatten oder als Knechte, Mägde, Handwerker, Bergleute ihrer Arbeit nachgegangen waren. In langen Kolonnen zu 200 bis 800 Menschen zogen sie den Rhein hinab durch Westfalen, den Main hinauf durch das Vogtland, an den Ufern der Werra entlang; die Männer zu Fuß, die Frauen mit ihren kleinen Kindern auf dem Rücken, die Kranken und die Greise auf Pferdewagen. Züge des Elends, vergleichbar mit den Flüchtlingstrecks unserer Tage.

Sie sangen »I bin a armer Exulant, a so thu i mi schreiba. Ma thuat mi aus dem Vatterland um Gottes Wort vatreiba. Den Globa hab i frey bekennt. Des dorf i mi nit schäma, wenn mo mi glei ein Ketzer nennt, un thuat mirs Leba nehma. Mein Gott führ mi in eine Stodt, wo i dein Wort kan hoba, darin will i mi früh und spot in meinem Herzel loba (laben).«

Der Salzburger Fürstbischof Firmian hatte sie aus ihrer Heimat vertrieben. Sie glaubten an denselben Gott wie er, doch auf etwas andere, auf evangelische Weise. Firmian selbst war kein Fanatiker. Der rechte Glaube interessierte ihn weniger als die rechte Art, eine Wachtel zuzubereiten und den passenden Wein dazu zu kredenzen. Fanatisch aber waren die Jesuiten, die er ungehindert tun ließ, was sie in ihrem Bekehrungseifer für Gott wohlgefällig hielten.

Die Vertreibung der Salzburger, im Wahn der Reformation und Gegenreformation vielleicht noch verständlich, erschien in dem sich aufklärerisch gebenden 18. Jahrhundert wie ein Schritt zurück in die Finsternis. Unverständlich auch deshalb, weil diese Gebirgler friedliche Leute waren, bereit, dem Kaiser in Wien zu geben, was des Kaisers war, ja, sich sogar der »allein selig machenden Kirche« äußerlich anzupassen, wenn man ihnen *ihr* Abendmahl und *ihre* Predigt ließe.

Firmian, der als Fürstbischof geistlicher *und* weltlicher Herr war, verstieß mit seinem Vertreibungsedikt gegen Geist und Buchstaben des Westfälischen Friedens. Damals war der Grundsatz *cuius regio, eius religio* (»Wes Land, des Glaube«) zwar beibehalten, jedoch das Jahr 1624 als Ausgangspunkt festgelegt worden. Jeder durfte danach die Konfession behalten, die er am 1. Januar 1624 gehabt hatte. Dieses Recht wurde den Salzburger Protestanten nicht gewährt, und als sie auszuwandern begehrten, betrog man sie doppelt, indem man ihnen weder die dreijährige Abzugsfrist zubilligte noch die freie Verfügung über ihre Güter.

Der Erzbischof meinte, dass diese Rechte den Salzburger Protestanten auch nicht zuständen. Bei ihnen handele es sich um »Bauerngesindel, Hochverräter, Sektierer, Fanatiker, Schwärmer«, die ihre angebliche Konfession zur Rebellion missbraucht hätten und deshalb sich glücklich schätzen dürften, nicht gehängt, sondern nur ausgewiesen zu werden. »So fahrt hin zum Teufel« lautete der Fluch, den man den seit Jahrhunderten in ihren Bergtälern heimischen Menschen mit auf den Weg gab, begleitet von Demütigungen, Schikanen, Torturen. Frauen wurden geschändet, die Kinder in Klöster verschleppt und die Männer gefoltert. Terrormaßnahmen, die uns nicht fremd sind, nur dass man als Vertreibungsgrund an die Stelle des »Glaubens« die jeweilige »Weltanschauung«, die »Rasse« oder die »Volkszugehörigkeit« gesetzt hat.

Das Land, wo sie laut ihrem Lied »ihr Wort konnten haben«, war Preußen. Auch die anderen protestantischen Staaten waren über das *Corpus Evangelicorum*, wie die in Regensburg tagende Vereinigung der evangelischen Reichsstände hieß, an den Kaiser herangetreten, damit er auf seinen Fürstbischof einwirke, hatten überdies damit gedroht, den unter ihrer Herrschaft lebenden Katholiken zu entgelten, was man den Evangelischen angetan. Aber Friedrich Wilhelm hatte mehr anzubieten als Drohungen.

In einer förmlichen Erklärung sicherte er allen Salzburgern eine neue Heimat zu, forderte die anderen Fürsten auf, die »Emigranten frey, sicher und unaufgehalten pasiren« zu lassen und ihnen auf ihrer mühseligen Reise »dasjenige, was ein Christ dem anderen schuldig«, zu erweisen. Sollte der Fürstbischof auch jetzt noch die Flüchtlinge um ihr Hab und Gut und Blut fürchten lassen, »so wollen Wir solches nicht anders, als wann es Unsern angeborenen Unterthan widerfahren wäre«, ansehen und vergelten.

Der Wortlaut des Patents, das mit Handzetteln und von Mund zu Mund verbreitet wurde, erschien den Salzburgern wie ein Wink Gottes und Friedrich Wilhelms Land als das Gelobte Land. Da die Preußen – praktisch wie sie waren – ihnen darüber hinaus auch materielle Hilfe in Form von Tagesdiäten zuteil werden ließen (vier Groschen für jeden Mann, drei für jede Frau, zwei für jedes Kind), zogen die meisten in Richtung Osten. Mit 3000 hatte man in Berlin gerechnet, bald war die zwei-, ja dreifache Zahl erreicht, Ende September 1732 zählte man fast 17 000 und am Schluss über 20 000 Menschen.

Der König kümmerte sich persönlich um seine neuen Landeskinder, ritt ihnen von Berlin nach Zehlendorf entgegen, sang mit ihnen gemeinsam das Lied »Auf meinen lieben Gott trau ich in aller Not«, fragte den sie begleitenden Kommissarius: »Sind auch liederliche Leute dabei? Solche, die sich besaufen und der Völlerei ergeben?« Nein, solche seien nicht dabei. Bei einem anderen Zug, der vor den Toren Potsdams auf ihn wartete, examinierte er einige, um zu erfahren, ob sie auch gut Bescheid wüssten über das Evangelium. Sie wussten. Hochbefriedigt verteilte er Geld unter ihnen und sagte: »Ihr sollt's gut bei mir haben, Kinder, gut sollt ihr's haben.«

Wie überall auf ihrem Weg wurden die Salzburger auch in Berlin mit überschäumender Herzlichkeit von der Bevölkerung empfangen. Man kleidete sie, bewirtete sie, überhäufte sie mit Geschenken, trug ihnen ihre Bündel, spannte sich vor die Wagen. Es kam zu erbittertem Streit, wer alles einen Salzburger beherbergen durfte, und wer keinen bekam, fühlte sich betrogen. Hier war keine Hysterie im Spiel, es war der heilige Respekt vor Menschen, die die Kraft besessen hatten, um ihres Glaubens willen alles aufzugeben, was ihnen lieb

V UND DER »GRÖSSTE INNERE KÖNIG«

war. Die Ruhe, die Zuversicht, das starke Gottvertrauen, das die Vertriebenen ausstrahlten, ließ viele in sich gehen und den geheimen Schwur leisten, von nun an ein anderer, ein besserer Mensch zu werden. Nie war wirksamere Propaganda getrieben worden für den protestantischen Glauben und – für den preußischen König. Was er »an den armen Salzburgern getan, trug seinen Namen in die Hütten der kleinen Leute; wo irgendein Zug Auswanderer durchgekommen, ward des redlichen Königs gedacht ...«

Und nicht nur die Salzburger gedachten seiner. Auch Tausende von Schweizern, Pfälzern, Wallonen, Böhmen und Elsässern taten es. Alles Menschen, die man wegen ihrer Überzeugung und ihres Glaubens verfolgt hatte und die keinen anderen Ausweg wussten als die Emigration. Nicht von ungefähr wählten sie als Zufluchtsland Preußen, dessen Herrscher ihnen garantierte, dass sie auf ihre Weise Gott verehren durften. Unter ihnen ging bald das Wort: »Preuße wird keiner, es sei denn durch Not, ist er's geworden, dankt er Gott.«

Die reinste Redlichkeit war es gewiss nicht, die Friedrich Wilhelm so tolerant sein ließ. Aber auch nicht allein kaufmännisches Kalkül, gemäß seinem eigenen Wort, wonach der größte Reichtum eines Landes der Reichtum an Menschen sei. Das hieße sein protestantisches Gewissen verkennen. Es verpflichtete ihn, die vertriebenen Glaubensbrüder aufzunehmen. Dass er auf diese Weise auch zu Kolonisten kam, zu Handwerkern, Facharbeitern, Kaufleuten, war ihm natürlich willkommen. Das Ideelle und das Nützliche fanden sich hier auf angenehme Weise vereint.

»Was thut Gott dem Brandenburgischen Hause für Gnade! Denn dieses gewiss von Gott kommt«, schrieb er an die für die Einwanderung zuständigen Kommissare und glaubte, was er sagte.

JEDER DRITTE BERLINER EIN FRANZOSE

Mit der Aufnahme der Salzburger setzte Brandenburg-Preußen eine Tradition fort, die unter dem Großen Kurfürsten und
seinem Potsdamer Edikt von 1685 ihren ersten Höhepunkt
erreicht hatte. Das Edikt wurde zu einem Freiheitsbrief der
französischen Protestanten, Hugenotten genannt. Ludwig XIV.
hatte ihnen die einst in Nantes, 1598, garantierten Rechte
freier Religionsausübung 1685 wieder genommen und sie mit
ausgesuchter Grausamkeit verfolgen lassen. Man legte ihnen
Dragoner ins Haus, deren Pflicht der Schrecken war. Sie fol-
terten die Männer, nahmen den Müttern die Kinder, zwangen ihre Pfarrer, das Vaterunser mit glühenden Kohlen in den
Händen zu beten und rissen ihre Kirchen ein.

Der Terror führte zur Bekehrung der meisten, aber viele
blieben übrig, die sich nicht beugten, sondern aus dem Land,
das ihnen kein Vaterland mehr war, flüchteten. Obwohl für
Landesflucht die Galeere oder der Kerker drohten. Auf eine
halbe Million schätzt man die Zahl jener, die zwischen 1685
und 1715 auswanderten. Die Hugenotten gehörten mit ihrem calvinistischen Arbeitsethos, ihrer Sparsamkeit und ihrem Fleiß zur Elite Frankreichs. Durch ihren Exodus verlor die Flotte 9000 gediente Seeleute, die Armee 600 fähige
Offiziere und 12 000 ausgebildete Soldaten und der Finanzminister 60 Millionen an barem Geld. Landstriche wurden
entvölkert, Städte verödeten, blühende Gewerbe gingen zu-
grunde.

Etwa 20 000 sind damals dem Ruf des brandenburgischen
Kurfürsten gefolgt, der ihnen großzügige Bedingungen ein-
räumte, wie die Staatsbürgerschaft, das Zunftrecht, steuerliche Freijahre und das Recht, sich in geschlossenen Kolonien
anzusiedeln. Die größten Hugenottensiedlungen befanden sich
in Magdeburg, Frankfurt an der Oder, Halle, in Stendal, Rheinsberg, Oranienburg, Potsdam und in Berlin.

V UND DER »GRÖSSTE INNERE KÖNIG«

Die Hugenotten sind weniger freundlich empfangen worden als die Salzburger. Ihre äußere Erscheinung, die hagere, mittelgroße Figur, das schwarze Haar, die dunklere Hautfarbe, dazu die temperamentvolle Art der vornehmlich aus Südfrankreich stammenden Männer und Frauen, die rasend schnelle Sprache stießen die behäbigen deutschen Bürger ab. Strenggläubige Lutheraner sahen in ihnen, den Reformierten, überdies nichts anderes als Ketzer. Man neidete ihnen die Vergünstigungen (»Das bauet und schaffet mit unserem Geld und spielet den Großen auf dieser Welt.«) und stieß sich an der unbestreitbaren Tatsache, dass der Kurfürst einen Hugenotten jedem »Altuntertan« vorzog. Auch spürte man, dass sie fleißiger waren, geschickter, über mehr Kenntnisse verfügten, die Gefahr also bestand, einem überlegeneren Konkurrenten ausgeliefert zu werden und das ohnehin knappe Brot teilen zu müssen.

Auf die Dauer gesehen war die Hugenotteneinwanderung für Preußen ein Segen. Ihre Gelehrten, ihre Geistlichen befruchteten das geistige und gesellschaftliche Leben. Ihre Ärzte und Apotheker fanden nicht ihresgleichen. Ihre Offiziere und Beamten wirkten durch die Rationalität des Denkens und durch ihre Bildung. Am wichtigsten aber wurden sie durch ihre handwerklichen, gewerblichen und kaufmännischen Talente. Sie brachten »allerhand kunsterfahrene und unterschiedene Bequemlichkeiten mit«, und der Chronist zählt allein vierundvierzig »Professionen und Künste« auf, die man zuvor nicht gehabt, wie Kupferstecher, Zeugfärber, Gold- und Silberarbeiter, Confituriers, Seidenbauverständige, Tapetenmacher, Tabakpflanzer, Wachsbleicher, Zinngießer, feine Hutmacher, Steinschneider, Handschuhmacher von englischem Leder, Gärtner von hier unbekannten Pflanzen und so fort.

Das für einen fortschrittlichen Staat entscheidend wichtige Manufakturwesen fand in den Flüchtlingen wirtschaftlich und technisch ausgebildete Facharbeiter, die aus einem Land kamen, in dem diese Vorläufer moderner Industriebetriebe am weitesten entwickelt waren. Das wirtschaftliche Übergewicht Norddeutschlands über Süddeutschland ist damals begründet worden.

Noch etwas ist damals, wenn nicht begründet, so doch stark erweitert worden, das so genannte Französisch-Deutsch. Damit sind nicht die französischen Floskeln gemeint, die die gebildeten Stände in Rede und Schrift einflochten, sondern vom Volksmund vorgenommene Verstümmelungen, denen ihre Herkunft nur noch schwer anzusehen ist. Dabei verwandelten sich *coton* in Kattun, *raisin* in Rosine, *peuple* in Pöbel, *alarme* in Lärm, *livrer* in liefern, *danser* in tanzen, und wenn es der berlinische Volksmund war, wurde aus *radical* ratzekahl, aus *cabaler* kabbeln, aus *coucher* kuschen, aus *mal traiter* trietzen, aus *avec force* forsch und aus *quincailleries* (Flitterkram) Kinkerlitzchen. Lange Zeit war noch die Doppelung üblich, wie *Plaisir* - Vergnügen, mit *avec, malade* (malle) - krank, *vis-à-vis* - gegenüber. Und des Berliner Kneipiers Weisung an seinen Kellner, die Lorbeerkübel aus dem Keller zu holen, ist klassisch zu nennen: »Justav, stellt den Jardin-Jarten raus, es wird Frühling!«

Wie überhaupt die Hugenotten in Berlin den stärksten Einfluss ausübten, war doch um 1700 herum jeder dritte Berliner, und das klingt, schier unglaublich, ein Franzose. »Nach statistischen Berechnungen«, meldet das Mayersche Konversationslexikon von 1885 ganz ernsthaft, »fließt in den Adern der Berliner 37 Prozent germanisches, 24 Prozent slawisches und 39 Prozent romanisches Blut. Diesen 39 Prozent verdankt er die Leichtlebigkeit und den Esprit der Franzosen, aber auch gallische Heißblütigkeit, Eitelkeit, Großsprecherei und Rauflust.« Da, wo die guten Eigenschaften beider Teile überwogen, kam ein Mensch zustande wie Theodor Fontane (der immer Wert darauf legte, dass sein Name französisch ausgesprochen wurde). Von ihm sagte man, dass in seinem Wesen sich des Deutschen Gemüt, des Berliners Witz und des Franzosen Geist innig durchdringe.

In der Tat sind die Craniers, le Jeunes, Beaumonts, Bois-
sons, Marchands, de la Gardes, Fourniers, la Roquettes, Lafar-
gnes und le Grands dem schwerfälligen brandenburgisch-mär-
kischen Menschenschlag gut bekommen. Auch wenn man
nicht unbedingt der Meinung Sophie Charlottens sein muss,
wonach »das vielfach noch plumpe und widerlich rohe Leben« in Preußen »nur durch die Einbürgerung französischen
Geistes und französischer Sitten verbessert werden könne«.

Sie erwiesen sich als loyale Bürger und sahen Preußen,
nachdem sie vergebens darauf gewartet hatten, dass ihr König
sie in Ehren zurückrufen würde, als ihr neues Vaterland an.
Ein Land, für das sie sogar zu sterben bereit waren.

DER KAMPF UM OSTPREUSSEN

Waren bei den Hugenotten die Gewerbetreibenden, die Un-
ternehmer, Kaufleute und Handwerker in der Überzahl, so bei
den Salzburgern die Bauern. Sie brauchten Äcker! Und Äcker
gab es in Ostpreußen, wo das Land brachlag und 27 000 Bau-
ernhöfe wüst und leer waren. Seuchen, Hunger und Misswirtschaft hatten die Provinz ruiniert. Hunderttausende waren
verhungert, von der 1708 bis 1710 wütenden Pest hinwegge-
rafft, ausgewandert. Schon als Kronprinz hatte Friedrich Wilhelm versucht, das Retablissement – den Wiederaufbau – dieses Landes zu betreiben, war aber nicht vorangekommen. Die
Verwaltungsreform gab ihm nun die Möglichkeit, Kolonisation in großem Stil zu betreiben.

Die Salzburger waren bei ihrem Auszug gewarnt worden
vor diesem wilden Land da oben, wo neun Monate Winter
herrsche und drei Monate kein Sommer; das nach alter Ko-
lonistenweisheit der ersten Generation Tod, der zweiten Not
und erst der dritten Brot brächte, und wo es bestimmt nicht
die geliebten Nockerln, Krapfen und Schmalznudeln gebe. Sie

hatten erwidert, jedes Land sei ihnen recht, in dem man sie ihrem rechten Glauben gemäß leben ließe, im Übrigen vertrauten sie auf Gott.

Jetzt aber mussten sie feststellen, dass die Freiheit der Religion allein nicht selig machte. Zum Verdruss ihrer Prediger, zur Enttäuschung der Emigrationsbeamten erwiesen sich die Glaubensstreiter als ganz gewöhnliche Menschen mit einem Hang zum Lamentieren, zu Argwohn und Renitenz, verbunden mit einem Heimweh, das sie unablässig von den Almen und Auen des Salzburger Landes sprechen ließ – das ewige Problem des Emigranten, der die Heimat flieht, um sich in der Fremde nach ihr zu sehnen.

Die Anfangsschwierigkeiten waren groß. Der Winter kam. Die Neusiedler wurden getrennt, mussten bei den Alteingesessenen unterkriechen. In Dörfern, deren Namen in ihren Ohren nicht gerade anheimelnd klangen: Gaudischkehnen, Grumkowkaiten, Uschpianen, Stanaitschen, Dinglauken, Laukischken. Einige begannen zu zweifeln, dass sie jemals in den Besitz der versprochenen 60 Morgen großen Höfe kommen würden, zu den vier Pferden, vier Ochsen, drei Kühen, 120 Scheffeln Getreide, den Wagen und Geräten, zu den zwei steuerfreien Jahren. Andere weigerten sich, den Eid auf die neue Regierung zu leisten und versuchten, sich nach Hause durchzuschlagen.

Friedrich Wilhelm ließ sich von den Emigrationsbeamten, die die »undankbare salzburgische Brut« am liebsten mit Gewalt zur Raison gebracht hätten, nicht beeinflussen. Ganz gegen seine sonstige Art blieb er geduldig, nachsichtig. Wie ein Vater, der von den Schwächen seiner Kinder weiß, ihnen aber vertraut. Er erfüllte nach und nach das, was er versprochen hatte, darunter auch die Freiheit von der Leibeigenschaft, zwang in langwierigen Verhandlungen den Fürstbischof Firmian, für die zurückgelassenen Vermögenswerte Ausgleichszahlungen zu leisten – anderthalb Millionen Gul-

V UND DER »GRÖSSTE INNERE KÖNIG«

den insgesamt, die er getreulich weitergab –, und verstand es, durch psychologisch geschickte Appelle an ihr evangelisches Gewissen auf die Salzburger einzuwirken. In einer Mischung aus Güte und Strenge hielt er ihnen vor, wie sehr sie durch ihr Verhalten »vor Gott und der ganzen Welt, sonderlich bei den Katholiken, zu Schanden und zum Spotte würden«.

Sie wurden es nicht. Die Männer mit den roten Wolljacken, den langen Westen und gebundenen Hosen entwickelten sich zu Kolonisten, deren Dörfer zum Vorbild wurden. Die in Kammern eingeteilten Ställe, die stets gut gefüllten Scheunen, die mit Steinen gemauerten Brunnen und, nicht zuletzt, die Grube mit dem frischen Sauerkohl erregten den Respekt und den Neid der Einheimischen.

»Wir haben von unserm König«, schrieb ein Salzburger in die alte Heimat, »Getraid, Fleisch, Speck, Mehl, Schmalz und Geld und leiden keine Not ... Das Land liegt etwas kahl und kalt, aber nicht unfruchtbar, alles wohlfeil, das Pfund Fleisch 8 bis 9 Pfennige.« In einem anderen Brief heißt es: »... sind wir allezeit glücklich fortkommen und von unserm Landesvater als Kinder aufgenommen und haben viel mehr Gutes empfangen als uns vergönnet ist worden und sie uns vorgesagt haben.«

Von ihren Sitten, ihren Gebrauchen, ihrem Volkscharakter blieb nichts. Die Salzburger gingen auf im Schmelztiegel der Einheimischen. Sie wurden zu Preußen. Ihre Namen jedoch blieben: wer in Ostpreußen einen Brandstetter, Gschwandtner, Hundsdörfer, Reuter, Schwaighofer, Rohrmoser, Oberbühler zum Vorfahren hatte – ungewöhnliche Namen im Land der Isakeits, Jedamskis, Schimkats, Jankuhns und Schallies –, war stolz darauf. Er wusste, dass er von einem Salzburger abstammte, und bis in unsere Zeit hinein glaubte man, einen Salzburger Urururenkel daran zu erkennen, dass er von schöner Statur war.

Das Glück von Hunderttausenden

Die Salzburger hatten dazu beigetragen, dass das Retablissement voranging. Dennoch blieb das Unternehmen eine Sisyphusarbeit. Immer wieder ließen die Bauern ihr Anwesen im Stich und gingen über die Grenze ins Polnische hinüber, wo man nicht ständig an die Kandare genommen wurde. Was Generationen an Ostpreußen gesündigt hatten, war so schnell nicht wieder gutzumachen.

Friedrich Wilhelm gab den Kampf nicht auf. Allein sechsmal ging er auf die strapaziöse Reise in das unwirtliche Land. Jedes Mal brachte er etwas mit: Mägde aus dem Magdeburgischen, wo die Landwirtschaft am fortschrittlichsten war, oder holländische Meisjes, die die Einheimischen die Kunst des Käsemachens lehren sollten; den deutschen Pflug mit dem breiten Streichbrett, der die den Boden nur oberflächlich aufreißende »Zocke« verdrängen sollte; den Fürsten Leopold von Dessau, den er überredet hatte, die Domäne Bubainen bei Insterburg zu kaufen, damit er den »Eingeborenen« zeige, was ein guter Landwirt ist; oder ein Edikt, in dem er darüber nachdachte, was es für eine edle Sache sein müsse, wenn die Bauern statt der Leibeigenschaft sich der Freiheit rühmen könnten. Richtig frei machte er sie zwar nicht, aber auf seinen Domänen schuf er günstigere Arbeitsbedingungen, und auf den Adelsgütern schützte er die Bauern davor, »mit Prügeln oder Peitschen wie das Vieh« angetrieben zu werden.

Ostpreußen geht ihm nicht mehr aus dem Sinn. Wenn in Potsdam schlechtes Wetter ist, muss er daran denken, ob es auch zwischen Weichsel und Memel regnet und stürmt. Meist regnet und stürmt es noch mehr. Überhaupt das Klima da oben. Es lässt sich einfach nicht zwingen, macht die Arbeit immer wieder zunichte. Er resigniert. Er verzweifelt. Er rechnet nach, dass er bereits sechs Millionen Taler in das Unternehmen gesteckt habe. Fast die volle Jahreseinnahme des Staates. Das ist viel. Aber es ist wenig, denkt man daran, dass August II. von Sachsen für eine seiner Maitressen zwanzig Millionen ausgab.

»Es ist da alles so desparat und Miserable«, schreibt Friedrich Wilhelm, »das ich nicht weis ander zu sagen als das Gott ein fluch über das landt geschicket habe itzo bekome nits au contrer ich muhs geldt hinsenden wen ich mein Dage das landt nit hette gehat so wehre ich Reicher und alle meine sachen stünden besser als itzo [Ost]Preußen Ruinieret mich totahll das frist mir auf.«

Er warf sich vor, »geldt und zeit verspillert und ins Meer« geworfen zu haben. Das wurmte ihn, und niemand durfte in seiner Gegenwart mehr von dem Land voll Leid und Grauen reden. Doch er kam nicht von ihm los. Da die materielle Entwicklungshilfe wenig fruchtete, musste die geistige und geistliche verstärkt werden. Denn: »... wenn ich baue und bessere und mache keine Christen, so hilft es mir nit.« Er ahnte nicht, dass dieser Satz das Programm der Deutschordensritter gewesen war.

1717 hatte er bereits versucht, den Schulzwang in Preußen einzuführen, mit einem Edikt, das besonders das Landvolk bei nachdrücklicher Strafe anhielt, die Kinder im Winter täglich und im Sommer zur Zeit der Feldarbeit wenigstens einmal die Woche in die Schule zu schicken. Mit Analphabeten ließ sich offensichtlich kein Staat machen, und wir hören von dem Mann, der die Bildung verachtete und die Gebildeten beschimpfte, den empörten Aufschrei: »Dieses ist Nichts: will denn die Regierung von Ostpreußen das arme Land in der Barbarei der Unwissenheit behalten?«

Die Franckeschen Stiftungen in Halle sollten ihm Lehrer liefern, aber es waren zu wenige, also mussten die Pastoren herhalten, und wo die Pastoren fehlten, gaben die Schneider Unterricht und die Militärinvaliden. Sie wussten die Elle oder die Fuchtel zum Leidwesen ihrer Schüler besser zu gebrauchen als die deutsche Grammatik, und einige von ihnen konnten wirklich nicht bis drei zählen. Der Unterricht fand im Sommer im Freien statt, nach dem schönen Lied »Die Schule, die is ja nich da, die Kinder lern' uffs Trittoar«, im Winter in jämmerlichen strohgedeckten Hütten. Dennoch blieb etwas hängen, wenn nicht vom Schreiben und Rechnen, so doch vom Lesen. Eine allgemeine Schulpflicht war das weiß Gott nicht, aber es war schon etwas gewonnen, wenn die Geistlichen ihre Konfirmanden nur dann einsegneten, wenn sie die Glaubensartikel vorlesen konnten.

Aus Scham hatte der König die Rechnungen über die Kosten seines Leibregiments verbrannt. Aus Scham verbrannte er jetzt die Rechnungen über die Kosten des Retablissements. Diesmal war kein Anlass, sich zu schämen. Er hatte eine Provinz erobert, ohne Blut zu vergießen. Seine Soldaten waren die Bauern, die Handwerker, die Kaufleute und die Beamten. Seine Waffen der Pflug, der Hobel, die Waage und die Feder. In einer Zeit, in der die blutigsten Kriege im Kabinett beschlossen wurden, von Theaterkönigen und anderen erlauchten Müßiggängern, war ein solcher »Krieg« ungewöhnlich. Ostpreußen war sein Fehrbellin, sein Höchstädt, sein Leuthen, sein Großbeeren, sein Königgrätz und sein Sedan. Es hatte etwas vollbracht, was man heute ein Wirtschaftswunder nennen würde. Doch die Schulbücher und die Historiker berichten vom Lorbeer des Kriegers und nicht von dem des Kolonisten.

Sohn Friedrich, der wenig Grund hatte, den Vater zu loben, schrieb nach einer Reise durch Preußens Ostprovinz an Voltaire: »... hat mehr als eine halbe Million Einwohner, mehr Städte als früher, mehr Vieh, und die Fruchtbarkeit ist größer als in irgendeinem anderen Teil Deutschlands. Alles dies ist nur dem König zu danken. Er befahl nicht nur, sondern überwachte die Ausführung, er entwarf die Pläne und setzte sie in die Tat um. Weder Sorge noch Mühe, noch große Summen Geldes, noch Versprechen, noch Belohnungen hat er gescheut, um das Glück von Hunderttausenden denkenden Wesen zu sichern. Ihm verdanken sie ihre Existenz, ihm ihren Wohlstand ... Ich sehe etwas Heroisches in der Großherzigkeit des Königs und in der Energie, mit der er diese Wüste wieder bevölkert hat und sie fruchtbar und glücklich machte.«

ROHE JAGD UND RÜDE JÄGER

»Das Hauptgebäude war von einer Terrasse umzogen und ringsum ein Graben angelegt, dessen stagnierende schwärzliche Flut an die des Styx erinnerte und einen abscheulichen, ja erstickenden Geruch verbreitete. Drei Brücken, an jeder Seite des Hauses angebracht, stellten die Verbindung zwischen Hof und Garten und einer gegenüberliegenden Mühle her ... Der Hof war von einer Palisade eingezäunt, an deren Eingang man zwei weiße und zwei schwarze Adler angekettet hatte, sowie zwei Bären als Wächter, sehr bösartige Tiere, die ... jedermann anzugreifen suchten.«

Beschrieben wird hier das Jagdschloss Wusterhausen, das zu den Lieblingssitzen Friedrich Wilhelms gehörte, wo er, wie wir erfahren haben, als Prinz ausprobierte, was er als König zu tun gedachte. Die Schreiberin heißt Wilhelmine, Markgräfin von Bayreuth, ist des Königs älteste Tochter und schlimmste Feindin. Ihr Hass wird verständlich angesichts dessen, was er ihr angetan hatte – besonders im Zusammenhang mit der »Desertion« des geliebten Bruders Friedrich. Doch ist es dieser Hass, der ihren Blick trübte. Ihre Erinnerungen, die »Memoires de Frédérique Sophie Wilhelmine Margrave de Baireith«, sind daher von Männern wie Ranke und den Historikern der Droysenschen Schule als historisch wertlos bezeichnet worden. Später hat eine mildere Beurteilung des »entarteten Sprösslings des Hohenzollernstammes« Platz gegriffen. Friedrichfreund Thomas Carlyle empfahl, britisch-pragmatisch, grundsätzlich 25 Prozent als unwahr abzuziehen. Doch halten wir es mit Fontane, dem Weisen, wonach Wilhelmine »im Einzelnen beständig Unrecht habe, im Ganzen aber beständig recht«. Das Gesamtbild, vor allem die Stimmung jener Tage, ist in unübertrefflicher Weise wiedergegeben. Wenn es heißt, dass sie den König zu streng beurteilt habe, so ist das nur halb richtig. Das Große, was unzweifelhaft in ihm steckte, können wir leicht bewundern; seiner Umgebung aber, die vor ihm zitterte, war es mindestens schwer gemacht, dies Große jeden Augenblick gegenwärtig zu haben.

»Meine Schwester und ich«, heißt es bei Wilhelmine weiter, »waren mit unserem Gefolge auf zwei Zimmer angewiesen oder, besser gesagt, zwei Dachstuben. Wir speisten, gleichviel bei welchem Wetter, unter einer großen Linde in einem gedeckten Zelt, und wenn es stark regnete, hatten wir die Füße im Wasser, denn der Boden war ausgehöhlt. ... Der König stand stets um ein Uhr nachmittags vom Tische auf. Er saß dann in einem Lehnstuhl auf der Terrasse und schlief bis um halb drei Uhr ... wir mit ihm, da wir uns alle zu seinen Füßen am Boden lagern mussten.«

Wilhelmine hat dieses Leben auf dem Lande als ein Höllenleben bezeichnet. Das war es gewiss für sie wie auch für alle jene, die nicht vom Jagdfieber befallen waren. Doch Wusterhausen war ein Jagdschloss und Friedrich Wilhelm hier das, was er am liebsten war: ein Waidmann. Doch glich er eher Nimrod, dem mehr gewalttätigen denn gewaltigen Jäger vor dem Herrn: seine Jagdlust schlug in Mordlust um, wenn er an einem einzigen Tag 600 Schuss Munition verfeuerte, damit auch wirklich kein Rebhuhn mehr am Leben blieb. 4000 Hühner, 1500 Damhirsche und Rehe, 3602 Wildschweine schoss er in einer guten Saison. Die Strecke konnte ihm nicht groß genug sein, und selbst der damalige Wildreichtum reichte für so viel Schießwut nicht aus. Doch man wusste Rat und zog die Tiere zum Teil in Gehegen heran.

V und der »grösste innere König«

Die Jagd war roh und die Jäger rüde: die Parforce auf den Hirsch glich einer Tierquälerei. Zu Pferd wurde das Tier mit der Hundemeute so lange gehetzt – oft über fünf bis sechs Stunden –, bis es vor Erschöpfung zusammenbrach. Während zwei Jagdburschen das Geweih hielten, gab der König dem Hirsch den Fang, das heißt; er stach ihn ab. Da man den größten Teil des Wildbrets verschmähte, wurde der zerlegte Kadaver wieder mit der Haut bedeckt und den Hunden überlassen, die sich unter Hörnerklang um die blutigen Fetzen balgten. Ein Schauspiel, das die Jagdgesellschaft zusammen mit den herbeigeholten Damen ausgiebig genoss.

Mit der übrigen Beute verfuhr der Jagdherr nach dem Grundsatz, wonach Plaisir sehr wohl mit Profit einhergehen könne. Er »verschenkte« sie an höhere Beamte und wohlhabende Bürger, mit der höflichen Bitte um sofortige Barzahlung. Wer keinen Bedarf hatte, durfte die verderbliche Ware umgehend weiterverkaufen. Selbst die Königin wurde zur Kasse gebeten: sie bezahlte das Pulver und das Blei und bekam dafür das geschossene Federwild. Den Juden schickte Friedrich Wilhelm mit Vorliebe die erlegten Wildschweine, wohl wissend, dass ihnen dieses Fleisch nicht koscher war. Das klingt nach Sadismus, doch war es mehr das, was er unter »Humor« verstand. Abgesehen davon, dass er die Juden tatsächlich nicht mochte. Er glaubte, dass sie lediglich mit dem Geld anderer Leute arbeiteten und vergaß dabei, wie wenig andere Tätigkeiten ihnen erlaubt waren.

Anfang November, nach dem Hubertusfest, waren die schönen Tage von Wusterhausen zu Ende: »Wenn der Rif, der fallet, lit, ist nit zu jagen Zit.« Die korpulente Majestät stieg auf die Waage, in der Hoffnung, sich einige Pfunde abgeritten zu haben, und befahl den Aufbruch. Nicht selten schlug ihm jetzt das Gewissen, und er warf an der Tafel die Frage auf, ob der Mensch durch die Jagd an seiner Seele Schaden nehme. Dem Pastor Francke servierte er dabei ein knuspriges Rebhuhn und fragte: »Selbstgeschossen. Ist das eine Sünde?« Freyling-hausen gegenüber, einem anderen Geistlichen, äußerte er: »Er muss uns nicht vor so gottlose Leute halten. Wir haben heute miteinander, ehe wir auf die Jagd gegangen, gesungen ›Wach auf, mein Herz …‹ und das Vaterunser gebetet.«

Bisweilen verfiel er in Melancholie, fragte sich, ob er je-mals in den Himmel komme, und gestand: »Ja, meine Krank-heit kenne ich sowohl als einer. Ich bin ein böser Mensch, und wenn ich einen Tag gut bin, so bin ich doch hernach gleich wieder böse. Das weiß ich wohl, aber ich kann nicht anders werden.«

DIE MÄDCHEN ERSÄUFEN ODER NONNEN DARAUS MACHEN

Dieser fürchterliche Herrscher, der so hart sein konnte, so kalt und voller Menschenverachtung, dieser fanatische Arbei-ter, der sich wenig darum kümmerte, welche Opfer an persön-licher Freiheit und an Glück er dem Einzelnen abforderte, er fragte sich immer wieder bei seinen Selbstprüfungen, wie oft er wohl Unrecht getan habe, wo er geglaubt, Recht zu tun. Ge-rade die Tagebücher der beiden genannten Geistlichen zeigen, dass solche Bekenntnisse echt waren.

Den gut beobachtenden Herren fiel noch etwas anderes auf: wie liebevoll der König den Prinzen August Wilhelm behandelte, wie lieblos dagegen den Prinzen Friedrich. Wäh-rend er Wilhelm nichts abschlagen konnte, auf seine Bitte hin sogar einen Deserteur begnadigte (»Papa, lass doch den lan-gen Kerl, der weggelaufen ist, nicht anhängen.«), war er zum Kronprinzen von abweisender Kühle. Er spürte dunkel, dass hier jemand heranwuchs, der nicht von seiner »Konfession« war, auch mit keiner noch so strengen Erziehung dazu zu be-kehren. Es klingt wie ein dumpfes, unheilverkündendes Grollen, das nichts Gutes ahnen ließ für die Zukunft, wenn er, den Kronprinzen beobachtend, sagte: »Ich möchte wohl wissen, was in diesem kleinen Kopf vorgeht. Ich weiß, dass er nicht so denkt wie ich ...«

Der Prinz selbst schrieb zornig und traurig aus Wusterhausen an seinen Freund, den Leutnant von Borcke: »Wir haben hier das dümmste Sammelsurium einer bunt zusammengewürfelten und schlecht ausgesuchten Gesellschaft ... Ich könnte Ihnen wohl noch so manches sagen, doch bin ich um fünf Uhr morgens aufgestanden, und jetzt ist es Mitternacht ... Ich bin der Dinge, die ich sehe, so überdrüssig, dass ich sie aus meinem Gedächtnis auslöschen möchte, als wären sie nie darin gewesen.« Er war auch der Einzige, der in Wusterhausen nie etwas erlegte, denn kaum auf dem Anstand, zog er sofort ein Buch aus der Jagdtasche.

Friedrich Wilhelm hielt sich für einen guten Familienvater, und er war es immer dann, wenn die Kinder taten, was er ihnen befahl, und so wurden, wie sie nach seiner Meinung zu werden hatten. Auch darin ein Familienoberhaupt von echtem deutschem Schrot und Korn, dass er die Kleinsten am liebsten hatte und Söhne mehr schätzte als Töchter, deren Geburt er, wie im Falle der sechsten Tochter Luise Ulrike (insgesamt schenkte seine Frau ihm 14 Kinder), mit den Worten ankündigte: »Es ist Mädchenzeit. Gestern ist eine auf die Welt gekommen. Entweder man muss sie versauffen [ersaufen] oder Nonnen daraus machen. Männer kriegen sie nit alle.« Er setzte jedoch alles daran, dass sie einen abbekamen. Von Liebe sprach niemand dabei, Versorgung war alles, und als eine Prinzessin es wagte, den ihr vorgeschlagenen Mann abzulehnen, weil »bei der großen Ungleichheit der Humeurs [Charaktere] die unglückseligste Ehe erfolgen müsse«, beschied er ihr: »Hat sie nit Lust, kann ich sie nit helfen. Wovon will sie leben, wenn die Frau Mutter stirbet? Ich würde sie nits zahlen, ergo sie betteln müsste.«

Die Prinzen verwöhnte er, unterbrach sogar Audienzen, um nach ihnen zu sehen, flehte Gott auf Knien an, als sie an den gefährlichen Blattern erkrankten, und wenn sie abends ins Tabakskollegium kamen, um eine gute Nacht zu wünschen, spielte er mit ihnen noch ein wenig Exerzieren. Da er immer der liebe, gute, allergnädigste Papa sein wollte, scheute er sich, sie eigenhändig zu strafen. Er überließ das Sophie Dorothea, einer Mutter, die sonst keinen Einfluss auf die Erziehung nehmen durfte. Im Zusammenhang mit seinem Ältesten schrieb er bauernschlau an die Erzieher: »Und müssen Sie ihm mit der Königin allezeit schrecken, mit Mir aber niemahlen.«

DER BESUCH PETERS DES GROSSEN

Sophie Dorothea, des Königs Frau, entstammte, wie erwähnt, dem Hause der Welfen, das, nachdem es den Engländern einen König gestellt hatte und mit England in Personalunion verbunden war, noch hochfahrender geworden war. Sophie ließ in Berlin jeden fühlen, dass sie etwas Besseres war. Die ständige Verpflichtung, die Überlegenheit ihrer Dynastie sichtbar zu machen, habe, einem Bonmot zufolge, ihre Gesichtszüge in Hochmut erstarren lassen. Bis in das zwanzigste Jahrhundert hinein galt Hannover als Pflegestätte guten Tons und des besten Deutschs, und es gibt alte hannoveranische Familien, die davon noch heute überzeugt sind. Die spartanische, vom ewigen Trommelklang und Marschtritt geplagte Stadt konnte ihr wenig von dem bieten, wonach sie sich sehnte: dem Glanz und dem Luxus eines Hofes à la Louis quatorze. Von der Seine stammte auch ihre Brautausstattung, die der Sonnenkönig persönlich in Augenschein genommen hatte mit der fachmännischen Bemerkung, es mögen mehr Damen ihres Ranges in Paris kaufen.

V UND DER »GRÖSSTE INNERE KÖNIG«

Ihr Mann war als gläubiger Calvinist puritanisch gesonnen und duldete keine gottlosen, sündigen, unehrbaren, dem Christentum abträglichen Amüsements wie Komödien, Opern, Ballette. Die meisten Prinzipale mieden Berlin ohnehin, wenn ihre schweren Helden oder jugendlichen Liebhaber größer als 1,72 Meter waren. *Ein* Theaterdirektor mit Gardemaß wagte sich dennoch an die Spree, ohne dass die Werber sich an ihn heranwagten: denn der König hatte ihm ein Generalprivileg erteilt, »zur Rekreation der Leute, so nicht viel zu tun haben, Komödien anzustellen«. Eckenberg hieß er, hatte in Bernburg sattlern gelernt und seine Qualifikation als Schauspieler, Regisseur und Intendant bewiesen, indem er eine zwanzig Zentner schwere Kanone, auf der ein Trommler saß, mit der Rechten anhob und mit der Linken ein Glas Wein zum Munde führte. Der starke Mann spielte in erster Linie Stücke vom Typ »Der anfangs hitzige und Geistsprechende, zuletzt aber mit Schlägen abgefertigte französische Marquis«, oder »Das weltberühmte Trauer- und Lustspiel von der artigen Grundsuppe der Welt« (des Königs Lieblingsstück!), stieg auch bisweilen, wenn er zu viel Bernauer Bier getrunken hatte, während der Vorstellung auf die Bühne und prügelte die Schauspieler ein bisschen durch.

Das konnte nicht nach dem Geschmack der verwöhnten Welfentochter und ihres Kreises sein. Um nicht an fremden Wassern weinen zu müssen, nahm sie Zuflucht in dem von Eosander erbauten Lustschlösschen Monbijou, wo sie mit unzulänglichen Mitteln versuchte – die ihr zustehenden 80 000 Taler im Jahr reichten nie –, an der Spree Versailles zu veranstalten. Dabei stets in der Furcht, ihr Gatte könnte erscheinen und mit seinen großen Stiefeln mitten durch die in der Porzellangalerie versammelten Rokokodamen und Rokokokavaliere marschieren.

Der ebenfalls nicht gerade feinsinnige August von Sachsen war mehr ein Mann nach ihrem Herzen. Der Träger der Krone

Polens kam 1728 nach Berlin und gab ihr mit seinen dreihundert sächsischen und polnischen Granden für einige Tage das Gefühl, eine wirkliche Königin zu sein. Es war ein Abglanz der großen Welt, der allzu rasch wieder verblasste. Auch die Ankunft Peters des Großen wurde gefeiert, noch mehr jedoch sein Aufbruch. Monbijou, das Schmuckstück, war keines mehr, als er es wieder verließ, so barbarisch hatte sein Gefolge dort gehaust. Um die Etikette kümmerte er sich wenig. Bei der Besichtigung der Antikensammlung erbat er sich die kostbarsten Statuen zum Geschenk aus, darunter eine in unanständiger Stellung sich darbietende heidnische Fruchtbarkeitsgöttin, die zu küssen er die Zarin zwang, mit den deutsch gesprochenen Worten: »... sonst Kopp ab.« Dabei fehlte es an der Fruchtbarkeit keineswegs. Von den zahlreichen Damen seiner Begleitung, die nicht alle Damen waren, trugen die meisten ein reich geschmücktes Kind auf dem Arm, und wenn man sie fragte, ob es ihr eigenes Kind sei, antworteten sie unter vielen Verbeugungen: »Hat mir der Zar die Ehre gegeben.«

In dieser Beziehung hatte Sophie Dorothea nicht zu klagen, so sehr sie, die Tochter des Königs von England, auch sonst klagte. Friedrich Wilhelm war seinem Fiekchen, wie er sie selbst dann noch nannte, als man ihres Leibesumfangs wegen alle Sessel verbreitern musste, treu ergeben. Das Zeitalter der Sittenlosigkeit hatte in ihm ein Vorbild an Sittlichkeit. Selbst im Sündenbabel des Dresdner Hofes wurde er nicht schwach. August II., Vater von beiläufig 350 Kindern, präsentierte ihm als guter Gastgeber ein schönes Mädchen auf einem Diwan, von Kerzen umstrahlt, und nackt, wie Gott sie geschaffen. Dem derart Geehrten fiel nichts Besseres ein, als seinem 16-jährigen Sohn Friedrich den Hut vor die Augen zu halten und das Kabinett eilends zu verlassen.

»... ist gewiss nit christlich Leben hier«, schrieb er an Seckendorff, »aber Gott ist mein Zeuge, dass ich kein plaisir daran gefunden und noch so rein bin, als ich von Hause hergekommen und mit Gottes Hilfe beharren werde, bis an mein Ende.« Ein rechtes Weib, meinte er, müsse gut erzogen, bescheiden, zurückhaltend sein, und das Beste, was von ihr zu sagen war, sei, dass es nichts zu sagen gebe.

DAS TABAKSKOLLEGIUM UND DER SADISMUS

Preußen war ein Männerstaat und seine Gesellschaft eine Männergesellschaft. Den Frauen blieb die gelegentliche Rolle schmückenden Beiwerks. Bisweilen nicht einmal das. Der Jahrestag von Malplaquet, einer Schlacht, die ein Schlachten war mit 35 000 Toten und Verwundeten, und die einzige, an der Friedrich Wilhelm teilgenommen hatte, wurde aufwändig gefeiert. Doch nach Tisch komplimentierte man die Damen hinaus, trank scharf weiter und begann zu tanzen: der Leutnant mit dem Obristen, der Fähnrich mit dem Hauptmann, der General mit dem Major – und der König mit Pannewitz, einem Veteranen, dessen Gesicht durch Säbelhiebe schauerlich entstellt war. Der Tanz der Männer, übrigens eine völlig unerotische Angelegenheit, hielt sich lange. Noch 1914 tanzten die jungen Offiziere der Garnison Königsberg auf ihren »Liebesmahlen« miteinander.

Höhepunkt des Maskulinen war das fast täglich abgehaltene Tabakskollegium. Der Genuss des aromatischen Nachtschattengewächses, auf den die Indianer gekommen waren, wurde lange Zeit mit strengen Strafen bedroht. 1681 bauten emigrierte Hugenotten in der Uckermark und bei Magdeburg den ersten Tabak an, und bald darauf wurde das Rauchen hoffähig. Man gründete allerorten, da man die Öffentlichkeit scheute, geschlossene Gesellschaften, so genannte Rauchgesellschaften.

Friedrich Wilhelm hatte sein Tabakskollegium nicht nur eingerichtet, weil er gern rauchte und gern Bier trank, er brauchte einen Kreis von Männern, bei denen er kein Wort auf die Goldwaage legen musste, wo Zeremonielles verpönt war und Etikette unerwünscht. Seine Vertrauten wie Grumbkow, Seckendorff, Leopold von Anhalt-Dessau, die Minister, Stabsoffiziere und die durchreisenden Nobilitäten sollten sich sagen: »Hier bin ich Mensch, hier darf ich's sein.« Es war eine bunt gemischte Gesellschaft, zu der, wenn sie in Wusterhausen sich versammelte, selbst der Schulmeister kommen durfte; er wurde von allen respektiert, denn der König hatte die Schulkinder nicht dazu bringen können, im Chor zu rufen: »Unser Lehrer ist ein Esel!«

Unter Menschsein verstand man im Tabakskollegium im Wesentlichen das, was an deutschen Stammtischen noch heute darunter verstanden wird. Man politisierte, bramarbasierte, riss Witze über das weibliche Geschlecht, erzählte zum hundertsten Mal dasselbe Kriegserlebnis und trank heftig über den Durst. Beliebt waren rohe Männerscherze, zu deren beliebtesten der Stuhl mit den angesägten Beinen gehörte und der plötzlich hereintrottende Bär, von dem nur der jeweilige Ehrengast nicht wusste, dass er dressiert war. Helle Freude am Schaden anderer kam auch auf, wenn ein fremder Prinz betrunken von der Bank fiel, oder einem durchreisenden Besucher vom ungewohnten Tabakskraut zum Speien übel wurde.

Am bittersten zu leiden unter dieser Art von Humor hatte der bereits erwähnte Professor für Geschichte und Rechtskunde Jakob Paul Gundling. Der Bericht über sein Schicksal rundet das Bild ab, das wir vom Wert der Wissenschaften unter Friedrich Wilhelm gewonnen haben. Gundling, vom König kurz nach seinem Regierungsantritt dazu ausersehen, bei Tisch die Zeitungen vorzulesen und die sich aus der Lektüre ergebenden Probleme zu diskutieren, hatte durch seine Eitelkeit und sein affektiertes Gehabe bald die Achtung seiner Zuhörer verloren. Man begann, ihn zu foppen, nachzuäffen, zum Narren zu halten, ihn schließlich mit sadistischem Vergnügen zu quälen. Man missbrauchte ihn, um die angestauten Aggressionen gegenüber allen Tintenklecksern, allen Gebildeten, abzureagieren. Gundling wurde zum alttestamentarischen Sündenbock, den man mit den eigenen Vorurteilen belud.

Die Herren setzten ihm eine Perücke aus Ziegenhaaren auf, hefteten Esel, Ochsen und Kamele an seinen Galarock, malten ihm einen Schnurrbart an und machten ihn Abend für Abend betrunken. Sie zogen einem Schimpansen die gleichen Kleider an und stellten ihn als seinen natürlichen Sohn vor. Kam er nach Hause, fand er seine Tür zugemauert oder einen jungen Bären im Bett, der ihn derart begrüßte, dass der Professor tagelang Blut hustete. Auf der Schlossbrücke packten ihn vier lange Kerls und ließen ihn so lange in den zugefrorenen Schlossgraben hinab, bis er mit seinem Körper die Eisdecke durchstoßen hatte. Eine Szene, so herzerwärmend komisch, dass der König sie malen ließ.

Gundling versuchte, sich seinem Martyrium durch die Flucht zu entziehen, wurde wieder eingefangen und als Deserteur mit dem Tod durch Erschießen bedroht. Er wurde »begnadigt«, später zu einem Duell gezwungen, bei dem ihm sein Gegner die Perücke vom Kopf schoss. Mit achtundfünfzig Jahren starb er, an Leib und Seele zerbrochen, doch Spott und Hohn verstummten vor seiner Leiche nicht. Der fromme König, der gottesfürchtige König, er leistete sich einen letzten schlechten Scherz und ließ ihn auf dem Bornstädter Friedhof in einem Weinfass beerdigen.

Das Vertrauen, das Friedrich Wilhelm den Rauchgefährten entgegenbrachte, wurde nicht immer erwidert. Während er sagte, was er dachte, sagten die ausländischen Gesandten nichts, ohne gedacht zu haben. Vom guten Ducksteiner Bier oder von schwerem Ungarnwein befeuert, durch Widerspruch herausgefordert, verriet er sich und musste anderntags verkatert bekennen: »Itzo komme ich auf die Gedanken, dass er

[der russische Gesandte] den Discurs halten müssen, mir sprechen zu machen. ... kann wohl sein, wenn man erstlich um
fünf Uhr isset, dass der Wein im Kopp gekommen ist, alsdenn
man nit alles nachdenket, was man sprechet.«

EIN PREUSSISCHER PAPIERTIGER

Eine in ihrer Naivität kennzeichnende Bemerkung des Preußen, wenn es um Politik ging, genauer gesagt, um die Außenpolitik. Das diplomatische Parkett war ihm zu glatt, als dass
er die hier verlangten Quadrillen hätte tanzen können. Er
wusste, dass er den europäischen Diplomaten, die die Kunst
der Intrige und der Täuschung vollendet beherrschten, nicht
gewachsen war. Das machte ihn zornig, und der Zorn gehört
nicht zu den Tugenden des Politikers. Auch Freimut, Ehrlichkeit und gerader Sinn waren nicht gefragt.

Er hätte es deshalb nie zu etwas gebracht in einem Gewerbe, in dem man Verpflichtungen einging, um ihnen nicht
nachzukommen, Verträge schloss, um sie zu brechen, dem
Partner die Treue schwor, um ihn noch vor dem ersten Hah-
nenschrei zu verraten. Wenn er all das als »Staatsfaxen« und
»Teufelsgeschichten« bezeichnete, die eines honetten Mannes unwürdig seien, entsprang das nicht nur der Erfahrung,
wonach hoch hängende Trauben immer saure Trauben sind.
Es schien ihm unbegreiflich, warum Politik sich nicht nach
den Grundsätzen christlicher Moral machen ließ.

Politische Geschichte, hat Gottfried Benn einmal gesagt,
käme ihm bisweilen vor wie Krankengeschichte, und zwar die
von Irren. »... einer verabredet etwas, einige stellen gemein-
schaftlich etwas fest, einer überschreitet etwas, einer verhängt etwas, einer schreibt einen offenen Brief, einer spricht
etwas aus, einer kommt zur Hilfe, einer dringt vor, einer verfügt einseitig, einer fordert etwas, einer besteigt etwas ... man

V UND DER »GRÖSSTE INNERE KÖNIG«

kann sich überhaupt keine Tierart vorstellen, in der so viel Unordnung und Widersinn möglich wäre, die Art wäre längst aus der Fauna ausgeschieden.«

Was Friedrich Wilhelms Unsicherheit *in politicis* vermehrte, war die ständige Angst, hereingelegt zu werden. Das machte ihn tatenscheu, ließ ihn zögern und nach langem Zaudern gefasste Entschlüsse wieder bereuen: allein fühlte er sich isoliert, im Bündnis fürchtete er die Verpflichtungen. Er gehörte zu jenen, die gern fischen möchten, ohne sich die Füße nass machen zu wollen, wie Russlands Zar von ihm sagte. 1725 trat er in Herrenhausen einer hannoverisch-englisch-französischen Allianz bei, die gegen Österreich gerichtet war. Habsburg hatte mit der noch immer bedeutenden Kolonialmacht Spanien einen den Handel der Seemächte bedrohenden Vertrag abgeschlossen. Dem König war der Beitritt schmackhaft gemacht worden durch die Aussicht, das lang ersehnte, am Niederrhein gelegene Doppelherzogtum Jülich und Berg zu gewinnen, ferner durch die Aussicht auf einen englischen Schwiegersohn, der seine Tochter Wilhelmine heiraten, und auf eine englische Schwiegertochter, die seinem Sohn Friedrich die Hand fürs Leben reichen sollte. Der Plan einer preußisch-britischen Doppelheirat, von Mutter Sophie Dorothea mit Energie und List betrieben, doch von Beginn an vom Verhängnis überschattet.

Kaum Mitglied der Allianz, begann er sich zu fragen, ob er richtig gehandelt habe, und als er eines Tages vom Fenster seines Arbeitszimmers den österreichischen Gesandten entdeckte, wie er an der Spree spazieren ging, rief er ihn herauf und versicherte ihm: »Herr General, auf Offizierparole, ich bin besser kaiserlich als hannoveranisch.« Eine spontane Bemerkung, die Ilgen, seinen außenpolitischen Experten, erbleichen ließ, waren doch damit die Trümpfe aus der Hand: wer ohnehin zum Kaiser zu halten gewillt war, dem brauchte man diese Gesinnung nicht mehr zu honorieren.

»Es ist stärker als ich«, bekannte er, wenn man ihn wegen seiner Unbeherrschtheit Vorhaltungen machte. »Wo die Galle mich packt, da muss meine Natur sich Luft machen.«

Die Galle packte ihn, als er einem außerordentlichen Gesandten Georgs II. einen ihm gerade überreichten Brief vor die Füße warf und darauf herumtrampelte, und sie packte ihn wieder bei einem ihn nicht befriedigenden Gespräch mit Hollands Botschafter, den er unter dem Vorwand, einem Bedürfnis folgen zu müssen, stehen ließ und nicht mehr zurückkam.

Bereits ein Jahr nach Herrenhausen kam es im alten Jagdschloss von Wusterhausen zum Frontwechsel. Die Kaiserlichen konnten sich in dem neuen Beistandspakt damit begnügen, Englands Zusagen in Bezug auf Berg zu übernehmen – von Jülich war schon keine Rede mehr – und sich selbst die Hintertüren offen zu halten, die für einen eventuellen Rückzug nötig waren. Und sie wurden benutzt! Nachdem auch von Frankreich die Anerkennung der Pragmatischen Sanktion erreicht worden war, hatte Friedrich Wilhelm seine Schuldigkeit getan. Gemeinsam mit England, den Niederlanden und Frankreich, die alle kein Interesse daran hatten, Preußen am Niederrhein eine Bastion zu verschaffen, überreichte Österreich in Berlin eine Note, wonach die Jülich-Bergischen Länder dem Pfalzgrafen von Sulzbach übergeben werden sollten. Der Nachsatz »... unter Vorbehalt des preußischen Anspruchs« klang geradezu zynisch und konnte des Königs Verbitterung nur vertiefen.

Von allen verlassen, betrogen, lächerlich gemacht, hat er damals auf seinen Sohn gewiesen und gesagt: »Da steht einer, der mich rächen wird ...«

Die Frage, warum man auf einen Monarchen so wenig Rücksicht nahm, der die bestausgebildete Armee Europas befehligte, ist nicht schwer zu beantworten: man glaubte einfach nicht daran, dass die Preußen jemals schießen würden.

Und wenn ihr Oberbefehlshaber drohte »Wer mich beißt, den beiß ich wieder!«, wusste man, dass er eben nicht wiederbiss. Er galt, nach heutigem Begriff, als ein Papiertiger.

DANK VOM HAUSE HABSBURG

Man muss die Geheimberichte gelesen haben über des Königs Begegnung mit Karl VI. in Prag, um die ganze hochmütige Nichtachtung zu spüren, die Habsburgs weltgewandte Diplomaten dem kleinen (1,60 Meter), dicken (Hüftumfang 1,44 Meter) Provinzler aus einer Stadt namens Potsdam entgegenbrachten. In Gala hatte er sich geworfen und die verhasste Riesenperücke aufgestülpt, um endlich seinen Kaiser persönlich zu erleben, einen Herrscher, der ihm aus Gründen der an seinem Hof gültigen spanischen Etikette nicht einmal die Hand gab.

Der Preuße war dennoch fasziniert von all den hohen Herren der Großmacht Habsburg und merkte gar nicht, dass sie ihn behandelten, als sei er der Fürst von Zipfel-Zerbst. Wieder in Berlin, nannte er Karl den besten Fürsten der Welt, einen wahrhaften Ehrenmann, und schrieb an Österreichs Gesandten: »Meine Feinde mögen tun, was sie wollen, so gehe ich nit ab vom Kaiser, oder der Kaiser muss mich mit Füßen wegstoßen, sonsten ich mit Treu und Blut sein bin und bis in mein Grab verbleibe.« Die Kaiserkrone erschien ihm noch immer in magischem Glanz, und seine Ehrfurcht vor dem hohen Titel war unbegrenzt. Der österreichische Kaiser als Oberhaupt, der preußische König als sein Freund, bereit, mit ihm zusammen das Reich zu führen und gegen die Feinde zu schützen, diesen Traum träumte er insgeheim.

Das Reich, wie es sich ihm darstellte, wohlgemerkt, mit seinen nach Hunderten zählenden Ländern und Ländchen, nicht das einheitliche Deutschland, denn bei aller Reichstreue war er in erster Linie Preuße. Das hinderte ihn nicht daran, sich für einen Deutschen zu halten, deutsch zu sprechen, zu denken, zu fühlen. Der Trinkspruch, den er öffentlich am Dresdner Hof ausbrachte, war kein leerer Spruch: »Vivat Germania deutscher Nation! Ein Hundsfott, der's nicht von Herzen meint.«

In Wien nutzte man so viel einfältige Nibelungentreue weidlich aus. Preußen hatte in Wusterhausen und in Berlin ein neues habsburgisches Erbfolgegesetz anerkannt, wonach beim Ausbleiben männlicher Erben des gegenwärtigen Kaisers auch Frauen für die Thronfolge infrage kämen. Die Pragmatische Sanktion, wie das 1713 verkündete Gesetz genannt wurde, war für das viele Nationalitäten umfassende Habsburger Reich lebenswichtig, drohte doch bei Erbstreitigkeiten das Chaos. Preußen sollte auf dem immer währenden Reichstag in Regensburg dafür sorgen, dass ein Reichsbeschluss über die Pragmatische Sanktion zustande kam. Preußen war wichtig. Damit der Preis für sein Gewicht nicht zu hoch werde, denn Friedrich Wilhelm rechnete mit Dank vom Hause Habsburg, galt es nicht nur, ihn hinzuhalten, bis er nicht mehr so wichtig war, sondern auch jedes Liebäugeln mit anderen Allianzen zu verhindern.

Ein schwieriges Geschäft, das nur von *einem* Mann besorgt werden konnte, von Friedrich Heinrich Reichsgraf von Seckendorff. Der bereits öfter erwähnte kaiserliche Gesandte in Berlin verstand es, mit psychologischem Geschick auf den König einzugehen, seine Launen zu ertragen, seine Gedanken zu erforschen und seine Vergnügungen zu teilen: also ritt er, jagte er, soff er mit Todesverachtung (»... mein von ziemlich vielen Kampagnen ausgemergelter Leib sich dabei den Rest holen kann.«). Da kleine Geschenke die Freundschaft erhalten, sorgte er für Ungarnwein, italienische Trüffel, Drosseln aus Dresden und schöne lange Heiducken für die Garde, sparte auch nicht mit Bestechungsgeldern. Zwar war es schwerer, einen Preußen zu kaufen als einen Italiener, einen Franzosen oder einen Österreicher, doch gab es auch hier Leute, deren Charakterstärke nur abhing von der Höhe der gebotenen Summe. Seckendorff erkundigte sich, was die anderen Gesandten zu zahlen bereit waren, und bot dann mehr.

Grumbkow zum Beispiel kostete 1000 Dukaten »Jahrespension« (etwa 25 000 Euro), ein hoher Preis, aber schließlich war er Generalfeldmarschall, Vizepräsident des Generaldirektoriums, enger Freund des Königs, hatte Einblick in die Akten und kannte die Geheimnisse jedes einzelnen Familienmitglieds. Der kursächsische Gesandte Suhm bezeichnete ihn als ein »Gewebe von Bosheit, Verleumdungssucht, Niedertracht, Lüge und Unverschämtheit«, und Friedrich I. hatte auf seinem Sterbebett zu ihm gesagt: »Bessern Sie sich, sonst werden Sie niemals in das Himmelreich kommen, in das ich jetzt einzugehen hoffe.« Dieses vorletzte Wort stammte von einem, der, als er noch Prinz war, ebenfalls Schmiergelder genommen hatte. Grumbkow wurde nicht besser, aber schlechter als seine Ministerkollegen in Wien, Madrid, Paris, London, die ausnahmslos Nehmen für seliger hielten denn Geben, war er, der Patensohn des Großen Kurfürsten, nicht.

Die englische Heirat

Der wichtigste Auftrag des vollendet aufeinander eingespielten Paars Seckendorff–Grumbkow war es, die sogenannten englischen Heiraten zu verhindern.

Der Plan, die Königshäuser Preußens und Britanniens durch eine Doppelhochzeit miteinander zu verbinden, war nur aufgeschoben worden. Dafür hatte schon »Olympia« gesorgt, wie man Sophie Dorothea ihres gewaltigen Busens wegen hinter ihrem Rücken nannte. Sie träumte seit jeher den Traum, Schwiegermutter einer englischen Königin und Mutter eines

preußischen Königs zu werden und damit doch noch zu erreichen, was ihr bisher versagt geblieben – ein Leben im Glanz.
Das schien kein Luftgespinst, konnten doch beide Häuser
daraus Nutzen ziehen. Preußen würde sich des Schutzes einer Macht versichern, deren Reichtum unermesslich, deren
Einfluss weltweit war, England bekäme einen wehrhaften
Partner auf dem Kontinent, den man als Festlandsdegen verwenden konnte.

1730 hatte London es plötzlich eilig, das Projekt zu verwirklichen, nachdem man lange gezögert hatte mit der halben
Ausrede, erst die finanzielle Seite zu klären. Europa stand vor
dem Ausbruch eines Krieges zwischen Österreich und Frank-
reich-England. Wenn es gelang, den Prinzen Friedrich mit der
Prinzessin Amalie zu verbinden und den Prinzen von Wales,
ebenfalls ein Friedrich, mit der Prinzessin Wilhelmine, wäre
es schwer vorstellbar, dieser Illusion jedenfalls gab man sich
hin, dass die Untertanen beider Paare noch aufeinander schießen würden.

Am Hofe zu Berlin traf in geheimer Mission Sir Charles
Hotham ein, Brite wie er im Buche steht, was seinen Adel,
sein Selbstbewusstsein, seine Distinktion betraf. Friedrich
Wilhelm, mit der unglücklichen Liebe des Deutschen zu allem Englischen im Herzen, war von ihm auf der Stelle begeistert. Sir Charles war nämlich Colonel von Seiner Britischen Majestät Grenadieren zu Pferd. Nach einem Gelage im
Charlottenburger Schloss stieß Friedrich Wilhelm vom Wein
beflügelt, »auf die Töchter« an und wollte unbedingt mit dem
Briten tanzen, der das shocking fand.

Der König meinte allerdings vornehmlich seine Tochter.
Wilhelmine in ein derart »magnifikes Land« wegzugeben,
versehen mit einer recht geringen Mitgift – »Etwas an Steinen, etwas an Hausrat, etwas an Geld …« –, war nach seinem
Sinn. Aber auch der walisische Prinz würde eine gute Partie
machen. Sie galt zwar nicht als Schönheit, gewiss, die Pocken

V UND DER »GRÖSSTE INNERE KÖNIG«

hatte ihre Zeichen in ihrem Gesicht zurückgelassen, doch sie war eine Prinzessin von Preußen. »Wenn der Herr der Dame, so ist die Dame des Herrn wert«, sagte er. Was er nicht sagte, Hotham aber begierig war zu hören: dass auch die eine Hochzeit der anderen wert sein musste.

Die Instruktionen von Sir Charles waren in dieser Hinsicht ganz genau. Sie lauteten: zwei Eheverträge oder keinen Ehevertrag. Wenn Wilhelmine ihren englischen Friedrich bekam, musste Amalie ihren preußischen Friedrich bekommen. Das war nur fair, und die 100 000 Pfund Sterling, die er als Zuwaage dreingab, waren es auch. Die Prinzessin Amalie sollte ferner nach der Verehelichung zur Statthalterin von Hannover ernannt werden, wo der preußische Kronprinz dann mit ihr residieren könne.

Hier war ein Punkt berührt worden, von dem Hotham hätte wissen sollen, dass es ein wunder Punkt war. Die Gegensätze zwischen dem preußischen König und seinem ältesten Sohn waren offenkundig. Die Gesandten berichteten darüber ihren Herrschern, die Berlin und Potsdam besuchenden Nobilitäten sagten im Vertrauen Gesagtes weiter, bald war die Zwietracht im Hause Hohenzollern das Tagesgespräch an den Höfen Europas. Wer aus dem Wust von Klatsch, Lüge und Gerücht den wahren Kern herauszuschälen verstand, wusste immerhin soviel: dass die Szenen zermürbenden Familienstreits sich häuften, und Friedrich Wilhelm immer weniger bereit war, den Ältesten aus seiner Obhut zu entlassen.

Noch dazu nach Hannover, wo, das glaubte er zu wissen, der Schlendrian, die Genusssucht, die Bildungsprotzerei herrschten, eine Atmosphäre, die Fritzens schädlichen Neigungen ganz entsprach und für ihn Gift war. Die Heiratserlaubnis zu geben und dem Kronprinzenpaar Berlin als Residenz anzuweisen, dieser Gedanke behagte ihm auch nicht. Die englische Prinzessin schien gewöhnt, Hof zu halten, Luxus zu treiben, Geld zu verschwenden. Der Etat würde ruiniert werden und

183

am Ende – albtraumhafte Vorstellung – drohte die Reduzierung der Armee. Noch etwas: bräche er nicht dem Kaiser die Treue, wenn er sich jetzt verwandtschaftlich mit England verband, einem Staat, der zusammen mit Frankreich eben diesen Kaiser angreifen wollte? Wie immer, wenn es um wichtige Fragen der Außenpolitik ging, zögerte er seine Entscheidung hinaus, fiel von einem Extrem ins andere, hasste heute, wen er gestern noch geliebt, wusste schließlich nicht mehr, was falsch war und was richtig.

Ein Klima entstand, das von Misstrauen und Unsicherheit bestimmt wurde – für Seckendorff und Grumbkow ein ideales Klima: ihre Bestrebungen, das Heiratsprojekt zum Scheitern zu bringen, Preußen dadurch an der Seite Österreichs zu halten, gediehen unter solchen Umständen am besten. Sie arbeiteten mit den klassischen Mitteln des Politikers: der Verleumdung, dem Gerücht, der Halbwahrheit. Sie wurden unterstützt von dem preußischen Geschäftsträger in London Reichenbach, der die bestellten Briefe schrieb und manipulierte Nachrichten übermittelte.

Der Prinz von Wales sei, so Reichenbach, ein Geck, ein Flegel, ein Wüstling, dazu mit ewigen Weibergeschichten. Der ideale Gatte für eine Hohenzollernprinzessin? Der Thron der Hannoveraner wackele ohnehin, sie seien unpopulär, die Rückkehr der katholischen Stuarts stehe bevor. Lohnte sich ein solcher Bundesgenosse? Amalie sei nicht nur verschwenderisch, sondern auch arrogant, launenhaft, von spitzer Zunge. Die richtige Partnerin für Preußens künftigen König? Im Übrigen habe ihr Vater, Georg II., mehrfach geäußert, dass er Preußen wie eine englische Provinz zu behandeln gedenke.

Friedrich Wilhelm zeigte Wirkung. Das Gift, das wohldosiert verabreicht wurde, traf auf jemanden, der anfällig war. Der verborgene Hass gegen Georg II. brach hervor, gegen den Vetter, den er seit den gemeinsam verbrachten Tagen der Kindheit verabscheute, einen, der seine Krone dem Zufall der Verwandtschaft und dem richtigen Gebetbuch verdankte, nicht der eigenen Tüchtigkeit. Der *»petit maître«*, der »Komödiant«, erdreistete sich, ihn zu kujonieren?! Er geriet außer sich, und er begann zu toben, als man ihm eine Nachricht zuspielte, die – Höhepunkt intriganten Spiels – als Gerücht ausgegeben wurde, aber der Wahrheit entsprach.

Sohn Fritz hatte, wie er später selbst bekannte, einige sehr bedenkliche Briefe nach England geschrieben. Um die Vermählung der Schwester, die er über alles liebte, zu fördern und die eigene Heirat, die für ihn gleichbedeutend war mit der Freiheit, nicht zu gefährden, versicherte er dem englischen Hof, dass er niemanden anderen zu ehelichen gedenke als die Prinzessin Amalie und lieber sterben wolle, denn dieses Wort zu brechen.

VI EIN VATER UND SEIN SOHN

DIE UNIFORM, EIN STERBEKITTEL

Friedrich Wilhelm hatte, wie noch heute mancher Vater, den ältesten Sohn nach seinem Bilde formen wollen. In dem Erziehungsreglement heißt es, sein Gemüt möge dergestalt geformt werden, dass er Respekt vor der Tugend und Verachtung gegenüber dem Laster bekomme. Zu den Tugenden gehörten Sparsamkeit, Demut, Gehorsam, frommer Sinn; zu den Lastern Müßiggang, Opern, Komödien, französische Romane. Latein sei überflüssig, alte Historie zu nichts gut, Klassiker Zeitverschwendung, weltmännisches Kavalierstum nicht notwendig, wenn nur die Sitten anständig genug. Die Rechenkunst und die Ökonomie dagegen sollten aus dem Fundament gelernt werden, auch die Kunst zu reden und ein gutes Deutsch sowie ein elegantes Französisch zu schreiben. Wichtig sei vor allem die Wissenschaft vom Kriege, Artilleriewesen, Fortifikationskunde etc., wie überhaupt alles darauf angelegt werden müsse, die Liebe zum Soldatentum zu wecken, denn nichts vermöge einem Prinzen Ehre zu geben denn der Degen. Im Fechten, Reiten, Schießen, Exerzieren dürfe er von niemandem übertroffen werden.

»... um sechs Uhr wird er geweckt«, heißt es in den Anweisungen für den Lehrer Duhan de Jandun, einen Hugenotten, »und sollen sie Ihn anhalten, dass er, ohne sich ... nochmals umzuwenden, hurtig und sogleich aufsteht und muss er alsdann niederknien und ein kleines Gebet halten ... Sobald er solches getan, soll Er geschwinde als möglich die Schuhe und Stiefeletten anziehen, auch das Gesicht und die Hände waschen, aber nicht mit Seife. ... Indes er sich kämmen und ein-

VI Ein Vater und sein Sohn

schwänzen [Zopf einbinden] lässt, soll er gleichzeitig Tee und Frühstück nehmen.«

Für Morgentoilette plus Gebet waren fünfzehn Minuten vorgesehen, für das Frühstück sieben Minuten, für das spätere große Gebet mit Bibellesung und Kirchenlied 23 Minuten. Von 7 bis 9 Uhr dann »Traktierung der neueren Historie«, von 9 bis 10.45 Uhr »im Christentum informieren«, 10.45 bis 11 Uhr »sich weiß anziehen, pudern und zum König kommen, da bleibt er bis zwei Uhr«. 2 bis 3 Uhr »Landkarte weisen, dabei sollen aller europäischen Reiche Schwäche, Größe, Reichtum und Armut« erklärt werden. 3 bis 4 Uhr »Moral traktieren«. 4 bis 5 Uhr »Teutsche Briefe schreiben«. Um 5 Uhr wieder zum König, ausreiten oder »tun was er will, wenn es nur nicht gegen Gott«.

Doch die Tugenden, die Fritz nach seines Vaters Meinung haben sollte als künftiger Beherrscher Preußens, hatte er nicht. Sie waren ihm auch nicht anzuerziehen. Er taugte nicht zu einem sparsamen Wirt, nicht zu einem frommen Christenmenschen, nicht zu einem guten Soldaten.

Die Uniform galt ihm als Sterbekittel, eine Pistole als eine Mordwaffe, bei deren Knall man zusammenschrak, ein Kavalleriepferd als ein Ungeheuer, von dem man sich am besten fallen ließ, ein Exerzierplatz als eine Stätte der Entwürdigung und hohe Militärs als hohle Köpfe. Im Religionsunterricht schlief er ein, musste Nachhilfestunden nehmen, um eingesegnet werden zu können, und mokierte sich über die Pastoren am Tisch seines Vaters, die er allesamt für Pharisäer hielt. Geld war für ihn dazu da, dass es ausgegeben wurde, bedenkenlos machte er Schulden, war aber nicht geld*gierig*: den Bürgern der Salzstadt Staßfurt, die ihm dem Brauch gemäß beim Passieren der Tore 200 Dukaten überreichten, gab er den Beutel zurück mit der Auflage, die Summe unter die Armen aufzuteilen.

In einem Milieu strenger Pflichterfüllung, grauen Kirchgängertums und kleinbürgerlichen Lebensstils versuchte er, zusammen mit seiner Schwester, sich insgeheim eine Insel privaten Glücks zu erhalten. Er las Bücher, beschäftigte sich mit Philosophie, legte sich eine Bibliothek an mit den Werken von Voltaire, Locke, Thomas Morus, Descartes, Rabelais, er spielte Klavier, Geige und noch lieber Flöte, ein Instrument, dem er den zärtlichen Namen *Principessa* gab. Er kränkelte oft, fühlte sich matt, die fremden Gesandten fanden, dass er ältlich aussehe, »als ob er schon viele Kampagnen getan«. Aus großen melancholischen Augen schaute er auf eine Welt, die nicht die seine war und schrieb rätselvoll an den Leutnant von Borcke: »Den Tod fürchte ich am meisten für meine Freunde, am wenigsten für mich selbst.«

Friedrich Wilhelm hat unser Verständnis, wenn er sich zu sorgen begann, dass dieser Sohn einmal die Lebensarbeit einer ganzen Generation zunichte machen, ja den Thron gefährden könne. Die Mittel aber, die er anwandte, um aus einem Saulus einen Paulus zu machen, zeigten, dass seine Menschenkenntnis bei der eigenen Familie versagte. Er handelte nach alter, aber nicht guter Väter Weise, wonach einer, der nicht hören wolle, fühlen müsse. Er zerstörte damit gute Absichten durch schlechte Praxis.

Nachdem schon die Erzieher Finckenstein und Kalckstein ihren Zögling nie hatten allein lassen dürfen, weder bei Tag noch bei Nacht – einer von ihnen musste stets das Zimmer mit ihm teilen (»Da auch oftmals bei herannahenden Jahren das Laster der Hurerei und Onanie einzureißen pflegt.«) –, wurde die Bewachung verschärft. Der König ließ vier Offiziere des Potsdamer Garderegiments kommen, klärte sie über die gefährlichen Charaktereigenschaften seines Sohnes auf, befahl, ihn genauestens zu überwachen, jede Ausschreitung oder Unregelmäßigkeit anzuzeigen, »widrigenfalls sie Mir mit ihren Köpfen davor haften sollen«. Eine Unterredung, die in Gegenwart Friedrichs stattfand! Für die Offiziere von höher Peinlichkeit, für den Prinzen eine Bloßstellung. Er war sie ge-

VI Ein Vater und sein Sohn

wohnt. Der Vater pflegte ihn häufig in Anwesenheit Dritter, ob Minister ob Lakaien, herunterzumachen. Wer in der eigenen Jugend Vergleichbares erlebte, weiß, wie tief der Stachel einer solchen Demütigung eindringen kann.

»Die schrecklichen Kinder«

Friedrich Wilhelm begnügte sich nicht mehr mit Schimpfworten. Er ohrfeigte den Sohn, schlug ihn mit dem Stock, zerrte ihn an den Haaren. Er stürzte in sein Zimmer, warf die brokatenen Schlafröcke ins Feuer, suchte die Flöten (während Flötenlehrer Quantz zitternd im Kamin versteckt hockte), ließ die Bücher zum Buchhändler Haude schaffen, und der Hofbarbier Sternemann musste ihm die schönen langen braunen Seitenlocken abschneiden. Er wütete über den »lasziven effeminierten Kerl, der keine männlichen Inklinationen hat, der sich schämt, zu nichts nutz in der Welt ist, mal-propre an seinem Leib, und wenn er isset, reitet oder geht, sich allezeit krumm und schief hält, mit dem Gesicht Grimassen macht, dazu hoffährtig ist und nit populär.«

Bei einem Fest Augusts II. unweit Mühlberg an der Elbe verprügelte Friedrich Wilhelm den Prinzen, stieß ihn in den Schmutz und schleppte ihn – einen Offizier seiner Armee, denn Fritz war inzwischen zum Oberst avanciert! – derart besudelt zur Parade. »Wäre ich von meinem Vater so traktiert worden, ich hätte mich totgeschossen«, sagte Friedrich Wilhelm. Das alles vor den Gästen und den Diplomaten ganz Europas.

Zwischendurch immer wieder die Versuche Friedrichs, wenigstens zu einem »Waffenstillstand« zu kommen. In einem Brief von Zimmer zu Zimmer – mündlich wagte er schon seit langem nicht, sich an den König zu wenden – flehte er den lieben Papa untertänigst an, er möge den grausamen Hass, den er zur Genüge habe wahrnehmen können, endlich fahren lassen, wisse er doch trotz strenger Gewissensprüfung nicht, was er verbrochen habe.

Es kommt zu jener Szene am Hubertustag in Wusterhausen, die, beschämend und ergreifend zugleich, die Anwesenden zu Tränen bewegt und dazu führt, dass die beiden für die Erziehung verantwortlichen Gouverneure, vom ewigen Familienzwist abgestoßen, um ihre Ablösung bitten. Da wirft sich der Sohn dem Vater zu Füßen, umschlingt dessen Knie, weint herzzerreißend, versichert, er sei bei ihm verleumdet worden von Leuten, die aus der Zwietracht der königlichen Familie Vorteile zu ziehen hofften, schwört, er wolle den König sein Leben lang lieben, achten und ihm untertan sein, und der König antwortet: »Nun, das ist schon gut. Werde du nur ein ehrlicher Kerl.«

Eine totale Verlorenheit, eine Qual des Daseins offenbart sich, die manch anderen längst zerbrochen hätte. Der schmächtige Jüngling mit den großen schwermütigen Augen und der sanften einschmeichelnden Stimme jedoch bewies Widerstandsfähigkeit. Die Eigenschaften, die ihn später auszeichneten, zeigten sich in ihren Ansätzen. Besonnenheit, Anpassungsvermögen, Seelenstärke und eine Art von Kälte, wie sie anlässlich eines Unfalls Friedrich Wilhelms zum Ausdruck kam.

»Es fehlte nur ein Daumenbreit«, schrieb er, »und der König wäre mit der ganzen Bajaje ertrunken.«

Mit derselben Gefühlskälte setzte er, als der Vater todkrank darniederlag, den Gesandten Englands und Frankreichs die sich aus einem eventuellen Thronwechsel ergebenden Möglichkeiten auseinander.

Die Kraft zum Widerstand impfte ihm die Mutter ein. Sie nahm Partei für ihn, weil sie ihrem Wesen nach nicht von der Partei ihres Mannes sein konnte, und sie wurde damit zum Haupt der Opposition, um das sich alle scharten, die von besseren Zeiten träumten. Doch da sie in ihrer ewig klagenden

VI Ein Vater und sein Sohn

Art keinen rechten Rückhalt bot, hielt sich Friedrich mehr an Wilhelmine. Die Prinzessin, frühreif, gewitzt, scharfsinnig und scharfzüngig, ersetzte ihm den großen Bruder, sie beriet ihn, beschützte ihn, inspirierte ihn, las mit ihm, begleitete ihn beim Musizieren auf der Laute, erzählte ihm den Hofklatsch. »Nie haben sich Geschwister mit solcher Zärtlichkeit geliebt wie wir beide«, schrieb sie später.

Doch mehr noch als geschwisterliche Liebe verband sie gemeinsamer Hass. Sie hassten die rohen Jäger, das geistlose Tabakskollegium, die einfältigen Generale, die stumpf glotzenden langen Kerls, die bigotten Pfaffen – und den König. Francke junior, Pastor aus Halle, beobachtete sie in Wusterhausen an der Tafel, wie sie sich mit kaum merklichen Augenbewegungen verständigten: einig über die Torheit der Gäste, über die Schlechtigkeit der Welt und darüber, dass einst alles anders werden müsse. Zwei Kinder, die nichts Kindliches mehr hatten.

Die Flucht wird vorbereitet

Am 10. Juli 1730 meldete sich Sir Charles Hotham zur Audienz beim König, um sich zu verabschieden und den neuen englischen Gesandten, Guy Dickens, vorzustellen. Friedrich Wilhelm hatte nun doch sein Einverständnis gegeben, dass sich sein ältester Sohn »binnen einem nicht allzu langen Zeitraum« mit Amalie verlobe. Hotham schien gesiegt zu haben, doch wollte er aus dem Sieg einen Triumph machen und einen Mann vernichten, der Englands bösester Feind war: Grumbkow. Dazu sollte ein Grumbkowscher Brief dienen, aus dem hervorging, mit welcher Niedertracht der Minister den preußischen Residenten in London zur Verfertigung seiner Gräuelnachrichten angestiftet hatte. Er stammte vom britischen Hauptpostamt in St. Mary-Axe, dessen Beamte darin geübt waren,

Diplomatenpost zu öffnen, abzuschreiben oder einfach verschwinden zu lassen. Hotham überreichte den Brief, aber die Wirkung war anders, als er sie sich ausgemalt hatte.

Friedrich Wilhelm, die Handschrift seines Günstlings erkennend, warf das Schreiben auf den Boden, sagte, rot vor jähem Zorn: »Messieurs, j'ai eu assez de ces choses là! Ich habe die Nase voll von solchem Zeug!«, ließ die Herren stehen und schmetterte die Tür ins Schloss. Von einem Ausländer wollte er sich nicht beweisen lassen, dass sein wichtigster Minister ein Schelm war.

Englands Stolz war verletzt, und Sir Charles auch durch des Königs sogleich übermittelte formelle Entschuldigung nicht von sofortiger Abreise zurückzuhalten. Selbst des Kronprinzen flehentlicher Brief, er möge bleiben, wolle er nicht das mühsam Erreichte wieder zerstören und die schon halb geöffnete Tür zu einem Leben in Freiheit und Würde zuschlagen, konnte den Pair nicht umstimmen.

Für Friedrich waren damit die Würfel gefallen. Der seit langem gehegte Plan, sich der Tyrannei des Vaters durch Flucht zu entziehen, wurde zum Entschluss.

Noch in derselben Nacht trifft er sich unter dem Schlossportal an der Stechbahn mit Guy Dickens, von dem er Auskunft erhofft darüber, ob England ihn aufnehmen würde oder zumindest willens sei, beim französischen Hof die Bereitwilligkeit zur »Gastfreundschaft« zu sondieren. Er bekommt den billigen Rat, weitere Verhandlungen abzuwarten, und die untaugliche Versicherung, sein Onkel, der König von England, fühle wärmstens mit ihm. Das Risiko, einem Thronfolger Asyl zu gewähren, scheint allen zu hoch. In einem Europa, dessen Kräfte nur mühsam im Gleichgewicht gehalten werden. Als Trostpflaster sagt man ihm die Begleichung der Schulden zu, deren Summe der Prinz geistesgegenwärtig verdoppelt, ein Zeichen, dass er keineswegs der träumerische Flötenspieler war, für den ihn manche hielten.

VI Ein Vater und sein Sohn

Während der Unterredung hatte ein Mann, höchst romantisch in einen Mantel mit Kapuze gehüllt, darauf geachtet, dass niemand sie überraschte. Er war Leutnant bei den vornehmen Gens d'armes, Sohn eines Generals aus alter magdeburgischer Familie, stand vor einer großen Karriere, war ehrgeizig, hochbegabt, gebildet, von Äußerem aber wenig anziehend: blatternarbig und mit schwarzen zusammengewachsenen Brauen. Er gehörte zu dem Kreis junger Offiziere, die, von des Kronprinzen Anziehungskraft verführt, bereit gewesen wären, ihr Leben für ihn hinzugeben.

Er hieß Hans Hermann von Katte ...

Katte war es, den Friedrich vier Tage später zu einem weiteren geheimen Treffen bat, diesmal nach Potsdam in den nächtlichen Schlossgarten. Er teilte ihm mit, dass der König, wider seine ursprüngliche Absicht, ihn zu seiner Reise nach Süddeutschland mitnehmen werde, eine Chance, die er zur Flucht nützen wolle. Die Tatsache, dass der Leutnant in Kürze als Werbeoffizier in den Westen Deutschlands abkommandiert werde, war ein Wink des Himmels, und es galt nur noch, zu gegebener Zeit den Treffpunkt auszumachen.

Katte spürte, dass der Plan von vielen Unwägbarkeiten abhing, hatte aber nicht die Kraft zu einem Nein. Das Schicksal des Freundes rührte ihn. Er schwor, ihn nicht im Stich zu lassen und ritt durch die Nacht nach Berlin zurück. Friedrich sah ihn nur noch ein einziges Mal wieder.

Und das war, als man den Leutnant zum Schafott führte ...

»Sire, töten Sie mich!«

Die Reisegesellschaft war ungewöhnlich zahlreich und ungewöhnlich gut ausgestattet. Etwa vierzig Personen saßen in gut gefederten und gepolsterten Kutschen, die von prächtigen Pferden gezogen wurden. Es galt, Eindruck zu machen an den

Höfen in Altenburg, Gera, Ansbach, Ludwigsburg, Mannheim, Darmstadt, Koblenz. Die Reise diente nur offiziell dem Vergnügen, inoffiziell war sie eine diplomatische Mission mit dem Ziel, die deutschen Serenissimi für die Pragmatische Sanktion zu gewinnen. Friedrich Wilhelm war in Sachen seines Kaisers unterwegs, als eine Art politischer Handelsreisender.

Auffällig, dass hinter einer mit Silber beschlagenen Kutsche zwei Offiziere ritten, der Oberst von Rochow und der Leutnant Keyserlingk, die sich nie weiter als zehn Meter von ihr entfernten. In dem Gefährt saß der Kronprinz, der tatsächlich glaubte, niemand wisse etwas von seinen Absichten. »Der Plan einer auf abenteuerliche Unternehmungen begierigen Jugend«, hat Ranke das genannt; aber es war bei allem Dilettantismus mehr der Plan eines Verzweifelten, der, während der Reise erneut gedemütigt, ja geschlagen, nun zum Äußersten entschlossen war. Wenn auch alles gegen den Erfolg einer Flucht sprach.

Hatte er doch in Ansbach erfahren, dass Katte keinen Werbeurlaub bekommen habe, also nicht, wie vereinbart, zu ihm stoßen konnte. Friedrich wandte sich jetzt an einen jungen Pagen namens Keith, den Bruder eines Vertrauten, des Leutnants Peter von Keith, der in Wesel auf das Stichwort wartete. »Pferde besorgen«, stand auf einem Zettel, den er ihm zuspielte. Der Prinz hatte sich in Ludwigsburg einen roten Rock schneidern lassen, um auf der Flucht nicht sofort als preußischer Offizier erkannt zu werden. In dem Dorf Steinsfurt nahm man Quartier nach Art des Königs: in den Scheunen eines Bauernhofs. Der altfränkische Hof, »Lerchennest« genannt, birgt heute ein kleines Museum, zu dessen Attraktionen ein Kinderhemd des großen Friedrich gehört und ein Lederball, mit dem seine Windhunde spielten. Beides zur Verfügung gestellt vom heutigen Chef des Hauses Hohenzollern. Ein Schild verkündet: »Hier blieb auf seiner Flucht vom 4./5. August 1730 Friedrich der Große dem Vaterland erhalten.«

VI Ein Vater und sein Sohn

Und die Alten streiten sich zu später Stunde im Wirtshaus, ob Friedrich den Weg über den Garten oder über den Hof gewählt habe.

Um fünf Uhr früh war an jenem Tag Wecken befohlen, spät diesmal, aber Mannheim, das nächste Ziel, lag ja nahe. Nahe aber auch war die Freiheit: in drei Reiterstunden konnte man die Rheinfähre erreichen, die nach Speyer an das französische Ufer hinüberführte. Die Tragödie nahm ihren Lauf.

Der Kronprinz erhebt sich gegen halb drei Uhr, schlüpft in den roten Rock. Aus dem fahlen Licht der Dämmerung taucht Keith auf mit den gesattelten Pferden. Im selben Moment aber erscheint, wie aus dem Boden gewachsen, Rochow, der genau weiß, dass er seinen Kopf verliert, wenn dem Prinzen die Flucht gelänge. Er sagt, doppelsinnig: »Ein schöner Rock, Königliche Hoheit, aber nicht nach Ihrer Majestät Geschmack.« Doch macht er keine Meldung. In Mannheim, beim Kurfürsten von der Pfalz, kommt es zu einem dramatischen Zwischenfall: nach dem Gottesdienst wirft sich Keith, ein Knabe noch, schluchzend dem König zu Füßen und gesteht.

Friedrich erfährt nichts vom Verrat des Pagen. Als der König ihn in Darmstadt zynisch fragt: »Noch hier? Ich denke, Er ist schon in Paris?«, antwortet er arglos und halb scherzhaft: »Ich wäre dort, wenn ich nur gewollt.« In Frankfurt geht die Reisegesellschaft an Bord der königlichen Jacht, fährt stromabwärts nach Bonn, wo der Prinz dem Kurfürsten von Köln seine Aufwartung machen muss, als sei nichts geschehen. In Wesel hat die Komödie ein Ende. Wesel ist preußisch, hier braucht man auf niemanden mehr Rücksicht nehmen. In der Kommandantur verhört der Vater seinen Sohn zum ersten Mal. Er hat erfahren, dass der ältere Keith aus der Festung geflohen ist, er weiß durch einen ihm übermittelten Torzettel, den jeder beim Verlassen Berlins auszufüllen hat, dass Katte durch seinen Diener einen Brief an den Kronprinzen schicken ließ.

Der König fragt den Prinzen, warum er habe desertieren wollen. »Weil Sie mich nicht wie Ihren Sohn behandelt haben, sondern wie einen niedrigen Sklaven.«

»Dann ist Er nichts anderes als ein feiger Deserteur ohne Ehre.« »Ich habe so viel Ehre als Sie und habe nur das getan, was Sie hundertmal gesagt haben, Sie würden es an meiner Stelle tun.«

In diesem Moment stürzt sich der König mit gezogenem Degen auf den Sohn, um ihn zu durchbohren. Der Festungskommandant, Generalmajor Mosel, deckt den Prinzen mit seinem Leib und ruft: »Sire, töten Sie mich, aber schonen Sie Ihres Sohnes!«

So steht es in den Schulbüchern, so wird es geglaubt, und die zahlreichen Stiche nach dieser Szene taten ein Übriges, sie zu verewigen. Verbürgt allerdings ist sie nicht, und wir müssen sie zu den Anekdoten zählen. Das heißt nicht, sie in das Reich der Phantasie zu verweisen. Die echte Anekdote charakterisiert historische Persönlichkeiten und schildert Ereignisse. Was sie berichtet, muss nicht genauso gewesen sein, *kann* es aber. Sie hat einen Wahrheitsgehalt, und sie wird nicht umsonst immer wieder von der Wissenschaft herangezogen, wenn andere Quellen fehlen.

Dass der König mit dem Degen auf den Sohn eindrang, erscheint denkbar. Geschlagen hatte er ihn oft genug, sein Jähzorn war bekannt, hinzu kam jetzt eine Art Verfolgungswahn, der ihn eine allgemeine Verschwörung befürchten ließ gegen seinen Thron, ja gegen sein Leben. Angezettelt von England, das sich im Umkreis der Königin vieler Sympathisanten erfreuen konnte; unterstützt von Frankreich, das dem Flüchtenden Asyl durch seinen Gesandten geboten; mit Beifall bedacht von deutschen Fürsten, denen Preußen seit längerem ein Dorn im Auge war.

Die Angst vor einem Komplott zeigte sich auch in den genauen Anweisungen an die Offizierseskorte, die den »Böh-

VI Ein Vater und sein Sohn

sen Friederich«, wie er von nun an genannt wurde, auf die Festung Küstrin zu verbringen hatte. Der Aufbruch solle geheim gehalten werden, Hessen und Hannover sei zu meiden, da »Feindesland«, man möge ohne Aufenthalt Tag und Nacht fahren, in der Chaise essen, »hat er [der Prinz] seine Notdurft zu verrichten, so muss solches auf freiem Felde geschehen, woselbst man sich weit umher sehen kann und da keine Hecken noch Sträucher sind. Wenn ... unverhofften Falles sich begeben sollte, dass man Euch hier oder da denselben abnehmen wollte, und Ihr nicht im Stande wäret, solches wider eine größere Gewalt zu verhindern, so solltet Ihr dahin sehen, *dass die andern ihn nicht anders als tot bekommen.*«

Die Tragödie des Hans Hermann von Katte

Im märkischen Mittenwalde, wo die unbeleuchteten Kutschen Halt machten, erfuhr Friedrich, dass Katte in Berlin verhaftet worden sei. Keith hatte sich im letzten Augenblick nach England absetzen können, von den Häschern des Königs vergeblich verfolgt, und auch Katte musste, so glaubte er, sich noch rechtzeitig in Sicherheit gebracht haben, wenn er die Zeichen richtig gedeutet. Die Nachricht traf ihn wie ein Faustschlag. Er beschwor seine Begleiter, dem Vater zu übermitteln: die Ruhe der Seele würde er nicht wiederfinden, wenn Katte seinetwegen sterben müsse, denn er, Friedrich, sei der Schuldige, und der Leutnant nur ein Verführter.

In diesen Worten liegt der Schlüssel: das, was die preußische Geschichtsschreibung zu einer Friedrich-Tragödie stilisiert hat, war eine Katte-Tragödie und ihr Held kein anderer als der Leutnant des Regiments Gens d'armes Hans Hermann von Katte.

Sein Schicksal enthält alle Elemente des Tragischen, des Rührenden, des Edelmütigen und nicht zuletzt des Schauerlichen. Es verwundert deshalb nicht, wie oft Romanciers und

Dramatiker sich mit dieser preußischen Bilderbuchfigur beschäftigt haben. Von dem historischen Charaktergemälde in drei Aufzügen »Katte oder die Prüfungstage Friedrich des Großen« über C. von Bolanders historische Novelle »Der Gefangene von Küstrin« und Paul Ernsts Drama »Preußengeist« bis zu Gertrud von Brockdorffs »Katte, die Geschichte einer Freundschaft« und Rehbergs Schauspiel »Friedrich Wilhelm I.« reicht der Bogen. Katte lebte weiter in Anekdoten, Legenden und wahren Geschichten, die nicht wahr sind.

Das Richtschwert, in das man nach dem Brauch der Zeit die Namen der Hingerichteten einritzte, haben die Kattes über die Zeiten hinweg aufbewahrt. Auf ihrem Familiensitz, dem Rittergut Wust bei Magdeburg, wohin man Kattes Sarg später übergeführt hatte, kam es, als der Besitz in der ersten Hälfte des 19. Jahrhunderts verfallen und verlassen war, zu Grabschändungen, die in ihrer Sensationsgier geradezu modern anmuten. »Touristen« brachen sich als Souvenir einen Zahn aus dem Schädel der Leiche, schnitten Fetzen aus den Leichentüchern, suchten nach Haarlocken. Ein englischer Globetrotter, Arzt von Beruf, erkannte fachkundig den Halswirbel, den das Schwert zerteilt hatte, und nahm ihn voller Stolz mit in die Heimat.

Kattes erstes Verhör war schändlich. Der König riss ihm das Johanniterkreuz vom Hals, schlug ihn mit dem Stock, trat ihn mit Füßen. Der Verhaftete wahrte seine Würde, gab zu, dass er von dem Fluchtplan gewusst, jedoch nichts getan habe, ihn zu fördern. Auch sei der Prinz nicht imstande gewesen zu fliehen, denn ohne die aus den prinzlichen Orden herausgebrochenen Diamanten und die 3000 Taler Fluchtgeld, die ihm Friedrich in Potsdam übergeben, wäre ein Entweichen unmöglich gewesen. Von einer Verschwörung gegen Seine Majestät sei nie die Rede gewesen, auch wenn er, Katte, gelegentlich geheime Korrespondenz befördert habe zwischen der Britischen Botschaft und Friedrich.

VI Ein Vater und sein Sohn

»Mein Vater gehet so hart mit mir um«, so der Thronfolger zu ihm, »ich kann es nicht aushalten, ich will mich auf eine Zeit lang absentieren.« Hierin allein liege die Ursache der geplanten Flucht. Der König glaubte ihm nicht. Er wollte seine Verschwörung. Er beauftragte den Henker drüben auf dem Werder, die Tortur vorzubereiten: die Schrauben zum Quetschen der Daumen, die spanischen Stiefel zum Pressen der Waden, die Leiter zum Zerren der Glieder. Die peinliche Befragung würde die richtigen Antworten ergeben. Auch bei seinem Sohn! Grumbkow und Seckendorff brachten den König zur Besinnung.

Am 20. September 1730 wurde der Leutnant zum sechsten Mal verhört und gefragt, ob er geflohen wäre, wenn man ihn nicht im letzten Moment verhaftet hätte. Er gab eine Antwort, die er nicht hätte geben müssen, weil sie lebensgefährlich war, die aber bezeichnend war für seine von Anbeginn bewiesene Ritterlichkeit.

»Wenn der Kronprinz geflohen wäre«, sagte er, »so würde ich ihm gefolgt sein.«

Wenige Tage vorher hatte der Generalleutnant von Katte den König gebeten, er möge, der unbesonnenen Jugend seines Sohnes Hans Hermann wegen, Gnade vor Recht ergehen lassen. Der General war einst des Königs Liebling gewesen, Held der Schlacht von Ramillies, das aber zählte nicht mehr, und er bekam die Antwort: »Sein Sohn ist ein Schurke, meiner auch, also was können die Vaters davor?«

Das Verhör des »Böhsen Friederich«

Friedrich Wilhelm war in den Wochen und Monaten, in denen die Verhöre stattfanden, wie von Sinnen. Seine Frau hatte er nach seiner Rückkehr mit den Worten begrüßt: »Ihr nichtswürdiger Sohn ist nicht mehr; er ist tot.« Wilhelmine, die

»infame Canaille«, die er für eine Mitverschworene hielt, behandelte er mit Faustschlägen und beschuldigte sie, von Katte »mehrere Bastards« zu haben. Er verlangte die Herausgabe einer Kassette, in der er »Beweise« zu finden hoffte. Er fand keine. Die klugen Frauen hatten in tagelanger Schreibarbeit jene Briefe, in denen sie sich über den König und seine Minister mokierten, die englischen Heiraten zu fördern suchten, die anderen Heiratspläne dagegen zu verhindern trachteten, durch unverfängliche ersetzt.

Dass er seinen Verdacht nicht bestätigt fand, ließ ihn wieder zum Stock greifen, und wenn Schlimmes verhütet wurde, so war es der Hofmeisterin Kamecke zu verdanken, die mehr Zivilcourage bewies als alle Höflinge zusammen. Sie trat dem König entgegen, erinnerte an Zar Peter und Spaniens Philipp II., die beide das Blut ihrer Söhne vergossen hätten und dafür vom Fluch der Götter heimgesucht worden wären.

»Gehen Sie in sich, Majestät, Ihr erster Zorn ist verständlich, aber er wird verbrecherisch, wenn Sie seiner nicht Herr werden«, sagte sie. Der, dessen Leben bedroht schien, saß inzwischen in der Festung Küstrin in strenger Haft. Niemand durfte das Wort an ihn richten noch ihm Antwort geben. Nur wenn er frage, wie es seinen Eltern und den Geschwistern ginge, dürfe ihm geantwortet werden, und zwar, dass er von allen vergessen worden sei, und seine Schwester Wilhelmine habe man in Berlin eingesperrt. Als er, um seine Isolierung zu durchbrechen, bat, zum heiligen Abendmahl gehen zu dürfen, ließ ihm der Vater vieldeutig bestellen: »Es ist jetzo noch keine Zeit, es muss ernstlich das Krieges-Recht ausgemachet sein, *so dann ist schon Zeit.*«

Am 16. September wird er zum Generalauditeur Mylius geholt, der ihm im Laufe eines stundenlangen Verhörs 185 Fragen stellt. Der Kronprinz, obwohl durch die Einzelhaft zermürbt und von der Ungewissheit über das Schicksal seiner Freunde gequält, zeigt sich dem Untersuchungsbeamten

VI EIN VATER UND SEIN SOHN

gewachsen. Viele Fragen sind derart, dass der Angeklagte sie mit einem stereotypen »Ja., »Ja, ja« oder »Freilich« beantwortet, als wolle er sagen: »Was ist darauf schon zu antworten?« Andere betreffen Vorgänge, über die er längst Auskunft gegeben. Wieder andere zeigen die Absicht, den König als einen unglücklichen Vater hinzustellen, dem es trotz aller Liebe, Mühe, Güte, Strenge nicht gelungen sei, den Sohn auf den Pfad der Tugend zu bringen. Friedrich Wilhelm weist den Auditeur immer wieder an – und hier offenbart sich schlechtes Gewissen –, man möge betonen, dass »Se. Königl. Maj. zu dem, was geschehen Ursach gehabt und Recht gethan ...«

Wenn Friedrich ausführlicher antwortet, betont er besonders, »man müsste alles seiner Jugend zuschreiben«. Die letzten Fragen hat der König eigenhändig entworfen. Zusammen mit den Antworten ergeben sie einen Dialog von äußerster Brisanz.

179. »Was Er meritire [verdiene] und für eine Strafe gewärtig sei?«

»Ich unterwerfe mich des Königs Gnade und Wille.«

180. »Was ein Mensch, der seine Ehre bricht und zur Desertion complot macht, was der meritiret?«

»Ich habe meine Ehre nicht gebrochen, nach meiner Meinung.«

183. »Ob Er meritire, Landesherr zu werden?«

»Ich kann mein Richter nicht sein.«

184. »Ob Er sein Leben wolle geschenkt haben?«

»Ich submittiere [unterwerfe] mich des Königs Gnade und Wille.«

185. »Dieweil Er sich der Succession [Thronfolge] unfähig gemacht hätte durch Brechung seiner Ehre, ob er wolle die Succession renunciiren [auf die Thronfolge verzichten], um sein Leben zu behalten?«

»Mein Leben ist mir so lieb nicht, aber Se. Königl. Maj. werden so sehr ungnädig auf mich nicht sein.«

Richter und Anwälte haben seit je bewundert, mit welcher Kaltblütigkeit der Achtzehnjährige Fragen beantwortet hat, die über sein Schicksal hätten entscheiden können. Er sagt nicht mehr, als er will, doch immer soviel, wie er glaubt, sagen zu müssen. Er gibt zu, dass er sich gegen seinen Vater vergangen habe, dass es ihm leid täte, wenn er ihm Kummer verursacht, bestreitet aber energisch, dass er habe desertieren wollen.

Die Leiden der Schuldlosen

Der König las das Protokoll, riss eines der Blätter in der Mitte durch. Es passte ihm nicht, wie geschickt dieser »*coquin*«, dieser »Lump«, sich zu verteidigen wusste. Es passte ihm so manches nicht, was um ihn herum geschah: die allgemeine Sympathie für den Arrestanten; die Interventionen der ausländischen Herrscher zu dessen Gunsten. Der König von Schweden appellierte an ihn, auf sein Vaterherz zu hören. »Ihre Familie, Ihr Volk, ganz Europa erwartet diese Entscheidung von Ihrer natürlichen Güte.« In London forderte man, dass »Ihro Hoheit dem Prinzen Gnade und Gunst wieder zueigne, zum Trost der protestantischen Religion.« Von den Höfen Russlands, Hollands und Sachsens kamen Briefe. Der Kaiser ließ anfragen, ob eine Vermittlung genehm sei, könne er doch nicht gleichgültig bleiben gegenüber dem Schicksal eines so hervorragenden Mitgliedes des Reiches.

»Ich weiß wohl«, sagte Friedrich Wilhelm voller Selbstmitleid, »dass alle Welt mich als Tyrannen hinstellen will.« Er überlegte, ob er eine Erklärung, eine Art Verteidigungsschrift, an die Mächte herausgeben sollte. Er wurde unsicher. Was war mit dem Angeklagten zu tun? Den Gedanken, ihn hinzurichten, hatte er gewiss nur im Zorn. Ihn von der Thronfolge auszuschließen, zugunsten des braven, aber einfältigen August Wilhelm, diesen Plan dagegen verfolgte er auch in den

VI EIN VATER UND SEIN SOHN

Stunden der Besinnung. Doch wie? Er befand sich in einer Zwangslage: er war nicht nur König, er war auch Kurfürst, Mitglied des Reiches. Die Reichsversammlung müsste den Verzicht bestätigen, ein umständliches, langwieriges Verfahren, in dessen Verlauf schmutzige Wäsche gewaschen und aus dem Ankläger ein Angeklagter werden konnte.

Die Ohnmacht gegenüber dem »Böhsen Friederich« steigerte seinen Hass ins Krankhafte. Was er dem Sohn nicht zufügen konnte, fügte er jenen zu, die mit ihm auf irgendeine Weise zu tun gehabt hatten. Der Buchhändler Ambrosius Haude, der die geheime Bibliothek des Kronprinzen betreut hatte, wurde nach Memel verbannt. Desgleichen sein Lehrer, Duhan de Jandun. Der Vater des Lehrers verlor Stellung und Pension, wohl weil er Duhan gezeugt hatte. Die Diener wurden entlassen, Pferd und Wagen versteigert, das Regiment dem Bruder August Wilhelm übergeben.

Und da war ein Mädchen, siebzehn Jahre alt, Dorothea Ritter mit Namen, Tochter des Kantors der Potsdamer Nicolaikirche. Friedrich hatte sie in jugendlicher Verliebtheit angeschwärmt, mit ihr musiziert, ihr Geschenke gemacht: darunter ein Armband, einige Ellen orangefarbenes Band, ein »bleumourantes« Hauskleid, ein paar Dukaten. Bei ihr erschienen eines Tages ein Wundarzt und eine Hebamme und befahlen ihr, sich aufs Bett zu legen. Sie hatten im allerhöchsten Auftrag festzustellen, ob das Jungfernhäutchen des Fräuleins noch unverletzt sei. Es war unverletzt. Am nächsten Tag klopften die Knechte des Henkers an die Tür. Sie peitschten das Mädchen vor dem Haus des Vaters aus, noch einmal vor dem Rathaus, dann an mehreren Ecken der Stadt und verbrachten sie in das Spandauer Spinnhaus, ein berüchtigtes Frauengefängnis, wo sie mit Kindesmörderinnen, Diebinnen, Prostituierten ihr Leben fristen sollte.

»Es gibt noch Richter in Berlin«

Ende Oktober trat das Kriegsgericht in Köpenick zusammen, dem auf einer Spreeinsel gelegenen Städtchen. Es bestand aus drei Generalmajoren, drei Obersten, drei Oberstleutnants, drei Majoren, drei Hauptleuten. Jede Rangklasse urteilte für sich. Im Falle des Leutnants Keith, von dem die Häscher in Den Haag nur noch die Sporen gefunden hatten, war man sich einig: Tod durch den Strang *in effigie*, das heißt, man hängte statt seiner sein Bild an den Galgen. Zwei andere Offiziere bekamen als Mitwisser Festungshaft.

Was den Kronprinzen betraf, so taten die zu Richtern bestellten Offiziere nicht das, was der Vater gern getan hätte, ohne es doch zu wagen: den Sohn zu verurteilen. Sie erklärten, sie seien nicht nur dem jetzigen König verpflichtet, sondern der ganzen Dynastie und deshalb außerstande, ein Urteil zu fällen, wollten sie nicht ihrem dem Haus der Hohenzollern geleisteten Eid untreu werden. Außerdem komme es ihnen als Vasallen nicht zu, über eine Begebenheit in des Königs Familie zu richten. Sie überantworteten deshalb den Kronprinzen, der zwar ungehorsam gewesen sei, doch nunmehr zutiefst reuevoll, Seiner Majestät allerhöchsten Gnade.

Nicht einig war man sich im Falle des Leutnants von Katte. Die Majore, Oberstleutnants und Obersten forderten seinen Kopf, die Hauptleute und Generale plädierten für ewige Festungshaft. Die Waage neigte sich dem Tod zu. Alles hing davon ab, in welche Schale der Vorsitzende sein Los werfen würde.

Seine gesunde Vernunft, führte der 71-jährige, am Ende seines Lebens stehende Graf von der Schulenburg aus, sage ihm, dass selbst bei den größten Verbrechen ein Unterschied bestünde zwischen der Planung und der Ausführung einer Tat. Hier aber sei es zu keiner Desertion gekommen! Und »… so kann ich nach meinem besten Wissen und Gewissen, auch

VI Ein Vater und sein Sohn

dem teuer geleisteten Richter-Eyde gemäß, den Katten mit keiner Lebens-Straffe, sondern mit ewigem Gefängnis zu belegen mich entschließen.«

Es herrschte Stimmengleichheit, das mildere Urteil galt, Kattes Leben schien gerettet. Dem Wahrspruch des Gerichts war ein Gnadengesuch beigelegt, in dem der Leutnant Worte fand, die aus dem Munde eines Schiller'schen jugendlichen Helden stammen könnten. »Meine Jugend, Irrtum, Schwachheit, Unbedachtsamkeit, – mein nichts Böses meinender Sinn, mein durch Liebe und Mitleiden eingenommenes Herze, ein eitler Wahn der Jugend, der keine verborgene Tücke im Schilde geführet, sind es, die demütigst um Barmherzigkeit bitten ... Ich habe gefehlet, mein König, ich erkenne es mit treuem Herzen. ... So viel Tropfen Bluth in meinen Adern fließen, so viel sollen es Zeugen sein der neuen Treue und des Gehorsams, die dero Gnad und Huld in mir erweckt.«

Die Reaktion Friedrich Wilhelms I. auf das Urteil bestand in zwei Sätzen, die er an den Rand der Akte kritzelte: »... sie sollen Recht sprechen und nicht mit dem Flederwisch darüber gehen. Soll das Kriegsgericht wieder zusammenkommen und anders sprechen. F. W.«

Doch »*Il y a des juges à Berlin* – Es gibt noch Richter in Berlin«, das geflügelte Wort, das in der zweiten Hälfte des Jahrhunderts aufkam, die Rechtsprechung in Preußen charakterisierend, dem einzigen Rechtsstaat in Europa übrigens zu dieser Zeit, erwies sich bereits jetzt als gültig. Die Richter beschieden ihrem Kriegsherrn, dass sie nach reiflicher Erwägung nicht anders urteilen könnten, wollten sie nicht gewissenlos handeln. Sie gingen dabei keine geringe Gefahr ein. Friedrich Wilhelm hatte den Offizieren, von deren Ehrgefühl er sonst so viel Aufhebens machte, die ehrlosesten Motive unterstellt, indem er sie verdächtigte, sich schon auf die künftigen Zeiten einzurichten. Ihr Urteil sei gleichbedeutend mit einer ihm erwiesenen Untreue, wie er überhaupt jetzt alle

Leute besser kennen lerne, die er früher für ehrliche Leute gehalten. Und im Tabakskollegium fügte er die unverhüllte Drohung hinzu, der Tag werde kommen, an dem er jene »zernichte«, die es »mit seinen Kindern gegen ihn halten wollten«.

Mit einer Kabinettsorder vom 1. November 1730 kassierte Friedrich Wilhelm das Urteil. Denn, so führte er aus, Katte sei, da er mit dem Kronprinzen komplottiert habe und mit fremden Gesandten und Ministern »durcheinandergesteckt«, des Hochverrats schuldig, und wenn man ihm nicht das Leben abspreche, würden sich zukünftig alle Verräter auf dieses milde Urteil berufen. Deshalb sei er mit dem Schwert vom Leben zum Tode zu bringen.

Und dann jener Satz, von dem Fontane, der Preußen hasste und zugleich liebte, sagte, dass er ihn nie habe lesen können, ohne im Innersten erschüttert zu werden. Er lautete: »Wenn das Kriegsrecht dem Katten die Sentenz publiciret [das Urteil verkündet], soll Ihm gesagt werden, dass seiner Königlichen Majestät es leid täte. Es wäre aber besser, dass er stürbe, als dass die Justiz aus der Welt käme.«

Ein großes Wort. Und ehrlich gemeint. Er hat das Urteil tatsächlich schweren Herzens gefällt und schlaflose Nächte darüber verbracht. Man kann aber auch der Meinung sein, dass die Gerechtigkeit eher Gefahr läuft, aus der Welt zu kommen, wenn man Richter bedroht und das Urteil eines unabhängigen Gerichts mit dem Flederwisch vom Tisch fegt. Das neue Urteil entsprang nicht der Gerechtigkeit, sondern der Rache. Katte wurde umgebracht, weil der Kronprinz nicht umgebracht werden konnte. Und einen Opfergang haben die Kattes seinen letzten Weg auch immer genannt.

Wenn schon die Rede ist von Erschütterung, sie erscheint eher am Platz angesichts der Fassung, mit der Katte dem Tod entgegenging. In einem Abschiedsbrief an seine Eltern geht er mit sich selbst ins Gericht, klagt sich der Gottesverach-

tung an und bedauert seinen verdammten Ehrgeiz, »der einem von der Kindheit an, ohne den rechten Begriff davon zu
haben, eingeflößet wurde«. Sei sein Tod auch »mit Schimpf
und Schande verknüpfet, ist er doch nichts im Vergleich mit
der künftigen Herrlichkeit. Trösten Sie sich, mein Vater! Gott
der Allerhöchste vergelte Ihnen tausendfach die mir erzeig-
te Liebe und ersetze Ihnen durch meine Brüder, was bei mir
rückständig geblieben.«

»... UND STERBE MIT TAUSEND FREUDEN
FÜR SIE, MEIN PRINZ«

In seinem Vermächtnis, das der Feldprediger Müller nieder-
schrieb, versichert er, Friedrich solle nicht denken, dass er
ihm die Schuld an seinem Tod zumesse, auch möge er keinen
Groll gegen den König hegen, der ihn, Katte, verurteilt habe,
sondern sich mit ihm aussöhnen und künftig das vierte Gebot
beachten. In die Schreibtafel diktierte er, unter allen Umständen seien aus dem ihm verbliebenen Vermögen seine Schulden zu bezahlen – damit niemand über ihn seufze.

Die Hoffnung auf Begnadigung schien trotz allem in ihm
nicht erloschen. Den Vater seiner Mutter, Feldmarschall Wartensleben, hatte er gebeten, sich für ihn beim König zu verwenden, und der Achtzigjährige war an seinen Souverän herangetreten in der Hoffnung, *ihm* könne an einer Hand voll
Blut nicht gelegen sein.

Friedrich Wilhelm antwortete umgehend: er sehe sich außerstande, den Menschen zu begnadigen, sei doch sein Verbrechen eines viel schlimmeren Todes wert: des Todes am Galgen nach vorhergehender Folterung mit glühenden Zangen.
Wenn ihm jetzt nur der Kopf abgeschlagen werde, so gesche-
he diese Strafminderung unter Berücksichtigung der Verdienste
der Kattes.

Über den Transport des Todeskandidaten von Berlin nach Küstrin hat sich ein genauer Bericht des mit ihm beauftragten Majors von Schack erhalten. Er gehörte Kattes Regiment an, den Gens d'armes, und hatte zweimal gebeten, ihn von diesem Auftrag zu entbinden, jedoch dem Befehl nachkommen müssen. »Gott weiß, was es mich gekostet«, entschuldigte er sich bei Katte. Schacks Bericht ist ergreifend und rührend, geradezu bizarr für uns Heutige wenn wir lesen, wie die in Kattes Kutsche sitzenden Herren – der Feldprediger, ein Unteroffizier, der Major, der Delinquent – die ganze lange Fahrt fromme Lieder singen, beten, aus der Bibel lesen, wieder singen. November war es, der Wind ging scharf, es regnete, und als sie auf die Oderbrücke zurollten und die Sonne aus den Wolken heraustrat, sagte Katte: »Dies ist mir ein gutes Zeichen, hier wird meine Gnadensonne anfangen zu scheinen.« Er meinte die Gnade Gottes, auf die seines irdischen Herrn hoffte er nun nicht mehr.

In seiner Zelle oberhalb des Festungstores erschien am Abend Schack und sagte: »Ihr Ende ist näher, als Sie es vermuten.«

»Wann?«, fragte Katte.

»Um sieben Uhr in der Frühe.«

»Es ist recht. Je eher, je lieber.«

Er bewahrte seine *présence d'esprit*, wie man Standhaftigkeit und Selbstbeherrschung nannte, und tröstete die, die ihn trösten wollten. Gegen fünf Uhr morgens wurde er durch die Kommandos der ablösenden Wache aus kurzem, tiefem Schlaf gerissen. Er nahm das heilige Abendmahl, sagte dann, auf seine Sachen weisend: »Das Zeug soll mein Kerl [der Offiziersbursche] haben. Die Bibel gebt dem Korporal, der so fleißig mit mir gesungen.« Er hörte die Schritte des Hinrichtungskommandos und fragte, ob es an der Zeit sei.

Zur selben Stunde traten zwei Offiziere in den nur wenige hundert Schritte entfernt liegenden Kerker des Kronprin-

VI Ein Vater und sein Sohn

zen und baten ihn, sich anzukleiden. Er hatte in den letzten Wochen sein seelisches Gleichgewicht wiedergefunden. Der Vater würde es nicht wagen, ihn mit ewigem Gefängnis zu bestrafen und den Freund zu töten. Davon schien er überzeugt. Wenn er litt, dann nur unter Langeweile. Auch sie war im Laufe der Zeit gemildert worden. Man hatte Bücher in die Zelle geschmuggelt in einem entsprechend präparierten Nachtstuhl. Münchow, Küstrins Verwaltungsdirektor, benutzte seinen siebenjährigen Sohn als Zuträger. Es konnte, so dachten auch andere, nicht schaden, einem künftigen König gefällig zu sein. Seine Briefe wurden insgeheim befördert, wie der an die Schwester, in dem sich der Häftling dreist, unbekümmert, spöttisch gab. Nur über eines hatten ihn seine Helfer im Unklaren gelassen: über das Schicksal Kattes.

Er erfährt jetzt, dass der Freund zum Tode verurteilt worden ist, die Hinrichtung in zwei Stunden vonstatten gehen wird – und er selbst vom Fenster aus daran teilzunehmen habe. Eine Botschaft, die mit einem Schlag alles zerstört, was er durch Selbsttäuschung aufgebaut hat.

Er stammelt: »Herr Jesus, bringt doch lieber mich um das Leben!« Er verlangt, man möge eine Estafette nach Wusterhausen schicken, damit die Exekution aufgeschoben werde; er erklärt sich bereit, sofort einen Revers zu unterschreiben, wonach er auf die Thronfolge verzichte; er schluchzt, weint, ringt die Hände – und sieht in steinerne Gesichter.

Gegen halb acht Uhr schleppt man ihn an das Fenster. Als er Katte sieht, wie er, begleitet von zwei Pastoren und dem Exekutionskommando, den Festungswall entlang schreitet, beugt er sich vor und schreit: »Mein lieber Katte, im Namen Gottes flehe ich Sie an: verzeihen Sie mir!«

Katte bleibt für einen Moment stehen, winkt zu ihm herauf und ruft: »Mein Prinz, ich sterbe mit tausend Freuden für Sie!«

Am Richtplatz fragt Hans Hermann von Katte, auf welchen der drei Sandhaufen er knien solle. Er zieht seinen Rock aus, öffnet den Hemdkragen und weist die Augenbinde zurück. Dem Scharfrichter Coblentz aus Seelow gelingt »ein glücklicher Streich«, er trifft beim ersten Hieb, was bei einer Hinrichtung ohne Block wohl nicht selbstverständlich war. Man schreibt den 6. November 1730.

Am anderen Tag erhielt der in Küstrin stationierte Generalmajor von Lepel eine Kabinettsorder. »Ihr solltet Mir berichten«, hieß es dort, »was die Execution gekostet und die Rechnung davon einsenden, es wundert Mich sehr, dass Ihr nicht mitberichtet, was der Arrestant Prinz Friedrich gesaget hat.« Lepel musste seinen König enttäuschen. Der Arrestant war kurz vor dem glücklichen Streich in Ohnmacht gefallen.

Fern von Jupiter, fern von seinen Blitzen

Anfang Februar 1732 wird Friedrich in seiner Küstriner Behausung von einem reitenden Boten aus dem Schlaf gerissen. »Mein lieber Sohn Fritz«, lautet die ungewöhnlich liebenswürdige Anrede in dem ihm überreichten Brief, und auch der nächste Satz gibt Anlass zu Misstrauen. »Ihr wisst, dass, wenn meine Kinder gehorsam sind, ich sie sehr lieb habe.«

Der Vater teilt dem Sohn in dürren Worten mit, dass er für ihn eine Frau ausgewählt habe, eine von Conduite und Education, nicht gerade schön, doch gottesfürchtig und verträglich, und er möge ihm rasch eine Antwort geben. Es handele sich übrigens um die Älteste aus dem Hause Braunschweig-Bevern.

Seit anderthalb Jahren saß er nun in der Kanzlei der Kriegs- und Domänenkammer zu Küstrin, damit, nach dem Willen des Königs, durch harte tägliche Arbeit sein gottloses Herz zerknirscht, erweicht, geändert werde. Er sollte am eigenen Leibe spüren, wie fleißig ein Beamter sein müsse, wie hart ein

VI EIN VATER UND SEIN SOHN

Bauer sich plage. Diese Strafe, die ihm nach der Entlassung
aus dem Kerker auferlegt worden war, erinnert an Tenden-
zen modernen Strafvollzugs. Dass der Sohn jedoch durch die
»Küstriner Schule« zur inneren Einkehr gelangt sei und sich
von Grund auf gewandelt, gehört zum preußischen Legenden-
schatz. Wenn er in Küstrin etwas gelernt hatte, dann war es
die Kunst der Verstellung. Und das, so die Zyniker, sei für den
künftigen Staatsmann immerhin etwas.

Das Wort »unterwürfigst« wurde in seinen Briefen die am
meisten angewandte Vokabel. Wenn der König einen Gehor-
samseid wünschte, er leistete ihn; wenn ihm ein Kniefall
angenehm war, er fiel auf die Knie, küsste beim ersten Besuch des Vaters sogar dessen Füße; wenn er der Prädestination abschwören sollte, jener calvinistischen Lehre, wonach
der Herrgott alles vorherbestimmt habe, kein Mensch deshalb
für seine Taten verantwortlich sei – also auch nicht für einen
Fluchtversuch! –, er schwor ihr ab. Was auch war gegen einen Mann auszurichten, der ihm die Folgen einer gelungenen
Flucht nach England allen Ernstes so ausmalte: »Eure Mutter würde in das größte Unglück geraten sein. Eure Schwester
hätte ich lebenslang an einen Ort gesetzet, wo sie weder Sonne noch Mond beschienen. In das Hannöversche [das ja, wie
erwähnt, mit England in Personalunion verbunden war] wäre
ich mit einer Armee gezogen und hätte alles Brennen und
Sengen lassen, sollte ich auch mein Leben, Land und Leute
sacrificiret [geopfert] haben.«, Fritz zeigte sich als beflissener
Lehrling der Volkswirtschaft, arbeitete willig, begriff rasch
und wusste vor allem, was der Vater zu hören wünschte: dass
das Amt Wollup leicht 2200 Taler einbringen könne statt nur
1600, dass die Glashütten in Marienwalde nicht genug Gewinn machten, dass es besser sei, den abgebrannten Wald in
Carzig nicht wieder aufzuforsten, sondern unter den Pflug zu
nehmen. Ja, und in Neumühle habe er einen Achtender und
sechs Wildsäue erlegt – er, Friedrich, ein Jäger! –, ein schönes

Stück fettes Fleisch, wie es der Vater schätze, schicke er ihm von einem ländlichen Schlachtfest. Manchmal übertrieb er, so, wenn er den Vater inständig um das neue Infanterieregiment bat, und vor allem, um die Gunst, bald wieder den blauen Rock tragen zu dürfen – jene Uniform, die er einst als Sterbekittel bezeichnet hatte.

»... ich werde mit allem zufrieden und vergnüget sein«, schrieb er, »wenn es nur Soldat ist.‹,

Der König blieb wachsam, misstrauisch, ungläubig und war nicht dumm genug, um nicht zu wissen, dass der an ein Wunder grenzende Wandel auch an der Entfernung zwischen Berlin und Küstrin lag. *Procul Jove, procul fulmine* – Fern von Jupiter, fern von seinen Blitzen. Doch allmählich, beinah gegen seinen eigenen Willen, begann das Eis zu schmelzen. In den Briefen wimmelte es nach wie vor von Belehrungen, Ermahnungen, Vorschriften – die sich bis auf den Einkauf preiswerten Suppenfleisches erstreckten –, ihr Grundton verwandelte sich jedoch in Moll

Von der ständigen Belastung zermürbt, das eigene Ich verleugnen zu müssen, suchte Friedrich Erholung auf dem unweit gelegenen Schloss, Tamsel, wo er der schönen Obristin von Wreech den Hof machte. Er widmete ihr lange Gedichte, von denen der Kammerdirektor Hille, einer seiner Aufpasser, meinte, dass sie für einen gewöhnlichen Menschen nichts Besonderes seien, für einen Prinzen aber recht ordentlich. In Küstrin zerbrach man sich die Köpfe, ob es bei Gedichten geblieben war. Das Kind, das die rosenwangige Louise Eleonore zur Welt brachte, wurde vom Herrn Oberst immerhin als sein eigen Fleisch und Blut anerkannt. Sie war die erste übrigens, die Friedrich den Namen »*le grand Frédéric*« gab. Sie ahnte nicht, dass er, nachdem er es geworden, wieder auf Tamsel sein würde: da war das Schloss geplündert, die Gärten verwüstet, die Bewohner erschlagen oder geflohen ...

VI Ein Vater und sein Sohn

Die Braut als Kaufpreis

Den Brief aus Berlin beantwortete Friedrich in gewohnter Manier: unterwürfigst. Er begriff, dass nur ein Ja zu des Vaters Heiratsplänen infrage käme, und dieses Ja der Kaufpreis war, um von der »Küstriner Galeere« herunterzukommen. Er tröstete sich damit, dass er noch acht Monate Zeit hatte. In den folgenden Wochen aber, da er sich vorstellte, auf welch schamlose Art man ihn verschachern wollte, brach es wie ein Sturzbach aus ihm heraus. Ein Corpus Delicti nannte er die für ihn bestimmte Dame, und wenn er des Königs Gnade wiedergewinnen wollte, dann bei einer Bataille, doch nicht in einer Bettschlacht, an deren Ende es wieder eine unglückliche Prinzessin mehr auf der Welt geben würde. »... lieber das gemeinste Weibsstück von ganz Berlin, als eine Betschwester mit einem halben Dutzend Mucker an ihrer Schleppe!«

Grumbkow, der sich unmerklich, aber konsequent dem künftigen Herrscher zugewandt hatte – schließlich gab des Königs Gesundheit zu Besorgnis Anlass, außerdem winkte ihm nach vollzogener Eheschließung eine Prämie von 40 000 Gulden –, Grumbkow, dieser mit allen (Ab-)Wassern Gewaschene, versuchte Friedrich zu besänftigen. »Je mehr man sie sieht«, schrieb er, »umso mehr gewöhnet man sich an sie.« Seckendorff wollte sogar einen Dresdner Tanzmeister anstellen, damit sie sich etwas graziöser bewegen lerne. Auch er war mit Trost zur Stelle. Er gab zu, dass die Prinzessin gerade die Blattern gehabt habe – wie man die Pocken nannte –, doch wenn die frischen Narben sich zurückgebildet, würde ihre Schönheit unfehlbar zunehmen.

Wiens Gesandter handelte wie stets im Auftrag Prinz Eugens, der ihn angewiesen hatte, die Heirat zu forcieren, denn die Bevernsche war eine Nichte des Kaisers und die Verbindung vielleicht eine gewisse Gewähr dafür, den preußischen Thronfolger unter Kontrolle zu halten. Der legendäre Sieger von Belgrad hatte als einer der wenigen erkannt, dass der junge Mann von Küstrin gefährlich war. Man hatte ihm einen Brief zugespielt, in dem der jetzige Herr Auskultator ein Projekt vorstellte, auf welchem Wege ein engerer Zusammenhang zwischen den losgerissenen Stücken Preußens herzustellen wäre; mit der Verbindung von Pommern und Ostpreußen zum Beispiel (»Er schreitet von Land zu Land, von Eroberung zu Eroberung ... wie Alexander.«). *Das* war es, was ihn in seinem Exil wirklich interessierte und worin er sich zu üben versucht hatte. Die große Politik war sein Steckenpferd und nicht die kleinkarierten Praktiken subalterner Beamter, strategische Pläne, die eines Feldherrn bedurften, aber keine »Pachtanschläge«, für die man seine Diener hatte.

Mutter Sophie, die mit bewundernswerter Zähigkeit die englischen Heiraten weiterbetrieb – was auch immer geschehen war inzwischen –, sprach sich verständlicherweise sehr ungünstig aus über die ihr aufgezwungene Schwiegertochter. Nach einem gemeinsam verbrachten Abend meinte sie: »Sie ist eine wahre Gans. Auf alles, was man sie fragt, antwortet sie entweder mit Ja oder Nein, dabei lacht sie so albern, dass einem übel im Magen werden kann.« Und Tochter Charlotte fügte hinzu: »Eines Morgens war ich bei ihrer Toilette. Ich wäre beinahe erstickt. Sie stinkt wie die Pest.«

Dem Spätbarock und dem Rokoko waren die einfachsten Begriffe der Hygiene unbekannt. Schon Liselotte von der Pfalz hatte sich in der ihr eigenen Art beschwert, dass in den Palästen von Versailles aller Komfort vorhanden sei, nur »gemüthlick scheisen« könne man nirgends. Es gäbe keine Aborte, und die tragbaren Kackstühle seien nun mal nicht gemütlich. Badewannen dienten als reine Dekoration. In die knapp tellergroßen Waschschüsseln pflegte man die Finger zu tauchen, um sich das Gesicht zu benetzen. Augen-, das heißt Nasenzeugen berichten, dass die körperliche Nähe des Sonnenkönigs nur mit Hilfe starken Parfums zu ertragen war.

VI EIN VATER UND SEIN SOHN

Man kratzte sich mit elfenbeinernen Stäbchen, wo es einen juckte, und unter den Reifröcken der Damen baumelten raffiniert ausgedachte Flohfallen. Friedrich Wilhelms Gewohnheit, sich morgens mit eiskaltem Brunnenwasser von Kopf bis Fuß zu waschen, galt als pervers.

Man hatte Friedrich versprochen, dass er unter drei Prinzessinnen wählen dürfe. Von Anna Elisabeth von Mecklenburg war einmal die Rede gewesen, der millionenschweren Nichte der Zarin und mutmaßlichen Erbin des Thrones aller Reußen. Auch von Maria Theresia, und die war immerhin eine *Tochter* des Kaisers! Wobei man einmal innehalten muss, um ein wenig zu spekulieren, denn der Gedanke ist atemraubend: was wäre geschehen, wenn Friedrich jene Frau geheiratet hätte, mit der er so blutige Kriege geführt? Wäre Europa ein Meer von Blut und Tränen erspart geblieben? Welche Politik wohl hätte der preußische König als deutscher Kaiser getrieben?

Jetzt hatte man ihm keine Wahl gelassen, und in seiner Verzweiflung ging er so weit, von Selbstmord zu sprechen. Schließlich ergab er sich. Nun denn, er werde die Prinzessin von Braunschweig-Bevern heiraten, dann aber »Bon jour, Madame, und guten Weg, Madame, und es lebe die Freiheit, Madame.« Ende Februar 1732 durfte er sie in Berlin kennen lernen. Er war angenehm enttäuscht.

Ihre Gesichtszüge waren ebenmäßig, ihr Teint rein, die Zähne leider etwas schwärzlich. Ansonsten fand er sie nicht ohne Geist, aber schlecht erzogen, schüchtern, ohne Lebensart. Dass sie ihm während der Verlobungszeit zum Zeichen ihrer Verliebtheit Braunschweiger Würste schickte, erregte seinen erbarmungslosen Spott. Als man ihn in den ersten Jahren nach der Verheiratung mahnte wegen des ausbleibenden Kindersegens, antwortete er: »Wenn ich dieselbe Bestimmung habe wie die Hirsche, die gegenwärtig in der Brunftzeit sind, so könnte jetzt in neun Monaten geschehen, was Sie mir wünschen. Ich weiß nicht, ob es ein Glück oder Unglück ... wäre.«

215

Seine Spottsucht, die vor nichts und niemandem Halt machte und ihm später manchen unnötigen Feind verschaffte, jene »unselige Freude, anderen Menschen verletzende Sachen zu sagen«, wie Voltaire einmal schrieb, zeigte sich früh.

Elisabeth Christine hat ihren Ehemann, von den Rheinsberger Jahren abgesehen, nur selten zu Gesicht bekommen. Wenn er zu den großen Hoffestlichkeiten nach Berlin kam, wo sie residierte, machte er ihr einen offiziellen Besuch. Nach Potsdam, wo er lebte, lud er sie nicht ein. Sie war ihm trotz allem von Herzen zugetan und hat wohl nie begriffen, warum er nichts für sie übrig hatte. Sie ertrug ihr Los in Demut und Resignation, das Schicksal einer jener zahllosen Prinzessinnen, die auf dem Heiratsmarkt der europäischen Dynastien gehandelt wurden wie eine Ware.

KATTE UND DIE FOLGEN

Als der Stauferkaiser Heinrich VI. 1197 den Aufstand der sizilianischen Barone niederschlug, veranstaltete er in Palermo ein Blutgericht, bei dem er seine Frau Constanze zuzuschauen zwang, wie ihre Landsleute gespießt, gepfählt, verbrannt, lebendig begraben wurden. Sie sollte ihre mutmaßliche Komplizenschaft mit den Aufständischen büßen und durch den Anblick des vergossenen Blutes für die Zukunft gewarnt und gebessert werden.

Ähnliches hatte Friedrich Wilhelm im Sinn gehabt bei der Hinrichtung Kattes. Der Befehl, den Sohn zum Zuschauer der Exekution zu machen, entsprang keinem Sadismus. Er wollte Friedrichs Widerstand ein für alle Mal brechen, glaubte ernsthaft, dass der Schrecken läutern könne. Nicht nur der König war davon überzeugt, damit das Rechte getan zu haben, auch unter jenen, die seine Geschichte schrieben, gab es viele, die die Wirksamkeit solcher Schocktherapie bejahten.

VI Ein Vater und sein Sohn

Wie überhaupt viel darüber abgehandelt wurde, ob das Fege-
feuer der väterlichen Erziehung notwendig gewesen war, um
aus einem haltlosen Prinzen einen souveränen Herrscher zu
machen.

Doch ist es mehr als zweifelhaft, ob man einem Menschen
Größe einzubläuen vermag, entsprechend der Spießermoral,
wonach Prügel noch niemandem geschadet habe und die Erziehung nur fördern könne. Das Gegenteil ist eher der Fall.
Auch bei Friedrich nimmt die moderne Psychologie an, dass
die Achtung vor seinen Mitmenschen, das Vertrauen zu ihnen, die Fähigkeit, jemanden lieben zu können, durch des
Vaters Brutalität weitgehend zerstört wurde und an ihre Stelle der Zynismus trat, die Menschenverachtung, eine totale
Gemütsverarmung. Züge, die im Laufe seines Lebens immer
stärker hervortreten. Dass die Katte-Tragödie bei einem sen-
siblen Menschen zu einem Trauma, zu einer seelischen Ver-
letzung führen musste, liegt auf der Hand. Das eigentliche
Wunder bestand darin, dass Friedrich zwar Schaden erlitt an
Seele und Leib, aber nicht vernichtet wurde. Jedenfalls war
sein Widerstand stärker als die Gewalt, die andere zerbrochen
hätte.

Von der »Galeere« entlassen, hatte man ihm 1732 ein Re
giment in Ruppin gegeben, einem Städtchen, dessen von Hü-
geln geprägte Landschaft für die Mark Brandenburg so ungewöhnlich ist, dass man sie die Ruppiner Schweiz nennt. Seine
Tätigkeit dort umschrieb er mit dem Satz »Ich habe exerziert,
ich exerziere, ich werde exerzieren.« Die Ironie war diesmal
nicht echt. Er hatte, vielleicht zu seiner eigenen Überra-
schung, Freude daran, ein Soldat zu sein, und sprach bald von
seiner geliebten Garnison. Zwei Jahre später wurde aus der
Freude Begeisterung.

Der König schickte ihn ins Feld, in eine jener dynastischen
Auseinandersetzungen, die so überflüssig waren wie ein Kropf.
Diesmal ging es um den polnischen Thron, der zwischen Pa-

ris einerseits und Wien, Petersburg und Dresden andererseits strittig war. Preußen schickte bundestreu ein Kontingent von 10 000 Mann, das unter dem Oberbefehl des Prinzen Eugen am Rhein zu operieren hatte. Ihm sollte Friedrich auf den Fersen bleiben, damit er lerne, wie ein Held Lorbeeren ernte. Der Prinz aber bestand nur noch aus seiner eigenen Legende und erntete schon lange keine Lorbeeren mehr. Die Soldaten kampierten, marschierten, marodierten, die Offiziere spielten, soffen, hurten, und Friedrich hatte zu allem Verdruss, dass aus dem ganzen schönen Krieg nichts wurde, auch noch den Besuch des Vaters zu überstehen.

Der Brief, den er an seine Schwester schrieb, zeigte, wie oberflächlich die Versöhnung zwischen Friedrich Wilhelm und dem Sohn war. »Ich flehe Sie an, beten Sie mit uns, dass wir seiner in Bälde entledigt werden. Sollte er länger verweilen, so bitte ich, ein Tollhaus zu bauen und mir darin eine Zelle vorbereiten zu lassen ...« Und bald darauf ein Seufzer der Erleichterung: »Unser Dickwanst reist in acht Tagen wieder ab ...«

Nicht gerade liebevoll, doch verzeihlich, liest man die väterliche Instruktion über das Benehmen in Feldlagern, mit der der Sohn wie eh und je geschulmeistert und bevormundet wurde.

Gänzlich sinnlos war die Reise an den Rhein nicht. Sie bot Friedrich Gelegenheit, Österreichs Soldaten zu studieren. Er registrierte aufmerksam, wie unzulänglich sie gerüstet waren, wie mangelhaft ausgebildet und wie schlecht geführt.

DIE QUALEN DER GICHT

Der Vater war schwer krank. Seinen Rollstuhl konnte er nur mit einem geschickt angeordneten Kurbelsystem bewegen. Die Wassersucht hatte seinen Körper unförmig aufgetrieben.

VI Ein Vater und sein Sohn

Der Taillenumfang betrug 2,40 Meter, sein Gewicht zweieinhalb Zentner. Aus den Geschwüren, die die Beine bedeckten,
lief mit Blut vermischter Eiter. Die Schmerzen der Gicht,
von Ärzten als die schlimmsten Qualen bezeichnet, die eine
Krankheit überhaupt bereiten kann, Schmerzen, die Leibniz zu betäuben versucht hatte, indem er seine Gelenke mit
hölzernen Schrauben zusammenpresste, ihm machten sie die
Nächte zum Tag, und die Tage verbrachte er damit, dass er
sich das vom Zaren einst geschenkte Werkzeug bringen ließ
und Kisten zusammennagelte. Oder Bilder malte. Naive Bilder würde man sie heute nennen. Von ihnen sind, wie bereits
erwähnt, uns einige erhalten mit der Signatur »*In tormentis
pinxit*« – »Unter Qualen gemalt«.

In den Januartagen des Jahres 1740 fühlt Friedrich Wilhelm
sich plötzlich besser und fährt mit seinem Stuhl in den Roten
Saal des Schlosses hinüber, zum lange entbehrten Tabakskollegium. Er hat sich gerade die streng verbotene Pfeife reichen
lassen und das noch strenger verbotene Bier, als die Tür auf-
geht und Friedrich eintritt. Die Generale, Minister, Diplomaten springen auf, verbeugen sich.

Er schreit: »Ihr sollt Euch setzen!«, fügt mit erstickender
Stimme hinzu: »Raus alle, zum Teufel!«

Vom Protokoll her ist er im Recht. In diesem Kreis durfte
noch niemals irgendjemand vor irgendjemandem aufstehen,
selbst vor dem König nicht. Der eigentliche Grund seines Zor-
nes sitzt tiefer. Er spürt, wie selbst enge Vertraute sich langsam von ihm lösen und die »aufgehende Sonne« anzubeten
beginnen, den Thronfolger, einen Sohn, von dem er sich trotz
aller Versöhnungsszenen nicht geliebt weiß und den er selbst
nicht zu lieben gelernt hat. Zu tief hat sich der alte Groll in
ihnen eingenistet.

Der Sohn sagt vom Vater: »... muss ich ihn als meinen
grimmsten Feind betrachten, der unablässig auf den Augenblick lauert, mir den tödlichen Streich zu versetzen.«

Und der Vater vom Sohn: »Jetzt wäre was zu verdienen, wenn ich sterbe, wer sich auf ein Pferd setzt und als Kurier meinem Sohn die Nachricht bringt.«

Die Krankheit mit ihren Qualen hatte ihn in den letzten Jahren gezeichnet und zu dem werden lassen, der er früher nicht war: zu einem bösen, tückischen, krankhaft misstrauischen Menschen, der nur noch prügelte, geiferte, tobte, zu einem Menschen ohne Freunde, die ihn schätzten, ohne Verwandte, die ihn liebten, ohne Mitarbeiter, die ihn achteten. Nichts wäre ungerechter, sein Leben und sein Werk nach diesen letzten Jahren zu beurteilen, was oft genug geschehen ist. Dies, führte zu jenem Zerrbild eines Herrschers, wie es uns in vielen Darstellungen überliefert wurde. Die Jahre von 1734 bis 1740 bedeuteten für den König qualvolles Siechtum, unterbrochen von kurzen Perioden scheinbarer Besserung. Der letzte Akt dieses langsamen Sterbens, die Art, wie ihn der auf den Tod Kranke selbst inszenierte, bietet ein makabres Schauspiel.

»Leb wohl, Berlin«, sagte er, als ihn die Lakaien Ende April 1740 halb aufrecht in die Kutsche betteten – er konnte weder stehen noch liegen –, »in Potsdam will ich sterben.« Er verließ eine Stadt, die er nie gemocht hatte. »Dieser Schlag ist nichts wert«, hatte er von den Berlinern gesagt, wohl, weil sie ihn davon »überzeugt« hatten, als Bewohner der Residenz nicht zum Armeedienst zu taugen, auch, weil sie ständig räsonierten und nichts respektierten und aus Protest die Laternen der neu installierten Straßenbeleuchtung einwarfen. Es war eine Abneigung, die auf Gegenseitigkeit beruhte. Die Berliner hassten ihn, weil er alles verbot oder erschwerte, was ihnen lebenswert erschien: das Scheibenschießen beim Schützenfest, den Genuss von Tee und Kaffee, den Ausflug vor die Tore, den Besuch von Wirtshäusern nach 21 Uhr, weil er die Willkür der Soldaten gegenüber den Bürgern ungestraft ließ, weil er sie rücksichtslos zum Bauen zwang (»Kerl hat Geld, soll bauen!«).

VI EIN VATER UND SEIN SOHN

Kaum in Potsdam, ließ er zweihundert Grenadiere die Treppen hinauf in den großen Saal marschieren und spürte, wie sich bei jedem Schritt, jedem Kommandoruf, jedem Trommelschlag der Schmerz in ihm löste – wohl die eigenartigste Arznei, die je ein Patient genommen hat. Sie hielt nicht lange vor. Er schrieb Friedrich, er möge Pfingsten zu ihm kommen, damit er ihn noch einmal sprechen könne.

Friedrich kam aus Rheinsberg, einem unweit seiner Ruppiner Garnison gelegenen Schlösschen, das er sich nach seinem Geschmack hatte umbauen lassen. Hier durfte er tun, was er so lange nicht hatte tun dürfen: mit auserwählten Freunden über Gott und die Welt plaudern (»Ein Mensch, der die Wissenschaften pflegt und ohne Freunde lebt, ist ein gelehrter Werwolf.«), schöne Frauen um sich versammeln (»Ist ohne sie jede Unterhaltung matt.«), sich tage- und nächtelang in der Bibliothek vergraben (»Wenn ich nicht lesen kann, bin ich wie die starken Tabakschnupfer, die tausendmal mit der Hand in die Tasche fahren, wenn man ihnen die Dose genommen hat.«), mit den Großen seiner Zeit, wie Voltaire, korrespondieren (»Sie, lieber Freund, mussten zur Welt kommen, damit ich glücklich werde.«), Verse schmieden, komponieren, musizieren, Theater spielen, aber auch trinken, tanzen, lieben.

Nach dieser einzigen glücklichen Zeit in seinem Leben hat er sich später schmerzlich zurückgesehnt.

DER KÖNIG STIRBT

Der Vater wollte den Sohn noch einmal umarmen, und dazu kam es. In aller Öffentlichkeit. Friedrich traf ihn bei der Grundsteinlegung eines Hauses: Vater im Rollstuhl, Sohn tränenüberströmt zu seinen Füßen, eine Szene, viel beschrieben, oft im Bild dargestellt, doch eher sentimental als von echtem Gefühlsgehalt. Der eine wollte nicht abtreten und der andere konnte es nicht erwarten aufzutreten. Friedrich hatte bei der letzten lebensgefährlichen Erkrankung des Vaters an Wilhelmine geschrieben (deren Schwiegervater gerade gestorben war): »Ich bin entzückt, liebste Schwester, über das Benehmen des Herzogs von Braunschweig. Er ist als höflicher Mensch gestorben, um seinem Sohn Freude zu machen.« Als Friedrich Wilhelm damals wieder gesundete, meinte er, dieser Mensch habe die Natur eines Türken und werde selbst das kommende Geschlecht überleben. »Er ist wohlauf, sobald er Lust dazu hat, und macht sich kränker, wenn er es für zweckmäßig hält.

Am Nachmittag jenes 28. Mai gab der König dem Kronprinzen einen Bericht über die Lage Preußens im Inneren und im Äußeren. Wobei seine außenpolitischen Ratschläge sich darauf beschränkten, er möge niemandem in Europa trauen, die Armee nicht verringern, keinen leichtsinnigen Krieg anfangen. Er entließ ihn in dem Gefühl, einen würdigen Nachfolger zu hinterlassen. Das Angebot, wegen seiner Krankheit eine Kapazität aus Halle zu konsultieren, hatte er abgelehnt: sein Leibarzt, der Doktor Eller, reiche völlig aus, um ihn umzubringen. Mit seinem Gott war er schon ins Reine gekommen. Bauernschlau hatte er mit den Pastoren darum gefeilscht, was in seinem Leben eine Sünde gewesen sei und was nicht, und dass ein König nicht mit gewöhnlichem Maß zu messen sei. »Welch ein Gott ist das, der die Kraft der größten Könige zerbricht?«, hatte der Germane Chlodwig in ohnmächtigem Zorn auf seinem Sterbebett gefragt.

Schließlich war Friedrich Wilhelm bereit zu bereuen. Und zu verzeihen. Selbst dem Schwager auf Englands Thron, den er nie hatte ausstehen können, verzieh er. Die Königin sollte es ihm schreiben. »Aber erst, wenn ich tot bin!«

Einen Berserker, einen wilden Natursohn, den letzten Herrscher ohne Arg und ohne List, ein unglaubliches Mannsbild – hat ihn sein englischer Biograph Thomas Charlyle genannt.

VI Ein Vater und sein Sohn

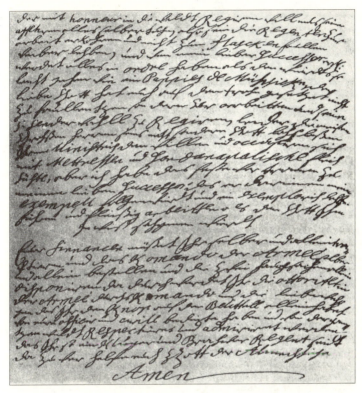

Transskription: [Den ein Regente] der mit honneur in die weldt Regirenn will mus seine affehren alles selber tuhn, also sein die Regenten zu arbeit erkohren und nicht zum flascken faullen weiberlehben, und wen mein lieber Successor erstlich werdet alles in ordre haben als den wierdts so leicht gehen wie en Pappies de Mühsicken (Musikstück), der liebe Gott hat euch auf den trohn gesetzet nicht zu faulentzen sondern zur arbeitten und seine l: (lieben?) lender wahll (wohl) zu Regiren, leider die meisten Grohßen Herren seins nicht sondern Gottlohs (gottlos) lassen Ihren Ministris den willen und occupiren sich mit Mettressen und Sardanapalische Fleis (Fleisches) lüste, aber ich habe das feste vertrauen zu meinen lieben Successor das er darinnen mein exempell folgen wirdt und ein exemplaris lehben führen und fleißig arbeitten als den (alsdann) Gott Ihm gewiß sehgenen wierdt.Euer finnancen müßet Ihr selber und allein traktieren und das Komando der Armee selber und allein bestellen und die zwei hauptsachen allein disponiren da durch werdet Ihr die ottoritet (Autorität) in der Armeé durchs Komando und die liebe wehrgen das (deswegen) Ihr den Knop auf den Beutell allein habet von eure officir und civill bedinte haben und von gantzen weldt Respecteriret und admiriret werden das Ihr so ein Kluger und Brahwer Regent seidt Da zu verhelfe euch Gott der Almechtiche. Amen

Letzte Seite des Testaments König Friedrich Wilhelms I. vom Jahre 1722.

223

Das gemeinsam angestimmte Kirchenlied unterbrach er bei der Zeile »Nackend werd' auch ich hinziehn« mit den Worten: »Das ist nicht wahr. Ich werde in der Montierung [Uniform] begraben!«

Seinen Sarg betrachtete er fast liebevoll. »In diesem Bette will ich recht ruhig schlafen.«

Die Beisetzung hatte er bis in alle Einzelheiten organisiert: mit wie viel Munition Salut geschossen werden solle (»Aber nicht plackern!«), wie der Sarg hinauszutragen sei und von welchen Offizieren, wann der Leichenwagen einzutreffen, wer Totenwache zu halten habe und mit welchem Wein die Offiziere zu traktieren seien. Die Predigt in den Kirchen seines Landes sei nach dem Bibelwort auszurichten: »Ich habe einen guten Kampf gekämpft.« Und keine Trauerkleidung, nur einen Flor, der Kosten wegen! Was seinen Körper betreffe, so möge man ihn öffnen, feststellen, was ihm gefehlt habe, und ihn dann – ohne etwas herausgenommen zu haben! – wieder schließen. Ordnung muss sein.

In der Nacht zum 31. Mai rollt er seinen Räderstuhl in das Nebengemach und weckt seine Frau. »Fiekchen, steh auf, ich muss sterben.« Der Kronprinz wird gerufen. Zusammen mit Prinz August Wilhelm, den Generalen, Ministern, Kabinettssekretären versammelt man sich im Vorzimmer, vor dessen Fenstern der Marstall liegt. Die Pferde werden vorgeführt. Fürst Leopold und der Generaladjutant Hacke sollen sich zwei davon aussuchen.

Er entdeckt, dass einer der Stallburschen blaue Sättel auf die gelben Schabracken gelegt hat. Er flucht: »Geh einer hinunter und prügele den Kujon.«

Den Regimentschirurgen fragt er, wie viele Augenblicke er noch zu leben habe, bittet ihn dann um einen Spiegel, weil er sehen möchte, wie er beim Sterben aussehe. »Bis hierher bin ich schon tot«, sagt er und zeigt auf seine Hüfte.

Der Chirurg sagt, dass der Puls stillstehe.

VI Ein Vater und sein Sohn

Noch einmal begehrt er auf. »Er soll nicht stillstehen!«
Am Nachmittag gegen drei Uhr stirbt er, kaum zweiundfünfzig Jahre alt.

»Er starb mit der Gelassenheit eines Philosophen und der
Demut eines Christen. Seine Haltung bis zum letzten Augenblick bewundernswert bewahrend, ordnete er seine Hinterlassenschaft, verfolgte den Fortschritt seiner Krankheit wie ein
Forscher und triumphierte dergestalt über den Tod«, schrieb
Friedrich in einer Mischung aus Respekt und Trauer. Doch
das war viele Jahre später. Zu einer Zeit, da die Staatsraison
kein Wort mehr gegen den Vater, und damit gegen das Haus
Hohenzollern, gestattete. Wie es wirklich in ihm aussah, verraten seine Träume, sein Unterbewusstsein also. Da trat noch
nach zwanzig Jahren der Vater in sein Zimmer, ließ ihn fesseln und auf die Festung nach Magdeburg schaffen – »weil er
nicht genug Liebe zu ihm gehabt«. Und der Sieger von Hohenfriedeberg und Leuthen schreckte schweißüberströmt aus
dem Schlaf.

VII DIE THRONBESTEIGUNG DES GROSSEN FRIEDRICH

DER TAG DER BETROGENEN

»*La journée des dupes* – Der Tag der Betrogenen« wurde der
1. Juni 1740 genannt. Denn jene, die in der Gunst des Kronprinzen gestanden hatten und nun glaubten, sich im Strahlenglanz des Königs wärmen zu können, wurden *düpiert*. Baron
Pöllnitz, die geborene Klatschtante und gerade deswegen beliebt, erschrak zu Tode, als Friedrich, nachdem er ihn mit der
Leitung der Beisetzungsfeier beauftragt hatte, auf ihn losging:
»Sparen Sie nicht an dem, was zu einem würdigen Leichen-
gepränge notwendig ist. Aber keine Mogeleien, keine Durch-
stechereien mit den Kaufleuten!«

Leopold von Anhalt-Dessau, der sich unter dem Alten um
die Armee verdient gemacht hatte und sich jetzt dem Neuen
zu Füßen warf, ihn tränenüberströmt bittend, er möge ihm
auch in Zukunft seine Ämter und seine Autorität erhalten,
bekam die Antwort: »Was die Ämter betrifft, so kann ich Euer
Liebden beruhigen. Was Euer Liebden mit der Autorität meinen, verstehe ich nicht. Autorität in diesem Land hat nur einer, und das bin ich.« Der Markgraf von Schwedt, Freund aus
kronprinzlichen Tagen, kam mit seinen zweideutigen Bonmots nicht mehr an. »Monsieur, *à présent je suis roi!* – Mein
Herr, ich bin jetzt König!«. Und der gute Keyserlingk, den
Friedrich in einem Brief am Abend vor der Schlacht von Mollwitz zu den Menschen rechnete, die er am meisten geliebt
habe, holte sich noch schlimmere Abfuhr. »Du bist ein sehr
netter Mensch, du hast viel Witz, bist sehr belesen, singst und
scherzest sehr hübsch, aber deine Ratschläge sind die eines
Toren.«

VII DIE THRONBESTEIGUNG DES GROSSEN FRIEDRICH

Wie Eiseshauch wehte es sie an, die Motte-Fouqué, Jordan, Knobelsdorff, Pesne, Suhm, Bielfeld, die allen Grund gehabt hatten zu glauben, dass der König an sie denken würde, wenn es um Ämter und Ehren ging. »Warum Groschen aufklauben, wenn es Dukaten regnen wird«, hatte einer von ihnen gerufen, als er bei der Nachricht vom Tod Friedrich Wilhelms vor Aufregung den Spieltisch umgeworfen. Der Mann mit der zierlichen Gestalt, dem leichten, federnden Gang, der hohen Stirn, dem bestrickenden Lächeln, den lebhaften Bewegungen der mit kostbaren Ringen geschmückten weißen Hände, in dessen Wesen trotz seiner achtundzwanzig Jahre etwas Jünglinghaftes lag und der deshalb vom französischen Gesandten die »hübscheste, niedlichste Majestät in ganz Europen« genannt wurde, er enttäuschte nicht nur die Vettern und ihre Wirtschaft.

Den Generalen sagte er: »Ich hoffe, Sie werden mir beistehen, die schöne Armee zu erhalten, welche Sie meinem Vater haben bilden helfen.« Fügte nach einer wohlberechneten Pause hinzu: »Sie sollte jedoch nicht nur schön sein, sondern auch brauchbar.« Meinte dann kurz und schneidend: »Gegen einige von Ihnen liegen Klagen vor über Härte, Habsucht, Übermut. Stellen Sie die Klagen ab.« Die Beamten wurden stärker gefordert, als es selbst Friedrich Wilhelm je getan, der Rotstift noch rigoroser benutzt, die Regimenter so scharf inspiziert und die Inspektionsreisen derart gründlich durchgeführt, dass eine allgemeine Verbitterung die Folge war. »500 Taler für den, der uns den alten Herrn wiederbringt«, stöhnte man bei Hofe.

Zu den Enttäuschten gehörte auch Wilhelmine, inzwischen Gattin des Markgrafen von Bayreuth, eines jener Serenissimi, deren Ansprüche in keinem Verhältnis zu ihren Mitteln standen. Sie musste erfahren, dass die alte Vertrautheit sich nicht wieder einstellte, nicht wieder einstellen konnte, musste sie ihn doch leibhaftig an die Zeiten der Demütigung und Erniedrigung erinnern.

Umso höher war es ihm anzurechnen, dass er die Gefährten des Unglücks nicht vergaß, denn die Dankbarkeit rechnet sonst nicht zu den Tugenden der Majestäten.

Duhan de Jandun, der alte Lehrer, wurde aus dem Harz, wo er als schlecht bezahlter Bibliothekar dahindämmerte, zurückgerufen und erhielt eine Stelle im Auswärtigen Amt. Peter von Keith, seinerzeit von Wesel im letzten Augenblick nach England geflüchtet, sah sich, nach Berlin heimgekehrt, zum Oberstleutnant befördert. Vater Katte, der den Tod des Sohns nicht verwunden hatte, bekam den Grafentitel und das Patent als Feldmarschall. Auch der Münchows aus Küstrin, die ihm die Haft erleichtert hatten, wurde großzügig gedacht. Doris Ritter, inzwischen biedere Gattin eines kleinen Unternehmers, ging leer aus.

Sie hieß jetzt Madame Schommers, war eine große magere Frau, die keineswegs so aussah, dass sie, so Voltaire, für einen Prinzen gepeitscht zu werden verdient hätte.

»Alle Religionen seindt gleich und guht«

Friedrich genoss es, endlich König zu sein. Er arbeitete mit derselben Leidenschaft, wie er sich vergnügte, und weil dazu viel Zeit gehört, spielte er mit dem Gedanken, sich den Schlaf abzugewöhnen. Ein Experiment, das er in Rheinsberg schon einmal mit einem Kollaps hatte bezahlen müssen. »Adieu«, hieß es in einem Brief an Jordan, »ich muss noch an den König von Frankreich schreiben, ein Flötensolo komponieren, eine Ode an Voltaire verfassen, das Heeresreglement ändern und tausend andere Dinge mehr.«

Das klingt nach jugendlichem Überschwang, und einiges in den ersten Jahren seiner Regierung trägt diesen Stempel. Es zeigt einen Zerrissenen, der zwischen Begeisterung und Mutlosigkeit schwankte, als sei er erschrocken darüber, doch noch

VII Die Thronbesteigung des grossen Friedrich

Die berühmte Randbemerkung Friedrichs des Großen die Freiheit der Religionen betreffend. »Die Religionen Müssen alle Tolleriert werden, und muß der Fiscal [die Staatsbehörde] nuhr das auge darauf haben, das Keine der anderen abruch Tuhe, denn hier muß ein jeder nach Seiner Faßon Selich werden.«

König geworden zu sein, einen, der die Menschen beglücken wollte und sie zugleich verachtete, der unnahbar war und sehr privat. Da machte er einen steifen Staatsbesuch im Bayreuthischen und ging anschließend mit selbstausgefertigten Pässen inkognito nach Straßburg, stieg im Gasthof »Zum Raben« ab, lud ein paar französische Offiziere an seinen Tisch, mokierte sich über ihre Landsleute (»Dieses Volk ... im Glücke stolz und im Unglück kriecherisch. Nur Schatten sind die Ludwigs, vergleicht man sie mit den Cäsaren ...«), wurde am nächsten Tag von einem aus Preußen desertierten Tambour erkannt, machte dem völlig verwirrten Gouverneur einen Blitzbesuch, stieg rasch noch auf das Münster und trat den Rückzug an. Der Streich eines Studenten, so scheint es. Dass ihn ein König beging, wirkt erfrischend.

Die ersten Reformen dann, die er per Kabinettsorder verkündete, ließen aufhorchen. Nach der eigenen Fasson selig werden, war in Preußen schon seit den Tagen des Großen Kurfürsten erlaubt gewesen. Der Sohn betonte den Grundsatz religiöser Toleranz zur Sicherheit noch einmal und sehr drastisch. »Alle Religionen seindt gleich und guht«, schrieb er, und wir machen uns gleich mit seinem Deutsch bekannt, das er so mangelhaft beherrschte wie das Französische fließend, »wan nuhr die Leute, so sie profesiren [sich dazu bekennen] Erlige leute seindt, und wen Türken und Heiden kähmen und wollten das Land pöplieren [bevölkern], so wollen wir sie Mosqueen und Kirchen bauen.«

Man hat diese Toleranz nicht als Tugend, sondern als bloße Gleichgültigkeit abwerten wollen. Doch sollten hier nicht die Motive interessieren, sondern das Ergebnis. Mehr von derart gleichgültigen Fürsten, und Europa wäre manches Leid erspart worden. Auch sein eigentlich unbestreitbares Verdienst, die Folter abgeschafft zu haben – eine Maßnahme, die im damaligen Europa revolutionär war –, hat man zu bestreiten versucht, indem man argumentierte, dass die 1740 erlassene

VII Die Thronbesteigung des grossen Friedrich

Kabinettsorder Ausnahmen zuließ – Majestätsverbrechen, Hochverrat, Massenmord –, diese Ausnahmen erst 1755 weggefallen seien und Friedrich 1772 und 1777 noch einmal zwei Ausnahmen genehmigte. »Dass die Gazetten nicht genieret« werden dürfen, hat sich tatsächlich nur auf den unpolitischen Teil der Zeitungen bezogen, und wehe dem Schreiber, der es sich erlaubt hätte, die Order des Monarchen einer Kritik zu unterziehen. Doch auch hier sind Zeichen gesetzt worden, die, bei aller Unzulänglichkeit, Wege in die Zukunft wiesen und auf die Dauer nicht übersehen werden konnten.

In einem wahren Schaffensrausch versuchte er, die Uhr zu betrügen, schwankte zwischen zwanzig Beschäftigungen und arbeitete, wie er schrieb, mit der einen Hand für die Armee, mit der anderen für das Volk und die schönen Künste. Besonders die Künste und die Wissenschaften, vom Großvater großzügig gefördert, vom Vater kleinlich vernachlässigt, hatten diese Unterstützung nötig. Er erlöste den Philosophen Wolff, den Friedrich Wilhelm vertrieben hatte, aus der Verbannung. Moreau de Maupertuis, französischer Mathematiker und Physiker von internationalem Ruf, wurde zum Direktor der Akademie der Wissenschaften berufen, um dieser heruntergekommenen Institution zu neuem Leben zu verhelfen. Wobei es Friedrich nicht störte, dass Monsieur Maupertuis von der deutschen Sprache nur das Wort »Bohnensuppe« kannte. Georg Wenzel von Knobelsdorff, bei der Gestaltung des Rheinsberger Schlosses bewährt, durfte nach Frankreich und in die Niederlande reisen, um sich für den Bau eines Opernhauses Anregungen zu holen. Auch Karl Heinrich Graun, der Hofkapellmeister, bestieg eine Kutsche, den Dukatengürtel wohlgespickt, um in Italien die Sänger zu engagieren. Der Schauspieler La Noue fahndete in Paris nach geeigneten Schauspielern für ein Berliner Ensemble. Die Rheinsberger Freunde aber, die geglaubt hatten, dass aus Berlin ein einziger glückseliger Musenhof werde mit einem *roi charmant* an der Spitze, den alten

Traum verwirklichend, wonach die Könige die Philosophen seien und die Philosophen die Könige, sie waren trotz allem enttäuscht: zu gering schienen ihnen die Musen bedacht, verglichen mit dem, was Mars zukam.

Friedrich hatte die langen Kerls nach Hause geschickt, war den Werbern in ihr übles Handwerk gefahren und hatte von den Offizieren mehr Menschlichkeit gegenüber ihren Untergebenen gefordert, Maßnahmen, die auf einen Wandel des Heeressystems und auf eine Verringerung der Heeresstärke hinzudeuten schienen. Ein Irrtum. Auch hier tat er das Unerwartete. Er befahl die Aufstellung von sechzehn neuen Infanteriebataillonen, fünf Schwadronen Husaren und einer Schwadron schwerer Kavallerie. Da die eigenen Rekrutenreserven erschöpft waren, wurde im Ausland geworben oder, praktischer noch, ausländische Truppen gemietet. Der Eisenacher, wie alle Fürsten in ständigen finanziellen Nöten, schickte ein Bataillon, der Stuttgarter ein ganzes Regiment, der Schwager aus Braunschweig stellte ebenfalls ein Regiment, aber erst, nachdem ihm die königliche Schwester im Auftrag ihres Mannes vor den Konsequenzen eines Nein gewarnt hatte.

Der junge König rasselte nicht nur mit dem Säbel, er bereitete sich in einer seltsamen Mischung aus Überschwang und Kalkül auf die Stunde vor, die für ihn gleichbedeutend war mit Rache. Er erinnerte sich zu gut, wie oft die Großmächte den alten König hinters Licht geführt mit ihren doppelten Verträgen, wie sie ihn um Jülich-Berg betrogen, ihn, weil er nicht zurückschlug, einen »*poltron*«, einen »Feigling«, genannt und Preußen immer wieder gedemütigt hatten. Er würde ihnen zeigen, dass seine Soldaten nicht nur auf dem Exerzierplatz siegten und es kein gefährlicheres Wort gäbe als das Wort »So schnell schießen die Preußen nicht.«

Dass sie schnell *marschieren* konnten, hatte er im Fall der niederländischen Abtei Herstal bereits bewiesen, eines seit langem umstrittenen Besitzes. Er überzeugte den Bischof von

VII Die Thronbesteigung des grossen Friedrich

Lüttich mit »zweitausend guten Gründen«, sprich 2000 Grenadieren, davon, wie gut es sei, die berechtigten Ansprüche eines Landes wie Preußen anzuerkennen, noch besser aber, sie durch eine Zahlung von 200 000 Talern abzulösen – was prompt geschah.

Außenminister Podewils, wegen seiner Zaghaftigkeit auch Heinrich der Fürsichtige genannt, dem zusammen mit seinen Amtskollegen Thulemeyer und Borcke Bedenken gekommen waren wegen eventueller internationaler Verwicklungen, fand auf dem Rand seines Gutachtens die Bemerkung: »Wenn die Minister von Politik reden, so sind sie geschickte Leute, aber wenn sie von Krieg reden, so ist es, als wenn ein Irokese von Astronomie spricht.« Ein Bescheid ganz im Stil des seligen Soldatenkönigs, ja gröber noch, und man erzählte sich, dass den braven Thulemeyer nach mehrmaligem Lesen der Schlag getroffen habe. Die Minister sind während der ganzen Regierungszeit Friedrichs nicht viel besser behandelt worden als Irokesen. Wenn er auch nicht der Meinung des Vaters war, dass ein Untertan erst durch die Uniform zum Menschen werde, seine Generale hat er immer seinen höchsten Beamten vorgezogen.

Europa gründlich zu verändern

Am 26. Oktober 1740 lag Friedrich mit einem heftigen Fieberanfall zu Bett; Malaria, wie man vermutet, eine Krankheit, die in den Sumpfgebieten Brandenburgs durchaus vorkam. Der Eilkurier aus Wien, der sein Pferd zuschanden geritten hatte, wartete vor der Tür des Krankenzimmers. Kammerdiener Fredersdorf wagte sich hinein und überreichte Friedrich das versiegelte Schreiben. Er las es, stand auf und beschloss, kein Fieber mehr zu haben, »… denn ich brauche jetzt meine Maschine und muss ihr die höchste Leistung abfordern.«

Er befahl, Podewils und den Marschall Schwerin aus Berlin herbeizuholen und nutzte die Zeit, indem er einen Brief schrieb. Voltaire, der ungeduldig auf eine Berufung nach Berlin wartete, erfuhr: »Ich glaube, im nächsten Monat wird es mehr auf Pulver, Soldaten und Laufgräben ankommen als auf Schauspielerinnen, Ballette und Theaterstücke ... Der Augenblick scheint gekommen, das alte System Europas gründlich zu verändern.« Was war geschehen?

Der Kaiser in Wien hatte, nachdem er sich auf der Jagd erkältet und die falschen Pilze gegessen, plötzlich und unerwartet das Zeitliche gesegnet. Laut Voltaire war es ein Pilzgericht, das den Lauf der Geschichte änderte. Es war nicht nur die letzte Stunde, die ihn von dem kurz zuvor verstorbenen Friedrich Wilhelm unterschied. Während der Preuße dem Puls befahl, nicht stillzustehen, hatte der Österreicher den um sein Bett versammelten medizinischen Koryphäen lächelnd zugeflüstert: »Viele Ärzte sind des Kranken Tod.« In den Gewölben der Hofburg lagen keine sorgfältig in Fässer verpackten 8 000 000 Taler wie in Berlin, sondern allenfalls Schuldscheine. Der letzte aus dem Mannesstamm der Habsburger hatte nicht nur den finanziellen Kredit seines Hauses verspielt.

Seine Soldaten ließ er in einem sinnlosen, nur Russland dienenden Krieg gegen die Türken verderben, drei seiner Feldmarschälle sperrte er als Sündenböcke ein, darunter den uns aus Berlin wohl bekannten Grafen Seckendorff, und er beschäftigte Staatsräte, die alt waren wie Methusalem. Er verlor Neapel, Sizilien, Serbien, die Walachei. Er trat den Engländern den Handel mit Indien ab, schenkte den Franzosen eine ganze Provinz – das reiche Lothringen – und machte auch anderen Staaten weit gehende Zugeständnisse.

Er handelte dafür einen Vertrag ein, der die weibliche Nachfolge auf dem Habsburger Thron garantierte, und hätte doch seinesgleichen, die Fürsten der anderen europäischen Häuser, besser kennen sollen. Sie waren noch immer vertragsbrüchig

VII Die Thronbesteigung des grossen Friedrich

geworden, wenn es die Staatsraison, wie sie ihre dynastischen Interessen nannten, erforderte. Die mit so vielen Opfern erkaufte Pragmatische Sanktion war das Pergament nicht wert, auf dem sie geschrieben stand.

»Ich gebe Ihnen ein Problem zu lösen«, erklärte Friedrich seinen Ministern. »Wenn man im Vorteil ist, soll man ihn nützen oder nicht? Ich bin bereit, mit meinen Truppen und überhaupt. Lasse ich ihn aus, so halte ich einen Trumpf in der Hand, den ich nicht auszuspielen verstehe. Im anderen Falle aber wird man sagen, dass ich die Überlegenheit gegenüber meinen Nachbarn geschickt wahrzunehmen verstand.«

Das Problem war die Besitzergreifung Schlesiens, einer mit Bodenschätzen, fruchtbaren Äckern und wohlhabenden Gemeinden gesegneten Provinz, die Preußen zwar nicht gehörte, auf die man aber Anspruch erheben konnte. Es gab einen alten Vertrag, wonach die Herzogtümer Brieg, Liegnitz und Wohlau beim Aussterben der schlesischen Herzogdynastie an Preußen fallen sollten. Aber Wien hatte sie vereinnahmt und dafür den Kreis Schwiebus dem Großen Kurfürsten überantwortet, hinter seinem Rücken jedoch gegen eine hohe Bestechungssumme seinen Sohn, den späteren Friedrich I., dazu gebracht, Schwiebus wieder zurückzugeben. Ein Geschäft, das selbst der damalige Kaiser Leopold als »ein hässliches Werk« bezeichnete. Und besonders rücksichtsvoll waren die Wiener auch nicht beim Heimfall der erledigten Lehen Jägerndorf, Ratibor und Oppeln vorgegangen. Doch reichte das alles nicht, Schlesien als verspätete Entschädigung zu fordern. Aber der Rechtsstandpunkt interessierte Friedrich ohnehin nicht. Ihn darzulegen betrachtete er als die Arbeit seiner Minister, und als einer es tat, meinte er nur: »Bravo! Das ist die Arbeit eines trefflichen Scharlatans.«

Seine Arbeit war es, die Truppen zu mobilisieren, und die Mobilisierung zu verschleiern. Rheinsberg erschien ihm dafür der geeignete Ort, weit genug entfernt von Berlin und seinen wachsamen Diplomaten, nahe genug, um sie täuschen zu können. Man tanzte, spielte Flöte, maskierte sich, philosophierte, drechselte Verse und sprach von allem anderen, nur nicht vom Krieg. Dass Truppenbewegungen stattfanden, hatte sich nicht verheimlichen lassen, doch wohin und mit welcher Absicht sie bewegt wurden – an den Rhein wegen Jülich-Berg, nach Südosten wegen Schlesien? – das blieb lange Zeit ein Geheimnis, und auch die Spione vermochten es nicht zu lüften.

DER PHILOSOPH ALS SPION

Auch Voltaire erfuhr nichts. François Marie Arouet, wie er eigentlich hieß, war schon damals eine Weltberühmtheit, für dessen Anblick weltreisende Engländer dem Verwalter seines Landsitzes sechs Pfund in Gold boten. Friedrich hatte mit dem Idol der europäischen Intellektuellen 1736 eine Korrespondenz begonnen, war ihm auf der Straßburger Reise zum ersten Mal kurz begegnet und wartete nun mit Ungeduld auf seinen Besuch im Schloss Rheinsberg.

Der kleine, etwas verwachsene Mann bezauberte durch geistreichen Charme und schockierte durch charmante Bosheit. Die beiden Männer, die sich in ihren Briefen mit Komplimenten überhäuft hatten, waren beim ersten längeren Zusammensein sofort voneinander eingenommen. Voltaire empfand Genugtuung, dass ihm ein fremder Monarch mehr Hochachtung entgegenbrachte, als sie ihm je von den herrschenden Kreisen seiner Heimat zuteil geworden war. Friedrich fühlte sich geschmeichelt, dass Europas anerkannte geistige Autorität ihn als Salomo des Nordens, als einen neuen Perikles feierte.

Der Abschied fiel nicht ganz so herzlich aus wie die Ankunft. Der als geschäftstüchtig bekannte Franzose hatte für Reise und Aufenthalt eine immense Spesenrechnung – 3000

VII Die Thronbesteigung des grossen Friedrich

Taler! – vorgelegt. Friedrich beglich sie verärgert. »Nie hat der Spaßmacher eines großen Herrn solchen Lohn bezogen«, meinte er. Er wäre noch maliziöser geworden, hätte er gewusst, welch unphilosophischen Geschäften der Philosoph in Rheinsberg nachgegangen war. Im Auftrag des Staatsministers Fleury hatte er herauszufinden versucht, ob der Schöngeist von Rheinsberg in naher Zukunft die Leier schlagen oder das Schwert führen würde.

Friedrich hatte sich längst für das Schwert entschieden. Podewils des Vorsichtigen Warnung, der Ausgang eines Krieges sei, wie die Erfahrung lehre, selbst dann ungewiss, wenn man die stärkeren Bataillone besitze, auch kenne er kein Land in Europa, dessen Rücken, Flanke und Herz so ungeschützt sich darböten wie die Preußens, diese Warnung schlug er in den Wind.

Ihm erschien die außenpolitische Lage günstig wie nie zuvor. Und so macht Gelegenheit auch Könige zu Dieben. Frankreich stritt sich mit England um die Vorherrschaft auf den Meeren und in den überseeischen Kolonien. Die Gefahr einer bewaffneten Auseinandersetzung zwang beide Gegner, sich nach einem mächtigen Verbündeten umzusehen: Preußen. Man hatte also die Auswahl. Russland, wo die Zarin gerade gestorben, war durch Thronwirren gelähmt.

Doch Habsburg war nicht nur isoliert, es war auch bedroht: Bayerns Kurfürst Karl Albert wollte gern Kaiser werden, denn seine Frau war die Tochter Leopolds I., des Vorgängers des gerade verstorbenen Kaisers, und er selbst hatte habsburgisches Blut in den Adern. Der sächsisch-polnische König August III., ebenfalls ein Schwiegersohn Leopolds, schaute begehrlich auf das benachbarte Böhmen. Sardinien und Spanien traten mit Forderungen auf den Plan.

Die Kraft eines Mannes schien nicht auszureichen, dieser Bedrohung Herr zu werden. In der Hofburg zu Wien aber saß ein schwaches Weib, nach eigenem Geständnis von Geld,

Truppen und Rat entblößt, ohne »Experienz und Wissenschaft«. Frauen waren Friedrich schon immer verdächtig, und erst recht hielt er nichts von ihnen, wenn sie die Geschicke von Völkern zu leiten hatten. Im Falle Maria Theresias aber hatte er sich geirrt.

Maria Theresia und die »Türken« vor Wien

Welten trennten die beiden voneinander. Die Dreiundzwanzigjährige, Spross einer Dynastie, die bis dahin vierzehn deutsche Kaiser gestellt hatte, war beglückt mit einer sorglosen Jugend, in der sie von Erziehung nicht geplagt wurde. Als Siebenjährige sang sie in einer Opernvorstellung, deren Orchester der Vater dirigierte. Etwas im Preußen Friedrich Wilhelms ganz und gar Unvorstellbares, wo nicht das habsburgische Motto gegolten »Spectacle müssen sein«, sondern »Komödien sind aller Laster Anfang«. Sie war verheiratet mit dem Großherzog Franz Stephan von Lothringen-Toskana, einem Tunichtgut, der auf seinen »Jagdausflügen« hinter mannigfaltigem Wild her war. Sie liebte ihr Mäusl, wie sie ihn nannte, dennoch sehr und verfolgte ihn mit Eifersucht. Sie ritt tollkühn wie ein Mann, spielte Karten mit hohem Einsatz, tanzte bis in den Morgen, war aber bereit, wenn sie spürte, dass er mit ihr schlafen wollte. Doch er kam immer seltener, und sie fragte ihren Leibarzt, den berühmten Dr. van Swieten, wie sie ihre Liebesfähigkeit wiedergewinnen könne. Der Holländer gab ihr einen Rat, angesichts dessen halb Schönbrunn in Ohnmacht gefallen wäre, wenn er bekannt geworden. So ungewöhnlich war er für eine Zeit, in der von Sexualpsychologie noch niemand etwas wusste.

»*Praeterea censeo vulvam Vestrae Sacratissimae Majestatis ante coitum diutus esse titillandam*«, lautete er. »Im übrigen glaube ich, dass Ihrer Geheiligten Majestät Scham

VII Die Thronbesteigung des grossen Friedrich

vor dem Geschlechtsverkehr des längeren gekitzelt werden sollte.« Seine vielen Gespielinnen hasste sie, besaß aber die Souveränität, an seinem Grab die Gräfin Auersperg mit den Worten zu trösten: »Ja, meine Liebe, wir haben beide wahrlich viel verloren.«

Eine Anekdote zwar, doch typisch für das seelische Klima am Habsburger Hof. In einem Land, in dem es weniger ordentlich herging als in Preußen, weniger gerecht und, was die Religion betraf, weniger tolerant, aber alles in allem wohl etwas humaner.

Am 17. Dezember 1740 wurde in der Wiener Hofburg der preußische Oberhofmarschall Gotter empfangen, dessen Auftreten so anmaßend war wie sein Angebot unverschämt. Im Namen seines Herrn bot er Österreich Schutz vor allen seinen Feinden und dem Großherzog die Kaiserkrone. Als Gegenleistung für die unerbetene Offerte verlangte er die Abtretung Schlesiens. Die Verhandlung führte Franz Stephan, durch die angelehnte Tür überwacht von seiner Gemahlin, die immer dann zufällig hereinkam, wenn er seine Vollmachten zu überschreiten drohte.

Sie erfuhr eher nebenbei, dass Preußen gerade im Begriff war sich zu holen, was es forderte. Seine Truppen hatten die Grenzen Schlesiens bereits überschritten. Für Maria Theresia war die Audienz damit beendet. »Lieber die Türken noch einmal vor Wien, als der Verzicht auf Schlesien!« war auch Franz Stephans Meinung. Sie fügte hinzu, dass sie alle ihre Kostbarkeiten verkaufen, die goldenen Altargefäße der Kirchen einschmelzen und den letzten waffenfähigen Mann aufbieten wolle, um solchen Frevel zurückweisen zu können.

»Ich mag nur eine arme Herrscherin sein«, sagte sie, »aber ich habe das Herz eines Herrschers.«

Sie, die nie aufgehört hat, an das Gute zu glauben, auch in der Politik, war empört, erbittert, verletzt. Ihr Land wurde im tiefsten Frieden überfallen. Und der Mann, der das zu verantworten hatte, verdankte sein Leben dem Hause Habsburg. Das jedenfalls glaubte sie. Ihr Vater hatte sich seinerzeit dafür eingesetzt, den der Fahnenflucht verdächtigen Kronprinzen zu begnadigen. Der »Böhse Friederich«, wie er damals von Friedrich Wilhelm genannt wurde, schien seinem Namen, auf andere Weise diesmal, alle Ehre zu machen.

Schlesien – »Rendezvous des Ruhms«

Er brach auf zum »Rendezvous des Ruhms« Er überschritt die schlesische Grenze wie Cäsar den Rubikon. Er befahl, dass, wenn er falle, man seine Leiche nach Römerart verbrennen möge. Und wie Cäsar verstand er es, geistesgegenwärtig böse Omen in gute Omen umzudeuten. Als beim Einmarsch in das schlesische Krossen die Glocke vom Kirchturm stürzte, sagte er: »Das Hohe wird erniedrigt werden.« Er schrieb aus dem Feldquartier: »Entweder will ich untergehen, oder ich will Ehre haben von dieser Unternehmung. Ich werde nicht nach Berlin zurückkehren, ohne mich des Blutes würdig gemacht zu haben, aus dem ich entsprossen bin.« Seinen Offizieren rief er zu: »Meine Herren, ich unternehme einen Krieg, für den ich keinen anderen Bundesgenossen habe als Ihre Tapferkeit und keine Hilfsquellen als mein Glück.«

Alles Worte, die eher zu einem Siebzehnjährigen passten als zu einem, der auf die Dreißig zuging. Sie zeigten, dass er den König spielte und noch keiner war, sich nicht einmal vorstellen konnte, wie wenig die Eitelkeit, die Anmaßung und das Pathos rauer Wirklichkeit standhalten. Doch bei allen Fehlern und Unvollkommenheiten offenbarte sich, wie der französische Diplomat Beauvau schrieb, eine Begabung ersten Ranges.

Friedrich sagte noch etwas, was ein Politiker nicht sagen sollte, denn Skrupellosigkeit will moralisch getarnt, die Welt betrogen sein. Ehrlichkeit wird zum Zynismus, ja zur Dumm-

VII Die Thronbesteigung des grossen Friedrich

heit, wenn man den Überfall auf Schlesien mit den Worten begründet: »Meine Jugend, das Feuer der Leidenschaften, der Durst nach Ruhm, ja ... selbst die Neugier, kurz, ein geheimer Instinkt hat mich den Freuden der Ruhe entrissen. Die Befriedigung, meinen Namen in den Zeitungen zu lesen und dereinst auf den Blättern der Geschichte, hat mich verführt.«

Seine Gegner, an denen es ihm bis heute nicht mangelt, haben diese Sätze stets zitiert, wenn es galt, den großen Friedrich kleiner zu machen. Seine Anhänger dagegen haben sich schwer getan, sie zu verharmlosen. Immerhin stammten sie von einem Mann, der ein Jahr zuvor den »Antimachiavell« geschrieben hatte, eine Schrift, in der er sich gegen die Thesen des florentinischen Politikers wandte, wonach die Staatsnotwendigkeit jedes Mittel rechtfertige. Seine Verachtung hatte Friedrich darin jenen Fürsten entgegengeschleudert, die den Lorbeer des Krieges dem Ruhm vorzögen, den Güte, Gerechtigkeit und Nachsicht einbrächten. Gekrönte Räuber waren sie für ihn, mit Insignien geschmückte Verbrecher.

Man hat ihn deshalb einen Heuchler genannt. Was er nicht war. Heuchelei passt nicht zu einem Mann, der bis zum Exhibitionismus wahrheitsliebend war und sich selbst nie etwas vormachte, auch zu intelligent, um sich nicht der Problematik dessen bewusst zu sein, was er »sein abscheuliches Handwerk« nannte. In der Einleitung zu seinen »Denkwürdigkeiten« legte er zwei Jahre später ein Bekenntnis ab, das noch heute für alle jene zutrifft, die sich Politiker nennen.

»Wer in das Getriebe der großen europäischen Politik gerät«, schreibt er dort, »wird es schwer haben, seinen Charakter rein und makellos zu bewahren. Er ist ständig gefährdet, von seinen Verbündeten verraten und von seinen Freunden in Stich gelassen, von Missgunst und Eifersucht erdrückt zu werden. Und so steht er schließlich vor der schrecklichen Wahl, entweder sein Volk zu opfern oder sein Wort zu brechen. ... Wer seinen Vorteil nicht wahrnimmt, behielte vielleicht seine Tugend, müsste aber sehen, wie seine tugend*losen* Nachbarn immer stärker werden, er dagegen schwächer. Das alles ist gewiss nicht die Moral des normalen Bürgers, sondern die Moral der Fürsten, die aufgrund eines stillschweigenden Übereinkommens, bestärkt durch zahlreiche Beispiele aus der Geschichte, sich gegenseitig das Vorrecht verliehen haben, nur nach dem Gesetz des Eigennutzes zu handeln. Zu solchem Zweck dienen ihnen das Feuer und das Schwert, oder die List und die Intrige. ... Ich will die Staatskunst nicht verteidigen, ich will nur die Gründe darlegen, die jeden Fürsten zwingen, einer Praxis zu folgen, die den Betrug und den Missbrauch der Macht wie selbstverständlich bedingen.«

Schlesien zu besetzen kostete den König zwanzig Mann, zwei Offiziere und die Frau eines Dragoners, die beim Überqueren eines Flusses ertrank. Seine euphorische Stimmung über den raschen Erfolg steigerte sich angesichts des wohlwollenden Empfanges, den die Schlesier seinen Soldaten bereiteten. Da es ihnen wie vielen Einwohnern der damaligen Staaten recht gleichgültig war, wer sie gerade regierte beziehungsweise ausnutzte, sahen sie gelassen zu, wie die neuen Herren den doppelköpfigen Adler von den Amtsgebäuden rissen und ihren eigenen annagelten, meinten wohl auch, mit Galgenhumor: »Der hat nur einen Kopf und Kropf und wird nicht soviel in sich hineinstopfen.« Die Protestanten begrüßten die Besatzer sogar mit Jubel. Ihre Konfession war von den streng katholischen Habsburgern nicht zugelassen, und wer ihr dennoch anhing, wurde hart verfolgt.

Friedrich erlöste sie aus ihrer Gewissensnot, versäumte auch nicht, den Katholiken volle Glaubensfreiheit zuzusichern, hofierte sogar die Jesuitenpatres und sorgte durch die Androhung drakonischer Strafen dafür, dass seine Soldaten Haus, Hof und Töchter Schlesiens unberührt ließen. Von der Psychologie der Massen verstand er viel, und sein Einzug in die Hauptstadt Breslau geriet zur gekonnten Schaustellung,

VII Die Thronbesteigung des grossen Friedrich

in deren Mittelpunkt Friedrich stand, der strahlende Held: sitzend auf einem rassigen Pferd, angetan mit dem Galarock, geführt von vier riesenhaften Grenadieren, trotz des eisigen Windes ständig den Hut zum Gruß lüftend. Selbst die Bettler vor der Kirche grüßte er.

»Mein lieber Herr Jordan, mein guter Herr Jordan, mein allerleutseligster Herr Jordan«, schrieb er an den Freund nach Berlin, »ich melde deiner Heiterkeit, dass Schlesien so gut wie erobert ist.« Zwar hatten Glatz, Liegnitz, Glogau und Brieg ihre Torschlüssel nicht ausliefern wollen, auch die starke Festung Neiße hielt sich mit ärgerlicher Hartnäckigkeit, aber sie waren eingeschlossen, und man würde sie bei Gelegenheit berennen. Österreichs Feldtruppen waren buchstäblich über alle Berge, über das Grenzgebirge der Sudeten, das Schlesien von Böhmen und Mähren trennt. Ihre Generale hatten nicht damit gerechnet, dass jemand mitten im Dezember einen Feldzug anfing. Das war gegen die Spielregeln. Im Winter führte man keine Kriege. Im Winter lag man in Quartieren und wartete, bis Weg und Steg wieder passierbar waren. Die »Saison« begann erst im Frühjahr.

Schlesien gehörte also Friedrich. Er ahnte nicht, wie viele männermordende Schlachten er noch schlagen musste, bis es wirklich sein eigen war. Es würde mehr dazu nötig sein als die Ohrfeige, die der General Münchow dem Breslauer Stadtsoldaten gegeben hatte, als der ihm mit der Waffe den Weg versperren wollte.

Der König hatte die österreichischen Soldaten unterschätzt. Obwohl man ihn warnend darauf hingewiesen hatte, dass sie zwar nicht so schön ausgerüstet seien wie die preußischen, dafür aber schon Pulver gerochen hätten. Außerdem sei mit ihnen und ihrer gerechten Sache der Herrgott. Zu ihm hatte ihre oberste Kriegsherrin Maria Theresia unbestreitbar bessere Kontakte. Sie glaubte an ihn, was bei dem des Atheismus verdächtigen Friedrich zweifelhaft war, und sie wurde sich seiner

Gunst erneut bewusst, als sie Mitte März 1741 den so lange ersehnten Knaben zur Welt brachte. Auch die Wiener sahen es als ein Zeichen des Himmels an und zogen mit Transparenten vor die Hofburg, mit dem zu Herzen gehenden Reim: »Er kann's, unser lieber Franz.« Bisher waren es nämlich immer nur Mädchen gewesen, wofür das Volk den Lothringer verantwortlich gemacht hatte, der als Geizhals verschrien, wieder mal nicht alles gegeben habe.

DIE FLUCHT VOR DEM SIEG

Gegen Ostern kamen die Österreicher zurück. Mit Mann und Ross und Wagen gingen sie bei eisigen Schneestürmen über den im Winter für unpassierbar gehaltenen Pass von Zuckmantel, marschierten, nachdem sie die Ebene erreicht und die Festung Neiße entsetzt hatten, auf Brieg und Ohlau zu, wodurch die preußische Armee in die Gefahr geriet, getrennt und von ihren Nachschubbasen abgeschnitten zu werden. Den Gegner aufgrund genauer Ortskenntnisse durch geschickte Truppenbewegungen ins Leere laufen zu lassen, ihn auszumanövrieren, war ein wichtiger Bestandteil der Kriegsführung, wichtiger oft, als eine Bataille zu wagen, die allzu sehr vom Schlachtenglück abhing. Schon Wallenstein war der Meinung gewesen, dass seine Soldaten für eine Schlacht viel zu schade seien. Österreichs Generale beherrschten die Kunst des Manövrierens perfekt, nicht zuletzt deshalb, weil sie ihrem Wesen nach Zauderer waren. Neipperg, der sie diesmal befehligte, zögerte jedoch zu lange und gab den Preußen die Chance, sich der drohenden Umklammerung zu entziehen.

Friedrich war nicht nach Schlesien gekommen, um mit seinen Soldaten Gewaltmärsche zu üben, er wollte der Welt zeigen, dass sie mehr waren als bloße Exerziermarionetten. Er wollte eine Entscheidung. Am Morgen des 10. April, eines

VII Die Thronbesteigung des grossen Friedrich

kalten sonnigen Tages mit fast einem halben Meter Schnee auf den Feldern, ließ er sein Heer, nachdem er die Stellungen des Feindes erkundet hatte, aufmarschieren: die vier Kolonnen in zwei Linien mit dreihundert Meter Abstand, die Kavallerie auf den Flügeln, die Artillerie an der Spitze. Schulmäßig alles und wohl geordnet, doch stur nach dem Reglement und deshalb zeitraubend.

Die Österreicher, die in der Gegend um Mollwitz, einem Dorf unweit von Brieg, im Quartier lagen, wären zu überraschen gewesen. Sie waren gerade beim Abkochen und konnten erst in letzter Minute zum Sammeln blasen, ließen sich aber keineswegs nervös machen, sondern baten ihre Quartierwirte, das Feuer unter den Suppenkesseln nicht ausgehen zu lassen, sie müssten nur mal rasch dem *Feind* die Suppe versalzen.

Die Preußen waren inzwischen auf dem Marsch nach vorn, mit flatternden Fahnen und klingendem Spiel, sorgfältig auf den Gleichschritt achtend, in jenen eng geschlossenen Formationen, wie wir sie auf alten historischen Gemälden bestaunen können, eine Art des Angriffs, der bis zur Französischen Revolution bei allen Armeen üblich war. Es war ein Parademarsch in den Tod. Die Soldaten hatten, wenn sie in den Bereich des feindlichen Feuers gerieten, keine Möglichkeit, in Deckung zu gehen. Anders aber wären sie schwerlich an den Feind zu bringen gewesen. Ein großer Teil von ihnen bestand aus »unsicheren Kantonisten«, deren Kampfeifer durch die Offiziere geweckt und durch extra abgestellte Husarendetachements wachgehalten werden musste. Erst seit der Französichen Revolution – und das war ein entscheidender Schritt in der Militärgeschichte – schwärmten die Verbände beim Angriff in lockeren Schützenketten aus, was die Zahl der Toten und Verwundeten stark reduzierte. Die Soldaten kämpften nun für ihr Vaterland, und sie kämpften aus Überzeugung, nicht aus Zwang.

Der Optimismus der Österreicher schien sich zu bestätigen. Ihre Kavallerie, 36 Schwadronen stark, die Schwadron
zu etwa 1150 Reitern, attackierte in vollem Galopp. Eine ungeheuerliche Masse von Pferdeleibern, die einer Woge gleich
aufbrandete, alles hinwegschwemmend, was sich in den Weg
stellte. Die Reiter dabei nicht von Kühnheit getrieben, sondern
von dem eher banalen Umstand, dass ihre Pferde wegen des
feindlichen Artilleriefeuers durchgegangen waren. In den sich
entwickelnden Kämpfen Mann gegen Mann triumphierten sie
über die großen ungeschlachten preußischen Kavalleristen,
die von jenem Gardemaß waren, das der selige Soldatenkönig
geliebt hatte, und die auf entsprechend schwerfälligen Mähren hockten.

Sie alle flüchten in panischer Angst. Ihrem Führer, dem
General von der Schulenburg, wird das Pferd unter dem Leib
weggeschossen, ein Säbelhieb zerschlitzt ihm das Gesicht,
»sodass ihm das eine Auge halb am Backen heruntergehan-
gen« und inmitten dieses Chaos Friedrich, mit sich überschla-
gender Stimme schreiend: »Brüder! Kinder! Die Ehre eures
Landes!« Doch den Kindern ist in diesem Augenblick die Ehre
gleichgültig.

Ihrem König anscheinend auch. Er gibt die Schlacht verloren, schickt einen Boten mit einer entsprechenden Meldung an den Erbprinzen von Dessau, der das zweite Treffen
kommandiert, lässt dann, vom Feldmarschall Schwerin dazu
überredet, die Truppe in Stich und verschwindet mit seiner
Eskorte in Richtung Etappe.

Kurt Christoph von Schwerin atmet auf, nachdem er den
Mann losgeworden ist, der sich in Schlesien zum Rendezvous
des Ruhms treffen wollte. Sechsundfünfzigjährig, Pommer
von Geburt, im Pulverdampf der europäischen Schlachtfelder
ergraut, hoch dekoriert, Soldat mit Leib und Seele, dabei gebildet, auf dem Parkett zu Hause wie auf dem Exerzierplatz,
dieser Mann erkennt mit einem Blick, dass eine Armee nicht

VII Die Thronbesteigung des grossen Friedrich

verloren sein kann, deren Infanterie noch intakt ist. Er führt die Grenadiere, nachdem er ihnen Mut gemacht, über den von Leichen bedeckten Acker nach vorn und entscheidet so, bevor noch die Sonne gesunken ist, die Schlacht.

»Ich kann wohl sagen, mein Lebtag nichts Superberes gesehen zu haben, schrieb ein österreichischer Offizier kurz darauf in Resignation und Bewunderung. »Sie marschierten mit der größten Contenance und so nach der Schnur, als ob es auf dem Paradeplatz wäre. Das blanke Gewehr machte in der Sonne den schönsten Effekt, und ihr Feuer ging nicht anders als ein stetiges Donnergrollen.

Schwerin hatte eine Schlacht gewonnen – und einen Freund verloren. Den König. Dass er vom Schlachtfeld hinwegkomplimentiert worden war, konnte er ihm nicht verzeihen und auch nicht die Scham, die Verbitterung, den Zweifel, die Wut auf sich selbst, die er gewiss empfunden haben wird. Auch wenn der sonst so Red- und Schreibselige kein Wort hat verlauten lassen, was bei seiner überstürzten Flucht in ihm vorgegangen ist.

Um ein Haar wäre der Krieg in jener Nacht beendet gewesen und mit ihm die Karriere eines Mannes namens Friedrich. In rasendem Ritt hatte er Oppeln erreicht, das in preußischer Hand war. Wie er glaubte. Das ihm von den Wällen entgegenpeitschende Gewehrfeuer schien jedoch weniger auf Freund als auf Feind zu deuten. Es stammte von baranyaischen Husaren, die die Stadt kurz zuvor genommen hatten. Hätten sie gewusst, wer da am Tor Einlass begehrte, sie hätten nicht geschossen, sondern beide Flügel weit geöffnet – wie sie später, sich die Haare raufend, gestanden. Zwar fassten sie einige Begleiter des königlichen Detachements, der König selbst aber entkam auf seinem schnellen Pferd in Richtung Löwen.

In einer Wirtsstube am Marktplatz fand er dort, seit zwei Tagen und Nächten ohne Essen und Schlaf, Unterschlupf und ließ sich von der Witwe Pantzer eine Tasse Kaffee servieren. Da meldete sich der Leutnant von Bülow bei ihm – und Friedrich erfuhr, dass er vor seinem Sieg geflohen war.

Was Jupiter erlaubt ist

Die Schlacht von Mollwitz gehört zu jenen Kämpfen, bei denen der Sieger nicht weniger Verluste erlitt als der Verlierer. Etwa 4500 Mann an Toten, Vermissten und Verwundeten wurden auf beiden Seiten *registriert*, eine statistische Angabe, die nichts verrät von der Todesangst, dem Grauen und der Qual. Doch war es für Friedrich nur scheinbar ein Pyrrhussieg. Die militärische Lage hatte sich nicht entscheidend verändert – die feindlichen Kräfte waren ungebrochen, der ganze Feldzug keineswegs schon gewonnen –, politisch aber sah es jetzt anders aus.

Friedrichs Rechnung, dass es ihm nach dem Einmarsch an Verbündeten nicht fehlen würde, hatte sich als Fehlkalkulation erwiesen. Ratschläge, wonach Truppen und Taler für einen Krieg nicht genügten, sondern Alliierte genauso wichtig seien, waren von vornherein in den Wind geschlagen worden. Er hatte sogar erleben müssen, dass sich England, Russland, Holland, Sachsen trafen, um ihn, den Störer der europäischen *balance of power*, zu strafen. Nach dem Sieg von Mollwitz wurden sie anderen Sinnes. Das Bündnis zerbrach so schnell, wie es geschlossen worden war. Mit Verlierern wollte niemand etwas zu tun haben. England bemühte sich um einen Kompromiss zwischen den beiden Kontrahenten, Frankreich erkannte, dass es einträglicher war, statt Preußen, wie ursprünglich geplant, lieber Österreich aufzuteilen. Der »Vandalenkönig«, der »Marquis de Brandebourg« wurde über Nacht als Machtfaktor respektiert und als Bündnispartner umworben.

VII Die Thronbesteigung des grossen Friedrich

Lord Hynford und Marschall Belle-Isle meldeten sich im preußischen Hauptquartier, aber Friedrich ließ sie warten. Die Preise konnten nur steigen. Über das Angebot, gegen 2 000 000 Taler in bar und eine Erneuerung des Anspruchs auf Jülich-Berg sich aus Schlesien wieder zurückzuziehen, lächelte er. Auch drei Herzogtümer – Glogau, Schwiebus, Grünberg und ein Stück österreichischen Hollands – genügten ihm nicht. Schließlich schloss er mit Frankreich ab, nachdem ihm Belle-Isle im Auftrag des Premierministers Kardinal Fleury Niederschlesien garantierte und 40 000 Mann zu stellen versprach, die zusammen mit dem bayerischen Kurfürsten Karl Albert gegen Österreich marschieren würden.

Karl Albert wollte nun endlich die Kaiserkrone, mit Böhmen als Zugabe. Sachsen würde sich mit Mähren begnügen, Spanien mit den italienischen Besitzungen Habsburgs, Frankreich belohnte sich mit den Niederlanden und Luxemburg. Sie alle wollten die Früchte eines Unternehmens, das sie als Raub, Aggression, Bruch des Völkerrechts verdammt hatten, einer Untat, die ihnen umso verwerflicher erscheinen musste, weil sie zu unentschlossen gewesen waren, sie selbst zu begehen.

Von dem englischen Historiker George P. Gooch stammt das viel zitierte Wort, wonach der Überfall auf Schlesien zu den sensationellen Verbrechen in der Geschichte der Menschheit gehöre. Er fügte allerdings hinzu, und dieser Satz wird meist weggelassen, dass sittliche Überlegungen bei allen Herrschern des 18. Jahrhunderts eine geringe Rolle spielten. Der Preußenkönig befand sich demnach in bester Gesellschaft mit Ludwig XIV. von Frankreich, Karl XII. von Schweden, Peter dem Großen von Russland. Doch gab es anscheinend feine Unterschiede in der Bewertung. Gemäß dem lateinischen Sprichwort »*Quod licet Jovi, non licet bovi* – Was Jupiter erlaubt ist, ist dem Ochsen noch lange nicht erlaubt.« Friedrich war ein Emporkömmling, der Ochse in der Gesellschaft der etablierten Mächte.

Da die Deutschen in der Bewertung ihrer eigenen Vergangenheit nur die Extreme zwischen Beweihräucherung und Beschimpfung kennen, geriet auch der Einfall in Schlesien in dieses Muster. Den einen, die aus der preußischen Geschichtsschreibung einen Heroenkult machten, war das Jahr 1740 peinlich. Sie haben die Peinlichkeit mit Phrasen zuzudecken versucht, wonach alles geadelt werde durch die Weihe der Kraft, »und dass er [Friedrich] sich erwärmte an der heiligen Flamme der Vaterlandsliebe«. Für die anderen, die Friedrich konsequent den *so genannten* Großen nennen, gehört »Schlesien« zu den großen Sündenfällen der deutschen Geschichte, vergleichbar nur mit »Belgien« im Ersten und »Polen« im Zweiten Weltkrieg.

Derselbe Gooch jedoch, der den König der Preußen verurteilt, bringt gleichzeitig eine Begründung für den Angriff auf Schlesien. Friedrichs »Herrschaftsgebiete waren quer über Nordeuropa hin verstreut, vom Rheinland bis an die russische Grenze, und die Kernländer waren von den Außengebieten durch geschlossene Blocks fremder Territorien geschieden. Cleve, Mark und Ravensberg ließen sich nicht gegen Frankreich verteidigen, Ostpreußen nicht gegen Russland, und die Grenze Sachsens war nur 50 Kilometer von Berlin entfernt. Die Geographie seines Erbes, eines selbst für deutsche Verhältnisse einzigartigen Gebildes aus Stücken und Flicken, war das überzeugendste seiner Argumente.

Ein solcher Streubesitz schrie nach einer Änderung, und Schlesien bildete den ersten und wichtigsten Punkt im Konsolidationsprogramm. Eine andere Überlegung war die ungewöhnliche Armut seiner Erblande, die zum großen Teil aus Sand und Wald bestanden. Selbst die Energie seines Vaters hatte aus dem kleinen Staatswesen nicht die Erträge aufbringen können, die zur Gewinnung und Sicherung eines Platzes an der Sonne erforderlich waren. Es bestand dringender Bedarf an mehr Steuerzahlern, mehr Lebensmitteln, mehr Gewerbezweigen. Der patriotische Zweck, das war vorausgesetzt, musste die Mittel rechtfertigen.

›Friedrich der Große raubte Schlesien‹, bemerkte Bismarck zum älteren Billow, ›dennoch ist er einer der größten Menschen aller Zeiten.‹«

»Diese Hure von einer Königin«

Als der britische Historiker Morley die Biographie des Premierministers Robert Walpole schrieb, war er des Öfteren der Verzweiflung nahe: so konfus, so verwirrend erschien ihm die Politik im 18. Jahrhundert. Mit ihren Scheinabsprachen, Scheinverträgen, Wortbrüchen, den Verhandlungen der Diplomaten, die so kompliziert waren wie ergebnislos. Nicht einmal Carlyle, dem großen Kollegen, rief er aus, sei es gelungen, in diesem traurigen Geplänkel einen Sinn und eine Bedeutung zu finden.

Friedrichs Politik nach Mollwitz bildete hier keine Ausnahme. Das Bündnis mit Frankreich war geschlossen und die französische Armee vertragsgemäß zusammen mit der bayerischen marschiert. Karl Albert genoss im eroberten Linz Vorschusslorbeeren auf den Endsieg, in Wien hatte eine Massenflucht aus der Stadt eingesetzt, Maria Theresia in einer ergreifenden Rede die Ungarn um Hilfe angefleht, die Sachsen machten mobil. Nie war Habsburg in größerer Gefahr gewesen. Da kam dem Haus der rettende Engel in Gestalt des Satans – so jedenfalls musste es Maria Theresia vorgekommen sein.

Friedrich, urplötzlich von tiefem Misstrauen erfüllt gegenüber Frankreich, das allem Anschein nach nur darauf bedacht war, die Bündnispartner gegeneinander auszuspielen. Friedrich ließ über den englischen Gesandten mit Maria Theresia – die er gerade noch »diese Hure von einer Königin von Ungarn«

genannt hatte – Friedensverhandlungen aufnehmen. Sie fanden Anfang Oktober 1741 in dem bei Brieg gelegenen Schloss Klein-Schnellendorf statt, dessen Bewohner aus Gründen der Geheimhaltung für vierundzwanzig Stunden evakuiert wurden.

Die Abtretung Niederschlesiens bis zur Neiße gegen den ungehinderten Abzug der Armee Neippergs nach Mähren, so lautete der Handel. Da das von Preußen nicht sehr treu war gegenüber dem Bündnispartner Frankreich, inszenierte Friedrich, um ihn zu täuschen, Scheinbelagerungen und Scheingefechte. Er ließ aber auch den neuen Partner sofort wieder im Stich, nachdem die bayerisch-französische Armee überraschend Prag genommen hatte, denn dadurch geriet er in Gefahr, von der Jagdbeute ausgeschlossen zu werden.

Doch aus den Gejagten wurden durch die freigewordenen Neippergschen Truppen und die magyarischen Reiter plötzlich Jäger. Die Franzosen und die Bayern traten einen keineswegs geordneten Rückzug an. Der Preußenkönig nahm die Gelegenheit dankbar wahr für eines seiner gefürchteten Bonmots. Diesmal verglich er Bayerns Feldmarschall Graf Törring, einen völligen Versager, mit einer Trommel: man höre nur von ihm, wenn er geschlagen werde.

Allerdings hatte Törring mit allem allein fertig werden müssen. Sein Herr, der Kurfürst Karl Albert, hatte an den Kämpfen um sein Heimatland nicht teilnehmen können, da er in Frankfurt mit den Vorbereitungen zur Krönung beschäftigt war. Dabei hatten sich seine Bauern so tapfer gegen die Eindringlinge gewehrt. Dass er an *dem* Tag gekrönt wurde, da der Feind in München einmarschierte, gehört zur Ironie, die sich die Geschichte gelegentlich leistet. Die Vivats, die das Volk Karl VII., wie er sich jetzt nannte, ausbrachte, klangen dünn, weil, wie es sein Kammerdiener begründete, »das teutsche Geblüt eben einen französischen Kaiser [einen von

VII Die Thronbesteigung des grossen Friedrich

Frankreichs Gnaden] nit leiden könne«. Den siebten Karl störte das nicht. Er war so stolz auf seine neue Würde. Auch das böse Wort, das die Wiener auf ihn gemünzt hatten, ertrug er mit kaiserlich-bayerischer Ruh'. »*Et Caesar et nihil*«, lautete es, »Cäsar sowohl als auch ein Nichts«.

Clausewitz, dem Philosophen und Praktiker des Krieges, fiel kein anderer Feldzug ein, bei dem die Strategie derart mit Politik durchsetzt war wie im Ersten Schlesischen Krieg. Franzosen, Sachsen, Preußen, Bayern nannten sich Verbündete, aber das Einzige, was sie verband, war das Bemühen, die eigenen Kräfte zu schonen und andere die Kastanien aus dem Feuer holen zu lassen. Die französischen Soldaten, Helden unter dem fähigen Belle-Isle, wurden unter dem neuen Oberbefehlshaber Broglie, einem starrsinnigen Greis, zu Hasen. Sachsens August brach jede noch so wichtige, über das Geschick Tausender entscheidende Beratung ab, wenn ihm der Beginn der Oper gemeldet wurde. Und Friedrich war der Auffassung, dass ein König von Preußen sich nichts befehlen lassen dürfe, sondern immer nur zu befehlen habe. Uneinigkeit, Unfähigkeit, Untreue wohin man blickte.

Den Preußen vor allem ging es darum, den Krieg zu beenden. Sie hatten ihn vom Zaun gebrochen, er hatte sich über die Grenzen Europas nach Übersee ausgedehnt (wo es Frankreich und England um die Vorherrschaft auf den Meeren und in den Kolonien ging), ihnen begann er über den Kopf zu wachsen. Die Silberfässer Friedrich Wilhelms hatten sich geleert. Niederschlesien konnte nach einem Jahr Besatzung keinen Reiter, keinen Grenadier mehr ernähren. Mähren, das zweite Quartier, war ebenfalls ausgepowert. Da Maria Theresia nicht bereit war, sich den Frieden um den Preis von Schlesien zu erkaufen, konnte nur ein Kraftakt den gordischen Knoten lösen: Friedrich wollte eine Schlacht!

Die »Heldenäcker« von Chotusitz

Er bekam sie bei Chotusitz, einem etwa 80 Kilometer südöstlich von Prag gelegenen Dorf. Auf jeder Seite standen zwischen 25 000 und 30 000 Mann, wobei Friedrich zumindest bei der Kavallerie unterlegen war. Gerade seine Reiter aber sollten hier ihre Schmach bei Mollwitz vergessen machen, wo sie, nach des Königs Worten, nicht gut genug gewesen waren, vom Teufel geholt zu werden. Seitdem war ihnen in Hunderten von Exerzierstunden beigebracht worden, wie sie eine Attacke zu reiten hatten: in starkem Trab, aufgeschlossen *en muraille,* »zu einer Mauer«, mit Knieberührung, die letzten zweihundert Schritt in vollem Galopp, den Degen als einzige Waffe benutzend.

Ihren Offizieren wurde bei infamer Kassation, bei unehrenhafter Entlassung, befohlen, sich nie attackieren zu lassen, sondern stets zuerst anzugreifen. Die Erfahrung hatte gezeigt, dass ein stehender Kavallerieverband jedem Angriff rettungslos ausgeliefert war. Der siebzigjährige General Buddenbrock (einer jener Männer, die Friedrich damals vor dem Jähzorn des Vaters gerettet hatten) beherzigte die Regel mit seinen Kürassieren und warf die feindlichen Schwadronen über den Haufen. Die Reiter entschieden die Schlacht allerdings nicht. Nach geglücktem Stoßangriff vermochten sie sich nicht wieder zu formieren.

Die Entscheidung brachte wieder einmal die Infanterie. Die einundzwanzig hinter einer Bodenerhebung in Reserve gehaltenen Bataillone gelangten in den Rücken des Feindes und zwangen ihn zu überstürztem Rückzug. Die Möglichkeit, ihn durch energische Verfolgung zu vernichten, nutzte Friedrich nicht. Aus Ritterlichkeit und um die bedauernswerte »Königin von Ungarn« – nie hat er Maria Theresia anders tituliert – nicht zu sehr zu demütigen. Sagte er. Aus Schwäche, denn sein »erster eigener« Sieg war allzu teuer erkauft worden. Sagten die Österreicher.

Er brauchte neun Morgen Ackerland, von einem Bauern auf fünfundzwanzig Jahre gepachtet, um die Gefallenen zu begraben und die Pferdekadaver zu verscharren. Friedrich-Bewunderer Thomas Carlyle machte sich etwa hundert Jahre später auf, um die »Heldenäcker« zu suchen, fand aber nichts, was auf sie hindeutete, es sei denn der in einem bestimmten Gebiet vorherrschende »fettere Boden«.

»So ist denn Dein Freund zum zweiten Mal in einem Zeitraum von dreizehn Monaten Sieger«, schrieb Friedrich an Jordan, aber der innere Triumph, der aus jeder Zeile spricht, lässt eher an den verstorbenen Vater als Adressaten denken. »Wer würde vor ein paar Jahren prophezeit haben, dass der Jünger Jordanscher Philosophie, Ciceronischer Rhetorik und Baylescher Dialektik auf dieser Welt die Rolle des Kriegers spielen würde? Wer hätte gedacht, dass sich das Schicksal eines Poeten bedienen würde, um das System Europas umzustürzen und die Berechnungen der Könige von Grund aus zu verrücken?«

Eine Entscheidungsschlacht war Chotusitz nicht. Wie überhaupt die Feldzüge des 18. Jahrhunderts nichts entschieden haben, denn sie waren samt und sonders keine Vernichtungskriege. Sie lieferten nur die besseren Trümpfe für die Friedensverhandlungen. Maria Theresia, die geschworen hatte, nie auf Schlesien zu verzichten und koste es sie den letzten Untertan, war im Vertrag von Breslau (28. Juli 1742) zum Verzicht bereit.

Friedrich besaß nun Schlesien, eine Provinz mit rund anderthalb Millionen Einwohnern, einem Steueraufkommen von vier Millionen Talern im Jahr und so groß wie der dritte Teil Preußens. Das alles hatte ihn 20 000 Tote, Verwundete, Desertierte gekostet, fünf Millionen Taler Kriegskosten und seinen guten Ruf. Niemand traute einem Herrscher mehr, der die Fronten wechselte wie seine Hemden. Frankreich, der Verbündete, Nicht-mehr-Verbündete, Wieder-Verbündete war ein weiteres Mal im Stich gelassen worden, musste Böhmen räumen, und um die Jahreswende 1742/43 ergaben sich die letzten in Prag zurückgelassenen französischen Soldaten.

Aus der guten Presse, die Friedrich II. bei seiner Thronbesteigung in fast allen europäischen Hauptstädten gehabt hatte, waren Schmähschriften geworden. Notorisch unseriöse Politiker wie der Kardinal Fleury fanden, dass man die Unseriösität auch übertreiben könne. Man war nicht wegen der Vertragsbrüche empört, sondern über die Art, wie die Verträge gebrochen wurden. Die Intellektuellen verübelten ihm noch nicht einmal das. Sie waren eher bekümmert, dass er Paris, die Bastion des Fortschritts, zugunsten Wiens, eines Horts der Reaktion, im Stich gelassen hatte. Selbst Voltaire schüttelte tadelnd den Kopf.

Der Preußenkönig war zu temperamentvoll, diese Vorwürfe hinzunehmen und sich damit zu trösten, dass es gefährlich sei, unter Schuften kein Schuft zu bleiben, wie er früher einmal gemeint, und man die Täuscher täuschen müsse. In Briefen, Flugschriften, diplomatischen Noten trat er die Flucht nach vorn an, versuchte, sich zu rechtfertigen.

Voltaire war für ihn nicht nur Freund, sondern Propagandist, denn er beherrschte einen Großteil der europäischen öffentlichen Meinung, und wenn die Intelligenz den Preußenkönig liebte als eine Galionsfigur der Aufklärung, dann war das nicht zuletzt sein Verdienst. Voltaire erhielt einen Brief, in dem der König sein Verhältnis zu Frankreich darlegte.

»Wir haben ein Bündnis geschlossen«, schrieb er, »wie andere Leute einen Ehevertrag schließen: ich versprach Kriege zu führen, das hieß, dass ich die Begierde meiner frisch Angetrauten zu befriedigen versprach. Doch wie in der Ehe die Leidenschaft der Frau oft stärker ist als die Kraft des Mannes, so mag im Krieg die Schwäche des einen Partners zur Last des anderen werden, die er eines Tages nicht mehr erträgt. Und um den Vergleich konsequent zu Ende zu führen: wenn ein

Mann hinlängliche Beweise für die Untreue seiner Gemahlin zu haben glaubt, wird ihn nichts daran hindern, sich scheiden zu lassen.«

Ludwig XV. spielt Feldherr

Friedrich wünschte sich einige Jahre Frieden, damit der Staat sich festige. Er ahnte, dass es ein bloßer Wunsch war, denn Maria Theresia hatte in Breslau nur nachgegeben, weil man ihr das Messer an die Gurgel gesetzt. *Ihr* Friede konnte nur ein Waffenstillstand sein. Sie hatte Schlesien *und* die Kaiserkrone für ihr Haus verloren, und man kannte sie inzwischen gut genug, um zu wissen, dass sie sich damit nicht abfinden würde.

Die Entwicklung schien Friedrich anfangs Recht zu geben. Der Österreichische Erbfolgekrieg, den er ausgelöst hatte durch seinen Einmarsch in Schlesien und der weiterging, sah Habsburg bald überall in der Offensive. England, anfangs darauf bedacht, die Balance zwischen Wien und Berlin zu wahren, entschied sich für Habsburg. Denn wenn Österreich Frankreich schlug, war Frankreich auch in Übersee geschlagen. Georg II., der bestgehasste Onkel aus England, besiegte persönlich mit einer aus Hannoveranern, Hessen und Engländern bestehenden Armee die Franzosen am 17. Juni 1743 bei Dettingen am Main und signalisierte Maria Theresia, dass die Freude, eine Provinz wiederzubekommen, noch größer sein werde als der Schmerz, sie verloren zu haben.

Kaiser Karl VII., der gekrönte Landstreicher, wie er in bitterer Selbstironie von sich selber sprach, floh durch die Lande und musste sich von Frankreich aushalten lassen. Holland, Sachsen und Sardinien schlossen sich in Worms einem Bündnis an, das die schon zu Grabe getragene Pragmatische Sanktion, die Unteilbarkeit der habsburgischen Kronländer, wiederbeleben sollte.

Friedrich entschloss sich zum Handeln und das bedeutete für ihn, einen Krieg vorzubereiten. Wollte man eine Chance haben, ihn zu gewinnen, musste es wieder ein Überraschungskrieg sein. Diesmal jedoch war er bestrebt, sich einen Verbündeten zu sichern. Er ließ in Versailles anklopfen. Der Treubruch von Breslau war noch in frischer Erinnerung, aber die Gefahr, dass man seinen Gesandten die Treppe hinunterwerfen würde, bestand nicht.

Man war nicht nachtragend in dieser Hinsicht. Außerdem leitete nicht mehr der greise Fleury die Politik, sondern Ludwig XV., ein König, den wir weniger aus der Historie als aus der Sittengeschichte kennen. Er war der Geliebte der Pompadour und der Dubarry und der Besitzer eines Harems blutjunger Mädchen, »Hirschpark« genannt. Damals hieß seine Favoritin Marie Anne de Chateauroux, und da Madame den König gern einmal als strahlenden Krieger erlebt hätte, war das Schutz- und Trutzbündnis bald geschlossen.

Als die Österreicher mit 70 000 Mann über den Rhein setzten, um sich Lothringen wiederzuholen, das sie während der polnischen Thronwirren abgetreten hatten, nur um Stanislaw Leszczynski für den Verzicht auf Polens Krone zu entschädigen, in diesem Moment war der *casus belli* gegeben. Die Preußen marschierten, weniger um der Bündnispflicht nachzukommen als um Maria Theresia die Lust, Schlesien zurückzuholen, ein für alle Mal auszutreiben. Denn immer noch brach sie in Tränen aus, wenn sie einen Schlesier sah. Friedrich begründete seinen Schritt diesmal nicht mit der Existenz eines wohlgefüllten Staatsschatzes, einer schlagfertigen Truppe und eines lebhaften Temperaments, er war klüger geworden und bediente sich der in solchen Fällen üblichen Phraseologie.

»Seine Majestät«, ließ er verlautbaren, »greife zu den Waffen, um dem Reiche die Freiheit, dem Kaiser die Ehre und Europa den Frieden zu bringen.«

VII Die Thronbesteigung des grossen Friedrich

Am 17. August 1744 rückten die Preußen nach Böhmen ein, aber bereits eine Woche später mussten sie erfahren, dass die Österreicher, die man im Elsass und in Lothringen gebunden glaubte, in Eilmärschen heranrückten. Die französische Armee war unfähig, sie daran zu hindern. Ihr Oberbefehlshaber Ludwig schien die Strapazen eines Feldzugs unterschätzt zu haben und musste sich in Metz todkrank ins Bett legen. Eine allgemeine Verwirrung war die Folge. Jedermann intrigierte, aber niemand kommandierte. Der Friedenspartei zum Beispiel war es jetzt am wichtigsten, die Krankheit des Monarchen auszunutzen, um die Chateauroux loszuwerden. Der Bischof von Soissons drohte mit den Qualen der Hölle, wenn Ludwig ihr nicht entsage. Der Vielgeliebte entsagte gern. Marie Anne war dem schwachen, phlegmatischen Mann durch ihren Ehrgeiz des Längeren lästig gewesen. Er genas durch die Künste eines Quacksalbers und bestieg, vom Kriegstheater gelangweilt, die Kutsche nach Versailles.

»Der Arme Mann im Tockenburg«

In Wien war man empört, als man vom Einmarsch Friedrichs nach Böhmen erfuhr. Franz Stephan war derart zornig, dass er diesen Menschen ohne Treue, ohne Ehre, ohne Religion zu zermalmen versprach, »um ihn für alle Zukunft außerstande zu setzen, sich furchtbar zu machen«. Mit anderen Worten: er wünschte den Oberbefehl. Maria Theresia schauderte bei dem Gedanken. Nicht so sehr, weil sie um sein Leben fürchtete, sie sorgte sich um das Leben ihrer Soldaten. Im letzten Türkenkrieg hatte er sich, von der Jagdleidenschaft getrieben, im Walde verirrt, und seine Taten als Generalissimus waren von ähnlicher Qualität. Später, im Siebenjährigen Krieg, lieferte er Heeresmaterial und Lebensmittel an alle Krieg führenden Parteien. Unter seinen Kunden war auch sein Todfeind: Friedrich.

Maria Theresia hat ihrer Schwester bekannt, wie hart es ihr angekommen sei, ihn von seinem Lieblingsplan abzubringen. Es ist ein Brief, aus dessen Zeilen ihr Humor schimmert, ihr Charme und ihre Raffinesse. »Nun nahm ich meine Zuflucht zu unseren gewöhnlichen Mitteln, den Liebkosungen, den Tränen; aber was vermögen diese über einen Gatten neun Jahre nach der Hochzeit! Auch bei diesem besten Gatten der Welt erreichte ich nichts. Endlich geriet ich in meinen Zorn, und der hat mir so gute Dienste getan, dass er und ich krank geworden sind.«

Der späte Herbst des Jahres 1744 bescherte der Kriegsgeschichte ein klassisches Beispiel, wie man einen Feldzug gewinnt, ohne eine einzige Schlacht geschlagen zu haben. Traun hieß der Mann, dem das Meisterstück gelang. Er war Berater Karls von Lothringen, des österreichischen Heerführers, und er beriet ihn so gut, dass Friedrich in einer Mischung aus Resignation und Respekt gestand, gegenüber dem Marschall Traun sei er sich vorgekommen wie ein Schüler gegenüber seinem Lehrer. Der Marschall beherrschte die Kunst des Manövrierens vollendet und tat Friedrich nicht den Gefallen, sich zu einer Schlacht zu stellen, so oft sie ihm auch angeboten wurde.

Er wusste, dass eine Armee aus einem einzigen riesigen Bauch bestand, und dass sie versagen musste, wenn dieser Bauch nicht gefüllt wurde. Während er mit seiner Hauptmacht sich immer wieder hinter Sümpfe, Teiche, Wasserläufe, Wälder oder auf Höhenzüge zurückzog, führte er kurze schnelle Schläge gegen die Magazine des Feindes. Angelegt in einem Abstand von etwa fünf Tagesmärschen wurde in ihnen vor allem Getreide, Mehl, Brot, Fleisch (in Kriegszeiten gab es pro Kopf bis zu einem Kilo in der Woche) und das Futter für die Pferde gelagert. Die Straße der Magazine erstreckte sich von der preußischen Grenze durch das nur den Buchstaben nach neutrale Sachsen bis nach Prag. Eine lange Strecke, die

VII Die Thronbesteigung des grossen Friedrich

mangels Truppen nur notdürftig geschützt wurde. So ging ein
Proviantlager nach dem anderen verloren, die Brottransporte
konnten die Elbe nicht mehr passieren, ganze Wagenzüge fielen in Feindeshand.

Die Preußen entschlossen sich zum Rückzug, gaben Prag
auf, Tabor, Budweis und quälten sich mit Mann und Ross und
Wagen über grundlose Straßen heimwärts. Wie bitter hart
ein solcher Marsch dem einfachen Mann wurde, geht aus der
Schilderung des Schweizers Ulrich Bräker hervor, den man
mit Gewalt unter die Soldaten gesteckt hatte.

»Jeder war gebündelt wie ein Esel« schrieb er, »erst mit
einem Degengurt umschnallt, dann die Patronentasche über
der Schulter mit einem fünf Zoll langen Riemen; über die andere Achsel der Tornister mit Wäsche und so weiter bepackt;
item der Habersack mit Brot und anderer Furage gestopft.
Hiernächst musste jeder noch ein Stück Feldgerät tragen: Fla-
sche, Kessel, Haken oder so was, alles an Riemen; dann erst
noch eine Flinte, auch an einem solchen. So waren alle fünf-
mal kreuzweis über die Brust geschlossen, dass anfangs jeder
glaubte, unter solcher Last ersticken zu müssen.« Noch ihre
Urenkel glaubten das, und ein Zivilist musste kommen und
den Militärs zeigen, wie sich die Last besser verteilen ließ:
Rudolf Virchow, der weltberühmte Arzt.

Und überall und nirgends tauchten die Schwärme der ungarischen Husaren auf. Wie Zentauren mit ihren Pferden ver-
wachsen, erbarmungslose Einzelkämpfer, tapfer und tollkühn,
griffen sie ständig an, ohne sich einem Angriff zu stellen. Der
ganze schwerfällige Tross mit seinen sechzig Packpferden pro
Regiment (für die Zelte), den Packkaleschen, Extrareitpferden
der Offiziere, den Kommandeurchaisen, Munitionswagen, Mar-
ketenderkarren, Viehherden, Pontons, Feldbäckereien geriet
in Gefahr.

Die Furagekommandos kamen mit leeren Händen aus
den Dörfern zurück. Die katholischen Böhmen waren weni-

ger freundlich als damals die protestantischen Schlesier. Sie hatten ihre Vorräte vergraben, zündeten die Heuschober an, hielten sich in den Wäldern verborgen und meldeten jede Bewegung der gehassten Preußen den österreichischen Offizieren. Hunger griff um sich und Seuchen breiteten sich aus. Die Maroden wurden auf die leeren Karren gepfercht, und wenn abends die Wagenburgen zusammengeschoben wurden, hoben die Fuhrknechte die Massengräber aus.

VA BANQUE

Die Leute begannen zu murren, führten die Befehle widerwillig aus, schließlich begannen sie wegzulaufen. Zu Dutzenden erst, dann zu Hunderten, zu Tausenden. Auf 15 000 bis 17 000 schätzte man die Zahl der Deserteure. Das ganze Elend einer Armee offenbarte sich, in deren Reihen viele Soldaten standen, die mehr Angst vor ihren Offizieren hatten als vor ihren Feinden. Außerdem war jeder Dritte unter ihnen, wenn auch ein Deutscher, so doch kein Preuße und verfuhr nach dem Motto »Wes Brot ich ess', des Lied ich sing'.« Nun aber war kein Brot mehr da.

»Wir haben keine Armee mehr«, schrieb der Oberpräsident Münchow, »was wir haben, ist nichts als ein Haufe Menschen, noch beieinandergehalten durch die Gewohnheit und die Autorität der Offiziere; und diese Offiziere selbst sind alle missvergnügt, viele von ihnen in verzweifelter Lage; es bedarf nur der geringsten Schlappe oder der Fortsetzung des Krieges in dieser Jahreszeit, um es zu Meutereien unter den Soldaten zu bringen.«

Die Serie des Unheils riss nicht ab. Der französische Marschall Belle-Isle, seit jeher leidenschaftlicher Fürsprecher Preußens in Versailles, wurde, als er auf dem Weg nach Berlin hannoveranisches Gebiet passierte, gefasst und nach England

VII Die Thronbesteigung des grossen Friedrich

verschleppt. Das sei, so der preußische Gesandte, schlimmer als eine verlorene Schlacht, und Ludwig XV., der beim Überfall auf Schlesien über Friedrich gesagt hatte: »*Cet homme là est fol!* Dieser Mensch ist verrückt!«, begann sich abzusetzen. Am Oberrhein postierte er lediglich ein Korps. Und es starb, achtundvierzigjährig, Karl VII. Erst auf dem Sterbebett bewies er Format, indem er die Pfarrer der bayerischen Gemeinden anwies, sie möchten von den Kanzeln verkünden: »Seine Majestät bittet die lieben und getreuen Untertanen um Verzeihung. Der Drangsal wegen, die Seine Majestät über sie gebracht.«

Preußen selbst geriet in eine ernste Staatskrise. Die Wiederaufrüstung der angeschlagenen Truppe hatte fünfeinhalb Millionen Taler gekostet – Schuhzeug, Sättel, Zelte, Uniformen, Gewehre, alles musste erneuert werden. Die Schulden wuchsen derart, dass der König im eigenen Land nicht mehr kreditwürdig war. Die Berliner beobachteten, wie das gesamte Silbergerät, darunter der aus massivem Silber gearbeitete Chor der Kapelle, angeschafft von Friedrich Wilhelm I. als letzte Reserve für Zeiten größter Not, nachts aus dem Schloss getragen und mit Kähnen zur Münze transportiert wurde.

Dem allgemeinen Defätismus trat der König durch harte disziplinarische Maßnahmen entgegen, die besonders das Offizierskorps betrafen (»Ich will keine timiden [ängstlichen] Offiziere haben; meritieren nicht, in der preußischen Armee zu dienen.«), und durch Appelle, die pathetisch klangen, hinter denen aber mehr stand als bloßes Pathos. Standhaftigkeit im Unglück, zäher durch nichts zu brechender Widerstandswille, das ganze phänomenale Reservoir an seelischer Kraft, das eine Welt im Siebenjährigen Krieg mit Grausen und Bewunderung erfüllen sollte, zeigten sich zum ersten Mal bei diesem erstaunlichen Menschen.

»Seid überzeugt, dass wir Schlesien behalten, oder ihr werdet nur unsere Gebeine wiedersehen«, sagte er.

Und: »Lernt von einem Mann, dass man dem Unglück, das da kommt, eine Stirn von Erz entgegensetzen muss.«

Er erinnerte an Maria Theresia, die nicht verzweifelte, als ihre Feinde vor Wien standen – es störte ihn nicht, dass er selbst zu ihnen gehört hatte – und fragte: »Ihr wolltet nicht den Mut dieser Frau haben? Jetzt, da wir noch keine Schlacht verloren haben?«.

In einer gefährlichen Vermischung der Interessen seines Hauses mit denen seines Landes, deren Bewohner erst zu lernen begannen, dass es *ihr* Land war, verkündete er: »Entweder will ich meine Macht behaupten, oder alles soll untergehen und alles, was Preußisch heißt, mit mir begraben werden. Was der Feind auch unternimmt, wir werden ihn besiegen, oder wir werden uns niederhauen lassen für das Heil des Vaterlands, für den Ruhm der Dynastie.«

»Antikischer Heldensinn« spreche aus diesen Worten, haben Preußens Historiker gemeint, und so suspekt uns solche Prädikate heute erscheinen mögen, nicht anders haben die römischen Feldherrn ihre Legionäre vor der Schlacht angesprochen, wohl wissend, wie wichtig die Macht des Wortes in solchen Situationen war.

Was Friedrich jetzt vorhatte, hieß, ein hohes Spiel zu spielen, ein Grund übrigens, warum Bismarck bei aller Verehrung der große Friedrich nicht geheuer war, denn ein Politiker, meinte er, dürfe nie alles auf eine Karte setzen.

Die Falle

Friedrich wusste, dass die österreichische Armee die Chance, die sich durch den katastrophalen Rückzug der Preußen aus Böhmen bot, nützen wollte. Ihre Offiziere waren siegestrunken und davon überzeugt, dem Gegner diesmal den Rest zu geben. Überläufer bestätigten ihre Zuversicht: die preußischen

VII DIE THRONBESTEIGUNG DES GROSSEN FRIEDRICH

Soldaten seien demoralisiert, ihre Ausrüstung mangelhaft, ihre Führer kriegsmüde. Sie hätten nicht einmal genügend Leute, um die Pässe zu sperren. Und dass sie die Straßen nach Breslau ausbesserten, beweise ihre Rückzugspläne vollends: große Kontingente seien schon auf dem Marsch in Richtung Oder.

Die Überläufer waren bezahlte Agenten, die Truppenbewegungen Scheinmanöver, die Straßenbauarbeiten bewusste Täuschung – alles dazu bestimmt, einen Gegner glauben zu machen, was er glauben wollte. Der große Bluff war von Friedrich bis ins letzte Detail inszeniert. Und als in den Nachmittagsstunden des 2. Juni die preußischen Vorposten riesige Staubsäulen sichteten, seit Urzeiten das untrügliche Zeichen anrückender Heeresverbände, ritt er befriedigt zurück in sein Hauptquartier. 65 000 Österreicher und Sachsen waren, nachdem sie die Gebirgspässe der Sudeten ungehindert überschritten hatten, aus den Vorbergen heraus in das Gebiet zwischen Hohenfriedeberg und Pilgramshain geströmt, eine weite Ebene, die der überlegenen Taktik der preußischen Verbände die besten Voraussetzungen bot.

»Wir haben sie dort, wohin wir sie haben wollten«, sagte Friedrich zu seinen Generalen.

»Es gibt keinen Gott mehr im Himmel, wenn wir diese Schlacht nicht gewinnen«, sagte Prinz Karl von Lothringen, der auf dem Galgenberg den Mittagstisch hatte decken lassen, um von dort aus den Anblick seiner Truppen zu genießen.

Der Marschall Traun, der geniale Zauderer, saß nicht mehr neben ihm. Maria Theresia hatte ihm ein, wie sie glaubte, wichtigeres Kommando anvertraut: den Schutz der alten Reichsstadt Frankfurt, wo die Krönung ihres Mannes Franz Stephan vorbereitet wurde. Der Lothringer begab sich am Abend in sein luxuriös eingerichtetes Zelt und legte sich in dem beruhigenden Gefühl nieder, dass ihm, wenn es hoch kam, nicht mehr als 40 000 Preußen gegenüberstanden, die noch dazu völlig arglos schienen, denn ihre Wachtfeuer bei Schweidnitz brannten »wie sonsten«.

Es waren aber 60 000, und die Feuer von Schweidnitz brannten zwar, doch die Zelte dahinter waren leer. Die Preußen näherten sich in lautlosem Nachtmarsch – die Trommeln waren in Decken gehüllt, die Räder der Geschütze mit Stroh umwickelt – und griffen im Morgengrauen den linken Flügel an, der von den Sachsen gebildet wurde. Sie wurden nach tapferem Widerstand zersprengt, zerschlagen, zur Flucht gezwungen. »Die braven Sachsen«, meinte Karl, der den Gefechtslärm falsch deutete, »sie greifen Striegau an.« Und blieb im Bett. Gegen sechs Uhr weckte man ihn. Man weckte einen Geschlagenen. Ein Wunder, dass es ihm noch gelang, seine Truppen zu formieren. Die Preußen gerieten, als sie sich dem Zentrum zuwandten, in Schwierigkeiten. In dem mörderischen Ringen setzte sich Friedrich an die Spitze dreier Bataillone und nahm mit ihnen die feindlichen Artilleriestellungen. Ein König, der seine Truppen unter Einsatz seines Lebens ins Feuer führt, das war ein höchst ungewohnter Anblick.

Die Schlacht war jedoch erst entschieden, nachdem die Bayreuther Dragoner mit ihren zehn Schwadronen eingegriffen hatten, bei »dem verwegensten, glänzendsten und erfolgreichsten Angriff, zu dem je eine Reitergruppe ins Blachfeld gesprengt ist«. Die Dragoner, ursprünglich als Truppe entwickelt, um die Feuerkraft des Infanteristen mit der Schnelligkeit des Reiters zu vereinen, saßen auf nicht sehr schnellen, aber ungemein ausdauernden Holsteinern. Das Regiment warf in einem einzigen wilden Ansturm zwanzig sich verzweifelt wehrende österreichische Bataillone zurück.

Um acht Uhr früh war der Sieg errungen. Um den Preis von 900 Gefallenen und 4700 Verwundeten. Von den verbündeten Österreichern und Sachsen dagegen wurden 7000 Mann gefangen genommen, 9000 getötet oder verwundet. Ein Sieg, den Friedrich seltsamerweise dem lieben Gott zuschrieb, einer

VII Die Thronbesteigung des grossen Friedrich

höheren Macht, an die er sonst nicht zu glauben vermochte. Hohenfriedeberg war ein strategischer Geniestreich, über den die Kriegsgeschichtler aller nationalen Schattierungen heute noch ins Schwärmen geraten. Allerdings: die Feinde waren geschlagen, aber nicht vernichtet, und sie über die Pässe nach Böhmen hinein zu verfolgen, wagte er, der bösen Erfahrungen eingedenk, nicht.

»Annemarie ist todt gehauen«

Solche Verfolgung des Gegners bis zum letzten »Hauch von Ross und Mann«, auf die sich Napoleons Strategie gründete, wäre mit den militärischen Mitteln des 18. Jahrhunderts nicht möglich gewesen: dazu war das Ganze zu schwerfällig. Und der Einzelne zu unzuverlässig – selbst im Falle eines Sieges, denn auch dann war die Ordnung aufgelöst und die Gelegenheit, sich abzusetzen, günstig.

Den vom König ersehnten guten Frieden und die lange Ruh' brachte Hohenfriedeberg nicht. Ehe es dazu kam, waren zwei weitere Treffen notwendig. Das eine fand bei Soor statt, einem Dorf im nordöstlichen Böhmen, und sah die Preußen in einem engen Tal gefangen »wie in einem Schnupftuch, dessen Zipfel man nur zusammenzubinden brauchte«. Dass es dem Feind nicht gelang, war Friedrichs Verdienst, der in aussichtsloser Lage kühl und kühn handelte, statt abzuziehen, wie man erwartet hatte, die Flucht nach vorn ergriff und attackierte. Der Kunst zum Hohn, wie es später hieß, denn er ließ seine Kavallerie bergan angreifen. Doch auch so viel Aberwitz hätte nichts genützt, wenn nicht auf der anderen Seite Befehlshaber gestanden hätten, deren Arroganz nur noch von ihrer Unfähigkeit übertroffen wurde. Und auch die ungarischen Husaren machten, wie schon des Öfteren, lieber Beute, als dass sie Befehle ausführten.

Friedrich wurde nicht besiegt, aber gesiegt hatte er auch nicht, dazu waren die Verluste zu hoch und der Triumph, das Feld behauptet zu haben, allzu billig. Zwar schrieb er die Siegesmeldung: »Die Österreicher sind total geschlagen; ein andermal ein mehreres.« Aber daran glaubte er selbst nicht recht, wie er denn später mit der gewohnten Selbstkritik eingestand, eigentlich eine Niederlage verdient zu haben. Zu haarsträubend waren die Fehler, das eigene Lager nicht gesichert zu haben, die Höhen auf der rechten Flanke unbesetzt zu lassen, die Truppen durch ständige Entsendungen an andere Grenzen zu schwächen. Zu jener Meldung benutzte er übrigens einen Bleistiftstummel und eine aus seinem Taschenbuch herausgerissene Seite. Viel mehr hatten ihm die wilden Magyaren nicht gelassen. Alles, was ihm das Leben im Feldquartier erträglich machte, war ihnen in die Hände gefallen: die Wäsche, die Kleider, die Bücher des Horaz, Vergil, Voltaire, Montesquieu, seine Flöten, die Schnupftabakdosen, die Pferde, die Windspiele – und sein Sekretär, der Herr Eichel, der schon unter seinem Vater selig gedient und das Protokoll im Kronprinzenprozess geführt hatte. Er gehörte zu den seltsamen Vertrauten Friedrichs, über die noch zu reden sein wird. Bei Soor geriet er in Gefangenschaft, war aber geistesgegenwärtig genug, die geheimen Papiere während des Transports ins gegnerische Hauptquartier zu vernichten.

»... und bin ich in der Suppe bis über die ohren gewesen«, schrieb Friedrich kurz darauf an Fredersdorf nach Berlin, in jener Sprache, die man an seinem Hof, nach Voltaire, normalerweise nur mit Pferden und Soldaten sprach. »Sistu wohl, mihr thut Keine Kugel was! ... Meine ganze Equipage zum Teufel, Annemarie [ein Pferd] ist todt gehauen, der Champion muss auch todt sein; Nun ist die Campagne gewiss vorbei ... Der gute brave Wedell ist todt; Albert auch [Bruder seiner Frau], ist nicht viel verloren.«

VII Die Thronbesteigung des grossen Friedrich

So wenig ihn Albert bekümmerte, umso mehr erregte ihn Biche. Biche war ein Hund, genauer gesagt eine Hündin von der Rasse der italienischen Windspiele. Sie gehörte wie Eichel zu den Kriegsgefangenen, wurde aber früher als er entlassen. Die höheren Herren untereinander blieben, Krieg hin, Krieg her, meist nobel, und persönlich hatten sie ja auch nichts gegeneinander. Zu den Hunden fühlte sich Friedrich im Laufe seines Lebens immer mehr hingezogen. Entsprechend der Erkenntnis, wonach jemand, der die Menschen – zu gut – kennen gelernt habe, nur noch die Tiere lieben könne.

Die bis zu fünfunddreißig Zentimeter großen, nur vier bis sechs Pfund wiegenden Windspiele mit einer Taille von der Stärke eines Handgelenks waren ständig um ihn, durften in seinem Bett schlafen, die Seidentapeten zerkratzen, wurden von den Lakaien mit Sie angeredet (»Arsinoë, bitte, bellen Sie nicht so.«). Nach ihrem Ableben bestattete man sie feierlichst unter Steinplatten neben der Terrasse von Sanssouci, dort, wo auch der nachmalige Alte Fritz sein Grab wünschte, es aber nicht bekam.

Er bevorzugte Hündinnen, was ihm die Nachrede einbrachte, das sei nicht zu verwundern. Mit anderen Worten: er habe etwas mit ihnen »gehabt«. Dass man weibliche Tiere bevorzugt, weil sie im Allgemeinen intelligenter sind als Rüden, vor allem anhänglicher – eine für den Einsamen wichtige Eigenschaft –, ließ der Klatsch nicht gelten.

»Herrgott, helf mich!«

Nach der Schlacht von Soor zog sich der Sieger nach Schlesien zurück, und der Besiegte besetzte das alte Lager, als sei nichts geschehen. Ein Vorgang, der ein bezeichnendes Licht auf die damalige Kriegsführung wirft. Maria Theresia war schockiert, dass die Nachricht von der neuerlichen Niederlage in die Feierlichkeiten hineinplatzte, mit denen ihr Franzl in Frankfurt zum Kaiser gekrönt wurde. Der Schock aber verging rasch und konnte ihren Willen nicht lähmen, den Krieg gegen den »leibhaftig gewordenen Teufel« fortzuführen. Ohne das Juwel Schlesien taugte die ganze Krone nichts. Schlesien war ihr Trauma. Sie, die als Einzige unter den Herrschern Europas die Grundsätze des Rechts zur Richtschnur hatte, fühlte sich in ihrem Rechtsempfinden durch Friedrichs Tat zutiefst verletzt. Auch rein materiell war der Verlust dieser Provinz »unverschmerzlich«. Er verkleinerte darüber hinaus den deutschen Anteil des habsburgischen Machtgebildes und würde den Einfluss der slawischen Länder stärken.

Wenn ihre eigenen Truppen nicht mehr kampfwillig waren, die Sachsen waren es und auch bereit zum Krieg. Ihrem König, August III., winkten als Beute jene preußischen Gebiete, die sein Kurland mit seinem Kronland, mit Polen, verbinden würden. Die Österreicher sollten Preußens Heer in Böhmen festhalten, später in Richtung Spree und Oder marschieren, die Sachsen direkt nach Brandenburg vorstoßen und den Krieg bis vor die Tore Berlins tragen, während die Russen an den Grenzen zu Preußen 10 000 Mann marschbereit hielten.

Der Plan war fein gesponnen und kam doch an die Sonnen, wie es im Sprichwort heißt. Die Politiker waren damals so redselig wie heute und ihre Wichtigtuerei größer als ihre Verschwiegenheit. Graf Brühl, schon unter August dem Starken die entscheidende Figur am Dresdner Hof, ein habgieriger, unberechenbarer und vor allem maßlos eitler Mensch – in seinen Kleiderschränken lagen 300 Perücken, was Friedrich zu der Bemerkung veranlasste, das sei ein wenig viel für einen Mann ohne Kopf –, Brühl erzählte unter dem Siegel strenger Geheimhaltung alles dem schwedischen Gesandten Wulfwenstierna. Wulfwenstierna erzählte es seinem Berliner Kollegen Rudenschöld, und Rudenschöld erzählte es dem König Friedrich.

VII Die Thronbesteigung des grossen Friedrich

»Soll ich denn nie Ruhe haben können!«, rief er, der die Ruhe seinerzeit gründlich gestört hatte, aus. »So zu leben ist kein Leben.«

Er ließ den Dessauer marschieren. Mit dem Befehl, erst dann anzugreifen, wenn die Österreicher den als neutral geltenden Boden Sachsens betraten. Sie taten es bald. Der Alte aber zauderte und zögerte. Er marschierte nicht, er kroch, und die Gefahr wuchs, dass Sachsen und Österreicher sich vereinigten. Friedrich beklagte sich über »Euer Liebden Saumseligkeit« und beschuldigte ihn der Sabotage, wenn er schrieb: »Sie gehen so langsam, als wenn Sie sich vorgenommen hätten, mich aus meiner Avantage [Vorteil] zu setzen, und weil diese Sache ernsthaft seindt, so rate ich Ihnen, solche mit mehr Vigueur [Nachdruck] zu tractiren, sonsten sehe mir gezwungen, zu Extremitäten zu schreiten, die ich gern evitiren [vermeiden] wollte.«

Der Alte, nun fast siebzigjährig und seit einem halben Jahrhundert dort, wo die Luft eisenhaltig war, kampferprobt, narbenbedeckt, manövrierte, wie er es gelernt hatte, stur nach dem Reglement und betrachtete alle, die es anders hielten, einschließlich Friedrich, für gefährliche Neuerer. Der Fürst mochte den König nicht, und der König konnte den Fürsten nicht leiden, wohl weil er ihn allzu sehr an seinen Vater erinnerte. »Er hat viele große, aber wenige gute Eigenschaften«, sagte er vom Dessauer.

Seine Briefe erzeugten bei dem alten Eisenfresser Verbitterung, Zorn und Trotz. Er war jetzt in der Stimmung, den Feind in der Hölle aufzusuchen, und er tat es bei Kesselsdorf, südlich von Dresden, wo er mit seinen Männern einen eisbedeckten Hang hinauf gegen eine aus vierunddreißig Geschützen bestehende sächsische Batterie anstürmte. Von jenem Gebet beflügelt, das er vor versammelter Front gesprochen hatte: »Herrgott, helf mich, und wenn du das nich willst, dann helf wenigstens die Schurken, die Feinde, nich, sondern siehe zu, wie es kommt. Amen.«

Der liebe Gott verhielt sich weisungsgemäß, Leopold siegte, den Mantel von Geschossen durchlöchert, damit ein weiteres Mal die Legende bestätigend, wonach er kugelfest sei, und meldete seinem obersten Kriegsherrn triumphierend, er habe die Posaunen von Sodom ertönen lassen. Womit er die von Jericho meinte, bei deren Klang bekanntlich alle Mauern brachen. Friedrich hatte Format genug, allen Hader zu vergessen und den alten Mann noch auf dem Schlachtfeld zu umarmen.

KEINE KATZE MEHR ANGREIFEN

Maria Theresia, die sich von ihrem Gott, dem sie felsenfest vertraut hatte, verlassen fühlte, erklärte sich nun bereit, mit Friedrich Frieden zu schließen. Sie tat es schweren Herzens und schlechten Gewissens und glaubte, sich wegen ihrer Kapitulation entschuldigen zu müssen. Sie, die sechzehn Kinder gebar, schrieb: »... wie dann, sofern nicht allzeit gesegneten Leibes gewesen, mich gewiss niemand aufgehalten hätte, selbst diesem meineidigen Feind entgegenzutreten.«

Tränenüberströmt schickte sie den Grafen Harrach als Unterhändler nach Dresden. Ein Auftrag, der den Grafen in zornigem Pathos ausrufen ließ: »Die Augen möcht ich mir aus dem Kopf reißen aus Verzweiflung, derjenige zu sein, welcher mit eigener Hand die Ketten schmieden soll zur immer währenden Knechtschaft unserer erhabenen Kaiserin.«

Friedrich war an Ketten nicht gelegen. Er hatte bereits die geschlagenen Sachsen milde behandelt, ihnen lediglich, zum Ärger des Siegers von Kesselsdorf, eine Million Taler Kontribution abgefordert. Von den Österreichern verlangte er die Anerkennung der Annexion Schlesiens und erklärte sich seinerseits bereit, dem »Mann der Königin von Ungarn« nachträglich seine Stimme zur Kaiserwahl zu geben. Das alles

VII Die Thronbesteigung des grossen Friedrich

wurde unterschriftlich bestätigt am Weihnachtstag zu Dresden im Jahre 1745.

Der Mann, der von den Berlinern mit überschwänglichem Jubel empfangen wurde, war ein anderer als jener, der vor fünf Jahren zum Rendezvous des Ruhmes ausgezogen war. Er genoss den Jubel und war stolz, dass er vor sich selbst bestanden hatte. Er dachte an den Vater, der ihn aus dem Grabe heraus hatte auslachen wollen, wenn er versagen würde. Aber er wusste jetzt, wie hoch der Preis des Erfolges war.

Aus jenen Tagen ist uns ein Gespräch überliefert, das er mit dem Sekretär des französischen Botschafters führte. Darget fragte ihn, ob er, nachdem er der Held Deutschlands geworden sei, nicht auch der Friedensbringer Europas werden wolle.

Friedrich antwortete: »Das ist mir eine zu gefährliche Rolle. Wäre mir das Glück nicht geneigt gewesen, ich stünde heute als ein Monarch ohne Thron da und mein Volk würde grausam unterdrückt.« Darget zweifelte daran, dass Maria Theresias Verzicht auf Schlesien ihr wirklich heilige Verpflichtung sei.

Friedrich: »Die Zukunft steht nicht in menschlicher Macht. Was ich erobert habe, habe ich, mögen die anderen es bewahren. Ich werde von nun an keine Katze mehr angreifen, es sei denn, um mich zu verteidigen. Ich will endlich leben und leben lassen. Was eigentlich sind wir armen Menschenkinder, dass wir dauernd Pläne schmieden, die so viel Blut kosten?«

VIII SANSSOUCI ODER DIE RUHE VOR DEM STURM

DAS LUSTSCHLOSS AUF DEM WEINBERGE

1750 entschloss sich Voltaire, dem Ruf Friedrichs endlich zu folgen und nach Berlin zu gehen. Er hatte in Cirey am Grabe seiner Geliebten, der Marquise du Châtelet, gestanden, dem weinenden Marquis, ihrem Mann, sein Beileid ausgesprochen und den jungen Offizier umarmt, dem Madame das Kind geboren, an dessen Geburt sie gestorben war. Rokoko. Die Fesseln der »Minerva von Cirey« hielten ihn nun nicht mehr. Als ihn der Herzog von Richelieu fragte, was um der Musen willen ihn denn veranlasse, Versailles, den Mittelpunkt der Welt, mit Potsdam, diesem Albtraum aus dem Sand, zu vertauschen, gab der Dichter statt einer Antwort eine Schilderung: »Ich komme an, er empfängt mich, die faszinierenden blauen Augen, das gewinnende Lächeln, der verführerische Klang seiner Stimme, sirenengleich, fünf Schlachten hat er gewonnen, seine Konversation, Freiheit, im Umgang Gleichberechtigung, tausend Aufmerksamkeiten – alles das hat mir den Verstand verrückt.«

So hatte er Friedrich bei seinen ersten Besuchen erlebt, so hoffte er ihn wiederzufinden. Er wurde nicht enttäuscht. Man führte seine Stücke auf, die »Zaire«, den »Mahomet«, die »Mérope«, verlieh ihm den *Pour le mérite,* gewährte ihm 5000 Taler jährlichen Ehrensold. An der abendlichen Tafelrunde stand er neben seinem Gastgeber im Mittelpunkt, und er gestand später, nirgendwo in Europa eine so geistreiche Unterhaltung erlebt zu haben, so viel Esprit, so viel funkelnden Witz und, höchstes Lob eines Franzosen, eine so gute Küche.

VIII Sanssouci oder Die Ruhe vor dem Sturm

»Ein großer Herrscher bis zur Mittagsstunde«, schrieb er über seinen Gastgeber, nachdem er dessen Tagesablauf erlebt hatte, »am Nachmittag Schriftsteller ersten Ranges, dann Philosoph voll edlen Dranges und abends göttlich bei der Tafelrunde.«

Nun, für einen erstrangigen Schriftsteller hielt er ihn gewiss nicht. Gönnerhaft berichtete er seiner Nichte, wie er sich bemühte, des Königs Werke ein wenig abzurunden, später sprach er sogar von »schmutziger Wäsche«, die er ewig zu waschen habe. Was er an Friedrich wirklich bewunderte, war etwas anderes: da saß ein nachlässig gekleideter zierlicher Mann, der über die Welt, die Götter und die Menschen tiefgründig zu diskutieren wusste und gleichzeitig den Mut besaß, an der Spitze eines Kürassierregiments gegen eine Feuer speiende feindliche Batterie anzureiten, einer, der Verse schrieb und Schlachten schlug, etwas, was man sonst nur aus fernen Sagen kannte.

Die Kulisse der Begegnung des Königs mit dem Philosophen bildete ein bei Potsdam gelegenes Gartenschloss, das Knobelsdorff, man möchte fast sagen nach den Träumen seines Herrn gebaut hatte. Während der Schlesischen Kriege schon hatte er den schreibfaulen Baumeister wegen der kleinsten Kleinigkeiten malträtiert. »Sanssouci« nannte er es, weil er hier ohne Sorgen leben wollte, und ahnte nicht, dass er es einmal »Centsoucis-Hundertsorgen« nennen würde. Das 97 Meter lange, 15 Meter tiefe einstöckige Gebäude wurde auf einem 20 Meter hohen Hügel errichtet, von wo aus man einen weiten Blick hatte auf die herbe Schönheit des Havellands.

Die ganze Anlage war mit ihren hängenden Gärten ein berückendes Gebilde friderizianischen Rokokos: das Dach blau, die Fassaden rot, dem ewig grauen Himmel der Mark Trotz bietend; im Innern seine Lieblingsfarben Blasslila, Hellrosa, Zartblau, verschwebendes Grün, gebrochenes Silbergrau; die Bibliothek aus Zedernholz mit den Ornamenten aus Goldbronze, die Statuen und Büsten aus der berühmten Sammlung des Kardinals Polignac, der »Betende Knabe« auf der obersten Terrasse.

»Der Morgensonne erster Strahl, bricht golden sich im Spiegelsaal«, schwelgte begeistert der Bauherr. »Sechsfach seht Ihr der Erde Grund sich schichten, doch sanfte Stufen lassen euch entfliehn ins Laubrevier, ins hundertfält'ge Grün, wo Stamm und Strauch zum Labyrinth sich dichten.« Rheinsberg aus den seligen Tagen der Jugend wieder auferstehen zu lassen, dazu diente das *Lustschloss auf dem Weinberge* nicht zuletzt.

In diesem Haus bewohnte Voltaire eines der schönsten Zimmer, und wenn er aus dem Paradies vertrieben wurde, lag es nicht an seinem Gastgeber. Der Philosoph war, wie viele Künstler, von der nicht unberechtigten Furcht besessen, eines Tages arm und einsam seine Tage beschließen zu müssen. Deshalb galt es zu ernten, solange die wetterwendische Gunst der Großen währte. Er versuchte auf jede Weise, sein Einkommen zu erhöhen, war dabei nicht wählerisch und bediente sich der Hilfe dubioser Kaufleute. Wie der des Geldverleihers Abraham Hirschel, der in seinem Auftrag für 40 000 Taler Spekulationsgeschäfte mit sächsischen Steuerkassenscheinen tätigte.

Am Ende stand ein Prozess Voltaire kontra Hirschel, mit den üblichen gegenseitigen Vorwürfen des Betruges, der Unterschlagung, der Fälschung. Der damals 22 Jahre alte Lessing, für Voltaire als Dolmetscher bei Gericht tätig, kommentierte ihn mit dem bissigen Epigramm: »Und kurz und gut, den Grund zu fassen, warum die List dem Juden nicht gelungen ist, so fällt die Antwort ungefähr: Herr Voltaire war ein größerer Schelm als er.«

Friedrich war, im Gegensatz zu den späteren teutschnationalen Sittenrichtern, weise genug, Talent und Charakter voneinander zu trennen und nicht zu erwarten, dass ein Philosoph so lauter sei wie seine Philosophie. Er schrieb ihm einen deutlichen Brief und bewahrte ihm seine Zuneigung.

»… muss ich Ihnen mitteilen, dass Sie sehr an den Unrechten gekommen sind, wenn Sie die Passion haben, Ränke und Intrigen zu spinnen. Ich hoffe, Sie werden keine weiteren Streitigkeiten … haben. Derartige Dinge hinterlassen ihre Flecken, die Sie selbst mit den Gaben des geistreichsten Mannes von Frankreich nicht tilgen können. Ich schreibe Ihnen diesen Brief mit dem groben gesunden Menschenverstande eines Deutschen, der da sagt, was er denkt. Ihre Sache ist es, daraus eine Lehre zu ziehen.«,

»Himmlischer Voltaire, bitte für uns!«

Voltaire zog keine Lehre daraus, sondern war bald in neue Intrigen verwickelt. Diesmal mit einem Landsmann, dem Präsidenten der Akademie, Maupertuis, auf den er seit langem eifersüchtig war. Zwei Franzosen in Berlin bedachten sich, zum Vergnügen der Einwohner, gegenseitig mit Schmähreden, anonymen Briefen und Pamphleten, wobei Voltaire als der Witzigere die Oberhand zu behalten schien, am Ende aber unterlag, denn ein Angriff auf den Akademiepräsidenten, das hatte er nicht bedacht, war ein Angriff auf den König.

Der griff nun mit dem ganzen Temperament des Sanguinikers selbst ein, indem er sich als Verfasser eines polemischen Flugblattes betätigte. Für Maupertuis, versteht sich. Schließlich ließ er Voltaires Schmähschriften höchst dramatisch durch Henkershand öffentlich verbrennen. Kleinliche Schikanen waren vorausgegangen, so die Kürzung der voltaireschen Zucker- und Kaffeerationen, Maßnahmen, die der Philosoph damit beantwortet hatte, dass er selbst bei Tageslicht die Wachskerzen anzündete.

Er hatte sich in jenen Tagen ein kleines Wörterbuch für den Umgang mit Großen zusammengestellt, das seine Gültigkeit über die Zeiten hinweg bewahrt hat. »Mein Freund« wird darin übersetzt mit »Mein Sklave«, »Ich werde Sie glücklich machen« mit »Ich werde Sie dulden«, »Kommen Sie heute Abend zum Essen« mit »Ich werde meinen Ärger an Ihnen abreagieren« und so fort.

Die Freundschaft wurde vollends getrübt, als man Voltaire hinterbrachte, der König habe ihn mit einer Zitrone verglichen, die man auspresse und wegwerfe. Nächtelang sann er über diesen furchtbaren Vergleich nach, beschloss endlich, seinen Abschied zu fordern, um, wie er sich wehleidig ausdrückte, wenigstens die Schale der Zitrone zu retten. Man ließ ihn ziehen. Mit der gleichen beleidigenden Selbstverständlichkeit wie damals in Versailles, als Ludwig XV. geäußert hatte: »Ein Narr mehr am preußischen Hofe, einer weniger an meinem.«

Auf der Reise nach Paris kam es in Frankfurt zu einem Zwischenfall. Der dortige preußische Resident forderte ihm gemäß königlicher Weisung den *Pour le mérite* ab, den Kammerherrnschlüssel und einen Band friderizianischer Poesie, betitelt »*Œuvres du Philosophe de Sanssouci*«. Das Bändchen wurde trotz strenger Durchsuchung nicht gefunden und der Dichter daraufhin festgenommen. Er protestierte, fiel in Ohnmacht, tobte, ein öffentlicher Skandal war die Folge. Die Sturheit und der Übereifer des Residenten ließen den Zwangsaufenthalt sich über fünf Wochen hinziehen.

Tant de bruit pour une omelette – so viel Lärm um nichts? Für Friedrich nicht. Er war selbstkritisch genug, um zu wissen, dass mit seiner hausgemachten Poesie kaum Unsterblichkeit zu gewinnen war. Doch wie sehr er sonst das Urteil des Publikums verachtete, auf diesem Gebiet war er empfindlich. Er stellte sich vor, wie man sich in den Pariser Salons an den Gedichten des königlichen Poeten höhnisch ergötzte: wie schief doch diese ewigen mythologischen Bilder seien, wie *ri-*

VIII Sanssouci oder Die Ruhe vor dem Sturm

dicule das ganze allegorische Brimborium, wie entlarvend die ständigen Anleihen bei der Antike, die hinkenden Versfüße, mit einem Wort, dilettantisch, Philisterpoesie, ohne eine Spur von Originalität.

Das bewusste Bändchen fand sich schließlich in einer aus Leipzig nachgesandten Kiste des voltaireschen Gepäcks und wurde beschlagnahmt. Ein Jahr darauf erschien ein anderes Buch, das nicht aus dem Verkehr gezogen werden konnte, so gierig wurde es überall in Europa verschlungen. Es hieß *»Idée de la cour de Prusse«* und schilderte das Leben am Hofe Friedrichs aus der Perspektive des Schlüssellochs. Voltaire hat bis zu seinem Lebensende geleugnet, die Schrift verfasst zu haben. Doch die von den Literaturwissenschaftlern gesammelten Beweise sind erdrückend: es war ein Racheakt. Goethe nannte sie »das Muster aller Schandschriften.«

Wer mit Affen spiele, werde bisweilen gebissen, meinte Friedrich nun erbittert und dass dieser Mann seinem Geist nach ein Gott sei, seinem Charakter nach aber ein Schuft, und man aus seinen Schurkereien ein Lexikon zusammenstellen könne. Sie sahen sich nie wieder, doch wie manche Liebespaare konnten sie nicht miteinander leben, aber auch nicht ohne einander. Die Korrespondenz erstreckte sich über 42 Jahre und erlosch erst mit dem 1778 erfolgten Tod des Philosophen. »Niemand hat Philosophie und Literatur respektabler gemacht«, hatte Voltaire in seinen letzten Tagen immer wiederholt, wenn die Rede auf den König von Preußen kam. Und Friedrich schrieb ihm eine Gedenkrede, die in einer Sondersitzung der Akademie der Wissenschaften zu Berlin verlesen wurde. Für ihn war ein Genie dahingegangen, wie es in Äonen nur einmal erscheint. Er pries sich glücklich, dass es ihm vergönnt sei, im Jahrhundert Voltaires leben zu dürfen.

»Hätte er nicht mehr getan, als … für die Sache der Gerechtigkeit und Toleranz einzutreten, würde er schon einen Ehrenplatz in der kleinen Zahl der wahren Wohltäter der Mensch-

heit verdienen.« Und er rief, geradezu gotteslästerlich, aus:
»Himmlischer Voltaire, bitte für uns!«

DIE ENTFÜHRUNG DER BARBARINA

Voltaires Stücke waren in den Hauptrollen mit den Prinzen
des Hauses besetzt worden. In dem von Knobelsdorff neu erbauten Opernhaus nahe den Linden beschäftigte Friedrich nur
Professionals, oder, wie er sich im Zusammenhang mit den
weiblichen Ensemblemitgliedern ausdrückte, »rechte Huren,
die mit Geist zu spielen wissen«. Sein Ehrgeiz war es, mit der
pompösen Dresdner Oper zu konkurrieren, die selbst Versailles in den Schatten stellte. Wie bei seinen Regierungsgeschäf-
ten mischte er sich in alles lebhaft ein, wählte die Stücke aus,
überwachte die Proben, änderte die Kostüme.

Die Sänger und Sängerinnen hatten Ordre zu parieren. Wer
sich für indisponiert hielt oder Launen zeigte, wurde von der
Wache auf die Bühne geschleppt. Das frei geborene Künstler-
volk aber ließ sich nichts gefallen. Man stritt sich mit dem
königlichen Intendanten herum, revoltierte, protestierte oder
verschwand einfach bei Nacht über die nahe sächsische Grenze. Wie die Ballettmeister Lani und Poitier. Der Tänzer La-
voir feuerte seine Pistole auf den Soldaten ab, der ihn daran
hindern sollte, zu »kündigen«. Man sieht das Lächeln unserer
Intendanten, wenn Friedrich klagte, dass es leichter sei, einen komplizierten politischen Vertrag auszuhandeln als eine
Opernaufführung hochkarätig zu besetzen.

Am widerspenstigsten erwies sich Barbara Campanini, genannt die Barbarina, eine Primaballerina, deren Schönheit größer war als ihr Talent. Ihren Vertrag mit der Berliner Oper
wollte sie nicht erfüllen, sondern zog es vor, sich in Venedig
von zwei englischen Liebhabern, einem Neffen und seinem
Onkel, aushalten zu lassen. Friedrich beantragte beim vene-

VIII Sanssouci oder Die Ruhe vor dem Sturm

zianischen Senat, die Dame auszuliefern. Als man ihn abschlägig beschied, nahm er den gerade durch Berlin reisenden Botschafter Venedigs in London als Geisel. Die Tänzerin wurde nun in einer geschlossenen Chaise unter Bewachung nach Berlin gebracht. Von Herberge zu Herberge verfolgt von Lord Mackenzie, dem Neffen, der rasch noch seinen eifersüchtigen Onkel im Duell niedergeschossen hatte, die Geliebte aber nicht befreien konnte.

Die Barbarina kam, sah, siegte und bot dem Berliner Publikum neben ihrer Kunst ihre Starallüren. Friedrich bezahlte sie hoch, höher als seine Minister, zog sich bei den Hofmaskenbällen in ihr Séparée zurück, und als sie noch mehr Gage wollte, befahl er sie nach Charlottenburg. »Wenn Ihre schönen Augen bezahlt sein wollen, so müssen Sie sich zeigen«, schrieb er in einem für ihn sonst ungewohnten Ton. War sie seine Mätresse oder diente sie ihm nur als Alibi, um der Welt zu zeigen, dass er eine Frau, wenn sie ihm gefiel, wohl zu »konsumieren« wusste? Voltaire meinte dazu tückisch, der König sei zweifellos verliebt gewesen in Madame Barberine – »weil sie Männerbeine hatte«.

FRIEDRICH DER GROSSE – DEM STRAFGESETZ VERFALLEN?

In der erwähnten Schrift über das Privatleben des Preußenkönigs wurde er deutlicher. »Wenn Ihre Majestät angekleidet waren, widmete Sie sich für einige Augenblicke der Sekte des Epikur. Sie ließ zum Kaffee zwei oder drei Günstlinge kommen, Leutnants des Leibregiments, Pagen, Heiducken oder kleine Kadetten. Wem ein Taschentuch zuflog, der blieb eine Weile mit dem König allein.«

Die Beschuldigung, Friedrich sei homosexuell gewesen, wurde nur zu gern geglaubt. Hier war ein Mensch, der in Sanssouci wie der Abt eines Klosters lebte, sich mit Männern umgab, nur junge, gut aussehende Kammerhusaren, Läufer, Lakaien beschäftigte, sich die Frauen, einschließlich seiner eigenen, vom Leibe hielt und selbst bei offensichtlichen sexuellen Verbrechen tolerant blieb. Was seine Randbemerkung im Falle eines der Sodomie angeklagten Kavalleristen zur Genüge bewies, die lediglich aus den Worten bestand »Das Schwein zur Infanterie versetzen«.

Voltaire war der erste, der von dem homosexuellen König der Preußen sprach. Ein Gerücht entstand, das sich hartnäckig hielt wie alle Gerüchte, noch dazu immer wieder genährt wurde. Vom Oberkonsistorialrat Büsching zum Beispiel. Von Formey, dem Sekretär der Akademie der Wissenschaften. Vom Leutnant von Kaltenborn in seiner anonymen Schrift »Briefe eines alten preußischen Offiziers, verschiedene Charakterzüge Friedrichs des Einzigen betreffend«. Noch in den zwanziger Jahren unseres Jahrhunderts kursierte in Deutschland ein Flugblatt mit der balkendicken Überschrift: »FRIEDRICH DER GROSSE – DEM STRAFGESETZ VERFALLEN?« Der hannoveranische Arzt Ritter von Zimmermann, der den König während seiner letzten Krankheit behandelt hatte, kam mit einer neuen Version. Er berichtete, der hohe Patient sei wegen eines venerischen Samenflusses, also eines Trippers, den er sich in wilden Dresdner Nächten geholt, operiert und dabei durch die Ungeschicklichkeit des Operateurs verstümmelt worden. Jedenfalls habe er sich wie ein Eunuch gefühlt. Um seine von diesem Zeitpunkt datierende Impotenz zu begründen, habe er bewusst den Anschein zu erwecken gesucht, er sei andersartig.

Voltaire, Büsching, Formey, Kaltenborn, Zimmermann und andere haben etwas behauptet, aber keiner von ihnen hat etwas bewiesen. Fest steht nur, dass sie alle einen Grund hatten, dem König übel zu wollen: sei es aus Rache, aus Antipathie oder bloßer Wichtigtuerei. Trotz der Fadenscheinigkeit

VIII SANSSOUCI ODER DIE RUHE VOR DEM STURM

der Anwürfe hat es an Ehrenrettern aller Art nicht gefehlt. Preußens größter Monarch ein Homosexueller oder ein Eunuch, das rührte an den Stützen von Thron und Altar, an der Weltordnung überhaupt.

Dessen schienen sich bereits die drei Kompaniechirurgen des I. Bataillons Garde bewusst gewesen zu sein, denen die Waschung der Leiche Friedrichs überantwortet wurde. In ihrem Bericht heißt es: »Wir sind hierdurch in Stand gesetzt worden, vor der ganzen Welt die ungegründeten Nachrichten, so auf bloßes Hörensagen sich stützten, geradezu zu widerlegen, indem des Hochsel. Königs äußerliche Geburtsteile gesund, und nicht verstümmelt, von uns vorgefunden wurden. Die beiden Hoden waren ohne den geringsten Fehler in ihrer natürlichen Lage gegenwärtig; der Samenstrang ohne die mindeste Verhärtung oder Ausdehnung bis zum Eingange des Bauchringes zu fühlen; die männliche Rute hatte eine natürliche Größe.«

In unserem Jahrhundert hat sich die Psychoanalyse eingehend mit dem Fall Friedrich beschäftigt. Ausgehend von der – widerlegten – Behauptung einer Verstümmelung kamen einige ihrer Vertreter zu dem Ergebnis, dass der Patient seine Kriege nur deshalb geführt habe, um zu beweisen, dass er ein Mann sei, wobei er seine Aktionen bewusst gegen die »rasenden Weiber« in Europa gerichtet habe, wie er die Zarin Elisabeth, Maria Theresia und die Pompadour, Ludwigs XV. einflussreiche Mätresse, nannte. Das klingt interessant, ist aber weit hergeholt.

Man ging daran, den König nachträglich auf die Couch zu legen: seine Flöte, so kam dabei zutage, sei nichts anderes als ein Penissymbol und das Flötenspiel eine Art ins Musikalische sublimierte Homosexualität. Wie auch der Trieb, sich eine Sammlung von einhundertunddreißig kostbaren Tabakdosen zuzulegen und die Ringe mit den Riesenbrillanten an den Fingern eindeutig auf seine Veranlagung hinweisen würden.

Friedrichs Enthaltsamkeit gegenüber dem weiblichen Geschlecht ließe sich auch auf einfachere Weise erklären.

»Ich liebe zwar die Frauen, aber ich bin ein unbeständiger Liebhaber«, schrieb er als zwanzigjähriger aus Ruppin. »Ich will von ihnen nur das Vergnügen, und auf das Vergnügen folgt die Verachtung.« Was einigermaßen normal klingt für einen jungen Mann. In der frühen Rheinsberger Zeit führte er ein Eheleben wie jeder andere Flitterwöchner, wandte sich dann jedoch immer stärker von der ihm aufgezwungenen, ihm nicht ebenbürtigen Ehefrau ab. Und damit allmählich von den Frauen überhaupt. Er bevorzugte die Freundschaft mit geistvollen Männern. Sie galt ihm als die edlere Form der Zuneigung, die man einem Menschen entgegenbringen kann. Gewiss im Sinne eines gleichgeschlechtlichen Eros, aber ideell verstanden. »*Je renonce à l'amour, j'embrasse l'amitié*«, dichtete er. »Ich sage der Liebe adieu und umarme die Freundschaft.«

Im Übrigen ist der Streit über die angebliche Homophilität Friedrichs müßig. Es hat wenig mit der Bedeutung und dem Wert eines Menschen zu tun, ob er heterosexuell ist, »normal« also, oder bisexuell oder homosexuell. Wenn man ansonsten bereit ist, ihn »groß« zu nennen, er würde es nicht weniger sein, wenn die Fama recht hätte.

Stehend sterben ...

Für das Repertoire seines Opernhauses hat der König gelegentlich ein Libretto geschrieben, dessen Stoff er sich meist aus der antiken Mythologie holte. Dem Tenor Porporino widmete er zwei Arien. Am häufigsten komponierte er für sein Lieblingsinstrument, die Flöte. Hier war er von sagenhaftem Fleiß: 121 Sonaten und 4 Konzerte sind uns erhalten. Konventionell bis ins Mark wie in seinen dichterischen Versu-

VIII SANSSOUCI ODER DIE RUHE VOR DEM STURM

chen auch hier, lehnte er Neuerer als musikalische Hunnen ab. Von Glucks Oper »Orpheus« ließ er sich mit wachsendem Missbehagen einen Akt, instrumentiert für zwei Geigen und Cembalo, vorspielen. Haydn blieb ihm verschlossen. Mozart, der sechzehn Jahre nach seinem Regierungsantritt geboren wurde, sagte ihm nichts. Sein Bruder Heinrich empfand die Kompositionen des größten musikalischen Genies als Höllenlärm, und ähnlich wird *er* gedacht haben. Den Kapellmeister Bach aus Leipzig empfing er immerhin, spielte ihm am Pianoforte ein Thema vor, das Johann Sebastian »ausbündig schön« fand und zu der Suite »Das musikalische Opfer« gestaltete.

Friedrich spielte – abgesehen von seinen eigenen Kompositionen – meist das, was sein Flötenlehrer Quantz für ihn schrieb. Auf dem Schlachtfeld ohne Furcht, sah er jedem Konzert mit Bangen entgegen und zitterte förmlich vor Lampenfieber. Er wurde erst wieder froh, wenn Quantz nicht hüstelte, sondern ein »Bravo« raunte. Am Cembalo, begleitet von Bachsohn Philipp Emanuel, trug er besonders das Adagio »rührend und edel« vor, wie Fasch, der Gründer der Berliner Singakademie, bestätigte. Um zu solcher Meisterschaft zu gelangen, schloss er sich oft stundenlang ein und übte. Sanssouci und der heiter-melancholische, wie verschwebende Klang der Flöte waren für viele Besucher eins.

Der König begann schon früh am Morgen mit dem Spiel. Langsamen Schrittes das Zimmer durchmessend, noch traumverloren, improvisierte er, setzte, da etwas kurzatmig, immer wieder ab, spielte weiter, das Thema frei variierend. Hier sammelte er die Kraft für die graue Alltagspflicht, strömten ihm die Ideen zu. Das Musizieren war ihm Zuflucht und Schirm. Als er bei Soor die Bagage eingebüßt hatte, schrieb er umgehend an Fredersdorf um »2 neue Flöhten ... eine mit dem Starken Thon und eine, die sich leichte blässet und eine Douce höhe hat.«

Theodor Mommsen schrieb am Schluss seiner klassischen
Cäsarbiographie, dass der Imperator gewirkt und geschafft habe
wie nie ein Sterblicher zuvor und als ein Wirkender und Schaf-
fender im Gedächtnis der Völker fortlebe. Eine Feststellung,
die auch für Friedrich gültig ist. Er selbst berief sich auf einen
der Cäsaren, auf Vespasian, der einmal gesagt hatte, dass ein
Kaiser stehend sterben müsse, in der Vollkraft eines von Taten bestimmten Lebens.

Seine Arbeitsleistung war phänomenal, und da er es ablehn-
te, irgendetwas auf andere abzuwälzen, denn ein Fürst müsse
seine Geschäfte immer selbst betreiben, war sie nur durch einen langen, bis ins Einzelne geregelten Tag zu erbringen.

Er schläft auf einem schmalen Bett, dessen Matratze auf
Gurten liegt, steht im Sommer gegen vier Uhr auf, im Winter um fünf Uhr. Das Kaminfeuer brennt zu jeder Jahreszeit,
er friert leicht. Der Leibhusar hilft ihm in die Kleider und in
die bis über die Knie reichenden Stiefel. Er ruft laut: »Hierher!«, der Kammerlakai erscheint, und während er ihm den
Zopf einbindet, sortiert der König die Post nach wichtigen
Briefen und weniger wichtigen. Er wäscht sich mit einer in
kaltes Wasser getauchten Serviette, empfängt den Bericht der
Generaladjutanten über die Armee, trinkt drei Tassen Kaffee,
in die er bisweilen einen Löffel weißen Senf verrührt, »fürs
Gedächtnis und gegen den Schlag«, isst dann etwas Obst, das
er in seinen eigenen Treibhäusern zieht.

Er hat ausgerechnet, dass ihn eine Kirsche im Januar zwei
Taler kostet und schreibt an Fredersdorf, »dass gestern vohr
180 Thaler Kirschen gegessen worden, ich werde mich eine
liederliche reputation machen.« Gegen acht Uhr kommt einer der Kabinettsräte mit den inzwischen angefertigten Aus-
zügen aus den Briefen, den Extrakten. Friedrich beantwortet
die Briefe in kurzem präzisem Diktat oder versieht sie mit
Randbemerkungen. Ähnlich verfährt er mit den ihm schriftlich eingereichten Rapporten der Minister.

VIII Sanssouci oder Die Ruhe vor dem Sturm

Er schrieb mit dem Federkiel in deutscher Sprache. Bei aller Vorliebe für das Französische, die Dienstsprache blieb Deutsch. Mit zunehmendem Alter wurde seine Schrift unleserlicher. Die von der Gicht gekrümmten Hände gehorchten ihm nicht mehr. Seine Orthographie war so abenteuerlich wie die seines Vaters, aber sein Stil stets anschaulich und ursprünglich. Da er nach dem Klang der Worte schrieb, konnte man manche Sätze nur nach lautem Vorlesen verstehen. »Man mus im Rundt abweisen« hieß es da. »Man muss ihn rund abweisen.«

Französische Eingaben wurden in Französisch beantwortet. Auch hier finden sich, erstaunlicherweise, orthographische Fehler wie *tablo* statt *tableau, peyer* statt *payer, bourà* statt *bureau,* ja selbst *Volter* statt *Voltaire.* Der Franzose Darget war unter anderem dazu da, solche Fehler mit Diskretion zu tilgen. Da Friedrich Lateinisch nur heimlich hatte lernen können, gegen das Verbot des Vaters, mangelte es auch hier an Rechtschreibung und Grammatik.

Die Marginalien waren nicht für die Öffentlichkeit bestimmt oder für Mit- und Nachwelt wie die historischen Schriften. Sie zeigen uns deshalb den König unverstellt, ohne Schminke. Aus ihren Zeilen spricht Sparsamkeit, Gerechtigkeit, Pflichtbewusstsein, aber auch Misstrauen, Ungeduld, Sarkasmus. Sie waren kurz, knapp und unterschieden sich wohltuend von dem mit Fremdwörtern gespickten umständlichen Behördendeutsch. Ihrer Formulierung nach duldeten sie keinen Widerspruch. Selbst dann nicht, wenn der durch sie erfolgte Bescheid offensichtlich falsch war. Nachteile eines Regierungsstils, der andererseits große Vorteile aufwies. Die Akten brauchten nicht »abzulagern«, es wurde kurzfristig entschieden und *unbürokratisch gehandelt* – eine Formulierung, die sich heute, bezeichnenderweise, nur in Katastrophenfällen findet.

»Lieber Affe in Borneo als Minister in Preussen«

An den Rand eines Gesuches um Beförderung, unter Berufung auf eine langjährige Dienstzeit, schrieb er: »Es kommt auch nicht auf lange Dienste sondern gute an.« In einem ähnlichen Fall gab er einem anderen Beamten zu bedenken: »Ich habe einen haufen alte Maulesels im Stal die lange den dienst machen aber nicht das sie Stalmeisters werden.«

Da war der Präsident von Loeben, der für seinen Umzug nach Küstrin 24 Pferde beantragt hatte. Antwort: »Damit tzihet man an 24 Canon fort. Ein president ist für Solchen Schwehren Transport nicht wichtig genug.«

Der Frau von Rochow, die ein Darlehen von 100000 Taler erbat, um die auf ihren Gütern lastenden Schulden zu tilgen, wurde die Bemerkung zuteil: »Ich kan Sie nicht helffen, wann die Edelleute alles durch bringen und Liderlich Seindt kan ich sie nicht helfen.«

Der Major von der T. wollte seine Tochter mit einem wohlhabenden, aber bürgerlichen Gutsbesitzer verheiraten und bat, den zukünftigen Schwiegersohn zu adeln. Randbemerkung: »Man nobilitiert nur diejenigen Leute, die Verdienste haben und sich vorzgl. meritiert [verdient] gemacht. Aber nicht Kerls die bloß reich geworden.«

Die Witwe eines Feldproviantkommissarius bat um Unterstützung. Bescheid: »Ich habe den Esel an die Krippe gebunden gehabt, warum hat er nicht gefressen.«

Der Kammerpräsident von B. ersuchte um Verlängerung seines Urlaubs, da er einen heftigen Anfall von Podagra – Gicht – bekommen habe. »Die podagras auf Urlaub die kenne ich, indess kann er bis den andern Monath dableiben.«

Prediger Berlens bat um eine Gehaltszulage. »Die Apostel haben gar kein Gehalt gehabt, der Priester ihr Reich ist nicht von dieser Welt.« Und der Buchhändler Kanter aus Königsberg

Links: »Sire, töten Sie mich, aber schonen Sie Ihres Sohnes!« rief der Generalmajor von Mosel, als Friedrich Wilhelm I. den Degen gegen den Kronprinzen zog.

Unten: »Die einzige glückliche Zeit in meinem Leben« nannte Friedrich der Große die Jahre im Schloß Rheinsberg. Gemälde von Georg Wenzeslaus von Knobelsdorff, dem Freund und späteren Erbauer von Sanssouci.

Oben: »Mein Prinz, ich sterbe mit tausend Freuden für Sie!« Hinrichtung des Leutnants Katte in Küstrin.

Unten: Der König im Rollstuhl, von der Gicht geplagt, empfängt kurz vor seinem Tod noch einmal den Kronprinzen.

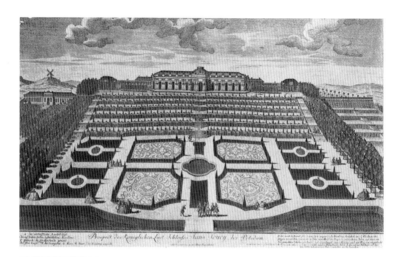

Oben: Sanssouci, das Lustschloss auf dem Weinberg, war der Ort, wo Friedrich am liebsten lebte.

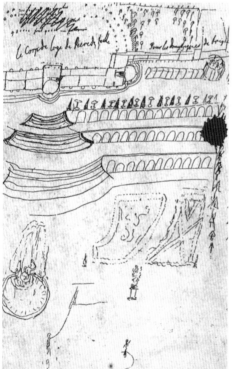

Links: Eigenhändiger Entwurf des Königs Friedrich für die Gartenterrassen des Schlosses Sanssouci.

Vorhergehende Seite: Die Tafelrunde. Eines der berühmten Bilder Adolph von Menzels, der zum Schilderer des friderizianischen Zeitalters wurde.

Oben: Wiederbegegnung mit dem alten Zieten. Der Reitergeneral war mit seinem Draufgängertum die populärste Gestalt innerhalb der friderizianischen Generalselite.

Links: »Herrgott, helf mich«, betete Fürst Leopold von Anhalt-Dessau vor der Schlacht bei Kesselsdorf, »und wenn du das nich willst, dann helf wenigstens die Feinde auch nich.« Der alte Dessauer galt als der Exiziermeister der Nation, führte den Gleichschritt ein und erfand den eisernen Ladestock.

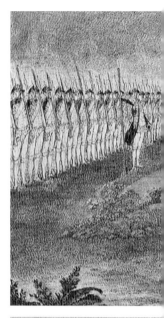

Oben: Friedrich nimmt die Parade seiner Truppen ab. Der Kupferstich stammt von Daniel Chodowiecki, dem wir einige der besten Darstellungen Friedrichs verdanken.

Links: »Ich werde den Untergang meines Vaterlandes nicht überleben«, schrieb Friedrich nach der Niederlage von Kunersdorf. »Adieu für immer!« Er selbst wäre beinahe den Kosaken in die Hände gefallen, hätte ihn der Rittmeister von Prittwitz nicht herausgehauen.

Der Friede zu Hubertusburg, 1763, beendete den Siebenjährigen Krieg, einen der blutigsten Kriege der europäischen Geschichte. Das zeitgenössische Flugblatt zeigt Friedrich den Großen, Maria Theresia und August III. von Sachsen-Polen.

VIII Sanssouci oder Die Ruhe vor dem Sturm

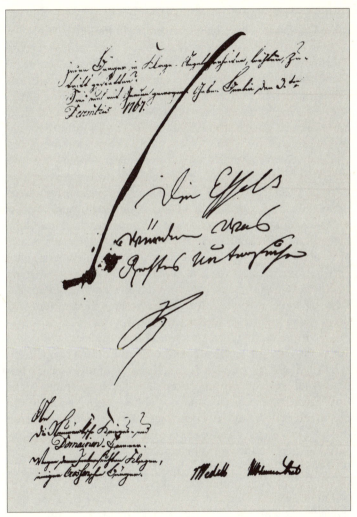

»Die Ehsels würden was Rechtes untersuchen«, schrieb Friedrich an den Rand einer Verfügung, mit der die Neumärkische Kammer eine Untersuchung anordnete.

wollte gern Kommerzienrat werden. Er wurde abschlägig beschieden. Denn: »Buchhändler, das ist ein honetter Titel.«

Der König kümmerte sich um alles, und seine Beamten waren angehalten, ihm selbst Nebensächliches vorzulegen. Manchmal war es ihm etwas zu nebensächlich, so wenn ein Gutsbesitzer anfragte, ob er seine Scheune umbauen dürfe, oder ein Oberst darum bat, seine Memoiren zur Durchsicht einsenden zu dürfen. Dann hieß es: »Man soll mihr nicht damit behelligen.«

Diese Gewohnheit, alles selbst zu entscheiden, erzeugte nicht gerade selbständige, eine eigene Meinung vertretende Beamte. Doch daran war Friedrich ohnehin nicht interessiert. Er war überzeugt, dass nichts dabei herauskam, wenn Minister tagelang berieten, ermüdende Konferenzen und feierliche Staatsberatungen abhielten. Hier war er ganz der Vater, wie er auch am Verwaltungssystem Friedrich Wilhelms wenig geändert hat. Gleich ihm regierte er aus dem Kabinett. »Niemals in einem Regierungssystem etwas ändern, bevor man aus Erfahrung weiß, was der Natur dieses Staates nützen und was ihr schaden könnte«, lautete sein Credo.

Friedrichs Minister zu sein war kein Vergnügen. Wobei die Tatsache, dass die Herren ihren König nur einmal im Jahr zu sehen bekamen – bei der Feststellung des Etats –, das kleinere Übel war. Sie wurden gegeneinander ausgespielt, nicht informiert oder bewusst falsch, bei kleinsten Vergehen abgekanzelt, mit Spandau – Festungshaft – bedroht. In seinen Randbemerkungen nannte er sie »Esel«, »Windbeutel«, »Erzspitzbuben«, und genauso behandelte er sie. »Lieber Affe in Borneo als Minister in Preußen«, kommentierte der englische Gesandte, der Augen- und Ohrenzeuge ihrer Leiden war.

Die Kabinettssekretäre, später Kabinettsräte genannt, hatten es nicht viel besser. Als der Rat Müller seine Berufung erhielt, versuchte er sich zu drücken, weil er an die bitter harte Arbeit und die unerbittliche Strenge dachte, die jedes private

Leben in Zukunft auslöschen würden. Vergeblich. Seine Familie verabschiedete ihn daraufhin unter derart herzzerreißendem Jammer, als ziehe er in den Krieg. Dabei genossen die Kabinettsräte mehr Vertrauen als die Minister und wurden, mit 10 000 Talern im Jahr, auch besser bezahlt. Der bereits erwähnte Eichel erfreute sich fast vier Jahrzehnte des Vertrauens zweier Könige.

Die fremden Gesandten bekamen ihn zu ihrem Bedauern selten zu Gesicht, vermuteten schließlich, dass Monsieur »Eckel«, wie sie seinen Namen aussprachen, der ihm anvertrauten Geheimnisse wegen wie ein Staatsgefangener gehalten werde. Doch war er mehr Werkzeug als graue Eminenz, auch wenn die gesamte politische Korrespondenz durch seine Hände ging. Minister hätte er werden können, war aber mehr daran interessiert, die Minister in den Vorzimmern schmoren zu lassen. Seine Vertrauensstellung bezahlte er mit einem Zustand ständiger Panik, in die ihn das aufregende Leben seines Dienstherrn versetzte. Vor großen Entscheidungen wünschte er sich, wenigstens für ein zwei Jahre tot zu sein, um all das Schreckliche, das er grundsätzlich erwartete, nicht miterleben zu müssen.

»Gott lenke des Königs Herz zu allem Guten und dirigiere Dero Consilia [Ratschlüsse] zu des Landes Wohlfahrt«, lautete sein immer wiederkehrendes Stoßgebet. Eichel starb in den Sielen, vom König bedauert, aber nicht betrauert. Er hatte seine Unterwürfigkeit geschätzt, die Diskretion, das Subalterne – und ihn im Übrigen nicht daran gehindert, seine geheimen Kenntnisse zum Erwerb eines Vermögens auszunutzen.

DER REISEKÖNIG

Allein aus dem Kabinett heraus war diese Art zu regieren nicht zu bewältigen. Denn nicht allen, die ihre Pflicht und

Schuldigkeit, die verdammte, versäumten, war mit Kabinettsordres oder Randbemerkungen beizukommen. Man musste leibhaftig vor ihnen erscheinen, und deshalb galt es anzuspannen und zu reisen, so wie es der Vater sein Lebtag getan hatte. Während der Fahrt saß er tief gebeugt über den kleinen Lederbänden, mit deren Hilfe er sich auf die bevorstehende Inspektion vorbereitete: wie der Landrat hieß, wie viel Einwohner der Kreis hatte, wie hoch die Viehbestände waren, welche Gewinne die Manufakturen erzielten, wie die Provinzialkassen Rechnung gelegt hatten, wie die Ernteaussichten seien und so fort.

Für überflüssige Zeremonien blieb keine Zeit. »Lassen Sie die Possen!«, fuhr der König den Schweidnitzer Landrat an, der ihm nach dem Brauch der Zeit die Rockärmel küssen wollte. Die üblichen geschraubten Anreden – »Die allerdevotesten Herren der ewig getreuen Stadt Grünberg werfen sich Euer Majestät unterthänigst zu Füßen und bekunden ...« – unterbrach er schroff. Ehrenpforten, Aufzüge, Glockenläuten, Salutschießen, Blumenstreuen verbat er sich. »Was hat Er anzubringen?« Amtleute, Domänenräte, Kammerdirektoren gaben, während die heißgelaufenen Achsen mit Wasser übergossen wurden, vom Wagentritt her Auskunft oder begleiteten die Reisekutsche eine Strecke zu Pferd. Seine Fragen kamen schnell, direkt, präzis, einige wurden nach einer Weile wiederholt – kam dieselbe Antwort? –, Ausflüchte nicht geduldet.

»Amtmann, hierher! Spreche er ein wenig lauter. Hat er mehr Vieh als sein Vorgänger?«

»Jawohl, Majestät, um vierzig Kühe, im Ganzen um siebzig mehr.«

»Hatte er die Viehseuche in seinem Bezirk?«

»Jawohl, Majestät.«

»Lass er sein Vieh Steinsalz fressen, dann wird er der Seuche Herr werden.«

»Es wird des Längeren schon getan. Gewöhnliches Salz jedoch wirkt desgleichen.«

VIII Sanssouci oder Die Ruhe vor dem Sturm

»Glaube er so was nicht. Das Steinsalz darf nicht zerstoßen werden. Die Kühe müssen daran lecken können.«

Bauern, Tagelöhner, Handwerker, Kriegsinvaliden, die eine Beschwerde vorbringen wollten, durften ohne Umstände zu ihm. »Hat er das gehört?«, fuhr er dann den Bürgermeister oder den Landrat an. »Untersuche er alles aufs Genaueste, und berichte er mir.«

Er nahm seinen Hut ab, verbeugte sich. »Sehe er sich vor dem Wagen vor. Adieu. Sein Diener.«

Die Supplikanten, wie die Leute genannt wurden, die eine Bittschrift übergaben, waren den Behörden allmählich lästig, weil sie zusätzliche Arbeit verursachten. Man versuchte, sie unter Druck zu setzen. In solchen Fällen entschied Friedrich: »Obschon sie des Öfteren Unrecht haben mögen, kann ich ihnen als Landesvater das Gehör nicht gut versagen.«

Hohe Beamte behandelte er schroff, kleine Leute nachsichtig. Die Art, wie er auf sie einging, die richtigen Worte fand und ihnen das Gefühl vermittelte, von ihren Sorgen wirklich etwas zu verstehen, zeugte von psychologischem Geschick und machte ihn populär. Im einfachen Volk begannen sich die Legenden zu bilden, wurden die Sagen gewoben, die den späteren Alten Fritz ausmachten: da schlich er sich in der Mönchskutte durch die feindlichen Linien, verdiente sein Übernachtungsgeld im Wirtshaus durch ein Flötensolo, wurde von einer Bäuerin in ihrem Bett versteckt, war seinen Feinden immer durch List, Courage und Kaltblütigkeit überlegen.

In Schlesien zeigte er sich besonders leutselig. Er wusste, dass es nicht genügte, ein Land zu erobern, man musste es auch gewinnen. Der bewährte Freund aus den Küstriner Tagen, Ludwig Wilhelm von Münchow, wurde Oberpräsident. Er war ein glänzender Verwaltungsfachmann und, vielleicht noch wichtiger, ein liebenswürdiger, konzilianter Mann, der die Zügel der Regierung energisch *und* sanft zu führen verstand. Er verkehrte mit Schlesiern, nahm sie auf in seine engste Begleitung. Waren »altländische« Beamte unumgänglich, bevorzugte er solche, die sich nicht allzu streng preußisch gebärdeten, oder er beschäftigte sie so lange in untergeordneter Position, bis sie ihre Bärbeißigkeit verloren und sich dem freundlicheren menschlichen Klima angepasst hatten.

Das anfängliche beglückte Staunen, dass man nun einen Landesherrn hatte, der leibhaftig vor einem erschien, einen zum Anfassen sozusagen – die Habsburger hatten es seit über einem Jahrhundert unter ihrer Würde betrachtet, die plötzlich so heiß geliebte Provinz zu besuchen –, diese neue Liebe war rasch erkaltet. Da war das preußische Steuersystem. Es war gewiss gerechter als das österreichische, begünstigte vor allem die Bauern, aber die Preußen waren von einer befremdenden Genauigkeit. Sie ließen nie, wie die angenehm verschlampten Österreicher, fünf gerade sein, sie zogen die Steuern tatsächlich ein.

Aber es gab Schlimmeres. Die Habsburger hatten in Glatz, Neiße, Glogau, Brieg, den festen Plätzen, immer nur ein paar tausend Mann unter den Waffen gehabt. Jetzt waren es 40 000. Sie lagen in den Quartieren der Bürger, ihre Pferde zehrten vom Heu der Bauern, ihre Wagen zerstörten die Straßen. Und ihre Offiziere versuchten den gänzlich unmilitärischen neuen Untertanen verständlich zu machen, dass sie nach dem Rechte der Natur, auch göttlicher Ordnung, mit Gut und Blut zu dienen pflichtig seien. Die Schlesier verstanden sie nicht. Sie flohen, wie weiland die Brandenburger, Pommern, Ostpreußen unter Friedrich Wilhelm I., zu Tausenden und erzählten jenseits der Grenzen, dass es in ihrer Heimat jetzt dreizehn Gebote gebe. Die drei neuen würden lauten: »Du sollst nicht räsonieren. Du sollst deine Steuern zahlen. Du sollst jene aufhalten, die der Fahne flüchtig geworden.«

Der König umwarb besonders die neuen katholischen Untertanen, die nicht nur der Zahl – sie stellten fast die Hälfte der Einwohner –, sondern auch ihrem Einfluss nach eine ge-

VIII Sanssouci oder Die Ruhe vor dem Sturm

wichtige Rolle spielten. Als erstes musste dem altersschwachen Fürstbischof von Breslau, dem Kardinal Sinzendorff, ein Amtsgehilfe beigegeben werden, der nach des Königs Geschmack war. Er hieß Schaffgotsch, war jung, uradlig, lebemännisch, beim Domkapitel aber, dessen Zustimmung er bedurfte, wegen seines Lebenswandels nicht beliebt. Auch der Bischof von Rom, wie Friedrich den Papst nannte, mochte ihn nicht.

Nachdem kein Ende der Verhandlungen abzusehen war, kam eine strenge königliche Order des Inhalts: »Der Heilige Geist und ich haben miteinander beschlossen, dass der Prälat Schaffgotsch zum Koadjutor von Breslau erwählt werden soll, und diejenigen Ihrer Domherren, die sich widersetzen werden, sollen als dem Wiener Hof und dem Teufel verschriebene Seelen betrachtet werden ...«

Sinzendorff ließ sich nicht einschüchtern und antwortete: »Das große Einvernehmen zwischen dem Heiligen Geist und eurer Majestät ist etwas vollständig Neues für mich. Ich wusste noch nicht einmal, dass die Bekanntschaft angeknüpft sei ...«

Die drei fürchterlichen Tage

Die Inspektionen der Domänen, Steuerämter, der Gerichte, Stadtverwaltungen, Bürgermeistereien führten dazu, dass die Beamten sich hüteten, nachlässig zu arbeiten, Bürger ungerecht zu behandeln, Untreue im Amt zu begehen. Sie wussten, der Tag des »jüngsten Gerichts«, wie der Besuch des Königs insgeheim genannt wurde, würde die schwarzen Schafe rasch von den weißen scheiden. Die Inspektionen der Truppen dienten demselben Zweck und waren genauso gefürchtet.

Das Problem der stehenden Heere war es von jeher, den Übergang vom Krieg zum Frieden zu finden, die zwangsläufig gelockerte Disziplin wieder zu festigen. Kriegsteilnehmer aus unserem Jahrhundert entsinnen sich mit Erbitterung, dass dazu »bei Preußens« selbst jene acht Tage benutzt wurden, die der Landser in der Etappe verbringen durfte. Die Revuen, wie man die Besichtigungen der einzelnen Truppenteile nannte, fanden zweimal im Jahr statt, im Frühjahr und im Herbst. Sie bestanden aus der Inspizierung von Waffen, Geräten, Uniformen, aus schulmäßigem Exerzieren und aus Anmärschen, Angriffen, Absetzbewegungen in den verschiedensten Geländeformationen. Die drei Tage, die sie dauerten, konnten über die Karriere eines Offiziers, über das Wohl und Wehe eines Soldaten entscheiden. Generale wurden in den Arrest geschickt. Obristen vor der Front kassiert, Reiter zum Fußvolk versetzt, Korporale zu Gemeinen degradiert. Es kam auch zu Beförderungen auf der Stelle, zu plötzlichen Ordensverleihungen, ja zu großzügigen Geldgeschenken. Doch war das Lob seltener als der Tadel. Frauen, Mütter, Kinder, Freunde ließen mit Inbrunst ihre Gebete zum Himmel steigen, wie der Leutnant von Kaltenborn berichtete, auf dass ihre Lieben während der drei fürchterlichen Tage nicht unglücklich werden möchten.

Militärfachleute bestreiten deshalb, ob unter solchen Umständen absolvierte Besichtigungen einen Sinn hatten. Sinn*voller* jedenfalls waren die von Friedrich erstmals 1743 abgehaltenen Herbstmanöver, bei denen die Truppe unter gefechtsmäßigen Bedingungen übte. Eine »Erfindung«, die bald von allen Armeen Europas nachgeahmt wurde. Es waren kleine Kriege mitten im Frieden und so wirklichkeitsnah geführt, dass es Tote und Verwundete gab. Besonders bei der Kavallerie. Die Garde du Corps in Potsdam, eine Versuchseinheit, verlor in einem Friedensjahr mehr Leute als im ganzen Zweiten Schlesischen Krieg.

Der König selbst schonte sich nicht, zwängte den gichtigen rechten Fuß in den Stiefel und ritt die wildesten Attacken mit. Graf Gisors, Sohn des französischen Marschalls Belle-Isle, wie

VIII Sanssouci oder Die Ruhe vor dem Sturm

alle ausländischen Offiziere begierig, die berühmten preußischen Manöver mitzuerleben, beobachtete fassungslos, wie in der Stargarder Ebene 35 Schwadronen, das waren etwa 4500 Reiter, sich innerhalb von vier Minuten zur Schlachtlinie formierten. Nicht immer waren Manövergäste zugelassen. Bei den großen Übungen in der Gegend von Spandau, an denen 44 000 Mann teilnahmen, wurde das Gelände von Husareneinheiten abgeriegelt. Das waren Manöver, die nicht zuletzt zur Demonstration militärischer Stärke dienten. Sie fanden zu einer Zeit statt, da man in Preußen längst begonnen hatte, sich auf eine Auseinandersetzung vorzubereiten, die Friedrich als den Entscheidungskampf ansah. Den Extrakt der Erfahrungen aus Krieg und Frieden fanden die Generale in den beiden von Friedrich verfassten Werken »Generalprinzipien vom Krieg« und »Gedanken und allgemeine Regeln vom Krieg«.

Wer war schuld am Siebenjährigen Krieg?

Wer wann wie angefangen hat, wenn zwei sich gestritten haben, beschäftigt seit Salomo die Richter. Und wer schuld daran war, wenn Völker einen Krieg miteinander begannen, hat die Geschichtsschreiber nicht brotlos werden lassen. Im 19. Jahrhundert, dem Jahrhundert der Historiographie, hat man in Europa darüber zu Gericht gesessen, wer den Siebenjährigen Krieg zu verantworten habe. Für den Engländer Howard Young war es Frankreich mit seiner seit Ludwig XIV. notorischen Lust an der Aggression und seinem Wahn von der Hegemonie.

Für den Franzosen Pierre Gaxotte kam nur England infrage, denn der Landhunger seiner Kolonisten in Amerika und das Profitstreben seiner Kaufleute waren nur zu befriedigen, wenn man die Franzosen bekämpfte, wo man sie traf, und den Großteil ihrer Truppen auf einem europäischen Kriegsschauplatz band. Die deutschen Historiker bildeten wie üblich zwei Parteien und untersuchten mit der ihnen eigenen Gründlichkeit und Objektivität, ob Friedrich den Krieg vom Zaun gebrochen habe, um sein Land nach der Eroberung Schlesiens nun mit Sachsen und Westpreußen abzurunden, oder ob er lediglich angegriffen habe, weil er einem gegnerischen Angriff zuvorkommen wollte.

Dass ein solcher Angriff bevorstand, war nicht von der Hand zu weisen, und Friedrich hatte ihn seit längerem erwartet. Maria Theresias Versicherung, dass es ihr heilige Pflicht sei, den das Schicksal Schlesiens besiegelnden Friedensvertrag von Dresden einzuhalten, war in seinen Augen nichts wert. Schon gar nicht, nachdem Graf Kaunitz die Politik Österreichs als Außenminister und Staatskanzler übernommen hatte. Der Graf, getrieben von Revanchegedanken und Rachedurst, dabei ausgestattet mit Nüchternheit, Vernunft und der Fähigkeit, warten zu können, hatte etwas ganz und gar Sensationelles erreicht: das europäische Bündniskarussell neu zu besetzen, einen Wechsel der Allianzen einzuleiten.

Am Anfang stand das Defensivabkommen mit Russland. Am Ende ein Bündnis mit Frankreich, dem jahrhundertelangen Feind. Ludwig XV. hatte sich deshalb auch lange genug gesträubt. Er mochte die Preußen zwar nicht sonderlich. Dreimal glaubte er sich in jüngster Vergangenheit von ihnen im Stich gelassen. Und die Österreicher wollten Krieg um Schlesiens willen? Was ging ihn Schlesien an! Außerdem verabscheute er die Kriege, nicht, weil er besonders human, sondern weil er träge war und seine Rolle als Liebling der Frauen ungestört spielen wollte.

Aber gerade eine von ihnen, die Marquise von Pompadour, war es, die gemeinsam mit der preußenfeindlichen Partei den Grafen Kaunitz unterstützte. Die Marquise hasste Friedrich, weil er sie, die Tochter des Fleischers Poisson, eine Prostituierte genannt hatte. So von allen Seiten gedrängt und mit der Aussicht, den österreichischen Teil der Niederlande, das

VIII Sanssouci oder Die Ruhe vor dem Sturm

heutige Belgien, als Belohnung zu kassieren, gab er langsam nach, schloss aber erst ab, nachdem er von der Westminster-konvention erfahren hatte.

Diese Konvention war Preußen mit England eingegangen. Zwecks gemeinsamer Abwehr jedes Angriffs einer fremden Macht in Deutschland. Wobei die Engländer in erster Linie den Schutz ihres kontinentalen Nebenlandes Hannover im Auge hatten. Diesen Schutz wollten ursprünglich die Russen übernehmen, gegen beiläufig hunderttausend Pfund, zu überweisen an die Adresse von Elisabeth Petrowna, der Zarin, und Bestuschew, ihrem Kanzler. London war klug genug, das Berlin wissen zu lassen. Friedrich fürchtete sich vor Russland wegen der grenzenlosen Weite und Unwirtlichkeit, vor einem Land, gegen das man Schlachten gewinnen konnte aber keinen Krieg. Im Hannoveranischen wollte er die Russen schon gar nicht haben, und er trat an die Stelle der Zarin.

»Westminster« war, wie Friedrich glaubte, ein genialer Schachzug. Er war stolz darauf. Der russische Bär war an die Kette gelegt – der Bär würde ohne englisches Geld keinen (Kriegs-)Tanz aufführen. Er hatte, wie sich bald herausstellen sollte, keinen Grund zum Stolz. Frankreich, empört darüber, dass England durch Preußens Kehrtwendung nun den Rücken frei hatte für den See- und Kolonialkrieg in Übersee, ging nicht nur zu Österreich über, sondern übernahm auch die Subsidi-enzahlungen für Russland.

Die Zarin war mehr denn je zum Krieg bereit. Von ihrer Antipathie gegen Friedrich abgesehen, rechnete sie sich aus, Ostpreußen zugeschanzt zu bekommen. Elisabeth Petrowna gehörte wie die Pompadour und Maria Theresia zu den Frau-en, die der Preußenkönig mit seinen zynischen Bonmots – an allen Höfen Europas mit klammheimlicher Freude zitiert – bis ins Mark getroffen hatte.

Die Tochter Peters des Großen wäre dem Wodka mehr zugeneigt als dem Weihwasser, hätte Lust an Knechten, Kutschern, Kirchensängern, was nicht von Volksverbundenheit zu zeugen brauchte, und niemand verstünde, warum sie 15 000 Kleider besitze, wenn sie doch immer nur im Schlafrock herumliefe. Das alles war wahr, aber wer hört gern die Wahrheit. Der Hass der »drei großen Huren«, wie Friedrich die Elisabeth, die Maria Theresia und die Pompadour nannte, hat zwar nicht, wie gern behauptet wird, zur antipreußischen Koalition geführt, aber er hat ihren Abschluss gefördert.

Der Albtraum der Koalitionen

Friedrich sah sich einem Bündnis dreier mächtiger Staaten gegenüber, betrachtete sich mit Recht als eingekreist, auch wenn man das Wort »Einkreisung« damals in diesem Zusammenhang noch nicht kannte. Der »Albtraum der Koalitionen«, der Bismarck drei Generationen später um den Schlaf brachte, lastete schwer auf ihm. Wäre es nicht klüger, den Feinden zuvorzukommen, sie zu schlagen, bevor sie selbst so weit waren zuzuschlagen? Denn zum Krieg entschlossen waren sie. Die letzte Gewissheit hatte eine Nachricht gebracht, die über den holländischen Botschafter in Petersburg via Den Haag nach Berlin durchgesickert war: danach würden 80 000 Österreicher und 150 000 Russen, verstärkt durch ein französisches Kontingent, im Frühjahr 1757 zum Angriff auf Preußen antreten. Ein *praevenire quarr praeveniri* hieße, von aller Welt als Friedensstörer gebrandmarkt zu werden. Schlimmer jedoch als ein schlechter Ruf erschien ihm die Gefahr, dass die Zeit für den Gegner arbeitete.

Die uralte Frage, ob ein Präventivkrieg ein gerechter Krieg sei, stellte sich ihm. Er beantwortete sie mit einer Denkschrift, in welcher der Satz vorkommt »… hält sich der König für berechtigt zum Gebrauch der Macht, die ihm der Himmel

VIII Sanssouci oder Die Ruhe vor dem Sturm

verliehen, der Gewalt die Gewalt entgegenzusetzen und die Anschläge des Gegners zu vereiteln ...« Gelang dies, würde man natürlich versuchen, einen (Land-)Gewinn zu erzielen. Sachsen, aber auch Westpreußen und Schwedisch-Pommern boten sich da an.

Die Schuld am Siebenjährigen Krieg trägt Friedrich gewiss nicht allein, davon ist die moderne Forschung inzwischen überzeugt, auch wenn er den ersten Schuss abgab. Anzulasten wäre ihm allenfalls die falsche Einschätzung der politischen Lage. Er, der schon die Menschen so sah, wie er sie sehen wollte, und von einmal gefällten Urteilen nicht abging, er dachte auch in der Politik in starren Dogmen. Seine Rechnung, dass Frankreich und England sich nie verbünden würden, da sie Erbfeinde waren, und Russland nie zum Krieg bereit wäre ohne Englands Unterstützung, ging nicht auf.

Was vereitelt werden sollte, war eingetreten: 80 Millionen Menschen standen 4 Millionen gegenüber. Friedrich tat, als wenn ihm das nichts ausmache. »Wenn unsere Feinde uns nötigen, Krieg zu führen«, schrieb er an seinen Bruder August Wilhelm, »darf man nicht fragen ›Wie viel sind es?‹, sondern ›Wo sind sie?‹ Mögen die Weiber in Berlin von Teilungsverträgen schwatzen, wir preußischen Offiziere haben in den hinter uns liegenden Kämpfen erfahren, dass keine Übermacht uns den Sieg rauben kann.«

Starke Worte. Aber sie waren nötig. Nicht nur die »alten Weiber«, also gewisse Politiker, rieten ihm ab von dem Risiko eines Präventivkriegs, auch die meisten seiner Generale blieben skeptisch. Sie machten den alten Podewils diesmal nicht zum »Angsthuhn«, als der dem König vorstellte, Zeit zu gewinnen könnte bedeuten, alles zu gewinnen; und die europäische politische Konstellation sei notorisch unsicher, und schon morgen würde sich vielleicht eine andere Situation ergeben; und sie herbeizuführen, sollte man lieber mit den Mitteln der Diplomatie versuchen, und, und, und.

Friedrich hörte ihm aufmerksam zu und sagte mit einer kleinen, Abschied gebietenden Handbewegung: »Auf Wiedersehen, mein Herr Zauderer in der Politik.«

Dass auch der König zauderte und kostbare Zeit verlor, zeigt, dass er sich seiner Verantwortung bewusst war. Dreimal ließ er bei »der Dame, die den Krieg haben wollte«, anfragen, ob das wirklich und unwiderruflich so sei. Maria Theresia las dem außerordentlichen preußischen Gesandten eine von Kaunitz entworfene Antwort vor, die einem Orakel glich. »Die bedenklichen Umstände der allgemeinen Angelegenheiten haben mich die Maßregeln für notwendig ansehen lassen, die ich zu meiner Sicherheit ... ergreife, und welche überdies nicht bezwecken, irgendjemandem zum Schaden zu gereichen.«

Friedrich wurde dringlicher, teilte der Habsburgerin mit, dass er von ihrem Bündnis mit Russland wisse, und bat um die Zusage, dass sie ihn weder in diesem noch im nächsten Jahr anzugreifen die Absicht habe. Antwort: die Informationen betreffs der Offensivallianz zwischen ihr und der Kaiserin von Russland seien absolut falsch und erfunden. Maria Theresias ätzender Hass hatte ihre Grundsätze von der Moral in der Politik zersetzt.

Die Würfel waren endgültig gefallen. Für einen Krieg, der eine Welt in Waffen sah, der am Ohio ausgetragen wurde und an der Elbe, in Kanada und in Ostpreußen, im ostindischen Pondichéry und im schlesischen Bunzlau, der Mitteleuropa zum Schauplatz der apokalyptischen Reiter machte. In dessen Verlauf die Preußen die Welt erstaunen ließen und ihre Großmachtstellung festigten, an dessen Ende ein von der Gicht gebeugter, frühzeitig gealterter, verbrauchter Mann namens Friedrich stand.

IX Preussens Gloria

Die sächsische Lösung

Sein erster Schlag war ein Schlag gegen ein neutrales Land, gegen Sachsen. Doch war Sachsen so neutral wie ein Komplize unschuldig ist. Es hatte sich dem Bündnis Österreich–Russland nicht angeschlossen und war dennoch Preußens Feind. Sein heimlichster und sein unheimlichster. Den Part, den es 1744 gespielt hatte, wollte es diesmal wieder übernehmen: erst einzugreifen, wenn, nach den Worten Bestuschews, der Ritter im Sattel zu wanken beginne. Um dann, bei der vorgesehenen »*destruction totale de la Prusse*«, der vollkommenen Zertrümmerung Preußens, seinen Anteil zu fordern.

Dem Ritter Friedrich lieferte dieser Plan ein Alibi. Doch wäre er auch ohne ihn in Sachsen eingefallen. Das Land war wohlhabend, würde vier bis fünf Millionen Taler Kontributionen im Jahr einbringen, besaß einen Fluss, die Elbe, auf dem sich Truppen, Munition, Gerät, Verpflegung nach Böhmen, dem mutmaßlichen Schlachtfeld, transportieren ließen, war Angriffsbasis und Verteidigungsbastion in einem.

Als die preußischen Truppen die Grenzen überschritten hatten, fasste August III. den Entschluss, seine Armee ins Polnische zu führen, wo er ja auch König war, und bestieg mit zwein seiner Prinzen eine Kutsche. Da ihm aber niemand garantieren wollte, dass ihn keine verirrte Kugel der bereits jenseits der Elbe gesichteten Husaren treffen könnte, stieg er wieder aus und führte seine Soldaten in das befestigte Lager von Pirna. Eine sächsische Lösung des Problems.

Eher preußisch mutet die Art an, wie Friedrich sich die Beweise zu verschaffen suchte, dass er Sachsen gegenüber in

Notwehr gehandelt habe. Er ließ nach den Unterlagen der sächsich-russischen, sächsisch-österreichischen Verhandlungen fahnden, fand die Archive leer, schickte einen General zu der in Dresden gebliebenen Königin, der die Dame um die Herausgabe der bewussten Kassette bat, dann aufforderte, schließlich vor ihr niederkniete, um mit einer gemurmelten Entschuldigung Schränke, Truhen, ja das Bett gewaltsam zu durchsuchen. Wie eine gefangene Marketenderin habe der preußische Emporkömmling sie behandelt, bekundete Augusts Frau bei einer anschließenden Pressekonferenz, und der Schaden war nun größer als die Veröffentlichung der Dokumente, denn Europas Herrschaften waren bisher darauf bedacht gewesen – Krieg hin, Krieg her –, die Spielregeln untereinander einzuhalten.

Friedrich schloss Pirna ein, wies eine zum Entsatz herbeigeeilte österreichische Einheit ab, nahm am 1. Oktober 1756 die Kapitulation von 18 000 sächsischen Soldaten entgegen und kleidete sie auf der Stelle neu ein. In preußisches Blau. Er hatte ohnehin so viele Ausländer in seiner Armee, dass es ihm auf ein paar mehr oder weniger nicht ankam. Außerdem glaubte er, es sei ihnen egal, ob sie für August oder Friedrich fochten. Die Sachsen jedoch hatten nicht jene Landsknechtsmentalität, die er ihnen zutraute, und machten sich bei der ersten besten Gelegenheit »dünne«. Kompanieweise. Unter Mitnahme ihrer Waffen und ihrer schönen Uniformen. Nur ihre neuen Vorgesetzten nahmen sie nicht mit: die erschossen sie.

»Für den Fall meiner Gefangennahme ...«

Im Winter machte der Krieg seine übliche Pause. Maria Theresia benutzte sie, den Ring um Preußen fester zu schmieden. Schweden wurde als neuer Partner gewonnen, eine protestantische Macht, die noch dazu eine Schwester Friedrichs

IX PREUSSENS GLORIA

zur Königin hatte. Doch der schwedische Adel war stärker als Ulrike, und die Aussicht, den einst verlorenen Teil Pommerns wiederzubekommen, verlockend. Frankreich wurde bewogen, das Truppenkontingent auf 105 000 Mann zu erhöhen und 12 Millionen Gulden Subventionen im Jahr zu zahlen. Und wie es immer war, wenn die Witterung Beute versprach, kamen auch die Kleinen. Württemberg und Bayern und die Pfalz und Köln und Mecklenburg erklärten sich bereit, mit Geld oder mit Soldaten dazu beizutragen, dass aus einem König wieder ein »Marquis de Brandebourg« werde mit dem Besitzstand des Jahres 1700, aber ohne Ostpreußen, das Land, in dem sein Großvater die Krone empfangen hatte.

Während das Fell des Bären verteilt wurde, logierte Friedrich zu Dresden im Palast des Grafen Heinrich von Brühl, der außer den fünfzehnhundert Perücken die achthundertzwei Schlafröcke, fünfhundert Anzüge, zweihundert Paar Schuhe, achthundertdreiundvierzig Tabakdosen und siebenundsechzig Riechfläschchen des nun in Warschau intrigierenden Premierministers barg, erfreute sich an schönen Kirchenkonzerten, studierte die berühmte Gemäldesammlung und schrieb der Schwester in Bayreuth: »Fürchtet nichts für uns!« Winterfeldt aber, dem Vertrauten aus kronprinzlichen Tagen, nun Generaladjutant und eine Art Generalstabschef, vertraute er an, dass es auf Kopf und Kragen gehe. Damals schrieb er eigenhändig jene geheime Instruktion nieder, die erst hundert Jahre später entdeckt wurde und den Prinzen Wilhelm, den nachmaligen Kaiser Wilhelm I., zu patriotischen Tränen rührte.

Für den Fall seines Todes sei dem Thronfolger, seinem Bruder August Wilhelm, ohne Umschweife der Eid zu leisten und alles ohne die geringste Veränderung fortzuführen. Für den Fall seiner Gefangennahme – hier wird es interessant, denkt man an die Geiselnahmen von Politikern aus unseren Tagen – »... verbiete ich, dass man die geringste Rücksicht auf meine

Person nehme oder dem, was ich aus meiner Haft schreiben könnte, die geringste Beachtung schenkt. Geschähe mir solches Unglück, so will ich für den Staat mich opfern, und man muss dann meinem Bruder gehorchen, der, ebenso wie meine Minister und Generale, mit dem Kopf dafür verantwortlich ist, dass man weder eine Provinz noch ein Lösegeld für mich anbietet. Der Krieg wird fortgesetzt, ganz so, als wäre ich nie auf der Welt gewesen.«

Friedrich wusste, dass Österreich nur dann wirklich getroffen werden konnte, wenn man Wien nahm. Dazu hätte es mächtiger Verbündeter gebraucht, die ihm Rücken und Flanke freihielten. Zu deutlich war ihm die Katastrophe der langen Versorgungswege im zweiten Schlesischen Krieg in Erinnerung. Hannover, Hessen-Kassel, Braunschweig, Gotha, Wolfenbüttel, Schaumburg-Lippe, die zu ihm hielten, waren für solche Partnerschaft ungeeignet. England hatte die Macht, aber es brauchte sie vornehmlich für seinen Krieg in Übersee und begnügte sich damit, den »Festlanddegen«, wie man die preußische Armee nannte, gelegentlich zu vergolden. Es zahlte über einen Zeitraum von vier Jahren pro Jahr vier Millionen Taler, 10 000 000 Euro.

Konnte man Österreich auch nicht vernichtend schlagen, so schien es doch möglich, seine Verbündeten Russland und Frankreich derart zu schrecken, dass sie trotz Bündnis gar nicht erst in den Krieg eintraten. Den noch im Winterquartier liegenden Feind in Böhmen aufstöbern, ihn vor sich herjagen und entscheidend besiegen, lautete folglich der Feldzugsplan, mit dem man am 18. April 1757 antrat. Er wurde in einer kühnen Operation nach dem vorweggenommenen Clausewitzschen Motto »Getrennt marschieren – vereint schlagen« durchgeführt und brachte die Preußen bis vor die Mauern von Prag. In einem fünfstündigen blutigen Ringen – auf jeder Seite standen etwa 60 000 Menschen, eine bis dahin nicht gekannte Zahl – behaupteten sie das Schlachtfeld und schlossen die

Stadt ein. Der Preis war hoch: 14 500 Mann an Toten und Verwundeten.

PRAG UND KOLIN

Unter den Toten war der Feldmarschall Schwerin. Als er sein
Regiment, das ihm noch Friedrich Wilhelm I. anvertraut hatte, weichen sah, ergriff er eine Fahne und führte seine Männer wieder nach vorn. Er starb, von fünf Kartätschenkugeln
getroffen, die Fahne als Leichentuch, einen Tod, wie man ihn
nur auf alten Schlachtengemälden für möglich hält, und viele wünschten sich, einmal ebenso zu sterben. Mit ihm fielen
vier weitere Generale und drei Obersten. Die Verluste unter
den höheren Offizieren waren immer besonders hoch. Wie
Schwerin war es ihnen Ehre und Pflicht, mit ihren Männern
ins Feuer zu gehen und nicht von der Etappe aus den Einsatz
zu leiten, wie es in den Kriegen des 20. Jahrhunderts, von Ausnahmen abgesehen, üblich wurde.

Prag war trotz allem ein Sieg, aber er wurde von Friedrich
überschätzt. Man meldete ihm, dass die Mitläufer Österreichs
und Frankreichs total verschreckt seien: die kurpfälzischen
Truppen marschierten in ihre Quartiere zurück, die Württemberger meuterten, der bayerische Kurfürst gelobte strikte
Neutralität, und der König meinte, wenn man die in Prag
eingeschlossenen 50 000 Mann zur Kapitulation gezwungen
habe, werde der Krieg beendet sein. Der zu ihnen abgesandte
Parlamentär allerdings kam mit der Antwort zurück: »Durch
Heldenmut wollen wir uns den Respekt des Königs von Preußen verdienen.« Die Besatzung ließ sich nicht aushungern
und auch nicht durch ein achttägiges Bombardement, die
»zermalmende Musik« der 50-Pfünder, demoralisieren. Mitte
Juni näherte sich ein 54 000 Mann starkes Entsatzheer, um die
Preußen zur Aufhebung der Belagerung zu zwingen. Ihr Füh-

rer war der Feldmarschall Daun, einer jener Manövriertakti-
ker, der jedes Risiko mied und auch diesmal nur die Schlacht
wagte, weil er stärker war – 54000 gegen 35000 – und auf seinen Höhenstellungen bei Kolin besser postiert als der Feind.
Außerdem hatte er es sich von seiner Herrin schriftlich geben
lassen, dass sie ihm eine Niederlage nicht ankreiden werde.

Er hätte den Zettel trotz aller Vorsicht beinahe gebraucht.
Die Preußen schienen durch ihre Infanterie auch hier wieder
die Oberhand zu behalten, der Rückzug der Österreicher war
bereits eingeleitet, da trat der Oberstleutnant von Benkendorf
mit den Schwadronen seiner Kavallerie zum Gegenstoß an.
Er hielt die Fliehenden auf, riss die Verzagenden mit, scharte
mehr und mehr Reiter um sich, bis er schließlich in einer einzigen rasenden Attacke 19 Bataillone des Feindes zu Schanden
ritt. Aus jener Schlacht stammen die berühmt-berüchtigten
Worte Friedrichs »Kerls, wollt ihr denn ewig leben!«, mit denen er seine Männer noch einmal nach vorn peitschen wollte,
und auch die Antwort des Musketiers: »Für dreizehn Pfennige
[die Löhnung] war's heute genug.«

Benkendorfs Truppen, und das ist die blutige Ironie, waren
sächsische Truppen. Sie entschieden mit großer Wahrscheinlichkeit einen ganzen Feldzug: Habsburgs Kriegspartei hätte
sich nach Prag eine weitere Niederlage kaum leisten können.

Kolin kostete die Preußen zwei Drittel ihrer Infanterie, die
Säulen der Armee, 12000 von 18000 Mann insgesamt. Als sie
sich zurückzogen in der Dunkelheit, richteten sie sich nach
den Schreien der Schwerverwundeten, die zu Tausenden das
Feld bedeckten. Und Kolin kostete den Ruf, unbesiegbar zu
sein. Von nun an wusste man, dass auch Friedrich zu schlagen
war, dass der Kriegsgott *in persona* menschliche Schwächen
besaß und Fehler machte. Nichts stärkt die Moral mehr als
solche Erkenntnis.

Maria Theresia hat das sogleich erkannt und nannte den
18. Juni von nun an den Geburtstag der Monarchie. Das ei-

IX PREUSSENS GLORIA

gens gestiftete, nach ihrem Namen benannte Großkreuz bekam Leopold von Daun als Erster. In Wien feierte man die Tage und die Nächte und war glücklich, dass der liebe Gott die Seiten gewechselt zu haben schien. »Das ist ein Werk nicht unsrer Mächten, der Höchste half uns selber fechten«, klang es auf den Straßen.

Kolin brachte Friedrich die herbe Kritik der Militärhistoriker ein, jener Leute, die die Schlachten im Sandkasten noch einmal schlagen und haarklein beweisen, wie leicht sie zu gewinnen gewesen wären, *wenn* ...

Wenn Friedrich zum Beispiel Reserven gehabt, eine bessere Ausgangsposition eingenommen, überhaupt nicht angegriffen, sondern den Angriff des Gegners abgewartet hätte, wenn Zietens Reiter weiter attackiert hätten, statt die Bagage zu plündern, wenn ..., wenn ..., *dann* ... Solche Wenn und Aber und Hätte und Wäre sind müßig. Besonders angesichts der Einsicht, dass Preußen sich keinen langen Krieg leisten konnte, denn seine wirtschaftliche Kraft war gering, die Zahl seiner Einwohner niedrig. Bleibt nur der berechtigte Einwand, dass Daun und seine Leute unterschätzt wurden. Das waren nicht mehr die Österreicher von Mollwitz, Chotusitz, Soor, die ihre Flinten – buchstäblich – allzu schnell ins Korn warfen. Daun hatte sie rascher feuern, schneller manövrieren gelehrt, sie erbarmungslos geschliffen, ihnen besser geschulte Offiziere gegeben, war sich also keineswegs zu schade gewesen, vom Todfeind zu lernen, was zu lernen war.

Prag war nicht mehr in der Umklammerung zu halten und die Chance vertan, ein ganzes Heer, über 50 000 Mann, zur Kapitulation zu zwingen. Der geordnete Rückzug wurde in zwei Heeresabteilungen vorgenommen, von denen die eine, unter Friedrichs Führung, bei Leitmeritz Stellung bezog, um Sachsen zu decken, während die andere, unter seinem ältesten Bruder August Wilhelm, rechts der Elbe die Lausitz und Schlesien zu sichern hatte. Der Prinz aber versagte. Er konnte sich nicht von den ihm folgenden Österreichern lösen, zögerte, blieb entschlusslos, schlug die falschen Wege ein, verlor durch einen sechstägigen sinnlosen Marsch den gesamten Fuhrpark – Munitionswagen, Proviantkarren, Feldöfen, Pontons –, war auch nicht imstande, Zittau mit seinem großen für 40 000 Mann bestimmten Magazin zu retten.

Um weiteres Unheil zu verhüten, entschloss sich Friedrich zum Marsch in die Lausitz. Als der Bruder ihm im Lager von Bautzen Meldung machen wollte, wandte er sein Pferd ab. Eine unerhörte Brüskierung des zweiten Mannes im Staat. Friedrich aber war nicht der Meinung, dass Blut dicker sei als Wasser, und ein Verwandter in hoher militärischer Stellung galt ihm nicht mehr als jeder andere General. Nur die Leistung zählte. August Wilhelm, genannt der Prinz von Preußen, bekam nicht, wie an den meisten anderen Höfen in solchen Fällen üblich, einen Orden oder ein neues Kommando, er bekam seinen Abschied. Und einen Brief des Inhalts: »Sie werden stets nur ein erbärmlicher General sein. Kommandieren Sie einen Harem; wohlan; aber so lange ich lebe, werde ich Ihnen nicht das Kommando über zehn Mann anvertrauen ...«

Eine Bemerkung von eisigem Hohn, die auf des Prinzen Schwäche für schöne Frauen zielte. Hatte er doch vor Jahren verlangt, von Amalie von Braunschweig-Wolfenbüttel, einer Schwägerin des Königs, geschieden zu werden, nur, um ein siebzehnjähriges Hoffräulein zu ehelichen. Friedrich duldete nicht, dass er seinen Ruf durch ein knechtisches Verhältnis zu einem Weibe beflecke, wie er so was nannte, verheiratete das Mädchen rasch mit einem Vetter und entfernte das zwangsgetraute Paar vom Hof. Prinz August Wilhelm, wegen seines Biedersinns und seiner Bravheit Lieblingssohn des alten Soldatenkönigs und während des Kronprinzenkonflikts als Nachfolger anstelle Friedrichs ausersehen, starb ein Jahr nach jenem Brief, verbittert, verlassen, vergrämt.

IX PREUSSENS GLORIA

»WER UNGLÜCK NICHT ERTRAGEN KANN, VERDIENT KEIN GLÜCK«

Die Niederlage von Kolin warf düstere Schatten auf die militärische und politische Szene Preußens. Der böhmische Feldzug war als gescheitert anzusehen, und damit der ganze Präventivkrieg, das Heer durch Verluste und Desertion geschwächt; statt 118 000 umfasste es nur noch 88 000 Felddienstfähige. Die Armee des Herzogs von Cumberland mit ihren Hannoveranern, Hessen und Braunschweigern, die einzige ernst zu nehmende militärische Hilfskraft Preußens, war bei Hastenbeck von den Franzosen geschlagen worden, die nun bis an die Elbe vordrangen. Die Russen waren über Ostpreußen hergefallen, die Schweden landeten in Pommern und näherten sich der Uckermark, ja selbst Berlin war, durch den tollkühnen Streifzug des kroatischen Reiterführers Hadik, der dabei 215 000 Taler erpresste, bedroht worden, und in Schlesien marschierte Leopold von Daun.

Es war mehr als eine Untertreibung, wenn Friedrich in dieser Situation gestand: »Das seind schwere Zeiten, weiß Gott, und solche beklummene Umständ, dass man grausam gelücke braucht, um sich aus all diesem durchzuwickeln.« Voller Galgenhumor stellte er sich vor, wie man in Wien das Verlies vorbereitete, in das man ihn zu werfen beabsichtigte. Doch auch der Humor verging ihm.

Abends im Feldquartier sitzt er düster sinnierend, überlegt, ob er sich betrinken soll, um seinen Schmerz zu vergessen. Das kommt ihm feige vor. Feiger noch ist der Gedanke an die kleine goldene Dose mit den Opiumkapseln, die er ständig auf seinem Körper trägt. Mit einer Dosis, stark genug, das »jenseitige« Ufer zu erreichen. Er ermannt sich und schreibt an die Bayreuther Schwester: »Wer Unglück nicht ertragen kann, verdient kein Glück. Man muss stärker sein als alles, was geschieht, seine Pflicht tun und nicht über das Unglück klagen;

denn es schwebt als ein Verhängnis über jedem Menschen.« Das klingt wie ein Kalenderspruch, und es hat auch auf vielen Kalendern gestanden und ist doch viel mehr. Er schreibt Briefe über Briefe und vor allem schreibt er Verse. Das alte Heilmittel wirkt auch diesmal: bald hat er sich alles von der Seele geschrieben.

Er schickte die Verse Voltaire zur Ansicht, beauftragte ihn bei der Gelegenheit, mit dem Marschall Richelieu Kontakt aufzunehmen. Ein Sonderfrieden mit Frankreich schien kein schlechter Ausweg. Ein besserer zumindest, als durch den Verzicht auf Schlesien den Frieden zu erkaufen, was ihm von allen Seiten geraten wurde. Es machte ihm nichts aus, der geschmähten Dame Pompadour ein kleines Fürstentum als Vermittlungsgebühr anzubieten, Neuenburg mit Valengin. Doch das Bündnis Habsburg-Bourbon hielt fester als vermutet. Nun musste man mit der Waffe versuchen, es zu sprengen. Diesem Versuch standen etwa 20000 Franzosen und 11000 Mann aus den Kontingenten der deutschen Zwergstaaten nebst einigen österreichischen Einheiten im Wege. Man selbst verfügte nur etwa über die Hälfte dessen.

Doch diese Hälfte war beinahe noch zu viel, um einen der spektakulärsten Schlachtensiege des ganzen Krieges zu erringen. Am 5. November griffen um halb vier Uhr am Nachmittag die Preußen den in fünf Kolonnen ungesichert aufmarschierenden Gegner bei Roßbach westlich der Saale an, um halb sechs befand er sich auf der Flucht vor den Reitern des Generals Seydlitz, seinen Weg markierend durch zurückgelassene Kanonen, weggeworfene Flinten, Schuhe, Helme, Patronentaschen, und mit einer solchen Geschwindigkeit suchte man das Weite, dass die beiden Befehlshaber, der Prinz Soubise und der Marschall Hildburghausen, sich später darüber stritten, wer weniger schnell gelaufen sei, die Franzosen oder die Leute von der Reichsarmee, nun Reißausarmee genannt.

IX PREUSSENS GLORIA

Schlagzeile der »Magdeburgischen privilegirten Zeitung« nach dem triumphalen Sieg der preußischen Truppen bei Roßbach. Ein Sieg, der vornehmlich dem Reitergeneral Seydlitz zu danken war, dem »Orkan zu Pferde«.

»Jetzt hat er alles erreicht, was immer er sich ersehnt hat«, schrieb Voltaire in Ärger und Anerkennung, der aus den Tagen in Sanssouci gebliebenen Ambivalenz der Gefühle, »den Franzosen zu gefallen, sich lustig über sie zu machen und sie zu schlagen …«

Der Sieg bei Roßbach verschaffte Friedrich eine Popularität, wie sie in Europa bis dahin unbekannt war. Ihre Auswüchse erinnern geradezu an den Starkult unseres Jahrhunderts. In London bestürmten die Menschen den preußischen Sondergesandten mit den Konterfeis des Königs und fragten, welches das ähnlichste sei. Von den Gasthäusern, die sich flugs »King of Prussia« nannten, gab es noch bis in unsere Tage welche. In Versailles ersetzten die Damen das Bildnis Ludwigs XIV. in ihren Medaillons durch das Friedrichs II. In Venedig war die Stadt geteilt in Teresiani und Prussiani, zwei Parteien, die selbst unter den Mönchen in den Klöstern ihre Anhänger fanden und sich blutig befehdeten, wobei die Prussiani mit dem Kampfruf antraten »Chi non è buon prussiano non è buon veneziano – Wer nicht gut preußisch, ist auch kein guter Venezianer.«

Parteibildungen, wie sie innerhalb deutscher Familien beinah üblich waren. Goethe erzählt in »Dichtung und Wahrheit«, dass ihm bei den sonst so geliebten Großeltern das sonntägliche Mittagsmahl nicht mehr schmecken wollte, weil sie mit seinem Helden Friedrich nichts im Sinn hatten. In allen Sprachen und Dialekten sang man damals das Spottlied »Und kommt der Große Friederich und klopft nur auf die Hosen, so läuft die ganze Reichsarmee, Panduren und Franzosen.«

Die Niederlage der Franzosen freute nicht nur die Preußen, sondern auch die Bewohner *der* deutschen Staaten, die mit Frankreich verbündet waren. Sie waren von ihren Freunden schlimmer heimgesucht worden, als sie es je von ihren Feinden fürchten mussten. Die Soldaten der Armee Soubise gehörten keineswegs zur Elite. Unzureichend ernährt und schlecht besoldet, verlegten sie sich überall auf Zwangsrequirierung und Plünderung, verschonten dabei auch die protestantischen Kirchen nicht. Ihre höheren Offiziere konnten die Disziplin nicht aufrechterhalten, da sie zu stark damit beschäftigt waren, sich zu bereichern. Im Übrigen war ein Sieg über die Franzosen in dem Gebiet, das sich »Reich« nannte, höchst populär, denn sie galten als Erbfeinde.

Die Bayern, Württemberger, Hessen, Märker, Pommern, Ostpreußen, Sachsen, Schlesier, Hannoveraner, Mecklenburger, diese Deutschen, die anscheinend schon vergessen hatten, dass sie welche waren, erinnerten sich wieder, einer Gemeinschaft anzugehören.

LEUTHEN UND DIE SCHIEFE SCHLACHTORDNUNG

Anfang Dezember 1757 empfing Friedrich seine Generale und Obristen im Quartier des nordwestlich von Breslau gelegenen Städtchens Parchwitz. Er hatte seine bei Roßbach siegreichen Soldaten in einem langen Marsch hierher geführt und sie mit der schlesischen Armee vereinigt. Mit den Resten dieser Armee, wohlgemerkt. Sie war der ihr übertragenen Aufgabe, Schlesien zu halten, nicht gewachsen gewesen, hatte bei Breslau eine Niederlage bezogen und die wichtige Stadt aufgeben müssen, nachdem bereits Schweidnitz gefallen war. Zu allem Überfluss hatte sie auch ihren Befehlshaber verloren, den General Bevern, der sich lieber gefangen nehmen ließ, als sich vor seinem König zu verantworten.

In Parchwitz, unweit von Leuthen, hielt Friedrich jene berühmte Rede, die später in viele Sprachen übersetzt, in allen deutschen Schulbüchern abgedruckt und im Kinofilm einem Millionenpublikum in Erinnerung gebracht wurde. Dabei ist ihr genauer Wortlaut umstritten, haben ihn doch nicht weniger als sechs Gewährsleute überliefert, von denen keineswegs alle Ohrenzeugen waren. Die Version jedenfalls, die in die Akademie-Ausgabe der *Œuvres de Frédéric le Grand* aufgenommen wurde, ist untauglich. Sie stammt von einem Mann, der sich seinen Text aus zwei Vorlagen zusammenschrieb. Aus dem Vergleich der Niederschriften dreier Offiziere und eines Leibpagen lässt sich jedoch der Wortlaut einigermaßen getreu rekonstruieren. Friedrich selbst war der Ausdruck »Rede« übrigens zu hochtrabend, für ihn war es eine kurze und nachdrückliche Ansprache.

»Meine Herren! Ich habe Sie hierher kommen lassen, um Ihnen erstlich für die treuen Dienste, die Sie seither dem Vaterlande und mir geleistet haben, zu danken. Ich erkenne sie mit dem gerührtesten Gefühl. Es ist beinahe keiner unter Ihnen, der sich nicht durch eine große und ehrenbringende Handlung ausgezeichnet hätte. Mich auf Ihren Mut und auf Ihre Erfahrung verlassend, habe ich den Plan zur Bataille gemacht, die ich morgen liefern werde und liefern muss. Ich werde gegen alle Regeln der Kunst einen beinahe zweimal stärkeren, auf Anhöhen verschanzt stehenden Feind angreifen. Ich muss es tun, oder es ist alles verloren: Wir müssen den Feind schlagen oder uns vor seinen Batterien begraben lassen. So denk' ich, so werde ich auch handeln. Ist einer oder der andere unter Ihnen, der nicht so denkt, der fordere hier auf der Stelle seinen Abschied. Ich werde ihm selbigen ohne den geringsten Vorwurf geben.«

Hier folgte jener vom Leibpagen Putlitz bezeugte Zwischenruf des Majors Billerbeck: »Ja, das müsste ein infamer Hundsfott sein, nun wäre es Zeit.«

Der Major von Kaltenborn berichtete von der nun eintretenden *heiligsten Stille und den mühsam zurückgehaltenen, der Ehrfurcht und der Vaterlandsliebe geweinten Tränen.* Der König fuhr dann fort:

»Ich habe vermutet, dass mich keiner von Ihnen verlassen würde. Ich rechne nun also ganz auf Ihre treue Hilfe und auf

IX PREUSSENS GLORIA

den gewissen Sieg. Sollte ich bleiben und Sie nicht für das, was Sie morgen tun werden, belohnen können, so wird es das Vaterland tun. Gehen Sie nun ins Lager, und sagen Sie das, was ich Ihnen hier gesagt habe, Ihren Regimentern ...«

Die Kommandeure gaben nicht nur Erhebendes weiter, sondern auch Bedrückendes: jedes Kavallerieregiment, das sich nicht *à corps perdu*, blindlings, in den Feind hineinstürze, würde nach der Schlacht absitzen und zum Garnisonsregiment degradiert werden, und jedes Bataillon Infanterie, das beim Angriff nur zu stocken anfange, verliere zur Strafe die Fahnen und die Säbel. Der König ritt am Abend vor der Schlacht durch das Lager, redete die Männer mit »Kinder« an, versprach ihnen für jede erbeutete Kanone 100 Dukaten, ließ sich »Fritz« titulieren und versichern, dass es so schlimm nicht werden könne, denn drüben seien keine Pommern (neben den Märkern seine besten Soldaten). Tat also das, was seit Alexander, Hannibal, Cäsar, Wallenstein, Feldherrn in scheinbar aussichtslosen Situationen zu tun pflegen.

Bei aller Vorsicht, mit der man sich im Umkreis von Leuthen bewegen muss, denn hier haben die Geschichten die Geschichte verdrängt, es bleiben genug Staunen erregende Tatsachen. Friedrichs Besuch im Schloss von Lissa, wo er die hier im Quartier liegenden österreichischen Offiziere geistesgegenwärtig mit den Worten begrüßte »*Bon soir, messieurs.* Kann man hier auch noch unterkommen?« und sich damit rettete, ist unbestätigt. Der Choral »Nun danket alle Gott« jedoch ist gesungen worden nach dem Sieg und auch jene Choralstrophe beim Anmarsch, die in erschütternder Weise beweist, wie sehr diese dem Tod entgegengehenden einfachen Leute ihren Glauben an Gott mit ihrer Pflichttreue gegenüber dem Staat verbanden: »Gib, dass ich tu mit Fleiß, was mir zu tun gebühret, wozu mich dein Geheiß in meinem Stande führet. Gib, dass ich's tue bald, wann ich es tuen soll, und wenn ich's tu, so gib, dass es gerate wohl.«

PREUSSENS GLORIA

Über Leuthen und die schiefe Schlachtordnung haben die Militärhistoriker ausführlich abgehandelt. Es entstand der Eindruck, dass es sich dabei um den Stein des Weisen aller Strategie handele. Mit anderen Worten: sie anzuwenden hieße, den Sieg in der Tasche haben. Das aber gelang seit Leuktra, 371 vor Christus, wo die Thebaner die Spartaner schlugen, nur höchst selten, und jedes Mal waren die Umstände wichtiger als die Planung. Das Grundprinzip war: mit einem starken vorgenommenen Flügel den gegenüberliegenden feindlichen Flügel zu überwältigen und den schwächeren Flügel durch Staffelung zurückzuhalten. Friedrich gewann Leuthen *auch* wegen der schiefen Schlachtordnung, aber nicht allein ihretwegen. Hinzu kommen musste der in vielen Niederlagen bewährte Karl von Lothringen, der eine befestigte Stellung räumte zugunsten eines Geländes, auf dem sein großer Gegner von seinen Manövern her zu Hause war; musste das neblige Wetter und die mangelhaft betriebene Aufklärung der Österreicher durch Patrouillen (»Die guten Leute paschen [ziehen] ab, lassen wir sie in Frieden«, meinte Karl); musste der Umstand, dass Friedrichs Armee diesmal zum überwiegenden Teil aus Landeskindern bestand, die nicht, wie die Ausländer, ins Feuer getrieben werden mussten (»Patronen her, Patronen her!«, schrien die Grenadiere, ließen sich nicht wie sonst ins zweite Treffen zurückschicken).

Das alles mindert Friedrichs Leistung nicht, ein fast doppelt so starker Gegner – etwa 35 000 gegen 68 000 – muss erst einmal geschlagen werden. Die Rechtsschwenkung, nach vorgetäuschtem Angriff auf den feindlichen linken Flügel, blieb ein Schulbeispiel, wie man große Truppenverbände im Angesicht des Feindes bewegt, als sei man auf dem Exerzierplatz. Beispielhaft auch wieder Friedrichs Blick für das im richtigen Moment Richtige, den das eigene Leben verachtende persönlichen Einsatz nicht zu erwähnen.

IX Preussens Gloria

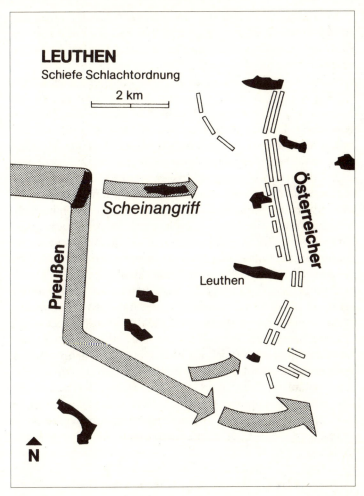

Die Schlacht bei Leuthen gilt als klassisches Beispiel für die erfolgreiche Anwendung der schiefen Schlachtordnung. Ihr Grundprinzip: mit einem starken vorgenommenen Flügel den gegenüberliegenden feindlichen Flügel zu überwältigen und den schwächeren Flügel durch Staffelung zurückzuhalten.

In Leuthen bewährte sich besonders die Artillerie. Auf den Höhen ringsum günstig aufgestellt, spien die extra von der Festung Glogau mit je 16 Pferden herbeigekarrten Festungsgeschütze Tod und Verderben. Ihre zwölf Pfund wiegenden Geschosse rissen tiefe Gassen aus Menschenleibern. Eine einzige dieser eisernen Vollkugeln, die wir beim Besuch der Museen heute mitleidig belächeln, konnte, wie bei Zorndorf geschehen, 42 Menschen töten. Wenn man die Geschütze mit Kartätschen lud, dünnwandige kugelgefüllte Blechzylinder, wirkten sie wie überdimensionale Schrotflinten.

Friedrich hat seine Artilleristen wenig geliebt. Für seine blitzartig geführten Schläge schienen sie ihm zu unbeweglich mit ihren viele Zentner schweren Geschützen. Auch betrachtete er sie nicht als Soldaten, sondern als eine Art Feuerwerker. Zivilisten im Grunde, damit beschäftigt, physikalische Kräfte zu berechnen, querköpfig dazu und ständig auf Schwierigkeiten aus. Als einziger Waffengattung erlaubte er der Artillerie eine größere Anzahl bürgerlicher Offiziere, ein Zeichen, wie wenig er sie mochte. In seinen Gefechtsberichten erwähnte er sie kaum, und zu ihrem Chef machte er keinen General, sondern nur einen Oberstleutnant. Karl Wilhelm von Dieskau allerdings erwies sich als überaus fähiger Fachmann (ein Vorfahre übrigens des Sängers Fischer-Dieskau), der es unter solchen Umständen schwer hatte, sich immer durchzusetzen. Die Nichtachtung der Artillerie sollte sich rächen. Immer häufiger entschieden die Kanonen eine Schlacht. Was die Österreicher sehr viel früher begriffen hatten.

Ein General und ein Grenadier

Leuthen bedeutete für Preußen die Wiedereroberung Schlesiens, warme Winterquartiere und den Rückzug der Österreicher nach Böhmen mit einer dezimierten Armee. Es bedeu-

IX PREUSSENS GLORIA

tete einen energischeren Einsatz Englands durch ein neues englisch-hannoveranisches Hilfsheer, das unter Führung des Prinzen Ferdinand von Braunschweig die Franzosen selbst aus dem links des Rheines gelegenen deutschen Gebiet verjagte. Es bedeutete aber wieder nicht den Frieden. Die Franzosen wurden dem Bündnis nicht untreu, die Österreicher nicht kriegsmüde, die Russen nicht entmutigt: den Attila des Nordens zu Staub zu zermalmen, wie die Marquise de Pompadour meinte, war nach wie vor auch das Bemühen der beiden anderen hohen Damen.

Ja, die eine, Zarin Elisabeth, schien jetzt erst richtig anzufangen mit ihrem Krieg.

Zorndorf hieß der Ort, wo Friedrich am 25. August 1758 zum ersten Mal auf ihre Soldaten stieß. Sie hatten Ostpreußen besetzt, Königsberg genommen, waren dann, das Land ringsum verwüstend, die Oder hinaufgezogen und hatten Küstrin in Brand geschossen. Friedrich fürchtete, dass sie sich in der Lausitz mit den Österreichern vereinigen wollten, und trieb seine Truppen in Eilmärschen nach Norden, in zehn Marschtagen 230 Kilometer zurücklegend.

Marschall James Keith, Schotte von Geburt, früher in russischen Diensten, jetzt gleich vielen anderen Preuße aus Liebe zu Preußen, ein Mann, der stets seine Meinung sagte, hatte vor den Russen gewarnt: sie würden, obwohl ausschließlich Leibeigene, selbst stärkstem Feuer nicht weichen und als einzige Soldaten mehr als sechs Bataillonssalven hintereinander widerstehen.

Friedrichs Umgehungsmarsch, der die Russen zwang, ihre Front um 180 Grad zu drehen, und sein Angriff gegen den rechten Flügel, um von dort aus die Front aufzurollen, scheiterte denn auch an der stoischen Tapferkeit der Muschiks (Muschik = kleiner Mann). Sie wehrten sich mit dem Bajonett– und zu Bajonettkämpfen war es bis dahin kaum gekommen –, drängten die Preußen mit Hurräh-Rufen zurück, brachten sie schließlich mit Hilfe der Kosaken in nie gesehener Weise zum Laufen. Der König, der seine Leute mit einer Fahne des Regiments Bülow in der Hand aufhalten wollte, wurde hinweggerissen (eine Flucht, die er den beteiligten Regimentern, vornehmlich ostpreußischen, nie vergessen konnte), und alles schien verloren, wenn man keinen Seydlitz gehabt hätte ...

Friedrich Wilhelm von Seydlitz, aus schlesischem Uradel, war neben Schwerin, Keith, Winterfeldt, Zieten, dem Prinzen Heinrich, dem Braunschweiger, dem Dessauer die interessanteste Figur der Generalselite. Hochgewachsen, kräftig, ein Kerl wie aus Stahl, tollkühn schon in seiner Jugend, sprengte er als Page mit dem Pferd durch die sich drehenden Flügel einer Windmühle, war nacheinander Kürassier, Husar, Dragoner und kletterte die Leiter des Avancements wegen seiner Taten bei Hohenfriedeberg, Soor, Kolin rasch empor. Er erlebte bei Roßbach eine Sternstunde, bewährte sich nicht nur im Angriff, sondern auch bei Rückzügen, geriet mit Friedrich bei Hochkirch und bei Kunersdorf hart aneinander wegen ihm sinnlos erscheinender Angriffe, wurde schwer verwundet und tat nach dem Krieg Dienst als Inspekteur der in Schlesien stehenden Kavallerieregimenter. Dieser Mann, der die Preußen erst das Reiten lehrte, der von seinen Männern vergöttert wurde, Kühnheit mit Kühle vereinte, ein »Orkan zu Pferde«, wie die von ihm besiegten französischen Reiterführer ihn nannten, setzte sich an die Spitze von 8000 Reitern, wies des Königs Drohung, dass er mit seinem Kopf für das rechtzeitige Eingreifen hafte, mit den Worten zurück, nach der Schlacht stehe ihm sein Kopf zur Verfügung, doch im Augenblick brauche er ihn gerade, trieb den Feind in vernichtendem Anprall auseinander und wendet damit die schon sicher geglaubte Niederlage ab.

Was bei einer solchen Schlacht wirklich geschah, geht weder aus den anschließenden Gefechtsberichten und den späteren Erinnerungen der Generale noch aus den Werken der

IX PREUSSENS GLORIA

Historiker hervor. Man muss die Aufzeichnungen des bereits erwähnten Ulrich Bräker lesen, der eine Bataille – die bei Lobositz – aus der Sicht des einfachen Soldaten schildert, um davon einen Begriff zu bekommen. Verständlich, dass sie in unsere Geschichtsbücher kaum Eingang fanden.

»In den Bauch der Erde hätt' ich mich verkriechen mögen, und eine ähnliche Angst, ja Todesblässe las man bald auf allen Gesichtern. Die meisten soffen ihren kleinen Vorrath bis auf den Grund aus, denn da hieß es: heute braucht es Courage und morgens vielleicht keinen Fusel mehr! Itzt anvanzierten wir bis unter die Kanonen, wo wir mit dem ersten Treffen abwechseln mussten. Potz Himmel! Wie sausten da die Eisenbrocken ob unsern Köpfen weg – fuhren bald vor, bald hinter uns in die Erde, bald mitten ein, und spickten uns die Leuthe aus den Gliedern weg, als wenn's Strohhälme waren. Nun rückte auch unsre Kavallerie an; wir machten Lücke und ließen sie vor, auf die feindliche los galloppieren, das war ein Gehagel, das knarrte und blinkerte, als sie nun einhieben! Da hätte man das Specktackel sehen sollen: Pferde, die ihren Mann im Stegreif hängend, andere, die ihr Gedärm der Erde nachschleppten.

... Mittlerweile trieben uns unsre Anführer immer höher den Berg hinan. Sobald unsere Avantgarde den erwähnten Gipfel erreicht hatte, gieng ein entsetzlicher Musketenhagel an. Unsre Vordertruppen litten stark; allein die hinteren drangen ebenfalls über Kopf und Hals nach, bis zuletzt alle die Höhe gewonnen hatten. Da mussten wir über Hügel von Todten und Verwundeten hinstolpern. Unsre gebornen Preußen und Brandenburger packten die Panduren wie Furien. Ich selber war in Jast und Hitze wie vertaumelt, und, mir weder Schrecken noch Furcht bewusst, schoss ich Eines Schießens fast alle meine 60 Patronen los, bis meine Flinte halb glühend war. Preußen und Panduren lagen überall durcheinander; und wo sich einer von diesen letzteren noch regte, wurde er mit der

Kolbe vor den Kopf geschlagen, oder ihm ein Bajonett durch
den Leib gestoßen.

Und nun gieng in der Ebene das Gefecht von neuem an.
Aber wer wird das beschreiben wollen, wo jetzt Rauch und
Dampf von Lowositz ausgieng; wo es krachte und donner-
te, als ob Himmel und Erde hätten zergehen wollen; wo das
unaufhörliche Rumpeln vieler hundert Trommeln, das herz-
zerschneidende und herzerhebende Ertönen aller Art Feldmu-
sik, das Rufen so vieler Commandeurs und das Brüllen ihrer
Adjutanten, das Zetter- und Mordiogeheul so vieler tausend
elenden, zerquetschten und halb toten Opfer dieses Tages alle
Sinne betäubte!«

Von solchen Opfern gab es bei Zorndorf auf preußischer
Seite über 12 000. Ein schwacher Trost, dass der Feind 6600
Tote und 11 500 Verwundete zählte. Die Preußen konnten ihn
nicht daran hindern, einen disziplinierten Rückzug in nord-
östlicher Richtung anzutreten. Wenn diese Schlacht in den
deutschen Geschichtsbüchern als gewonnen geführt wird,
dann nur, weil eine Vereinigung der Russen mit ihren Verbündeten verhindert worden war. »Noch einen solchen Sieg«,
rief König Pyrrhus von Epirus aus, nachdem er die Römer 279
vor Christus bei Ausculum geschlagen hatte, »und wir sind
verloren.«

Prinz Heinrich – der ewige Zweite

Auf Zorndorf, den halben Sieg, folgte am 14. Oktober Hoch-
kirch, die ganze Niederlage, eine, die den Leichtsinn zum
Vater hatte und die Überheblichkeit zur Mutter. Bei dem
Versuch, die Österreicher aus dem Lausitzer Bergland nach
Böhmen hinauszudrängen, wählte Friedrich für seine Armee
ein so ungünstig gelegenes Feldlager, dass Keith sich zu der
Warnung veranlasst fühlte: »Lassen die Österreicher uns hier

IX PREUSSENS GLORIA

in Ruhe, so verdienten sie gehängt zu werden.« Auch Seydlitz warnte. Prinz Moritz, der Sohn des alten Dessauers, drückte seine Missbilligung aus. Der Generalquartiermeister von Retzow weigerte sich sogar, das Lager abzustecken. Friedrich ließ sich nicht raten.

Drüben stand Daun, der Langweiler, der ewig Defensive, der Zauderer, einer, der es nie gewagt hätte, anzugreifen. Daun hätte auch nicht, aber er hatte einen Generalfeldwachtmeister, einen kleinen rothaarigen Menschen namens Laudon, der so hässlich war, dass Friedrich ihn seinerzeit nicht in seine Dienste hatte nehmen wollen (genauso wie Ludwig XIV. den buckligen Prinzen Eugen abgewiesen hatte), weil er nicht wissen konnte, dass man später überall singen würde »General Laudon, Laudon greift an ...« Laudon redete so lange auf seinen Vorgesetzten ein, bis er sich zum Angriff entschloss. Das Ergebnis war die gelungene Rache eines Verschmähten: Friedrich büßte ein Viertel seines Mannschaftsbestandes ein, dazu 101 Kanonen, 28 Fahnen, 3 Standarten. Es starben der Marschall Keith, der Prinz Moritz, der Prinz Franz, ein Bruder seiner Frau.

»Nur in der Phantasie eines Dichters kann der Gedanke aufkommen«, hatte bei Ausbruch des Krieges Marschall Schwerin gesagt, »sich als König von Preußen mit Frankreich, Österreich und Russland an Macht gleich zu schätzen.« Und des Königs Bruder August Wilhelm fügte hinzu: »Wir werden mit grauen Köpfen zurückkommen, und die Vorsehung muss Wunder tun.«

Die Vorsehung war seit Kolin mit ihren Wundern zurückhaltend, und die Kritik jener, die Preußens Siege nicht dem Genie des Königs, sondern der Tapferkeit seiner Soldaten zuschrieben, wurde stärker. Friedrich, so die Vorwürfe im Einzelnen, sei lediglich aufs Bataillieren versessen, führe seine Truppen nicht zur Schlacht, sondern zur Schlachtbank, unterschätze den Gegner, handele meist überstürzt, habe selten

Geduld, Lorbeeren schmeckten ihm süß, die Bitternis der Niederlage aber gebe er seinen Generalen zu kosten, wo er es doch allein ihnen verdanke, dass von Seiner Majestät verloren gegebene Schlachten noch gewonnen wurden.

Prinz Heinrich, der um vierzehn Jahre jüngere Bruder, war der Wortführer der Kritiker. Er hatte ein gewisses Recht dazu. Kein Draufgänger, sondern mehr ein Manövrierstratege, hat er dem Bruder durch seine operativen Märsche und gut organisierten Absetzbewegungen, durch die stete Bedrohung der gegnerischen Nachschubstraßen den Rücken freigehalten und maßgeblich dazu beigetragen, dass ein Krieg nicht verloren ging, den er nicht angefangen hätte.

Friedrich hatte ihn einst, in schicksalhafter Wiederholung alter Fehler, geschulmeistert, so wie er von Friedrich Wilhelm I. geschulmeistert worden war, ihn später aber hoch gelobt für seine militärischen Verdienste. »Als Soldat war er ein Engel, und auch als Bruder benahm er sich großartig«, bemerkte er nach Prag, und nach Roßbach nannte er ihn »*mon cher cœur* – mein liebes Herz«. Bei der Beendigung des von Heinrich meisterlich geleiteten Rückzugs aus Böhmen, 1757, widmete er ihm eine Ode: »Hehres Vorbild, Zier und Halt, hilf dem Staat in unsrem Streite.« Vor Zorndorf bot er ihm vorsorglich die Regentschaft an, den Oberbefehl und die Vormundschaft über den vierzehnjährigen vaterlosen Thronfolger, den späteren Friedrich Wilhelm II. (Sohn des verstorbenen August Wilhelm).

Heinrich hat die brüderliche Zuneigung nur selten honoriert. Die Tatsache, immer nur der »Bruder Friedrichs des Großen« genannt zu werden, die Tragik des ewigen Zweiten, der das Zeug zu haben glaubt, der Erste zu sein, hat sein Leben überschattet. Seine Gleichgültigkeit gegenüber dem Bruder steigerte sich zur Abneigung, wurde schließlich zum Hass, der in dem Ausbruch gipfelte: »Hätte es doch Gott gefallen, unsere verstorbene Mutter am 24. Januar 1712 eine Fehlgeburt tun zu lassen.«

IX PREUSSENS GLORIA

Katharina die Große, die er in besonderer Mission aufsuch-
te, war von ihm beeindruckt (»...ist eine der bedeutendsten
Persönlichkeiten des Jahrhunderts«). Der französische Politi-
ker Mirabeau, der eine vierbändige Geschichte Friedrichs des
Großen schrieb, feierte ihn als »die Hoffnung Europas«, und
es gab nicht wenige in Deutschland, die in ihm das eigentliche
Genie im Hause Hohenzollern sahen, zumindest den besseren
Soldaten, den klügeren Politiker. Eine Meinung, die seriöse
Historiker bis in unsere Zeit hinein vertraten.

»DER GROSSE« – KEIN GROSSER FELDHERR?

Sie bezweifelten sogar, dass Friedrich der Große wirklich ein
großer Feldherr war und hatten eine Anzahl von Gründen dafür bereit. Da wären seine Fehler, die aus seinem schwer zu
bändigenden Temperament, aus seiner unbezwinglichen Lust
sich zu schlagen, resultierten: bei Kolin griff er einen unangreif-
baren Gegner an; den anschließenden misslungenen Rückzug
August Wilhelms hatte er auf dem Gewissen, da er, wie so oft,
den verfolgenden Gegner unterschätzte; der Vormarsch im
Frühjahr 1758 scheiterte, weil der Nachschub ungenügend gesichert war; dass der General Schmettau Dresden übergab, obwohl ein Ersatzkorps im Anmarsch war, kam auf sein Schuld-
konto; bei Kunersdorf verheizte er seine erschöpfte Infanterie
bei einem sinnlosen weiteren Angriff; Hochkirch war die Folge eines Dilettantismus, wie seit Erfindung des Pulvers nicht
gesehen; bei Maxen, wo der General Finck mit 15 000 Mann
in die Gefangenschaft ging, hatte er wieder einmal den Marschall Daun nicht ernst genommen; und den General de la
Motte-Fouqué zwang er bei Landeshut zu einer unheilvollen
Schlacht mit den mehr als doppelt so starken Österreichern.
Napoleon, der ihm in seiner im Exil auf St. Helena verfassten »Darstellung der Kriege Caesars, Turennes und Friedrichs

des Großen« vorwarf, dass er gewisse Grundprinzipien der Kriegführung verletzt habe, gab in derselben Schrift auch die Antwort auf die gegen Friedrich gerichteten Vorwürfe. »Aber diese Fehler wurden durch große Taten, brillante Manöver und kühne Entschlüsse wettgemacht, sodass er es verdient hatte, aus einem so ungleichen Kampf als Sieger hervorzugehen.«

Sehen wir auch von dem Einwand ab, dass er halt Glück gehabt habe bei seinen Unternehmungen, da es nach Thomas Mann immer töricht ist, das Glück von den Verdiensten abzusondern, weil es einfach dazugehört. Denn ohne Fortüne, die Friedrich ausdrücklich von seinen Offizieren verlangte, wäre kein erfolgreicher Feldherr denkbar. Schwerwiegender ist der Einwand, wonach mit der vorsichtigen Manöverstrategie des Prinzen Heinrich mehr zu erreichen gewesen wäre als mit dem riskanten Draufgängertum Friedrichs. Gewiss hat dieser bedingungslose offensive Stil zu manchem Fehler geführt, aber er hat Friedrich auch jenen furchterregenden Nimbus geschaffen, der ganze Armeen ersetzte. Die Tatsache, dass er stets bereit war, gegen alle Regeln der Kriegskunst zu handeln, schuf bei seinen Gegnern ein Klima der Unsicherheit. Das zeigt ein Seufzer des französischen Militärberaters der Österreicher, als nach der Schlacht von Kunersdorf die Chance nicht genutzt wurde, die Preußen vollends zu vernichten: »Ja, die Wahrheit ist, sie haben alle zu viel Angst vor diesem Mann.«

»Ich stehe hier in einem Dreieck, wo ich zur Linken die Russen habe, zur Rechten Daun und im Rücken die Schweden«, hat sich Friedrich nach Kunersdorf gegen einschlägige Vorwürfe verteidigt. »Da führen Sie doch bitte einen Defensivkrieg! Ganz im Gegenteil. Ich habe mich bisher nur dadurch behauptet, dass ich alles angreife, was ich angreifen kann.«

In einem etwas pathetischen, doch im Ganzen zutreffenden Bild hat man Friedrich mit einem Löwen verglichen, den seine Verfolger rings umstellt haben und der nun bald den einen, bald den anderen in überraschendem Sprung anfällt, im-

IX PREUSSENS GLORIA

mer neue furchtbare Tatzenhiebe austeilt, in der Hoffnung, dass ihr Mut zuletzt sinken, ihre Angriffslust ermatten werde. Diese Art der Kriegführung, für die die Bezeichnung »Ermattungsstrategie« aufkam, war notwendig angesichts einer meist zweifachen, bisweilen auch drei- und vierfachen Überlegenheit des Gegners.

1756, bei Kriegsbeginn, standen 153 000 Preußen der österreichischen Armee mit einer Ist-Stärke von 177 000 Mann gegenüber, der russischen mit 205 000 und der französischen mit 210 000. Sie durch Schläge zu zermürben und daran zu hindern, sich zu vereinen, war die Hauptaufgabe Friedrichs. Er hat sie nicht zuletzt dank seines Improvisationstalents, seiner Geistesgegenwart und seiner Gabe, selbst aus seinen Fehlern mehr Vorteile zu ziehen als die anderen aus ihren Erfolgen, überzeugend gelöst.

FREDERSDORF, DER SELTSAME FREUND

Das Jahr 1759 sah Friedrich, als habe er eine Vorahnung kommenden Unheils, in tiefer Depression. »Ich bin dies Leben satt«, schrieb er, »der ewige Jude selbst war nicht so lebensmüde, wie ich es bin. Ich habe alles verloren, was ich geliebt und geachtet habe auf der Welt. Was mich umgibt, sind Unglückliche, denen zu helfen mir das Elend der Zeit unmöglich macht.«

Schon das Desaster von Kolin war mit einer Hiobsbotschaft verbunden: er erfuhr vom Tod seiner Mutter. Er hatte geweint wie ein Kind und sich der Zeit erinnert, da sie ihm die einzige Zuflucht war vor den Verfolgungen des Vaters. Am Tage von Hochkirch starb Wilhelmine von Bayreuth, die Lieblingsschwester, mit der er eine Seele war und ein Herz, eine Beziehung, die trotz gelegentlicher Entzweiung über die Zeiten hinweg intakt geblieben war.

Im selben Jahr hatte er den bereits erwähnten Michael Gabriel Fredersdorf verloren, einen seltsamen Menschen, mit dem ihn seltsame Freundschaft verband.

Fredersdorf, schlichten Gemüts, aber ein stattlicher, ansehnlicher Mensch und wohl deswegen in die Hände der Werber gefallen, die ihn in ein Musketierregiment in Frankfurt an der Oder steckten, hatte Friedrich, als er in Küstrin gefangen saß – so die etwas rührselige Überlieferung – die trüben Stunden durch sein Flötenspiel erhellt. Jedenfalls tauchte er später in Ruppin und Rheinsberg auf, war erst Lakai, dann Kammerdiener, nach der Thronbesteigung Geheimer Kämmerer, wurde allmählich als »*le grand factotum du roi Frédéric*«, wie Voltaire ihn nannte, mit immer mannigfaltigeren Aufgaben betraut. Mit wie vielen, das geht aus den Briefen hervor, die der König ihm schrieb. Sie zeigen Friedrich in seinem Kampf mit der deutschen Rechtschreibung – den er jedes Mal verlor – und als einen Mann, der sich wie sein Vater um die geringsten Details kümmerte.

Fredersdorf hatte die Oberaufsicht über die Köche und bekam zu hören: »... müssen sie nicht die Helfte von denen Ingredientzen Stehlen, sonsten gehen alle Thage 11 Thaler mehr drauf, ich versichere dier das unser Fras nicht kohstbar, aber nur Delicat ist.«

Er engagierte die Sänger für die Oper und wurde gemahnt: »... ich Muhs Geld zu Canonen ausgeben und kann nicht so vihl vohr die Haselanten [Hofnarren] verthun.«

Er sah sich nach Bildern für die Gemäldegalerie um, besonders nach Tizians, Veroneses und Correggios, wurde aber gewarnt vor Darstellungen von »die huntzfotiesche heilige, die Sie Märteren.« Selbst bei der Organisation eines Spionagenetzes musste er helfen. »Das Mensch [Spitzel] werde ich 3000 Thaler geben und bin Wohl mit ihm zufriden. Fch.«

Auf Fredersdorfs wiederholte Vorschläge, Gold zu machen, eine Kunst, an die der König nicht glauben konnte, doch bei

IX PREUSSENS GLORIA

aller Aufgeklärtheit gern glauben mochte, kam der Bescheid: »... lasse nuhr von jederer Schmelze ein Stük durch einen guhten Goldtschmit probiren, der wirdt Sehen, ob es Mesink, Kupfer oder Goldt ist. Aber ich bin fast gewis und übertzeuget, dass es wieder Windt Sein Wirdt.«

Friedrich verzieh seinem Kämmerer alles, selbst das, was er sonst nur schwer verzieh: die Heirat. Mit dem köstlichen Zusatz allerdings: »Lasse Dihr lieber heute wie Morgen Trauen, wan das zu deiner Flege helfen kan.«

Die meisten Briefe aber drehten sich um die Gesundheit Fredersdorfs, oder besser, um seine Krankheit, die ihn in vielerlei Gestalt heimsuchte. Wobei nicht klar hervorgeht, was er nun eigentlich hatte. Hier zeigte sich ein anderer Friedrich, einer, der sehr rührend, sehr fürsorglich, sehr besorgt sein konnte. »...wann man Dihr Könte in baumwolle verwahren, So währe es bei jetzigen Umbständen noch nicht genung«, schrieb er. Um ihn von den Wundermedizinen abzubringen, die der Kämmerer reichlich nahm, schickte er ihm selbst Arznei. Mit der Bemerkung: »Sie leidet aber keine Quacksalberein darnehben!!! sonsten benimt einem vohr Sein lebe-Tage die mänliche Krefte der liebe!«

Als es einmal besonders arg mit dem Freund stand, warf er voller Hast die Zeilen auf das Papier: »Wen ein Mitel in der welt wäre, Dihr in zwei minuten zu helffen, so wolte ich es Kaufen, es möchte so theuer seindt, wie es imer Wolte ....« Und wenige Jahre vor dem Tod des Fredersdorf dieser Brief: »... wenn heute Mittag die Sone Scheint, So werde ich ausreiten. Kome doch am fenster, ich wolte Dihr gerne Sehen! aber das fenster mus feste zu-bleiben; und in der Camer mus Stark feuer Seindt! ich Wünsche von herzten, das es sich von tagezu-tage mit Dihr besseren Möghe.«

Die ausländischen Gesandten wunderten sich, dass am preußischen Hof ein einziger Mann, der noch dazu subaltern war, Ämter auf sich vereinigte, zu deren Ausübung man in

331

Versailles mindestens ein Dutzend uradeliger Würdenträger gebraucht hätte. Viele versuchten, sich die Gunst des Monarchen über die Gunst seines Dieners zu erkaufen – vergeblich. Fredersdorf sah zwar sehr aufs Geld, was unter anderem sein Hang zur Goldmacherei bewies, aber er blieb unbestechlich und stets zuverlässig. Doch wären diese Tugenden allein keine Erklärung für die Freundschaft zwischen zwei durch ihre Geburt, ihr Amt, ihre Lebensart, ihren Charakter so verschieden geartete Männer. Wer nicht mit den einschlägigen Verdächtigungen kam, fand solches Verhältnis zumindest armselig, weil es eines Königs nicht würdig schien, der sonst nur Persönlichkeiten von Geist, Bildung und Esprit um sich duldete. Die nach Hunderten zählenden Briefe lassen aber erkennen, dass hier ein »Vater« einen »Sohn« hatte, dessen ewige Kränkelei ihm die Gelegenheit gab, sich einem sonst brachliegenden Gefühl hinzugeben.

DIE HÖLLE VON KUNERSDORF

Nach Zorndorf und Hochkirch war der König ein anderer. Hatte er im schlesischen Winterquartier noch die Arien der Opern geträllert, die in Berlin aufgeführt wurden, und seinem Stab die Tanzschritte der Ballette vorgeführt, jetzt zog er sich selbst zum Essen allein zurück. Wo doch Tafel und Tischgespräch für ihn ein Element seines Daseins gewesen waren. Er fühlte sich alt, verbraucht, wie ein überflüssiges Gepäckstück. Wer ihn lange nicht gesehen hatte, erschrak angesichts eines Mannes, dessen Haar grau war, dessen Mund wegen der ausgefallenen Zähne eingesunken, in dessen Augen kein Feuer mehr. Fremden Besuchern zeigte er, wie ihm die Uniform um den Leib schlotterte.

Krankheiten, bisher von der Seele im Zaum gehalten, begannen Gewalt über den ausgemergelten Körper zu gewinnen.

IX Preussens Gloria

Die Gicht lähmte den linken Arm, ließ die Hände schwellen, ihn nachts nicht schlafen. Die moderne Medizin diagnostizierte aus den einzelnen Symptomen »Hämorrhoiden, Asthma, Wassersucht, Magen-Darm-Koliken, temporäre Halbseitenlähmung« und konstatierte nüchtern: »...war frühzeitig körperliche Ruine.«

Mit dem alten Heilmittel, dem Versemachen, versuchte er, sein Martyrium zu lindern; oder er las die schlaflosen Nächte hindurch, verschlang ganze Bibliotheken, sechzehn Bände der Welthistorie von de Thou, sechsunddreißig Bände von Fleurys Kirchengeschichte; oder er schrieb ellenlange Briefe. Sein bevorzugter Briefpartner während des ganzen Siebenjährigen Krieges war Jean-Baptiste d'Argens: Weltmann, Abenteurer, Frauenheld, auch Staatsanwalt in der Provence, Rittmeister in Deutschland, Legationssekretär in Konstantinopel, Schriftsteller in Holland. Friedrich hatte ihn einst dem württembergischen Hof abspenstig gemacht und zum Chef der Literaturklasse der Berliner Akademie ernannt. Der König mochte ihn, weil er ein Ausbund war an Geist und Gelehrsamkeit, an Humor und guter Laune, und auch, weil er herrlich »verrückt« sein konnte. Der Marquis bewunderte seinen Gastgeber nicht nur, er liebte ihn, und das war ungewöhnlich, denn Friedrichs Freundschaft konnte köstlich sein, war aber stets anstrengend.

Was er d'Argens schriftlich zukommen ließ, teilte er Henri de Catt mündlich mit. Der brave Welschschweizer hatte einst auf dem Flussboot zwischen Utrecht und Amsterdam den Kapellmeister des sächsisch-polnischen Hofes kennen gelernt. Es war Friedrich, verkleidet mit schwarzer Perücke und zimtfarbenem Gewand, inkognito unterwegs nach Holland. 1758 erschien Catt dann im Breslauer Hauptquartier und wurde zu einer Art Eckermann, offiziell »Vorleser« genannt, konnte jedoch kaum vorlesen, weil er meist zuhören musste.

Eine Tätigkeit, der wir die »Unterhaltungen mit Friedrich dem Großen« verdanken. Von de Catt in Geheimschrift aufgezeichnet, sind sie, wenn auch in der Chronologie und in gewissen Details ungenau, ihrer »inneren Wahrheit« wegen von unschätzbarem Wert. Sie zeigen uns, was einen Feldherrn vor und nach der Schlacht wirklich bewegte, was ihn hoffen ließ, was ihn entmutigte. Und auch, wie wenig Friedrich seinen großen antiken Vorbildern glich, denen er angesichts der Schläge des Schicksals nacheifern wollte an stoischem Gleichmut und unerschütterlicher Gelassenheit. Er war nicht von Erz wie seine Helden vom Schlage Marc Aurels, er war menschlich, allzu menschlich.

De Catt hatte sich die großen, aus der antiken Literatur stammenden Leichenreden anzuhören, die der König unter Tränen vortrug. Und die langen Passagen aus den Tragödien Racines. Und die eigenen dichterischen Produkte. Und seine Klagen und Anklagen, eingebettet in stundenlange Monologe. Und seine Anfälle von Selbstmitleid.

Als er Anfang November nach über dreimonatiger Trennung seinen Vorleser im sächsischen Elsterwerder wiedersah, umarmte er ihn und sagte bewegt: »Ach, mein Freund, Sie sehen einen von Schmerz und Unglück niedergedrückten Mann. ... Und wie sollte es auch anders sein nach so vielem Missgeschick und so vielen Leiden. Wenn mein Kopf erst ein wenig ruhiger ist, so werde ich Ihnen von dem Hundeleben erzählen, das ich geführt habe. Ich will Ihnen jedoch trotzdem eine kleine Probe meiner Abenteuer zeigen.«

Er zog eine goldene Kapsel hervor, die in einer Seitentasche seiner Hose von einer Kugel breitgeschlagen worden war. »Sie sehen, ich bin nicht geschont worden. Und mein Gewand!« Der Rockschoß war durchlöchert und das Loch mit weißem Zwirn zugenäht.

Friedrich hatte die Hölle von Kunersdorf erlebt. Das Pfarrdorf unweit Frankfurt an der Oder war am 12. August 1759 zum Schauplatz seiner schwersten Niederlage geworden. Was ihm bisher gelungen war, die feindlichen Kräfte daran zu

IX PREUSSENS GLORIA

hindern, sich zu vereinen, war hier nicht geglückt. Russen und Österreichern, insgesamt fast 80 000 Mann, hatte er nur 50 000 Preußen gegenüberzustellen, und zur Unterlegenheit kamen eklatante Fehlleistungen wie mangelnde Erkundung der gegnerischen Stellung, die Überheblichkeit, sich mit den Anfangserfolgen nicht zufrieden zu geben, die Kavallerie trotz hoher Verluste immer wieder auf die russischen Batterien anzusetzen. Sie wurden nicht wettgemacht durch des Königs eigenen selbstmörderisch anmutenden Einsatz.

Johann Jacob Dominicus, ein »Schütze Arsch« des Siebenjährigen Krieges und immer ohne Ahnung, was um ihn herum wirklich geschah, schrieb in sein Tagebuch: »... Der König ist allzeit vornn gewesen, und gesagt: ›Kinder verlast mich nicht!‹ Zwey Pferde sind ihm unterm Leyb erschossen, und hat zuletzt noch eine Fahne von Printz Heinrichs Regiment genommen und gesagt: ›Wer ein braver Soldat ist, der folge mir!‹ ... Wir mussten unterdessen retiriren bis an die Oder. Und die Cosacken hinter uns drein, habe ich mein Lebtage nicht so gelauffen. Unser Regiment ist bey Ausmarsch der Winterquartiere stark gewesen 42 Officir 1620 Gemeine, anjetzo haben wir noch 12 Officir 448 Gemeine ...«

DER DANK DES VATERLANDS

Die Uniform des Musketiers war an drei Stellen von Kugeln zerrissen, er selbst *wunderbarlich bewahrt*. Die meisten seiner Kameraden hatten weniger Glück. Auf den von den Schwaden des Pulvers und dem Qualm brennender Dörfer umnebelten Feldern lag ein Heer von toten und verwundeten preußischen Soldaten, insgesamt 18 500 Menschen. Zu Haufen getürmt, in ganzen Reihen hingestreckt von den mit Stücken gehackten Eisens geladenen russischen Kanonen; in den Kunersdorfer Kohlgärten die Kürassiere mit ihren schwarzen

PREUSSENS GLORIA

Pferden dicht an dicht; der Leichengestank so penetrant, dass die Russen anderntags ihr Lager aufgeben und über die Oder gehen mussten.

Das Sanitätswesen war bei allen europäischen Armeen des 18. Jahrhunderts mangelhaft entwickelt. Es gab zu wenige akademisch ausgebildete Ärzte, die Medici, dafür umso mehr so genannte Chirurgen, die als Feldscherer Dienst taten. Die Regimentsfeldscherer hatten sich anfangs auf einer der beiden Berliner Medizinschulen qualifizieren müssen, im Laufe des Krieges drangen selbst Barbiergehilfen in diese Stellen vor. »Rohe junge Leute, die kaum erträglich den Bart putzen und selten ein Pflaster streichen konnten«, hatten für Wohl und Wehe Zehntausender oft schwer verwundeter Menschen zu sorgen. Das Gemetzel auf dem Schlachtfeld setzte sich auf Verbandsplätzen und in Feldlazaretten fort: meist wusste man keinen anderen Ausweg, als das verletzte Glied zu amputieren. Wer der Kugel entronnen war, verfiel dem Messer und der Säge des Feldchirurgus.

»Oh, ihr Schweine!«, habe der König seine Chirurgen deshalb einmal angeschrien. Doch tat er wenig, um solche Zustände zu ändern. Seine Artilleristen, Kavalleristen, Grenadiere waren wesentlich besser geschult als seine Sanitäter.

Nach der Schlacht von Torgau am 3. November 1760, der blutigsten des ganzen Krieges, starben von 9000 Verwundeten über 2500, überwiegend an Wundstarrkrampf. In den Lazaretten waren die hygienischen Verhältnisse so schlecht, dass sich Ruhr, Fleckfieber, Typhus und Gasbrand ausbreiten konnten. Während des Bayerischen Erbfolgekrieges, 1778/79, in dem mehr verhandelt als gekämpft wurde, verkamen siebentausend Menschen in den Hospitälern. Ein junger Offizier aus dem Regiment Bevern, der 1757 in ein Hospital in Dresden eingeliefert wurde, schrieb: »...wie erschrak ich, als ich in dieses Haus des Elends eintrat und an dessen Seitenwände einer Menge Leichname, übereinander angetürmt, ansichtig

336

IX PREUSSENS GLORIA

wurde, deren starre Füße unter dem über sie gelegten Stroh hervorragten ... Überhaupt sah man hier nichts als Jammer, man mochte hinblicken, wohin man wollte. Ganze Säle waren schichtenweise mit Kranken von mancherlei Gattung angefüllt ...«

Viele Verwundete erreichten das Lazarett nicht, da sie auf den zu Sanitätsfahrzeugen ernannten leeren Proviantwagen, wahren Schinderkarren, zu Tode gerüttelt wurden. Oder sie brachen mit den als Krücken verwendeten Musketen am Wegrand zusammen. In den Tagen nach der Schlacht fand man sie, Freund und Feind ohne Unterschied, im Gebüsch verkrochen, gegen Bäume gelehnt oder halb in der Erde, wo sie sich vor Schmerzen hineingewühlt hatten, meist halb nackt, da ihnen die Plünderer selbst das Hemd nicht ließen.

Der Generalstabsmedicus Dr. Cothenius berichtete, dass während des Siebenjährigen Krieges 220 000 Verwundete und Kranke aus den Lazaretten und Hospitälern als »geheilt« entlassen wurden. Er verschwieg, dass ein großer Teil von ihnen lebenslang invalid blieb. Ein paar Hundert von ihnen fanden in dem von Friedrich gegründeten Berliner Invalidenhaus Aufnahme, andere kamen als Lehrer, Hausmeister, Botengänger, Torschreiber unter, viele, zu viele, jedoch reckten – preußisch ordentlich mit amtlichem Bettlerausweis versehen – ihre Krücken, ihre Armstummel und Holzbeine bettelnd den Vorübergehenden entgegen. Ein lebender Beweis des Dankes vom Vaterland.

DAS MIRAKEL DES HAUSES BRANDENBURG

Am Abend der Schlacht von Kunersdorf fand Friedrich in einem mit Verwundeten belegten zerfallenen Haus auf dem linken Oderufer Unterschlupf. Er hatte, nicht fähig, seine Niederlage zu begreifen, als einer der letzten den Schauplatz verlassen, nachdem er vergeblich auf eine »verdammte Kugel« gehofft, die ihn treffen möge. Und wenn ihn der Rittmeister von Prittwitz mit den Leibhusaren nicht herausgehauen hätte, wäre er in die Hände der Kosaken gefallen. Die Menschen in Europa, die seinen Kampf verfolgten, als handele es sich um eine Reihe dramatischer Abenteuer, waren um eine Sensation gekommen: Fritz, der Kriegsgefangene, wird in Moskau von der Zarin Elisabeth begrüßt, seiner Todfeindin.

Auf einer Strohschütte liegend, erlitt er einen totalen körperlichen und seelischen Zusammenbruch, versank in dumpfe Teilnahmslosigkeit, nachdem er sich einen Brief an den Minister von Finckenstein abgezwungen hatte, in dem es hieß: »... von 48 000 Mann habe ich nur noch 3000. In dem Augenblick, in dem ich schreibe, flieht alles, und ich bin nicht mehr Herr über meine Leute. Man wird gut tun, in Berlin an seine Sicherheit zu denken. Ich habe keine Hilfsmittel mehr, und, um nicht zu lügen, ich glaube, dass alles verloren ist. Ich werde den Untergang meines Vaterlandes nicht überleben.« Der letzte Satz dann: »Adieu für immer!« Am darauf folgenden Tag gab er den Oberbefehl an den General Finck ab und instruierte ihn, wie man »dem Unglück einen Anstand« geben könne.

Er wartete auf den Gnadenstoß, den Russen und Österreicher ihm unweigerlich geben würden, wartete auf ihren Vormarsch, auf den Fall Berlins, auf die endgültige Vernichtung. Er wartete ...

Am 2. September empfing Bruder Heinrich einen Brief Friedrichs. Er las: »... und ich verkündige Ihnen das Mirakel des Hauses Brandenburg. In der Zeit, da der Feind die Oder überschritten hatte und eine zweite Schlacht hätte wagen und den Krieg beendigen können, ist er von Müllrose nach Lieberose marschiert.«

Das Wunder hatte seine natürliche Ursache. Die russischen Befehlshaber, ohnehin nicht sonderlich begeistert von diesem

IX PREUSSENS GLORIA

Krieg – was hatte ihnen Preußen getan? –, wollten nicht mehr. Die Lorbeeren von Kunersdorf waren allzu sehr mit Blut getränkt und General Saltikow, der sie errungen, schrieb an die Zarin: »Der König von Preußen pflegt seine Niederlagen teuer zu verkaufen. Noch einen solchen Sieg, und ich werde die Siegesbotschaft, da niemand mehr übrig, allein überbringen müssen.« Gegenüber Laudon ließ er durchblicken, dass er nicht mehr daran denke, für andere Leute seinen Kopf hinzuhalten. Daraufhin stellte der nun auch nicht mehr angriffslustige Österreicher erleichtert fest, dass es ohnehin nicht sinnvoll sei, Berlin zu nehmen: wer wolle schon in der trostlosen Mark Brandenburg Winterquartier nehmen?!

»Die Wahrheit ist«, notierte der französische Militärberater, »man hat zu viel Angst vor dem König der Preußen.«

Doch es schien, als würde man bald keine Angst mehr vor ihm haben. Halbwüchsige Burschen, Veteranen, von der Rekrutenagentur Collignon angeworbene oder gepresste Ausländer, fahrendes Kriegsvolk, Kriegsgefangene, Überläufer, vor denen man mehr Angst haben musste als vor dem Feind, sie alle ausgebildet von invaliden Offizieren, befehligt von fünfzehn- bis sechzehnjährigen Kadetten – das war aus Preußens stolzer Armee geworden.

»Hätte ich zehn Bataillone von 1757«, klagte der König, »ich würde mich vor nichts auf der Welt fürchten.«

Er hatte sie nicht. Er hatte sie, die Besten der Besten, in die Hölle von Prag, Kolin, Zorndorf, Kunersdorf geschickt. Es gab Regimenter, die dreimal ausgelöscht und dreimal wieder aufgestellt worden waren. Es gab Adelsfamilien, wie die Bellings, die von dreiundzwanzig männlichen Abkommen zwanzig, wie sie selbst es nannten, auf dem Altar des Vaterlands geopfert, und es gab Frauen, die ihren Mann und ihre Söhne verloren hatten.

Mit solchen Truppen offensiv zu werden war nur noch selten möglich. Meist beschränkte man sich darauf, zwischen

Sachsen und Schlesien mit ihnen hin- und herzumarschieren, den Gegner zu bedrohen, ihn auszumanövrieren, aber nach Möglichkeit nicht zu attackieren. Da auch Dauns ursprüngliche Tugend, nichts zu riskieren, inzwischen zu einem Laster geworden war, kam es in den letzten Jahren des Krieges immer seltener zu wirklichen Schlachten. Nur im Herbst 1760 waren die Gegner noch einmal aufeinander gestoßen. Bei Liegnitz gelang Friedrich gegen dreifache Übermacht der Sieg und die Genugtuung, endlich den verhassten Laudon geschlagen zu haben. Bei Torgau im selben Jahre brachte Zietens Draufgängertum in letzter Stunde die Wende.

Doch beide Bataillen entschieden nichts. Der König hatte lediglich, wie man spottete, wieder einmal seinen Sarg vergoldet. Selbst die Haupt- und Residenzstadt hatte er nicht zu schützen vermocht. Russen und Österreicher nahmen Berlin im Handumdrehen, jagten die Pulvermühlen und die Geschützgießerei in die Luft, plünderten das Zeughaus, zerstörten die Münze. In Charlottenburg hausten sie vandalisch, in Potsdam dagegen gewannen Pietät und Respekt vor Friedrich die Oberhand über Zerstörungswut. Das Gerücht, dass Er höchstpersönlich nahe, genügte denn auch, die Eroberer in gelinde Panik zu versetzen. Mit 1,7 Millionen den Bürgern abgepressten Talern in der Kasse, vielen Gefangenen im Tross, darunter hundert Kadetten, zogen sie wieder ab.

TÜRKEN UND TATAREN

Die Lage schien ohne Hoffnung. Ostpreußen, Hinterpommern, der größere Teil von Sachsen und halb Schlesien waren verloren, die noch verbliebenen Provinzen vom Krieg gezeichnet. In England war William Pitt gestürzt, der Garant des gegenseitigen Bündnisses. Die Kriegsziele in Nordamerika, Kanada, Ostindien, Afrika waren im Wesentlichen erreicht,

IX PREUSSENS GLORIA

Frankreich überall auf dem Rückzug, der Festlanddegen Friedrich wurde nicht mehr gebraucht.

Preußen glich einem von der Wassersucht Befallenen, der Tag für Tag die Fortschritte seiner Krankheit registrierte – so der um Bonmots selbst jetzt nicht verlegene König – und, die Kälte des Todesboten in den Gliedern spürend, den Augenblick erwartete, da auch das Herz absterben würde. In Berlin und Potsdam sprach man hinter vorgehaltener Hand darüber, dass der Tag nicht mehr fern sei, da die Preußen sich in den Grenzen des Kurfürstentums Brandenburg wiederfinden würden.

Friedrich versuchte verbissen, diesen Zeitpunkt hinauszuschieben. Er vertraute auf die bewährte »göttliche Eselei« seiner Gegner, forcierte die seit Jahren laufenden Verhandlungen mit dem Sultan in Konstantinopel, sah, wenn günstige Nachrichten kamen von der Hohen Pforte, die Türken bereits vor Wien. Auch der Khan der Tataren, der mit farbenprächtigem Gefolge im Hauptquartier erschien, um zu verkünden, dass sein Gebieter Kerim Gerai gegen den Erzfeind Russland 30 000 Mann stellen würde, weckte neue Hoffnung.

Den Frieden, den der König sich seit langem wünschte, für den die Unterhändler insgeheim in den Hauptstädten Europas die Fühler ausstreckten, er hätte ihn haben können. Wäre er nur zu einem kleinen Opfer bereit gewesen: Schlesien. Schlesien aber betrachtete er als sein Lebenswerk. Für diese Provinz war unendlich viel Blut geflossen, hatte man Hekatomben geopfert. Schlesien aufzugeben hieße die Toten verhöhnen, die Lebenden verachten, wäre der Triumph des Sinnlosen:

Friedensvertrag ja, aber ohne Abtretung auch nur eines Fußbreits preußischen Landes! »Kein Beweggrund, keine Überredungskunst wird imstande sein«, hatte er bereits 1760 an den Marquis d'Argens geschrieben, »mich dahin zu bringen, dass ich meine Schande unterschreibe.« In diesen ersten Januartagen des Jahres 1762 setzte er sich eine Frist bis zur Mitte des

Februar. Bis dahin werde man wissen, ob die Türken eingreifen. Wenn nicht, dann ...

»Nachdem ich meine Jugend dem Vater geopfert habe, meine Mannesjahre dem Staat, glaube ich das Recht erworben zu haben, über mein Alter nach meinem Gutdünken zu verfahren ...« Wie Cato, der zu stolz war, sich der Gnade des Siegers Cäsar zu ergeben, wollte er sterben.

Der Tod der Zarin rettet Preussen

Die Leiche der Zarin wurde unter großem Gepränge vom Winterpalast in die Peter-Pauls-Kathedrale geleitet, und das Volk, das die Straßen säumte, konnte sich nicht genug wundern über den dem Sarg folgenden Neffen der Verblichenen. Langsam schritt er dahin, blieb stehen, ließ den Leichenwagen fünfzig Meter vorausfahren, rannte dann plötzlich so schnell, dass die ehrwürdigen Kammerherren nicht zu folgen vermochten und die schwarze Schleppe, die sie ihm nachtrugen, fahren ließen. Was ihn derart amüsierte, dass er den Spaß mehrmals wiederholte. Am Abend fand die Trauergesellschaft ihn in seinem Schlafzimmer mit Soldaten spielend, die alle preußische Uniformen trugen. Sie gehörten zu seinem Lieblingsspielzeug. Als einmal eine Ratte zwei von den langen Kerls angenagt hatte, hatte er sie auf einem eigens angefertigten Schafott hinrichten lassen und dazu auf einer alten Geige den Trauermarsch gespielt.

Er hieß Karl Peter Ulrich von Holstein-Gottorp, war 1742 nach dem Aussterben der Romanows im Mannesstamm als künftiger Thronfolger nach Russland gerufen worden und war nun Zar aller Reußen. Zarin Elisabeth, die der Sarg barg, hatte Peter III., wie er nun genannt wurde, auch eine passende Frau verschafft. Pikanterweise mit der Hilfe Friedrichs II., der, nachdem ihm die eigene Schwester zu schade gewesen für die

IX Preussens Gloria

moskowitische Barbarei, die blutjunge Prinzessin Sophie Auguste von Anhalt-Zerbst empfahl, später unter dem Namen Katharina die Große bekannt.

Peter war derart vernarrt in alles Preußische, dass er, anstatt mit Katharina einen Thronfolger zu zeugen, lieber mit ihr exerzierte, so gründlich, dass sie bald alle Gewehrgriffe aus dem Effeff beherrschte. »... auch musste ich stundenlang mit der Muskete über der Schulter«, berichtet sie in ihren Memoiren, »an der Tür zwischen meinem und seinem Zimmer Schildwache stehen.« Wenn er die Wahl gehabt hätte, meinte Peter, wäre er statt Kaiser in Russland lieber Regimentskommandeur in Preußen geworden. Er verehrte den König mit Inbrunst, und sein Glaubensartikel lautete: »Friedrichs Wille ist Gottes Wille.« Da Gottes Wille nicht sein konnte, Preußen dem Untergang zu weihen, stellte er sofort alle Kampfhandlungen ein, versprach, das eroberte Ostpreußen, auch Hinterpommern, wieder zu räumen, ja, befahl sogar dem General Tschernischew, Friedrich in Schlesien zu Hilfe zu kommen.

Die Geschichte hat diesen Vorgang als das eigentliche Wunder des Hauses Brandenburg bezeichnet. Das Nicht-mehr-zu-Glaubende wurde Ereignis, Preußen in letzter Stunde gerettet. »Wenn ich ein Heide wäre«, schrieb Friedrich seinem Retter in überströmendem Dank, nachdem er ihm den gewünschten Schwarzen Adlerorden geschickt, »würde ich eurer Majestät einen Tempel und Altäre errichtet haben als einem höheren Wesen, das der Welt Beispiele gibt, von denen alle Herrscher lernen sollten. Ich dankte dem Himmel, als Ihr Brief und Friedensvertrag eintrafen ... Sie dürfen mein Herz unter Ihre erste Eroberung rechnen ... Heute werden wir diesen Tag festlich begehen: Alle meine Offiziere rufen: Lang lebe unser geliebter Kaiser!«

Dem geliebten Kaiser blieb nur kurze Zeit, seinen preußischen Neigungen zu frönen. Er war kein Ungeheuer oder Landesverräter, wie man ihn später – schlechten Gewissens –

hinzustellen suchte, auch nicht total geistesgestört, sondern infantil und in seiner Entwicklung zurückgeblieben, ein schwacher, seiner Aufgabe nicht gewachsener Mann. Außerdem besaß er das sehr deutsche Talent, das Gute zu wollen, dabei aber so instinktlos vorzugehen, dass er es bald mit allen verdarb: mit der Kirche, der er mit Enteignung ihrer riesigen Besitztümer drohte, mit dem Militär, dem er preußische Uniformen und Reglements aufzwang, mit dem Adel, gegen dessen maßlosen Luxus er Gesetze erließ – und mit seiner Frau Katharina!

Katharina Alexejewna, ihrem Mann seit langem in unglücklicher Ehe verbunden, hatte trotz allen Hasses und allen Argwohns, den man ihr entgegengebracht, im Dschungel des Zarenhofs überlebt und niemals ihr Ziel außer acht gelassen, einst die erste Frau Russlands zu werden. Sie hatte auch ihre Liebhaber danach gewählt, von denen einer mit ihr einen Sohn zeugte, den späteren Zaren Paul I., und ein anderer ihr half, die Macht zu erringen, als es darum ging, den Thron oder das Schafott zu besteigen. Zumindest drohte ihr von ihrem Mann ewiger Kerker hinter den Mauern Schlüsselburgs. Sie kam ihrer Verhaftung zuvor, setzte sich mit männlichem Mut an die Spitze der Garden, wurde am anderen Morgen in der Kathedrale der Jungfrau von Kasan zur Zarin gekrönt, zwang Peter, die Krone niederzulegen und verbrachte ihn in ein Landhaus fünfzehn Meilen vor Petersburg, zusammen mit seinem Neger Narcissus, seinem Lieblingshund Mopsy und seiner Geige.

Von dort bekam sie wenige Tage später den Brief eines der ihn bewachenden Verschwörers. »Mütterchen, gnadenreiche Kaiserin! Wie soll ich erklären, was geschehen ist? Aber es ist geschehen. Er bekam bei Tisch mit Fürst Fedor Streit; wir konnten sie nicht mehr trennen, und schon war er nicht mehr. Wir erinnern uns selbst nicht, was wir getan haben, aber wir sind alle schuldig und verdienen den Tod.« Sie hatten ihn auf bestialische Weise erwürgt. Ein Mord, den Katharina nicht befohlen hatte, aber nachträglich gebilligt, denn sie bestrafte die Mörder nicht.

Die neue Zarin, zwar auch deutscher Herkunft, aber mit der russischen Mentalität besser vertraut, nahm den Krieg mit Friedrich nicht wieder auf – sie brauchte den Frieden für ihre ersten Regierungsjahre –, war aber auch nicht bereit, mit ihm zu marschieren. Sie gab Tschernischew den Befehl, sich auf möglichst elegante Art von den Preußen abzusetzen. Der General aber zögerte seinen Abmarsch zugunsten seiner neuen Freunde geschickt hinaus und gab ihnen damit die Chance, die Österreicher bei Burkersdorf empfindlich zu schlagen. 150 000 Dukaten und ein diamantenbesetzter Degen waren der Lohn für so viel Entgegenkommen.

ENDLICH FRIEDE ...

Russland schied damit endgültig aus der feindlichen Koalition aus. Mit Schweden hatte man bereits Frieden geschlossen. Wobei Friedrich die Bemerkung nicht unterdrücken konnte, er könne sich nicht erinnern, mit diesen Leuten aus dem hohen Norden je Krieg geführt zu haben, vielleicht wüsste es einer seiner Generale. Frankreich und England nahmen Fühlung miteinander auf und unterzeichneten Anfang November 1762 einen Vorvertrag, der später in Paris bestätigt wurde. Danach trat Frankreich seine Kolonie Kanada und den größten Teil seiner afrikanischen Besitzungen an England ab, begab sich der Ansprüche auf Neuschottland, Neufundland, auf das Ohiobecken. England hatte, wieder einmal, mit dem geringsten Einsatz den höchsten Gewinn gemacht in dem blutigen Spiel, und William Pitt meinte, dass Amerika eigentlich in Deutschland erobert worden sei.

Österreich sah sich allein und hatte, nachdem es bei Freiberg vom Prinzen Heinrich in der letzten Schlacht des siebenjährigen Ringens ein letztes Mal geschlagen worden war, kaum Hoffnung mehr, den »bösen Mann aus Berlin« zur Raison zu bringen. Feldmarschall Daun mahnte Maria Theresia, deren Stolz es verbot, den ersten Schritt zu tun, nun energisch: »... sehe ich nicht, wie Majestät den Krieg werden fortführen können, da nach den obwaltenden Umständen sehr zu besorgen, dass die Armee nicht einmal den Winter hindurch erhalten sein wird.«

Im Jagdschloss Hubertusburg unweit von Leipzig kamen sie zusammen und beendeten eine Auseinandersetzung, die ihre Finanzen ruiniert, ihre Länder verwüstet, ihre Armeen ausgeblutet hatte. Man hat berechnet, dass Preußen 180 000 Soldaten verlor, Österreich 140 000. Die Partner einigten sich auf den *status quo ante,* auf den vor 1756 existierenden Zustand. Preußen behielt Schlesien und die Grafschaft Glatz und versprach großmütig, dem Erzherzog Josef die Kurstimme für die Kaiserwahl zu geben.

Als die Sachsen, die während sieben langer Jahre viele Millionen Taler an Kontributionen gezahlt hatten, den König von Preußen wegen einer Wiedergutmachung mit der Frage angingen: »Was machen Eure Majestät mit uns armen Sachsen?«, antwortete er trocken: »Ich gebe euch Euer Land wieder.« Das war nicht einmal zynisch gemeint. Er hätte es gern behalten, das reiche, schöne Land. Ansonsten schien er zufrieden mit dem Vertrag, hütete sich aber wohlweislich, es zuzugeben.

Er hatte einer Welt von Feinden die Existenz seines Staates abgetrotzt – die Existenz als Großmacht! –, im Feuer der Kriege waren die Provinzen zu einer Einheit zusammengeschmolzen, ihre Bewohner waren sich bewusst geworden, Preußen zu sein, ein Bewusstsein, das sie trotz aller Not und aller Opfer mit einem gewissen Stolz erfüllte. Etwas war entstanden, was Goethe den Wert, die Würde und den Starrsinn der Preußen genannt hat. Später hat man behauptet, der unaufhaltsame Aufstieg dieses Staates wäre aufzuhalten gewesen, wenn

IX PREUSSENS GLORIA

Friedrich nicht das Glück des Spielers gehabt hätte, der auf den großen Coup wartet und ihn tatsächlich landet. Über das Glück ist schon gesprochen worden, doch hat man Friedrich auch den – unsinnigen – Vorwurf gemacht, er habe mit seinem Durchhalten in aussichtsloser Situation ein verhängnisvolles Beispiel gegeben, das im letzten Krieg dann den Verantwortlichen-Unverantwortlichen zum Alibi sinnlosen Widerstands wurde.

Als Sieger fühlte sich der König nicht. Eher als ein mittelmäßiger Schauspieler in einem sieben Akte dauernden mittelmäßigen Drama. Das Leid und die Not waren zu groß, um guten Gewissens triumphieren zu können, der Ruhm schal, der mit so vielen Opfern erkauft worden war, zum Jubel so wenig Anlass, dass er sich dem festlichen Empfang der Berliner entzog und seine Kutsche über unbeleuchtete Seitenstraßen zum Schloss leitete. Was er empfand, spiegeln seine Worte wider: »… ich kehre in eine Stadt zurück, von der ich nur noch die Mauern kenne, wo ich niemanden von meinen alten Freunden mehr vorfinde, wo unermessliche Arbeit mich erwartet und ich binnen kurzem meine Gebeine einer Zufluchtsstätte übergeben werde, die nicht mehr gestört werden soll …«

X Der Alte Fritz

Neues Land aus Sumpf und Sand

Als die Landräte der Kurmark am 1. April 1763 zur Audienz im Berliner Schloss erschienen und ihr Sprecher mit der Aufzählung all dessen beginnen wollte, was der Krieg zerstört hatte in ihren Landkreisen, unterbrach ihn Friedrich abrupt: »Hat Er Crayon? Nun, so schreibe Er auf: Die Herren sollen aufsetzen, wie viel Roggen zu Brot, wie viel Sommersaat, wie viele Pferde, Ochsen und Kühe ihre Kreise höchst nötig brauchen. Überlegen Sie das recht und kommen Sie übermorgen wieder zu mir. Sie müssen aber alles so genau und sparsam als möglich einrichten; denn ich kann nicht viel geben.«

Die erste Inspektionsreise hatte ihn nach Schlesien geführt, dann ging es nach Pommern und in die westlichen Provinzen. Bald hatte er, bis auf Ostpreußen, das ganze Land bereist, überall Bestand aufgenommen und sich sorgfältig notiert, auf welche Weise geholfen werden konnte. Die Not war allerorten groß. Die Gesuche um Unterstützung liefen in solchen Mengen ein, dass Sekretär Eichel in seinen Amtsräumen kaum selbst mehr Platz fand. Von den 210 000 Soldaten waren 64 000 entlassen worden, um dem Retablissement, dem Wiederaufbau, zu dienen. 35 000 Kavalleriepferde wurden nicht mehr zur Attacke geritten, sondern vor den Pflug gespannt. Die abgebrannten Bauern bekamen freies Bauholz und 50 Taler, Saatgetreide wurde verteilt, Mittel zum Ankauf von Vieh angewiesen, den Landkreisen die Grundsteuern erlassen, den Wollspinnereien und Tuchwebereien Kredite gewährt und Beihilfen den Städten, die durch die vom Feind erpressten Kontri-

butionen verschuldet waren. Insgesamt erreichte die Sofort-
hilfe die Summe von über 6 000 000 Taler.

Drei Jahre nach Kriegsende waren allein in der Neumark
und in Pommern 6500 Häuser wieder aufgebaut, in dem schwer
heimgesuchten Schlesien gar 8500. Hundert Jahre, schrieb einer der ihren, habe Habsburg gebraucht, um in diesem Land
den Dreißigjährigen Krieg vergessen zu machen, die Preußen beseitigten die Schäden des Siebenjährigen Krieges in
einem Jahrzehnt. Trotz allem waren die drei grauen Schwes-
tern, die Schuld, die Sorge, die Not, noch lange ungebeten zu
Gast.

Friedrich fühlte sich verpflichtet und wohl auch schuldig
vor seinem Gewissen, den »verunglückten Untertanen« wieder aufzuhelfen. Diesem Ziel galt die Anspannung all seiner
Kräfte. Einem Arzt, der ihm eine Inspektionsreise verbie-
ten wollte, beschied er: »Er betreibt sein Geschäft, Doktor,
ich das meinige, und ich werde es bis zum letzten Atemzug
betreiben.« Seine »Büchelgen« füllten sich mit den gewohnten, bis ins Detail gehenden Notizen, und die Frage »Hat Er
Crayon?«, wurde zur Devise. Sein Ton gegenüber Beamten
und Offizieren war barsch wie eh und je, nur mit Kaufleuten
und Fabrikanten, auf deren ureigenem Gebiet er sich nicht
gut genug auskannte, sprach er gemäßigter. »Nu, nu«, knurrte er dann, »das sind nur so Ideen, die ich habe. Sie müssen
das freilich besser verstehen, ich komme zu Ihnen in die
Schule.«

Einen großen Teil seiner Zeit widmete er dem Kampf gegen Einöden und Wüsteneien, an denen es in seinem Land so
wenig fehlte, dass selbst das Volkslied davon kündete. Friedrich führte ihn mit einer Energie und Erbitterung, die an seine Feldzüge denken lässt. Libyen ausgenommen, meinte er,
könnten nur wenige Staaten es in puncto Sand mit Preußen
aufnehmen. 76 000 Morgen wurden gleich zu Anfang in –
wenn auch kümmerliche – Wiesen verwandelt, die das wei-

dende Vieh düngte und damit von Jahr zu Jahr verbesserte. Bei anderen Flächen war man durch Rigolen erfolgreich, Lockern, Wenden und Mischen des Bodens.

Nach England delegierte Söhne von Domänenpächtern schickten von dort bewährte Futterpflanzen wie weiße Rüben, Luzerne, bestimmte Kleesorten, die durch ihre tiefen Wurzeln nützliche Esparsette. Und wo gar nichts half, streuten die Bauern Kiefernsamen aus. Die Kiefern würden später zumindest den Sand daran hindern, vom Wind auf die Acker geweht zu werden. Schwerer war es, die Futterpflanze für den Menschen einzuführen: die Kartoffel.

Von Pizarro bei den Inkas entdeckt, war das Knollengewächs um 1600 in Europa immer noch exotische Merkwürdigkeit, später gelegentliche Rarität auf fürstlicher Tafel. Mit geringem Erfolg wurde sie dann im Fränkischen und Badischen angebaut. Auch in Preußen stieß sie allerorts auf Widerstand, weil der Bauer nun einmal nicht aß, was er nicht kannte. Ihr Anbau musste mit Gewalt erzwungen werden, ein Zwang, der zum Segen wurde, denn die Kartoffel rettete in den kommenden Hungersnöten Hunderttausenden von Menschen das Leben. Und es gibt Zyniker, die ihre Einführung in Deutschland die einzige wirklich bedeutsame Tat des großen Friedrich nennen.

Zu den bemerkenswertesten Leistungen der inneren Kolonisation gehört die in großem Stil betriebene Entwässerung der Moore und Sümpfe. Die noch im Urzustand befindlichen Niederungen der Netze und der Warthe, die so genannten Brüche, bestehend aus Schlamm, Morast, saurem Humus, Büschen, Krüppelholz, wurden in zäher Kleinarbeit urbar gemacht und boten 3500 Bauernfamilien Platz zum Siedeln. In fruchtbare Acker und Wiesen verwandelten sich auch die Sümpfe Usedoms, der pommerschen Flüsse Ihna, Plane, des Lebasees, die Brüche des Rhyns, der Nuthe und Notte in der Mark. In Ostfriesland entstanden Moorkolonien, in Ostpreu-

X Der Alte Fritz

ßen Neuland im Umkreis der Wasserstraße, die den Pregel mit den Seen Masurens verband. Über 900 Dörfer wurden angelegt, umgeben von Hunderttausenden von Morgen ertragreicher Acker. 300 000 Menschen fanden bis 1786 in Preußen eine neue Heimat.

Die Neubauern zu Freibauern zu machen gelang Friedrich so wenig wie seinem Vater. Der Widerstand des grundbesitzenden Adels, der »Junker«, war nach wie vor stark. Er musste sich damit begnügen, den Bauern ihre Lasten zu erleichtern, ihre Dienste zu mildern, sie vor Vertreibung zu schützen, ihre Erbrechte zu verbessern, vor allem das »Bauernlegen« zu verhindern, den Aufkauf nicht neu besetzter Höfe durch die Gutsbesitzer. Auf den Domänen, den staatlichen Gütern, hob er die Leibeigenschaft gänzlich auf. Das Gefüge der sozialen Ordnung, wonach der Bauer hinter dem Pflug ging und unter der Fahne, der Bürger Handel trieb und das Land verwaltete, der Adlige seine Güter bewirtschaftete und die Offiziere stellte, konnte nur erhalten bleiben, wenn man keinen Baustein herausnahm. Friedrich, der den Adel überall bevorzugt hatte, weil er ihn für die Armee brauchte, sogar die im Siebenjährigen Krieg zu Offizieren aufgestiegenen Bürgerlichen rücksichtslos wieder von ihren Posten entfernte, er konnte dessen Rechte nicht nach Belieben antasten.

Wie schon in den zehn Jahren zwischen den Kriegen war Friedrich wieder zum Reisekönig geworden, der mit seiner alten Kutsche unablässig durch seine Länder rollte. F.A.L. von der Marwitz erlebte ihn, noch ein Kind damals, bei einem Pferdewechsel.

»Der Wagen hielt und der König sagte zu seinem Kutscher, dem berühmten Pfund: ›Ist das Dolgelin?‹ ›Ja, Ihro Majestät!‹ ›Hier will ich bleiben.‹ ›Nein‹, sprach Pfund, ›die Sonne ist noch nicht unter. Wir kommen noch recht gut bis Müncheberg, und dann sind wir morgen viel früher in Potsdam!‹ ›Na – wenn es sein muss!‹ Und damit wurde umgespannt …

351

Ich war höchstens eine Elle vom König entfernt, und es war mir, als ob ich den Lieben Gott ansähe. Er sah gerade vor sich hin durch das Vorderfenster. Er hatte einen ganz alten dreieckigen Montierungshut auf … Die Hutkordons waren losgerissen und tanzten auf der heruntergelassenen Krempe umher. Die weiße Generalsfeder am Hut war zerrissen und schmutzig, die einfache blaue Montierung mit roten Aufschlägen, Kragen und goldenem Achselband alt und bestaubt, die gelbe Weste voll Tabak – dazu hatte er schwarze Samthosen an. Ich dachte immer, er würde mich anreden. Ich fürchtete mich gar nicht, hatte aber ein unbeschreibliches Gefühl von Ehrfurcht.«

Die Falschmünzer und die Kaffeeriecher

Neben der Frage »Hat Er Crayon?« gehörte der Satz »Kann nicht viel geben« zu den häufigsten Bemerkungen des Königs. Er hatte tatsächlich nicht viel und doch mehr, als man nach einem kostspieligen Krieg wie dem Siebenjährigen vermuten durfte. Die besetzten Länder Sachsen und Mecklenburg und die Engländer mit ihren Subsidien hatten die Kosten zu nicht geringem Teil getragen. Was noch fehlte, war von Veitel Ephraim beschafft worden.

Ephraim und Compagnons prägten aus der für den Taler und den Friedrichsdor vorgeschriebenen Menge Silber oder Gold nicht eine Münze, sondern zwei, ja auch deren drei. Das war Falschmünzerei, doch der allerhöchste Auftrag, mit dem die Prägung geschah, machte aus einem Delikt eine gute Tat. Und genau wie die Hersteller unserer – papiernen – Blüten hatte Ephraim für ihren Umlauf zu sorgen. Seine Hausierer zogen durch die Lande, tauschten ihr »leicht Geld« gegen »schwer Geld« und lieferten das schwere in die Münzstätten, woraufhin der Kreislauf wieder von neuem begann.

X Der Alte Fritz

Da Ephraim und Co. auch im Feindesland tätig wurden, waren Russland, Polen, Österreich bald um 50 Millionen ärmer. »Haben wir sie mit Kontribution belegt«, soll Ephraim sich gerühmt haben, »ohne gemacht zu haben einen Schuss.« Die Berliner aber reimten »von außen schön, von innen schlimm, von außen Friederich, von innen Ephraim«, und sie prüften die Taler misstrauisch mit den Zähnen auf ihren Härtegrad. Die Münzverschlechterung blieb nicht ohne – inflationäre – Folgen. Die faulen Münzen wieder aus dem Verkehr zu ziehen erwies sich jedenfalls als schwieriger, denn sie in Umlauf zu bringen.

Größere Sorgen noch als die Ephraimiten bereiteten den preußischen Untertanen die Steuereinnehmer. Friedrich hatte, über die Beteuerung seines Generaldirektoriums verärgert, dass das erschöpfte Land keinen Taler zusätzlich mehr erbringen könne an Steuern, einen seiner berüchtigten einsamen Entschlüsse gefasst. Er holte sich einen Wundermann namens de la Haye de Launay, der als skrupelloser Steuerpächter in seiner französischen Heimat Erfahrungen und ein Vermögen gesammelt hatte. Der König übersah dabei, dass Frankreichs Ruf als das klassische Land der Steuer- und Finanzkünste längst ruiniert war.

Monsieur de Launay wurde gegen ein Jahresgehalt von 15 000 Talern und fünf Prozent Tantieme für sechs Jahre die Verwaltung der indirekten Steuern, der Akzisen und Zölle, überantwortet, und er wurde mit den Worten ermuntert: »Nehmen Sie nur von denen, die bezahlen können; ich gebe sie Ihnen preis.« Die kleinen Leute sollten geschont, die Abgaben für Grundnahrungsmittel deshalb niedrig, die für Luxusartikel hoch angesetzt werden. So die freundliche Theorie. Die unfreundliche Praxis verwandelte sie bald ins Gegenteil: die Armen wurden preisgegeben, denn die Akzise fraß um sich wie eine schwärende Krankheit, während die Ausnahmeregeln für die Privilegierten gleichzeitig zunahmen. Das

Verzeichnis der steuerpflichtigen Waren – allein für Berlin auf 107 Folioseiten angewachsen – enthielt nicht nur Wein, Branntwein, Kaffee, Tee, Tabak, sondern eben auch Fleisch, Zucker, Essig, Salz, ja das Volksgetränk Bier, und bald war alles der Abgabe unterworfen, was der Mensch brauchte von der Wiege bis zur Bahre.

Finanzbeamte waren, und das scheint ihr Schicksal, noch zu keiner Zeit beliebt. Sie waren es umso weniger, wenn sie Landfremde waren. So erging es den etwa 200 Franzosen, die bei der »Regie« beschäftigt waren, wie man die »Administration général des Accises et Péages« kurz nannte. Der Bürger begann sie zu verabscheuen. Sein Abscheu verwandelte sich in Hass, nachdem offensichtlich wurde, wer sich hinter hochtrabenden Titeln wie Directeur, Inspecteur, Vérificateur, Controleur, Plombeur verbarg, Leute nämlich, die die ihnen anvertraute Machtstellung bei Hausdurchsuchungen, Körpervisitationen, Beschlagnahmungen ständig missbrauchten.

Friedrich, der sie doch »erfunden« hatte, nannte sie einmal– spät allerdings, sehr spät – *Schurkenzeug:* »... zuhause fortgejagt, setzen sie hier ans Land, erhalten die ersten Stellen in der Regie, plündern die Provinzen und gehen, wenn sie ihr Geld im Beutel haben, nach Frankreich zurück.« Zu diesem Zeitpunkt waren sie seit siebzehn Jahren am Werk und hatten sich längst, wie die Berliner spotteten, für die Niederlage bei Roßbach gerächt. Ihr Nutzeffekt war gleich null. Was sie an Steuern mehr eintrieben, verschlangen die höheren Betriebskosten.

Wenn sie etwas gefördert hatten, dann war es, außer dem Fremdenhass, den Schleichhandel. Besonders die Kaffeeschmuggler, die nachts über die grünen Grenzen schlichen, hatten goldene Tage. Ihre Verdienstspanne war hoch – in Hamburg kostete der Kaffee nur ein Fünftel dessen, was man in Berlin verlangte –, aber auch das Risiko. Die Zöllner schossen schnell, und die Strafen waren barbarisch. Die Bohnen, die die Schmuggler brachten, waren roh und mussten erst gebrannt

X DER ALTE FRITZ

werden. Wer das in der Nachkriegszeit einmal probiert hat, weiß, wie »schön« es dabei riecht, und vor allem, wie »weit«. Häufig lockte das die eigens dafür ausgebildeten Kaffeeriecher an, die, vergleichbar mit unseren Haschhunden, so lange in den Straßen herumschnüffelten, bis sie die Duftquelle gefunden hatten. Die Empfehlung, dass Kaffee schädlich sei, Biersuppe dagegen gesund, auch Ihre Majestät seien damit aufgezogen worden in Dero Jugend, nützte wenig. Die Hausfrauen brannten heimlich weiter. So lange, bis die Regierung, wollte sie nicht weitere Steuerausfälle hinnehmen, die Preise wieder herabsetzte.

Friedrichs Wirtschaftspolitik ist viel kritisiert worden, hauptsächlich deshalb, weil sie sich in den engen Bahnen des Merkantilismus bewegte, der den veränderten Zeiten nicht mehr gemäß war. Doch für die neuen Gedanken des Freihandels war er nicht zu erwärmen. Ein seiner selbst bewusster Bürgerstand mit Unternehmergeist, der diese Gedanken in die Praxis hätte umsetzen können, hatte sich in Preußen ohnehin nicht entwickelt. Statt Handelsfreiheit zu gewähren, führte er Handelskriege, vornehmlich gegen Österreich und Sachsen, mit dem Instrumentarium der Schutzzölle, Transitzölle, Einfuhrverbote. Alles unter dem geradezu mittelalterlich anmutenden Motto, dass derjenige, der den Fremden schade, seinen eigenen Leuten Vorteile verschaffe. Hauptsächlich wurde reglementiert, angedroht, verboten.

Was im eigenen Land an Rohstoffen knapp war, durfte nicht exportiert, was dem Absatz der eigenen Industrie im Inland schaden konnte, nicht importiert werden. Manche Erscheinungen friderizianischer Wirtschaftspolitik kommen einem merkwürdig bekannt vor, wenn man an die Planwirtschaft volksdemokratischen Gepräges denkt: Verschwendung staatlicher Subventionen, Fehlinvestitionen, bürokratische Bevormundung, Lähmung jeder Privatinitiative, Verknappung der Devisen.

Der Schlüssel zu Friedrichs rückständigen wirtschaftspolitischen Maßnahmen lag nicht zuletzt im militärischen Bereich. Die Furcht, in einen neuen Krieg verwickelt zu werden, hat ihn nie verlassen. Bereit zu sein war deshalb alles, und das hieß in der Praxis: Unabhängigkeit vom Import ausländischer Produkte, Schaffung einer Verpflegungsreserve, Aufstockung des Kriegsschatzes, Erhöhung der Sollstärke der Armee auf über 299 000 Mann. Ein Programm, das Geld kostete, das Kapital band, bei dem in allen Bereichen Staatswohl vor Bürgerwohl ging. Der Entwicklung von Industrie und Handel jedenfalls konnte das nicht zuträglich sein. Dass unter solchen Vorzeichen die Handelsbilanz positiv ausfiel, die industrielle Produktion einen Wert von fast 30 Millionen Taler erreichte, die Bevölkerungszahl stärker wuchs als in benachbarten Ländern – 1786 zählte Preußen 5,75 Millionen Einwohner – und der allgemeine Lebensstandard sich merklich hob, spricht dafür, dass Friedrichs Eingriffe in das Wirtschaftsleben nicht nur Missgriffe gewesen sein können.

Der Prozess gegen den Müller Arnold

Zu Anfang des Jahres 1779 wurde gegen den Müller Arnold aus Pommerzig in der Neumark ein Gerichtsbeschluss verfügt, wonach seine Mühle, wegen der seit Jahren nicht gezahlten Erbpacht, versteigert werde. Der Müller machte geltend, er sei deshalb in finanzielle Schwierigkeiten geraten, weil der Landrat ihm durch einen oberhalb der Mühle angelegten Fischteich das Wasser abgegraben habe. Das Obergericht bei der neumärkischen Regierung wies die Einlassung zurück und bestätigte das erstinstanzliche Urteil. Daraufhin wandte sich der Müller mit einer Bittschrift an seinen König, der sich auch tatsächlich des Falles annahm, eine neue Untersuchung befahl, aber erfahren musste, dass das Küstriner Gericht das

X DER ALTE FRITZ

Urteil aufrechterhielt und das Berliner Kammergericht, als letzte Instanz, sich ihm anschloss.

Friedrich, seit langem mit seinen hohen Justizbeamten unzufrieden, weil sie die in den vierziger Jahren begonnene Justizreform verschleppten, beschloss, ein Exempel zu statuieren. Für ihn war der Müller das Opfer adliger Standesjustiz, gehörten doch alle Beteiligten dem Adel an, das Urteil musste demnach seiner Überzeugung Hohn sprechen, wonach alle Menschen vor Gericht gleich seien, ob es ein Bettler oder ein König, »denn ein Justitiarius, der chicanieren tut, ist gefährlicher und schlimmer wie ein Straßenräuber«.

Der Kammergerichtsrat Ransleben, der zusammen mit seinen Kollegen Friedel und Graun – die Namen seien hier ausdrücklich genannt – wegen seines Urteils vor den König zitiert wurde, hat die Audienz wortgetreu aufgezeichnet. Großkanzler Fürst, der die Justiz verwaltete, erhielt dabei seinen Abschied – »Marsch! Seine Stelle ist schon vergeben« –, die drei Räte wurden – »Haben meinen Namen cruel gemissbraucht!« – nach kurzem Verhör ins Gefängnis eingeliefert, ihr Urteil kassiert, der Müller wieder in seine Mühle eingewiesen und der Fischweiher des Landrats zur Zerstörung bestimmt. Der Kriminalsenat des Kammergerichts erhielt die Weisung, die Räte zu nicht weniger als zu einem Jahr Festung zu verurteilen.

Karl Abraham von Zedlitz aber, der zuständige Minister, antwortete: »Ich habe Euer Königlichen Majestät Gnade jederzeit als das größte Glück vor Augen gehabt. Ich würde mich aber derselben für unwürdig erkennen, wenn ich eine Handlung gegen mein Gewissen vornehmen könnte.« Friedrich war gezwungen, das Urteil selbst zu sprechen, zähneknirschend, doch voller Respekt vor Zedlitz, den er, laut Zedlitzscher Familienüberlieferung, bei der nächsten Ministerbesprechung mit den Worten zur Seite nahm: »Wir bleiben die alten, aber sei Er künftig nicht mehr so grob.«

PREUSSENS GLORIA

Friedrich hatte, so viel wurde bald offensichtlich, seinen Ruf als Bewahrer des Rechts für den falschen Mann aufs Spiel gesetzt. Johannes Arnold war ein Querulant und ein schlechter Müller dazu. Die Gerichte hatten rechtens entschieden. Der König war im Unrecht, jedoch nicht bereit, es zuzugeben; weniger aus Halsstarrigkeit denn aus der Erkenntnis, die Ungetreuen damit noch mehr zu ermutigen, die Getreuen dagegen endgültig vor den Kopf zu stoßen. »Die Reichen haben viele Advokaten«, lässt Goethe in einem seiner Jugendstücke den Alten Fritz sagen, »aber die Dürftigen nur einen, und das bin ich.«

Einen solchen Advokaten schienen die Dürftigen überall in Europa zu brauchen. Vieles war faul in den Staaten, was die Richter betraf, von Voltaire »die Kannibalen in der Robe« genannt. Der Müller-Arnold-Prozess wurde den Entrechteten zum Hoffnungsschimmer. Flugblätter kursierten, auf denen man den preußischen König als »Menschheitsbeglücker« und »Gerechtigkeitspfleger« feierte: Joachim Nettelbeck, der spätere Verteidiger Kolbergs, wurde in Lissabon vor Begeisterung halb umgebracht, als er in einem Wachsfigurenkabinett, das den König Friedrich mit dem Richterschwert zeigte, ausrief: »Ich bin ein Preuße!«

Die Legende setzte nicht den couragierten Richtern von Berlin das wohlverdiente Denkmal, sondern dem Müller Arnold, indem sie ihn mit dem Windmüller von Sanssouci zu einer Figur verschmolz. »Ja, wenn das Kammergericht in Berlin nicht wäre, Majestät!«, soll er dem König entgegengeschleudert haben, als ihm wegen der ewig klappernden Mühle mit Enteignung gedroht wurde. Eine Lesebuchgeschichte mit verdrehtem Tatsachengehalt. Friedrich hat diesem Mann nicht gedroht, er hat ihn mit Geld unterstützt, damit er die Mühle, die dem Park von Sanssouci einen romantischen Hauch verlieh, weiterhin betreiben konnte.

Die ganze Affaire hatte dann doch ihr Gutes: sie machte den Weg frei für Johann Heinrich Carmer. Zum Großkanz-

358

ler ernannt, gelang es diesem hochbegabten Juristen, die von Cocceji begonnene Justizreform wieder zu beleben und voranzutreiben. Die Prozessverfahren wurden vereinfacht, der Verschleppung entgegengearbeitet, ein fester Instanzenweg geschaffen, unwürdige Richter entlassen, neue Kandidaten sorgfältig überprüft und die Rechtsgebräuche kodifiziert, das heißt zu einem einheitlichen, maßgebenden Werk geordnet und zusammengefasst. Eine Vorarbeit, die 1790 die Verkündung der »Allgemeinen Gerichtsordnung« ermöglichte und vier Jahre später das »Allgemeine Landrecht für die preußischen Staaten« schaffen half, eine Gesetzessammlung, die ein Jahrhundert lang gültig blieb.

»Dann gehe ich eben zum König«

Als er aus dem zweiten Schlesischen Krieg zurückkam, nannten sie ihn den Großen. Nun, in den Jahren nach 1763, hieß er nur noch der Alte Fritz. Für Thomas Mann »ein schauerlicher Name, denn es ist wirklich im höchsten Grade schauerlich, wenn der Dämon populär wird und einen gemütlichen Namen erhält«. Für das Volk von Berlin, von Pommern, Schlesien, Brandenburg, Ostpreußen war er nicht schauerlich. Gewiss, die Leute schimpften, wenn sie sich ungerecht behandelt fühlten, schimpften maßlos und in aller Öffentlichkeit. Der damals achtundzwanzig Jahre alte Goethe notierte bei einem Besuch in Berlin: »... hab über den großen Menschen seine eigenen Lumpenhunde räsonieren hören.« Und der Medicus Zimmermann fügte erstaunt hinzu: »...wird keinem dafür ein Haar gekrümmt.«

Sie schimpften, aber sie liebten ihn. Sie wussten, dass sie vor der berühmten Bittschriftenlinde am Potsdamer Stadtschloss nicht vergeblich warten würden, dass sie einem hochmütigen Minister ins Gesicht sagen durften: »Dann gehe ich eben zum König!«; dass der Mann dort hinter den hohen Fenstern für sie arbeitete, anstatt seine Zeit zu verschwenden, wie es seine »Kollegen« taten. Sanssouci wurde nur während der Nacht bewacht – von einem Unteroffizier und sechs Grenadieren. Am Tage schien jedermann Zutritt zu haben. Ausländische Gäste jedenfalls berichteten, wie sie auf der Terrasse Bauern trafen, die, ihre Bittschriften schwenkend, nach Ihro Majestät fragten.

Die Ehrerbietung, die man ihm entgegenbrachte, hatte nichts mit dem zu tun, was man den Jubel des Pöbels nennt. Das einfache Volk spürte unbewusst das Dämonische in ihm, jene geheimnisvolle Kraft, die, nach dem Glauben der alten Griechen, die Götter ihren Auserwählten verleihen, um die Menschen zu lenken und die Dinge. Kam der Alte von einer Truppenbesichtigung auf dem Tempelhofer Feld zurück, begleitete ihn vom Halleschen Tor bis zur Kochstraße tiefes, ehrfurchtsvolles Schweigen, unterbrochen nur vom Hufschlag seines Pferdes und dem Geschrei der Gassenjungen. War er dann im Palast seiner Schwester Amalie angelangt, stand die Menge noch eine Weile entblößten Hauptes, alle Augen auf den Fleck gerichtet, wo er verschwunden war, und es dauerte eine Zeit, bis jeder sich sammelte und ruhig seines Weges ging.

»Und doch war nichts geschehen!«, fährt der Augenzeuge fort. »Keine Pracht, kein Feuerwerk, keine Kanonenschüsse, keine Trommeln und Pfeifen, keine Musik ... Nein, nur ein dreiundsiebzigjähriger Mann, schlecht gekleidet, staubbedeckt, kehrte von seinem mühsamen Tagewerk zurück.«

Dieses Tagewerk verlief, Monat für Monat, Jahr für Jahr, nach einem genauen Plan. Anfang April Übersiedlung vom Potsdamer Stadtschloss nach Sanssouci und Inspektion der dortigen Garnison; erste Maihälfte Besichtigung der märkischen Regimenter in Berlin; anschließend zu selbem Behuf ins Magdeburgische und, zu Beginn des Juni, nach Pommern

X Der Alte Fritz

und Westpreußen; dann bis Mitte August die stillen Tage von Sanssouci, sein »Urlaub«, wenn man so will; am 15. August Reise nach Schlesien; im September Artillerieschießen in Berlin und die großen Herbstmanöver bei Potsdam; im November Abschied von Sanssouci und Rückkehr ins Stadtschloss; in den Weihnachtstagen Aufbruch nach Berlin zum Karneval, wo er bis zum 23. Januar blieb, dem Vorabend seines Geburtstages; die Zwischenzeit war vornehmlich der Innenpolitik vorbehalten, was in der Praxis harte eintönige Verwaltungsarbeit bedeutete.

Meister der Politik

In der Außenpolitik hielt er sich weitgehend zurück und freute sich der Ruhe, die an allen außenpolitischen Fronten Europas herrschte. Er wollte sein Land ungestört wieder aufbauen, und sonst wollte er gar nichts. Aber er wusste, dass jede Ruhe trügerisch war und es lebenswichtig werden konnte, Verbündete zu haben. Wer bot sich dafür an? Die Engländer nicht. Seine einzigen Verbündeten im Siebenjährigen Krieg hatten seinerzeit den Sonderfrieden mit Frankreich geschlossen, was für ihn gleichbedeutend war mit Verrat; auch wollte er sich nicht wieder als Festlandsdegen gebrauchen – missbrauchen – lassen. Die Franzosen waren stark geschwächt und trotz mannigfaltiger Gegensätze nicht von der Seite Österreichs wegzukriegen. Die Österreicher selbst schienen unversöhnlich, zumindest solange Maria Theresia lebte. Kamen demnach nur noch die Russen als Alliierte infrage.

Ihre Herrscherin, Katharina II., war eine Deutsche und verdankte ihre Zarenwürde dem Preußenkönig. Was für ihn jedoch eher von Nachteil schien, glaubte sie doch, ihren neuen Landsleuten ständig beweisen zu müssen, wie sehr sie eine Russin geworden war und wie unabhängig von jeder fremden

Macht. Zwar nannte man sie bereits Matuschka, trotzdem musste »Mütterchen« die üble Nachrede vergessen machen, eine Gattenmörderin zu sein. Zusammen mit ihrem brennenden Ehrgeiz ergab das eine brisante Mischung aus Kriegslust und Patriotismus.

Mit anderen Worten: die Dame war gefährlich. Friedrich hätte sie lieber zusammen mit Österreich auf Distanz gehalten. »Denn Russland«, prophezeite er, »ist eine gewaltige Macht, die einst ganz Europa erzittern lassen wird. Abkömmlinge der Hunnen, die das Oströmische Reich vernichteten, werden sie bald die Hand nach dem Westen ausstrecken und nicht nur den Österreichern Kummer bereiten, die dieses Volk nach Deutschland riefen und es die Kriegskunst lehrten.«

Wie der König seine Einsätze machte in diesem gefährlichen Spiel, wie es ihm gelang, Katharina zu umarmen, ohne sich von ihr erdrücken zu lassen, mit welcher Sicherheit er den schmalen Grat zwischen Krieg und Frieden einhielt und wie am Ende, ohne dass ein Schuss gefallen, eine Provinz erobert war, die niemand ihm hatte gönnen wollen, das zeigt die Hand eines Meisters.

Mit Polen fing es an. König August III. war gestorben, ein Nachfolger nötig, und der durfte nach Katharinas Meinung auf keinen Fall wieder ein Sachse sein. Die »glückliche Anarchie« Polens, wie sie das nannte, musste erhalten bleiben und damit der alles durchdringende russische Einfluss. Am geeignetsten dafür erschien ihr der Graf Poniatowski, ein junger schöner Mensch, der sich als einer ihrer Liebhaber so bewährt hatte, wie er als König versagen würde. Doch gerade deshalb sollte er es werden. Nachdem es ihr nicht gelungen war, Wien und Paris für den Grafen einzunehmen, wandte sie sich an Friedrich, der so tat, als wolle er auch nicht, sich dann aber zu einem Bündnis herabließ, das er sehnlichst erstrebt hatte. Poniatowski wurde König, und das Chaos in Polen schien gerettet.

X Der Alte Fritz

Ein Chaos, das das polnische Volk seinen Adligen verdankte, Adligen, die keine Edlen waren. Mit allen Privilegien ausgestattet, jede Arbeit verabscheuend, selbst die des
Kriegsdiensts, hausten sie auf ihren durch Erbteilung immer
kleiner gewordenen Höfen, verdummt, korrupt, verkommen,
ihre Bauern schlechter behandelnd als das Vieh, dabei von einer Arroganz, die so weit ging, dass sie lieber barfuß liefen,
als durch das Tragen von Bastschuhen mit ihren Leibeigenen
verwechselt zu werden. In der Geschichte Europas ist keiner
bekannt, der schamloser ausgebeutet und drangsaliert wurde
als der arme Mensch zwischen Weichsel und Dnjepr.

Diese Adligen, ihrer Jämmerlichkeit wegen das Gespött Europas, waren zahlreich genug und besaßen genügend Einfluss,
die Herstellung einer staatlichen Ordnung zu verhindern. Auf
ihren Reichstagen genügte eine einzige Gegenstimme, um jeden Beschluss hinfällig zu machen. Sie nannten das *liberum
veto*, »das freie: ich verbiete«. War es eingelegt, galt der Sejm
als »zerrissen«, die Abgeordneten zerfielen in Parteien, Gruppen, Grüppchen, und wer ihre Stimmen bisher nicht gekauft
hatte, musste es jetzt tun. Wovon die Großmächte nach Bedarf Gebrauch machten, wenn sie nicht praktischerweise eine
ständige Partei finanzierten. Stimmenkauf war nicht allzu
teuer. Die Stimme eines Fürsten war bisweilen schon für 30
Dukaten zu haben oder für einen größeren Posten Speisesalz.

Ausgerechnet Poniatowski versuchte, nachdem er König
geworden, das *liberum veto* abzuschaffen, um durch eine Ver-
fassungsreform sich der Bevormundung durch den großen
Bruder Russland zu entziehen. So aber hatte Katharina, von
ihrem Exgeliebten tief enttäuscht, nicht gerechnet: sie schickte Truppen. Es kam zum Krieg gegen die Eindringlinge, zum
Bürgerkrieg der Parteiungen und Konfessionen, schließlich
zum Krieg der Türken gegen die Russen, von Frankreich und
Österreich vorsorglich angestiftet, um die Zarin unter Druck
zu setzen. Der aber kam die Kriegserklärung gerade recht. Sie

hatte ohnehin vorgehabt, ihre Grenzen eines Tages in Richtung Türkei auszudehnen. Bald standen ihre Regimenter, von den Soldaten Mustafas III. bei ihrem Vormarsch kaum ernsthaft gestört, tief in der unter türkischer Herrschaft stehenden Walachei und der Moldau.

Friedrich hatte das zähneknirschende Vergnügen, auch noch Geld dafür zu zahlen, dass die Zarin ihren Landhunger stillte – der zwischen ihnen geschlossene Beistandspakt enthielt diese Klausel –, ja, die Gefahr drohte, durch ihre Aggressionslust in einen Krieg verwickelt zu werden. In diesem kritischen Augenblick klopften die wegen des russischen Vormarschs stark beunruhigten Österreicher bei ihm an, und er lud sie ein, ihn in Neisse zu besuchen. Nichts konnte ihm momentan willkommener sein als ein Flirt mit dem einstigen Todfeind ...

DIE ERSTE TEILUNG POLENS

In Österreich regierte Maria Theresia nicht mehr allein, sondern teilte sich die Herrschaft mit ihrem ältesten Sohn Joseph II. Er war 1765 zum Kaiser und Mitregenten erhoben worden. Eine für Habsburg ungewöhnliche Erscheinung, dieser Kaiser: ständig auf Reformen bedacht, ja reformwütig, dabei immer den zweiten Schritt vor dem ersten tuend, amusisch, demokratisch und despotisch in einem, tolerant und unduldsam – Schillers »Räuber« blieben während seiner gesamten Regierungszeit verboten –, von idealistischem Schwung und intellektueller Kühle, doch einer, der immer das Beste wollte und es trotz allen Wollens nicht in die Tat umzusetzen vermochte. Der weise Egon Friedell bemerkt in seiner »Kulturgeschichte der Neuzeit«, er stelle eine tragische und rührende Gestalt dar, deren ewiges Suchen und schmerzvolles Nie-Erfüllen ihm ein Aroma von Romantik und Poesie verleihe.

X DER ALTE FRITZ

Friedrich hatte gehört, dass ihn der junge Mann aus Wien verehrte, und zögerte keinen Moment, diese Schwäche während der beiden Zusammenkünfte auszunutzen. Besonders bei seinem Gegenbesuch in Mährisch-Neustadt ließ der alte Zauberer seinen Charme spielen. Er erschien in einer weißen österreichischen Uniform – Preußischblau hätten sich seine Gastgeber in jenen sieben Jahren gewiss übergesehen – und bekannte, nachdem er den feinen Rock mit Schnupftabak besudelt hatte: »Ich bin nicht reinlich genug, Ihre Farben zu tragen.« Als Tischnachbar bat er sich seinen altert Gegner, den General Laudon, aus. Denn: »Ich habe ihn lieber an meiner Seite als mir gegenüber.« Nach einer Truppenparade meinte er artig: »Wenn der Kriegsgott Mars eine Leibgarde bräuchte, ich würde ihm raten, die kaiserlichen Grenadiere zu wählen.«

Staatskanzler Kaunitz, Arrangeur der im letzten Krieg gegen ihn gerichteten Koalition, durfte sich einer königlichen Umarmung erfreuen. Dem Kaiser Joseph bekannte er, nachdem er immer wieder die Wichtigkeit einer deutsch-österreichischen Freundschaft betont hatte, doch auf skeptische Mienen gestoßen war: »Als ich jung war, war ich ehrgeizig; ich bin heute nicht mehr derselbe, nein, nicht mehr derselbe. Ihr haltet mich für unzuverlässig, ich weiß es, ich habe es ein wenig verdient, die Umstände verlangten es, das hat sich geändert.«

Man schied in scheinbar gutem Einverständnis, aber ohne greifbares Ergebnis. Friedrich wollte nicht von den Russen lassen, versprach lediglich, in der Türkenfrage mäßigend auf die Zarin einzuwirken. Joseph, der der Zusammenkunft mit seinem beneideten und bewunderten Vorbild entgegengefiebert hatte, sah sich enttäuscht. Verärgert schrieb er an die Mutter – die es gleich gesagt hatte, nämlich dass es sinnlos sei, sich mit diesem Menschen zu treffen –: »Ein Genie und ein Mann, der bewundernswert spricht, aber jede seine Äußerungen verrät den fourbe [Betrüger].«

Friedrich hatte aber weder in Neisse noch in Neustadt jemanden betrügen, sondern lediglich die Zarin ein wenig erpressen wollen. Und das gelang: in einem neuen Pakt mit ihr konnte er günstigere Bedingungen erreichen. Sie lud auch Bruder Heinrich ein, Friedrichs besten Sonderbotschafter, und gab ihm rauschende Feste. Die Moldau und Walachei allerdings wollte sie nicht wieder hergeben, Anmaßungen, die einer Kriegserklärung an Wien gleichkamen. Bei einem Krieg, soviel wusste Friedrich, würde Preußen als Verbündeter Russlands einen großen Teil der Zeche zahlen müssen. Doch wieder erwies sich Joseph – und wieder ohne es zu wollen – als der Retter. Er hatte, irgendwelcher verjährter Ansprüche wegen, einige in sein Reich vorspringende polnische Gemarkungen, die so genannte Zips, besetzt, und damit bei Russen und Preußen gefährliche Gelüste geweckt.

Katharina sagte nach einem Essen halb im Scherz zum Prinzen Heinrich: »Warum um alles in der Welt sollten wir nicht auch zugreifen?«

Dann noch einmal, unter Gelächter: »Schließlich muss doch jeder etwas haben.« In einem solchen Falle würde sie ihre türkischen Ansprüche natürlich nicht aufrechterhalten. Und wie immer, wenn es um den Besitz eines Schwächeren geht, war man sich bald einig. Es bekam wirklich jeder etwas bei jenem 1772 geschlossenen Vertrag, der die »Erste Teilung Polens« besiegelte: Katharina erhielt die Gebiete östlich der Düna und des Dnjepr, Joseph ganz Ostgalizien und einen Teil von Südpolen, Friedrich das Bistum Ermland, den Netzedistrikt und Westpreußen, zweifellos das kleinste Stück, für ihn aber das wertvollste.

Es rundete sein Reich auf großzügige Weise ab, indem es Pommern mit Ostpreußen verband. »... eine gute, eine vorteilhafte Erwerbung, sowohl in politischer wie in finanzieller Hinsicht«, schrieb er an Heinrich nach der ersten Inspektion. »Um jedoch weniger Eifersucht zu erregen, sage ich jedem,

X Der Alte Fritz

dass ich bei meiner Durchreise nur Sand, Kiefern, Heide und Juden gesehen habe.«

Horace Walpole rief, dass man es hier mit dem unverschämtesten Räuberverein zu tun habe, den es je gegeben habe. Vielleicht, weil England diesmal nicht an der Beute beteiligt war. Die anderen Länder kümmerte es wenig, dass man vor ihren Augen Polen um ein Drittel seines Umfangs verkleinerte. Warum auch sollte man sich wegen eines Staates alterieren, dessen eigene Volksvertreter, jene Kleinadligen, die Teilung guthießen – nach Empfang eines Schmiergeldes von 15 000 Dukaten.

Doch gab es jemand, dem das Gewissen schlug: die Kaiserin Maria Theresia. »... in dieser Sach', wo nit allein das offenbare Recht himmelschreyend wider Uns«, schrieb sie, und meinte es ehrlichen Herzens, »sondern auch alle Billigkeit und die gesunde Vernunft, muss ich bekennen, dass zeitlebens nit so beängstigt mich befunden und mich sehen zu lassen schäme. Bedenkh ... , was Wir aller Welt für ein Exempel geben, wenn Wir um ein elendt Stück von Pohlen ... unsre Ehr und Reputation in die Schanze schlagen ... Ich finde kein Ende mit dieser Sach', so sehr bedrückt und verfolgt sie mich, vergiftet meine auch ohnedies nur zu traurigen Tage.« An dem Rand der Teilungsurkunde vermerkte sie resigniert: »Placet, weil so viele große und gelehrte Männer es wollen ...« Und sie unterzeichnete unter Tränen.

Friedrich, dem man davon erzählte, bemerkte ungerührt: »Sie weinte, aber sie nahm ...

Die Rettung Bayerns

Maria Theresia war seit dem Tode ihres »geliebten Franzl« innerlich vereinsamt, lebte seinem Angedenken in den mit schwarzem Samt ausgeschlagenen Räumen und betete an jedem Monatstag seines Todes in der Kapuzinergruft, wo sein Sarg stand. Ein Besuch, der ihr von Mal zu Mal schwerer fiel, schließlich musste man sie mit einem Seil in die Gruft hinablassen. Sohn Joseph war ihr bei aller ihm entgegengebrachten Liebe fremd – und fremder noch das, was er, der Verfechter der Aufklärung, an Reformen zu verwirklichen beabsichtigte.

1778 musste sie erleben, dass Joseph etwas tat, was ihr bei Friedrich so verwerflich erschienen war: er rückte mitten im Frieden in ein Land ein, von dem er aufgrund zweifelhafter Erbansprüche einen großen Teil für sich beanspruchte. Es war das Land Bayern, dessen Kurfürst kinderlos gestorben war. Sie beschwor ihn – das entsetzliche Elend jener »sieben Jahre« noch frisch in Erinnerung–, er möge es nicht zu einem Krieg kommen lassen, sei doch das Recht nicht auf seiner Seite. »Kein Opfer ist zu groß, um dieses Unheil rechtzeitig zu verhüten«, schrieb sie ihm. »Ich werde mich gern zu allem hergeben, selbst um den Preis meines Namens, man mag mich für verrückt halten, für schwächlich und feige.« Sie glaubte ihren alten Gegner Friedrich gut genug zu kennen, um zu wissen, dass er all dem nicht tatenlos zuschauen würde.

Joseph aber wollte nicht eine Gelegenheit fahren lassen, wie sie in Jahrhunderten nur einmal wiederkehrt, und was Friedrich betraf, der war ein alter Wolf, zahnlos, räudig, nicht mehr zum Kampf entschlossen. Glaubte er. Und irrte sich. Der König war alt, aber nicht so alt, um nicht noch einmal ins Feld zu rücken. Mit zwei Heeren von je 80 000 Mann marschierten die Preußen Anfang Juli 1778 in Böhmen ein, das eine Heer unter Friedrichs Führung von Schlesien aus, das andere unter Heinrichs Kommando von Sachsen her. Es ging ihm darum, wie der König lauthals verkündete, die Anmaßung der Habsburger zurückzuweisen, dass sie nach Gutdünken darüber verfügten, wer beim Aussterben eines Hauses im Reich der Erbe sei. Und um das Gleichgewicht der Kräfte ging es ihm auch. Österreich durfte nicht zu mächtig werden im Reich.

X Der Alte Fritz

Die alten Gegner auf den alten Schlachtfeldern in einem vierten Krieg, es war gespenstisch. Maria Theresia versuchte alles, um dem Gespensterreigen ein Ende zu bereiten. Sie überwand ihren Stolz, schickte ohne Wissen ihres Sohnes einen mit eigener Hand geschriebenen Brief in das böhmische Hauptquartier und bat Friedrich um Frieden – »zum Heile aller Menschen, zum Segen unserer beider Familien«. Der König antwortete der *guten Schwester* und *Cousine* Maria Theresia, so ihre Unterschrift, mit dem Ausdrücken großen Lobes für ihren mutigen Schritt, die Verhandlungen über eine Verständigung dagegen versandeten. Der Feldzug ging weiter, doch wurde, gottlob, kein Krieg daraus. Die Helden von einst waren müde und wagten keine Schlacht mehr, weder Heinrich noch Laudon, weder Friedrich noch Lacy. Auf beiden Seiten standen lustlose Soldaten, gab es invalide Stabsoffiziere, gebrechliche Generale, die sich aufs Pferd heben ließen. Die Preußen litten außerdem unter Hunger, Krankheiten, Seuchen, Fahnenflucht war an der Tagesordnung – die Armee, die sich bald wieder über die Grenzen zurückzog, hatte nichts mehr gemein mit Preußens Gloria.

Im Frieden zu Teschen, 1779, musste Österreich auf seine bayerischen »Eroberungen« verzichten, bekam lediglich als Trostpreis den Landstreifen auf dem rechten Ufer des Inn, von Passau bis zur Grenze des Fürstbistums Salzburg, das so genannte Innviertel. Moralischer Sieger war Friedrich. Er hatte einem Schwachen Beistand gewährt gegen einen Starken, und die kleinen und die großen Fürsten im Reich feierten ihn »als Werkzeug der höchsten Gerechtigkeit, welche die Nationen richtet«. Eine Popularität, die sich noch steigerte, als er den Deutschen Fürstenbund gründete. Mit dem Zweck, Reichsländer wie Sachsen, Hannover, Hessen-Kassel, Pfalz-Zweibrücken, Braunschweig, Sachsen-Gotha, Sachsen-Weimar, Anhalt, Baden, Ansbach, Mecklenburg, Osnabrück, Mainz vor weiteren Übergriffen des Kaisers zu schützen.

1780 starb Maria Theresia, von Friedrichs Biographen Reinhold Koser, einem Urpreußen, die größte Gestalt seit Karl V. in der Reihe der österreichischen Herrscher genannt, »das edelste und reinste Kind des Hauses Habsburg«. Eine Würdigung, der die Gerechten zustimmen werden. Friedrich selbst zog seinen Hut und sagte: »Sie hat dem Thron Ehre gemacht und ihrem Geschlecht. Ich habe mit ihr Krieg geführt, aber ich war nie ihr Feind.«

Goethes abgeschmackte Plattheiten

Friedrich war nun achtundsechzig und kam sich bisweilen vor, als sei er ein Fossil, ein versteinerter Überrest aus fernen Zeiten. Die alten Freunde hatten ihn fast alle verlassen, und die neuen sagten ihm nichts mehr. Nach der Art alter Leute schwärmte er von der Vergangenheit und verachtete die Gegenwart, die ihm armselig erschien, arm an großen Männern wie an guten Büchern. Nach dem Tod Voltaires, der letzten Säule, sah er nur noch Verfall.

Das Wenige, was aus den Ruinen spross, schien ihm dünn und blässlich, Missgewächse des Parnass. Die Literatur Frankreichs, seiner geistigen Heimat, wurde nun von den Enzyklopädisten bestimmt, den Herausgebern und Mitarbeitern der berühmten »Enzyklopädie«, Nachschlagewerk, aber auch Organ für die in Frankreich herrschende philosophische Richtung. Friedrich missfielen die Herren allesamt, ihr Dünkel, ihre Besserwisserei, ihr kalter Zahlengeist, ihre Paradoxien und Sophismen.

Er verabscheute Diderots politischen und gesellschaftlichen Radikalismus, verspottete Rousseaus Zurück-zur-Natur-Wahn, bestritt Helvetius' Satz, wonach alle Menschen mit gleichen Anlagen geboren würden, und ließ nur d'Alembert gelten. Ihn hätte er gern zum Präsidenten der Berliner Aka-

X DER ALTE FRITZ

demie gemacht, aber der Philosoph und Mathematiker, das Haupt der Enzyklopädisten, fürchtete den grauen Himmel der Mark und auch die graue Langeweile. Sanssouci war nicht mehr, was es zu Voltaires Zeiten gewesen. Die Tafelrunde bestand vornehmlich aus Ministern, Generälen, Räten, aus ehrenwerten Herren, die stumm dasaßen und sich damit begnügten zu lachen, wenn sie glaubten, ihr Herr erwarte es.

Der König schenkte d'Alembert eine Rose und ließ ihn schweren Herzens ziehen. Wer ihn nun gefragt hätte, warum er in die Ferne schweife, wo das Gute doch so nahe liege, er hätte zwei Wochen Spandau riskiert. Wie er über Deutschlands Dichter und Denker dachte, hat er in einer Denkschrift zu Papier gebracht, die den Titel trägt »Über die deutsche Literatur. Die Mängel, die man ihr vorwerfen kann, ihre Ursachen und die Mittel zu ihrer Verbesserung«. Aus ihr spricht ehrliches Bemühen und eine rührende Ahnungslosigkeit. Der König urteilte über Autoren, die er nicht kannte, über Bücher, die er nicht gelesen hatte, nur mühsam auch hätte lesen können. Denn sie waren in einer Sprache geschrieben, die er, nach eigenem Eingeständnis, so schlecht sprach wie ein Kutscher. Es ist eben ein halb barbarisches Idiom, dieses Deutsch, spröde, unmelodisch, schwer aussprechbar wegen der vielen aufeinander folgenden Konsonanten und stummen Endungen. Selbst ein Genie wäre nicht imstande, solche Urlaute in Wohllaute zu verwandeln. Ernsthaft schlägt er vor, gelegentlich ein »a« anzuhängen, das Verbum »nehmen« in »nehmena« zu verwandeln, »geben« in »gebena«, »sagen« in »sagena«.

Aber Genies gibt es in Deutschland nicht. Auch keinen literarischen Geschmack. Da liefen die Leute ins Theater, um sich die abscheulichen Stücke von Shakespeare anzusehen, die gegen alle Regeln des Theaters verstießen und eines kanadischen Wilden würdig wären. Diesem Shakespeare könne

PREUSSENS GLORIA

man solche wunderlichen Verirrungen noch verzeihen; denn die Geburt der Künste sei niemals die Zeit ihrer Reife. »Aber nun erscheint noch ein ›Götz von Berlichingen‹ auf der Bühne, eine scheußliche Nachahmung der englischen Stücke, und das Publikum klatscht Beifall und verlangt mit Begeisterung die Wiederholung dieser abgeschmackten Plattheiten.«

Die Abhandlung »De la littérature allemande« erschien 1780. Zu einer Zeit, da das gebildete Europa Goethes »Werther« verschlang, den ersten modernen Bestseller, die jungen Herren von seiner »Stella« schwärmten und dem »Clavigo«, Klopstocks Oden kursierten und der »Messias« längst auf dem Markt war, Wieland schrieb, Herder schrieb, Hamann schrieb, alles Dichter, die man später die deutschen Klassiker nannte. Friedrich kannte sie nicht und wollte sie nicht kennen. Auch einen Lessing nicht, dessen »Minna von Barnhelm«, ein wahres Preußenstück, dessen »Nathan der Weise«, ein Schulbeispiel religiöser Toleranz, doch nach seinem Herzen gewesen sein müssen. Ihn in Berlin zum Oberbibliothekar zu machen, wie man mehrfach vorschlug, dazu war ihm das Geld zu schade.

»Von dem größten deutschen Sohne, von des großen Friedrichs Throne, ging sie schutzlos, ungeehrt«, die deutsche Muse. Reimte Schiller. Der Graf Mirabeau, der letzte vornehme Fremde, den Friedrich empfing, fragte ihn einmal rundheraus: »Warum ist der Cäsar der Germanen nicht ihr Augustus gewesen? Warum hielt er es nicht für wert, sich der ruhmvollen literarischen Revolution anzuschließen, die zu seiner Zeit stattfand?« Friedrich antwortete mit einem, wie der Graf fand, tiefen, klugen und feinen Wort, doch die darin mitschwingende Ironie überhörte er: »Was hätte ich Besseres tun können für die deutschen Schriftsteller, als sie ungestört ihre eigenen Wege gehen zu lassen.«

X Der Alte Fritz

Blumen am Wegesrand

Der König wurde einsam.

Der fröhliche Lärm der vielen Nichten und Neffen, die ihn alljährlich besucht hatten (»Ich werde allmählich der Onkel von ganz Deutschland.«), war längst verstummt. Prinz Heinrich hatte zu viele Ressentiments gegenüber dem Bruder, um ein häufiger Gast zu sein. Friedrich Wilhelm, Neffe und Thronfolger, wohl wissend, dass der Onkel ihn nicht mochte, besuchte ihn nach Möglichkeit nicht. Elisabeth Christine, die er, 1763, nach siebenjähriger Trennung mit einem einzigen Satz begrüßt hatte – »Madame sind korpulenter geworden« –, durfte ihn nicht besuchen.

Und die Zahl jener wuchs, die ihm, wie er sagte, als Quartiermacher vorausgegangen waren in das Land ohne Wiederkehr: der Reitergeneral Seydlitz; der Marquis d'Argens; Fouqué, Jugendfreund aus legendären Rheinsberger Tagen; der Flötenlehrer Quantz; Zieten, der Held von Torgau; George Keith, Earl Marshal of Scotland, im Dienst des Königs als Diplomat, Gouverneur, Sonderbotschafter bewährt, in den letzten Jahren sein Begleiter auf den Spaziergängen im Park von Sanssouci, in dessen Nachbarschaft er wohnte.

Die Gartenberichte, die Friedrich ihm zukommen ließ, sind uns erhalten: »Mein Geißblatt ist gekommen, mein Holunder wird bald ausschlagen, und die Wildgänse sind wieder da.« Die Natur war ihm nun Trost: so kurz die Strecke auch sei, die dem alten Menschen bleibe, überall an den Wegesrand solle er Blumen säen! Regelmäßig besuchte er seine Versuchsgärten mit ihren neuen Sorten von Lupinen, Rüben, Kartoffeln, Klee, inspizierte auch die Spaliere an der Fassade des Neuen Palais. Es war jenes Schloss, das er nach dem Siebenjährigen Krieg hatte erbauen lassen, um der Welt zu zeigen, wie reich und mächtig Preußen noch immer war.

In Europa gehörte es längst zum guten Ton der oberen Tausend, Sanssouci zu besuchen und den König Friedrich um eine Audienz zu bitten. Nur wenigen wurde die Bitte gewährt. Darunter war der Baron Steuben, ein enger Freund George Washingtons; der Fürst Orlow, einer der Verschwörer, die über die Leiche des Zaren Katharina zur Krone verholfen hatten; Casanova, der große Verführer; Karl Joseph, Fürst von Ligne, der auf die Klagen des Königs über seine armseligen Orangenbäumchen entgegnete: »Bei Ihnen gedeiht eben nur der Lorbeer, Majestät.« Traf er auf einen solchen Gesprächspartner, wurde er mit einem Schlag lebhaft. Das alte Feuer war entfacht. Er plauderte so kenntnisreich wie elegant über Kunst, Krieg, Medizin, Literatur, Religion, Ethik, Geschichte, Gesetzgebung, und die Zuhörer berichteten, dass er in diesem Moment von einer Art Magie umwittert gewesen sei.

Wer keinen Zugang fand, versuchte wenigstens von der Ferne einen Blick auf ihn zu erhaschen. Der französische Generalmajor de Toulongeon, Manövergast in Potsdam, bestach einen Bediensteten und ließ sich im Park von Sanssouci hinter einer Buchenhecke verstecken. Seiner Sensationslust verdanken wir einen Bericht über Friedrich in seinen letzten Lebenstagen.

»Der Kastellan erschien ... und sagte: ›Rühren Sie sich nicht. Wenn der König Sie gewahren sollte, müsste ich morgen in Spandau karren.‹ Dann tat sich die Tür auf, ein Lehnstuhl wurde auf die Terrasse gestellt, und der König erschien, gestützt auf die beiden Kammerhusaren, die einzigen Diener, die seit seiner Krankheit um ihn sind. Er setzte sich in den Lehnstuhl; ich sah den greisen Helden, vor dem so viele Feinde gezittert haben, gebückt, von der Krankheit niedergeworfen, mit bleichem Antlitz und durch die Schmerzen entstellt. Seine schrecklichen Hustenanfälle glaubte ich in der eigenen Brust zu spüren.«

X Der Alte Fritz

Den Tod mit der Faust wegschlagen

Den Tod fürchtet Friedrich nicht. Er ärgert sich nur, dass er nun bald komme. »Ich möchte ihn mit der Faust wegschlagen«, sagt er. Die Schmerzen nehmen zu. Der Schlaf flieht. Er verbringt die Nächte im Lehnstuhl. Auf der letzten Truppenparade in Schlesien hat er sich, wie seine Ärzte wissen, die Krankheit zum Tode geholt. Sechs Stunden zu Pferd im strömenden Regen, den Mantel störrisch zurückweisend, das Fieber ignorierend, vier Wochen später dann der Schlaganfall und kaum, dass er wieder richtig sprechen kann, der Befehl: »Schweigt darüber!«

Er weigert sich, seine Arbeit einzuschränken, bestellt die Räte statt um sieben Uhr bereits um vier, entschuldigt sich, dass er ihnen diese Mühe bereiten muss, und tröstet sie, dass es nicht allzu lange dauern werde. »Messieurs, mein Leben geht zur Neige. Die wenige Zeit, die ich noch habe, muss ich nutzen. Sie gehört nicht mir, sie gehört dem Staat.«

Er will noch einmal reiten, befiehlt, den »Condé« zu satteln, das alte Schlachtross, das selbst bei stärkstem Kanonendonner vollkommen ruhig geblieben war, und jagt eine dreiviertel Stunde durch den Park. Oder er bittet, man möge ihm die Tabatièren bringen, die Tabaksdosen, in denen er seinen Schnupftabak aufbewahrt. Er hat eine ganze Sammlung davon, einhundertdreißig an der Zahl, kostbare Stücke aus Jaspis, Chrysolith, aus Gold und Silber, mit Brillanten besetzt. Wenn er zum Karneval nach Berlin ging, hatte er das ihm von Zar Peter geschenkte Kamel immer mit dem Tabatièrenkoffer beladen. Zum Jubel der Gassenjungen.

Von Ärzten hält er nicht viel, meint, dass nur die etwas taugen, die schon mehr als einen Friedhof gefüllt, die hätten zumindest Erfahrung. »Wie viele Kirchhöfe haben Sie schon gefüllt?«, fragt er den Königlich-Britischen Leibarzt Georg Ritter von Zimmermann, der aus Hannover an sein Krankenbett gerufen wird. Der antwortet: »Nicht so viele wie eure Majestät ...« Das ist eine Anekdote, aber sie charakterisiert Zimmermanns Schlagfertigkeit, und schlagfertige Leute mag der König. Er lässt sich geduldig abtasten, fragt dann heiter: »Man kann mich nicht heilen, nicht wahr?«

»Erleichtern, Sir.«

»Was raten Sie mir?«

Zimmermann rät zu Löwenzahn, einem einfachen Mittel gegen Verstopfung, dessen sich die Griechen und die Römer schon bedient hätten. Ein erbitterter Disput über Arzneimittel im Allgemeinen und Löwenzahn im Besonderen ist die Folge. »Den Löwen möchte ich wohl kennen, für den dieser Zahn erschaffen ward«, murrt der Patient. Widerwillig nimmt er ihn schließlich, zwei Löffel, aufgelöst in Fenchelwasser. Am anderen Morgen fühlt er sich besser, fühlt sich so gut, dass er auf der Stelle in seine alten unvernünftigen Essgewohnheiten zurückfällt. Er bestellt sich eine gesalzene Bouillon, eine Portion *Boeuf à la russienne* in Branntwein gekocht, eine stark gewürzte Polenta, seine Lieblingsspeise, zum Schluss noch ein Teller Aalpastete – so scharf, als sei sie in der Hölle bereitet, wie Zimmermann verzweifelt feststellt.

»Nun tauge ich zu nichts mehr als hingeworfen zu werden auf den Schindanger«, sagt Friedrich mit erloschener Stimme.

Am nächsten Tag nimmt er seine Arbeit wieder auf. Beim Unterzeichnen der Papiere entgleitet ihm die Feder. Die Manöverpläne müssen aufgestellt werden. Er erkundigt sich nach den Schafen, die er in Spanien hat kaufen lassen. Was ist mit der neuen Sorte Leinsamen? Mit dem Datum des 12. August findet sich ein eigenhändig geschriebener Zettel: »2tens an Domhard. Berlin braucht noch 4000 Zentner Butter, deswegen muss er sehen, wie viel Brücher von den Polnischen Adligen können urbar gemacht und gekauft werden.« Am 15. August diktiert er dem Kabinettsrat Laspeyres eine vier Seiten umfas-

X Der Alte Fritz

sende Gesandteninstruktion. Am Abend des 16. August quält ihn der Husten. Er verfällt in einen unruhigen Schlaf, schreckt auf und bittet, den auf einem Stuhl schlafenden Hund zuzudecken. Um 2 Uhr 20, man schreibt den 17. August 1786, stirbt er. In den Armen des Kammerhusaren Strützky.

»Alles ist düster, niemand traurig«, schreibt der Graf Mirabeau, »alles ist geschäftig, niemand betrübt. Kein Gesicht, das nicht Aufatmen und Hoffnung verrät; nicht ein Bedauern, nicht *ein* Seufzer, nicht *ein* Wort des Lobes. Damit also enden so viele gewonnene Schlachten, so viel Ruhm, eine Regierung von fast einem halben Jahrhundert, erfüllt von so vielen Großtaten!«

Am Bett des Toten erschien Friedrich Wilhelm, nun Friedrich Wilhelm II., der neue König. »Wenn nach meinem Tode mein Herr Neffe in Schlaffheit einschläft«, hatte Friedrich über ihn geschrieben, »wenn er, verschwenderisch, wie er ist, die Gelder des Staates vergeudet und nicht alle seine Seelenkräfte anfacht, so sehe ich voraus, dass ... heute in dreißig Jahren weder von Preußen noch von dem Hause Brandenburg die Rede sein wird.«

Ein prophetisches Wort ...

DER WEG ZUM KÖNIGREICH.
HISTORISCHER ABRISS

Als der Kurfürst Friedrich III. 1701 zum König in Preußen gekrönt wurde, war er Regent über zwei völlig voneinander getrennte Landesteile: über das Kurfürstentum Brandenburg, die alte Mark Brandenburg, und das Herzogtum Preußen, das aus dem Ordensstaat des Deutschen Ritterordens hervorgegangen war.

Mark Brandenburg
Das Kernland, die Mark Brandenburg, in der ersten Phase der deutschen Ostkolonisation im 10. Jahrhundert noch Nordmark genannt, war seit dem ersten vorchristlichen Jahrhundert von germanischen Stämmen (Langobarden, Burgundern, Vandalen u. a.) besiedelt, die jedoch im Verlauf der Völkerwanderung das Gebiet wieder räumten. Die aus dem Osten nachrückenden slawischen Stämme der Sorben wurden seit Karl dem Großen, vor allem aber unter den sächsischen Königen Heinrich I. und Otto dem Großen zurückgedrängt und bis zur Oder gewaltsam unterworfen. Als Zeichen der Christianisierung dieses Gebietes gründete Otto **948** die Bistümer Brandenburg (einst Burg und Sitz eines slawischen Fürsten) und Havelberg. Im großen Slawenaufstand von **983** ging jedoch das ganze Land östlich der Elbe wieder verloren. Lediglich die sogenannte Altmark, das westelbische Gebiet um Stendal, konnte gehalten werden.

Erst unter dem aus Sachsen stammenden deutschen König Lothar v. Supplinburg wurde eine zweite Phase der Ostkolonisation eingeleitet. Lothar belehnte den sächsischen Grafen von Ballenstedt, den dem Hause der Askanier entstammenden Albrecht den Bären, **1134** mit der Altmark. Albrecht gelang es, von einem der christianisierten Slawenfürsten zum Erben eingesetzt, seine Macht in wenigen Jahrzehnten so weit nach Osten auszudehnen, dass er sich bereits ab **1157** Markgraf von Brandenburg nannte. Der Ort Brandenburg wurde Hauptsitz der askanischen Fürsten. Unter den späteren Askaniern kam im Kampf gegen Dänen und Slawen, aber auch durch Heirat das ganze Gebiet der alten Nord-

DER WEG ZUM KÖNIGREICH. HISTORISCHER ABRISS

mark, teilweise sogar Land östlich der Oder, zu Brandenburg und damit zum Deutschen Reich. Durch den Erwerb des Fürstentums Stargard, der Uckermark, von Barnim und Teilen der Neumark (östlich der Oder zwischen Frankfurt a. d. Oder und Stargard) wurden die Askanier im 13. Jahrhundert zu einem der mächtigsten Fürstengeschlechter Deutschlands. Der Stauferkönig Friedrich II. übertrug **1231** den gemeinsam regierenden Brüdern Johann I. und Otto III. die Lehnshoheit über Pommern. Die Entwicklung des Landes drückte sich u. a. in der Gründung von Städten wie Kölln (1232), Berlin (1242) und Frankfurt a. d. Oder (1253) aus. Der deutsche Einfluss wurde auf kulturellem Gebiet vor allem durch die Klostergründungen der Zisterzienser gefördert (Klostergründungen in Zinna, Lehnin, Chorin u. a.). Im Jahre **1320** starben die brandenburgischen Askanier aus. Kaiser Ludwig, dem Bayern, gelang es kurzfristig, den wittelsbachischen Einfluss im Reich durch die Belehnung seiner Söhne mit der Mark Brandenburg zu vergrößern (**1323**). Die Wittelsbacher setzten sich jedoch im Lande nie durch. Erst der deutsche König Karl IV. aus dem Hause Luxemburg, der seinem wittelsbachischen Schwiegersohn Otto dem Faulen **1373** die Mark Brandenburg abgekauft hatte, konnte die kurfürstliche Zentralgewalt im Lande wieder herstellen. Karl hatte zwar die herausragende Rolle des brandenburgischen Kurfürsten innerhalb des Reichsfürstenstandes durch die Bestätigung der brandenburgischen Kurwürde in der »Goldenen Bulle« (**1356**) bestätigt, durch den Erwerb der Oberlausitz **1350** und der Niederlausitz **1368** für die Krone Böhmens den brandenburgischen Landbesitz jedoch erheblich geschmälert. Bereits unter Karls jüngerem Sohn, dem späteren Kaiser Sigismund, dem er die Mark vererbt hatte, verfiel die Autorität im Lande erneut. Sigismund musste die Mark **1388** an seinen Vetter Jobst v. Mähren verpfänden; **1402** verkaufte er die Neumark an den Deutschen Orden. Einzelne Adelsfamilien wie die Quitzows rissen die Macht an sich, die kurfürstliche Regierungsgewalt hatte aufgehört zu existieren.

Hohenzollern

Sigismund setzte nach dem Tode Jobst v. Mährens den Burggrafen Friedrich VI. von Nürnberg aus dem Hause Hohenzollern als erblichen Statthalter in der Mark ein (**1411**) und übertrug ihm vier Jahre später auch die Kurwürde. **1417** schließlich wurde Friedrich (als Markgraf nunmehr Friedrich I.) mit der Mark belehnt.

Das Geschlecht der Hohenzollern, ein schwäbisches Grafen-
geschlecht, dessen Besitzungen zwischen oberem Neckar und
oberer Donau lagen, wird erstmals in der Chronik des Berthold v.
Reichenau im Jahre 1061 genannt. Graf Friedrich III. von Zollern
erhielt, durch verwandtschaftliche Beziehungen begünstigt, kurz
vor 1192 das Nürnberger Burggrafenamt. Um 1214 teilte sich das
Haus in eine schwäbische und eine fränkische Linie, der Name
Zollern verschwindet für einige Zeit aus den historischen Quellen. Erst um 1350 nannten sich die schwäbischen Zollern »Grafen
von Hohenzollern«, eine Bezeichnung, die auch die brandenburgischen Kurfürsten und späteren preußischen Könige seit 1685
mit kaiserlicher Genehmigung wieder führten.

Dem fränkischen Zweig der Familie gelang es noch im 13. Jahrhundert, seinen Besitz in Ober- und Mittelfranken (Kulmbach,
Bayreuth und Ansbach) zu erweitern, sodass Burggraf Friedrich VI. zur Zeit der Belehnung mit der Mark bereits der größte Territorialherr in Franken war. Es gelang ihm aber auch, auf
die Reichspolitik einen bedeutenden Einfluss auszuüben. Als
Schwager König Rupprechts v. d. Pfalz spielte er eine führende
Rolle bei der Absetzung König Wenzels (1400) und bei der Wahl
des Nachfolgers, Wenzels Bruder Sigismund (1410), der ihn dafür
mit der Mark Brandenburg belehnte. Noch als Statthalter brach
Friedrich, im Bunde mit anderen Reichsfürsten, **1414** die Macht
der einheimischen Adelsgeschlechter (Quitzow, Rochow, Alvens-
leben u. a.). Seinem Sohn und Nachfolger, Friedrich II. Eisenzahn,
gelang es, auch den Einfluss und die Rechte der großen Städte im
Lande zu beschneiden (Unterwerfung Berlin-Köllns **1442**). Vom
Papst erlangte er das Recht, die Bischöfe der Bistümer Brandenburg und Havelberg zu ernennen (**1447**), sodass mit der Neuord-
nung des Steuerwesens und der Errichtung des Kammergerichts
die Regierung und Verwaltung der Mark bereits Züge des neuzeit-
lichen zentralistischen und autoritären Einheitsstaates erkennen
ließ.

Kurfürst Albrecht Achilles (1470–1486) zog in der »*Dispositio
Achillea*« **1473** die dynastische Konsequenz aus der Entwicklung
der hohenzollerschen Lande. Diese Hausordnung legte fest, dass
die Mark Brandenburg zusammen mit der Kurwürde ungeteilt
dem erstgeborenen Sohne vorbehalten blieb, die fränkischen Lande dagegen als Sekundogenitur unter die jüngeren Söhne aufgeteilt werden konnten (diese Aufteilung in eine brandenburgische
und in eine fränkische Linie des Hauses Hohenzollern wurde erst

DER WEG ZUM KÖNIGREICH. HISTORISCHER ABRISS

wieder aufgehoben, als der letzte fränkische Markgraf sein Land 1791 an die Krone Preußens abtrat). Die Mark blieb unter den nächsten Kurfürsten von Teilungen nicht verschont, und erst seit dem Geraer Hausvertrag **1599**, in dem auch die Fragen der Erbfolge mit den fränkischen Vettern geregelt wurden, hörten die Teilungen endgültig auf. War bei diesen Teilungen die Hauptlinie durch das Aussterben der brandenburgischen Nebenlinien bereits mehrfach begünstigt worden, weil dadurch die Einheit des brandenburgischen Territoriums erhalten blieb, so trat **1618** der unerhörte Glücksfall ein, dass sie durch das Aussterben einer jüngeren Linie der fränkischen Hohenzollern das Herzogtum Preußen erbte und damit ihr Staatsgebiet um rund das Doppelte vergrößern konnte.

Preußen

Das Herzogtum Preußen, etwa deckungsgleich mit der bis 1945 zum Deutschen Reich gehörenden preußischen Provinz Ostpreußen, hatte seinen Namen von dem baltischen Volk der Pruzzen erhalten, das in der Völkerwanderungszeit den nach Westen ziehenden Germanenstämmen gefolgt war und sich hauptsächlich im Gebiet östlich der unteren Weichsel niedergelassen hatte. Die Pruzzen hatten sich bis ins 13. Jahrhundert der Christianisierung durch die bekehrten slawischen Fürsten von Danzig so erfolgreich widersetzen können, dass schließlich im christlichen Abendland zum Kreuzzug gegen sie aufgerufen wurde. Die Unterwerfung und Christianisierung gelang jedoch erst dem Deutschen Ritterorden, der von dem Slawenfürsten Konrad v. Masowien **1225** gegen Überlassung des Kulmer Landes ins Land geholt wurde.

Der Hochmeister des Ordens, Hermann von Salza, der nach dem Verlust des Heiligen Landes nach neuen Betätigungsmöglichkeiten für den Orden suchte, hatte sich von Papst und Kaiser (Friedrich II.) mit allen Privilegien ausstatten lassen, die zur Gründung eines souveränen Staates nötig waren. Ein halbes Jahrhundert brauchte der Ritterorden, bis er das Land in seine Gewalt gebracht hatte. Er holte eine große Zahl von deutschen Bauern und Bürgern in die dünn besiedelten Gebiete, organisierte den Handel, legte Burgen und Städte an (u. a. Kulm, Thorn, Elbing, Königsberg, Memel) und sorgte für eine glänzend funktionierende Verwaltung, sodass der Ordensstaat im 14. Jahrhundert zu einem der stabilsten Machtfaktoren des Ostseeraumes wurde, der sein Staatsgebiet rasch nach Norden (Livland, Kurland) und nach Westen ausdehnte. Das zwischen dem Herzogtum Pommern und der unteren Weichsel gelegene Land Pommerellen (**1309**) und die wichtigste Handelsstadt, Danzig, später zeitweise auch die brandenburgische Neumark (**1402–1455**) wurden Ordensland.

Strukturelle Schwächen des Ordensrittertums, die Nationalisierung des Handels im Ostseeraum, der auch zum Niedergang der Hanse führte, vor allem aber die Interessengegensätze des Ordens auf der einen und der unterprivilegierten Städte, des deutschen und einheimischen Landadels auf der anderen Seite führten zur entscheidenden Schwächung des Ordensstaates, der sich nunmehr gegen das seit der Vereinigung mit dem Großfürstentum Litauen (1386) wiedererstarkte Polen nicht mehr behaupten konnte (Niederlage bei Tannenberg **1410**, Verlust der westpreußischen Gebiete mit dem Bistum Ermland im 2. Thorner Frieden **1466**). Der seit **1511** amtierende letzte Hochmeister Albrecht aus einer jüngeren ansbachischen Linie des Hauses Hohenzollern überführte schließlich **1525** den verbliebenen preußischen Teil des Ordensstaates nach Einführung der Reformation in ein weltliches Herzogtum, das ihm nicht der deutsche Kaiser, sondern – den wirklichen Machtverhältnissen entsprechend – der polnische König als Lehen übergab.

Kaiser und Papst erkannten den neuen Status Preußens nicht an. Herzog Albrecht sicherte aber mit diesem Schritt dem neuen Herzogtum eine relativ unabhängige Stellung mit eigenständiger deutscher Kultur (**1544** Gründung der Universität Königsberg), wobei er sich auf sein außenpolitisches Geschick und die vom alten Ordensstaat übernommene gut funktionierende Verwaltung stützen konnte. Da sein einziger Sohn geisteskrank war, konnte er noch erreichen, dass die brandenburgischen Vettern vom polnischen König, seinem Schwager, die Mitbelehnung für das Herzogtum Preußen erhielten (**1569**). Durch Heiraten des dortigen regierenden Kurfürsten und seines Sohnes mit den Töchtern Albrechts, von denen die Ältere auch die Erbin der jülisch-klevischen Lande am Niederrhein und in Westfalen war, war der Übergang des preußischen Herzogtums auf die Brandenburger planmäßig vorbereitet worden. Die Erbfälle traten **1614** für die Landschaften Kleve (um Xanten), Mark (südlich von Dortmund) und Ravensberg (um Bielefeld) und **1618** für das Herzogtum Preußen (ohne das Bistum Ermland) ein.

DER WEG ZUM KÖNIGREICH. HISTORISCHER ABRISS

Pommern

Alte Erbvereinbarungen mit dem pommerischen Herzogshause (**1529**) hatten den brandenburgischen Kurfürsten nach dem Aussterben der pommerischen Herzöge **1637** auch Ansprüche auf Pommern eingebracht, die durch die schwedische Besetzung Pommerns im Dreißigjährigen Krieg jedoch zunächst hinfällig wurden. Auch die Zusicherung wenigstens Hinterpommerns (Pommern östlich der Oder) im Westfälischen Frieden (**1648**) wurde erst mit der Räumung dieses Gebietes durch die Schweden rund 30 Jahre später wirksam. Ähnlich verhielt es sich mit dem Erwerb der säkularisierten kirchlichen Territorien Magdeburg und Halberstadt, die gegen die Ansprüche anderer Dynastien behauptet werden mussten und erst **1648** (Bistum Halberstadt) bzw. **1680** (Erzstift Magdeburg) dem brandenburg-preußischen Staatsverband einverleibt wurden.

Der Große Kurfürst

Die Machtposition, die Brandenburg zu Beginn der Neuzeit allein durch seine territorialen Erwerbungen einnahm, wurde von einem der bedeutendsten Hohenzollern, Friedrich Wilhelm, dem »Großen Kurfürsten« (1640–1688), zielbewusst ausgebaut und zur Geltung gebracht. Außenpolitisch gelang ihm nicht nur, die Schweden zur Aufgabe Hinterpommerns zu zwingen (Schlacht bei Ferbellin **1675**), sondern auch die viel bedeutsamere Gewinnung der vollen Souveränität für Preußen. Unter geschickter Ausnutzung der schwedisch-polnischen Streitigkeiten konnte er den Polenkönig dazu bringen, auf die Lehenshoheit über Preußen zu verzichten (Vertrag von Wehlau **1657**). Nicht minder wichtig war für die künftige Rolle Brandenburg-Preußens in der deutschen und europäischen Geschichte die Verschmelzung der räumlich voneinander getrennten Staatsgebiete zu einem zentral regierten und einheitlich verwalteten Staat absolutistischer Prägung, in dem die verschiedenen lokalen und territorialen Sonderinteressen und -rechte der Stände und Landtage unter Ausnutzung der staatsbedrohenden Situation in der Zeit nach dem Dreißigjährigen Krieg beseitigt oder doch stark eingeschränkt wurden, was nicht ohne politischen Druck, in Preußen selbst nur mit Gewalt durchzusetzen war (Unterwerfung Königsbergs **1662**). Die Instrumente, mit denen Friedrich Wilhelm diese ungeheure Aufgabe zu bewältigen suchte, musste er sich erst schaffen: eine vereinheitlichte Justiz, einen Beraterstab fähiger, auch bürgerlicher Mitarbeiter und ein stehendes, über das ganze Land verteiltes Heer.

PREUSSENS GLORIA

Der Sohn und Nachfolger des Großen Kurfürsten, Friedrich III., hat in letzter Konsequenz für die errungene Machtposition ein äußeres Zeichen, die Königskrone, angestrebt. Für ihn persönlich diente sie sicher nur der Kompensation der eigenen Schwäche, für das aus so verschiedenen Teilstaaten zusammengesetzte, geographisch voneinander getrennte Land wurde sie jedoch zum Symbol eines gemeinsamen Staatsbewusstseins.

Zeittafel 1688–1786

1688	Tod Friedrich Wilhelms, des Großen Kurfürsten. Sein Sohn, Friedrich III., wird Nachfolger. Friedrichs III. Sohn, der spätere König Friedrich Wilhelm I., wird geboren. Christian Thomasius (1655–1728) gibt die erste wissenschaftliche Zeitschrift in deutscher Sprache heraus.
1694	Andreas Schlüter (1664–1714) nach Berlin berufen. Fischer v. Erlach beginnt mit dem Bau von Schloss Schönbrunn bei Wien (vollendet 1750). François de Arouet, genannt Voltaire, geboren.
1696	Gründung der Kunstakademie in Berlin. Schlüters »Masken sterbender Krieger« am Berliner Zeughaus.
1697	Gottfried Wilhelm Leibniz (1646–1716): »Unvorgreifliche Gedanken, betreffend die Ausübung und Verbesserung der deutschen Sprache«.
1698	Leopold v. Anhalt-Dessau, der »Alte Dessauer«, (1676 bis 1747) führt den Gleichschritt und den eisernen Ladestock in der preußischen Armee ein. Einführung der Perückensteuer in Preußen. Schlüter leitet (bis zu seiner Entlassung 1706) den Bau des Berliner Schlosses.
1699	Friede von Karlowitz zwischen Österreich-Ungarn und der Türkei: Österreich wird mit dem Gewinn Ungarns und Siebenbürgens europäische Großmacht.
1700	Ausbruch des »Nordischen Krieges« (bis 1721) zwischen Schweden und einer Koalition von Russland, Polen–Sachsen und Dänemark. Gründung der Akademie der Wissenschaften in Berlin auf Betreiben von Leibniz. Besteuerung unverheirateter Frauen in Berlin. Einführung des gregorianischen Kalenders in den protestantischen Staaten. Aussterben der Habsburger in Spanien und Vererbung der spanischen Krone an die Bourbonen (Philipp V.) führt zum
1701	»Spanischen Erbfolgekrieg« (bis 1713) zwischen Österreich, verbündet mit England und den Niederlanden, und Frankreich und den Kurfürsten von Bayern und

385

Köln. Stiftung des Schwarzen-Adler-Ordens in Preußen: Kurfürst Friedrich III. krönt sich zum König in Preußen. Nunmehr als Friedrich I. geführt.

1702 Tod Wilhelms III. v. Oranien, König v. England (Schwager des Großen Kurfürsten) und Verfechter des europäischen Gleichgewichts.

1703 Denkmal des Großen Kurfürsten und Kanzel in der Berliner Marienkirche von Schlüter fertig gestellt.

1704 Prinz Eugen und der Herzog v. Marlborough besiegen bei Höchstädt die bayerisch-französischen Truppen. Bayern wird von den Österreichern besetzt. Die Engländer erobern Gibraltar. Johann Friedrich Frhr. v. Eosander, genannt Eosander von Göthe (1670–1729), leitete den Erweiterungsbau am Charlottenburger Schloss. Fischer v. Erlach kommt nach Berlin (bis 1705). Isaak Newton (1643–1727) entwickelt in der »Optik« seine Farbenlehre und Lichttheorie.

1706–09 Engländer und Österreicher erobern die Spanischen Niederlande und Oberitalien. Einführung einer Kleiderordnung in Preußen.

1709 Entscheidende Niederlage Frankreichs in der Schlacht bei Malplaquet. Zar Peter der Große besiegt in der Schlacht von Poltawa (Ukraine) das schwedische Heer unter Karl XII. Abnehmender Einfluss Schwedens, an dessen Stelle Russland tritt.

1710 England ändert nach dem Sturz Marlboroughs seine Außenpolitik zuungunsten Österreichs. Gründung der Meißner Porzellanmanufaktur. Leibniz schreibt die »Theodicée«, sein philosophisches Hauptwerk. Gründung der Charité in Berlin.

1711 Eröffnung der Preußischen Akademie der Wissenschaften. Antoine Pesne (1683–1757) kommt als Hofmaler nach Berlin.

1712 Friedrich II., der Große, von Preußen geboren. Geburt Jean Jacques Rousseaus.

1713 Tod Friedrichs I. am 25.2., Thronbesteigung Friedrich Wilhelms I. Der Friede von Utrecht beendet den Spanischen Erbfolgekrieg (mit Österreich 1714 in Rastatt): Österreich erhält die Spanischen Niederlande, Mailand und Neapel; England behält Gibraltar und erhält Menorca und die französischen Besitzungen Neufund-

ZEITTAFEL 1688–1786

land, Neuschottland und die Hudsonbai-Länder. Kaiser Karl VI. sichert mit der »Pragmatischen Sanktion« die weibliche Erbfolge in den österreichischen Erbländern. Schlüter vollendet die Prunksärge für Friedrich I. und Dorothea Charlotte im Berliner Dom, geht an den russischen Hof nach St. Petersburg. Einführung des Zopfes im preußischen Heer.

1714   Tod der letzten Stuart-Königin Anna v. England. Mit Georg I. übernimmt das Haus Hannover den englischen Thron in Personalunion mit dem hannoveranischen Kurfürstentum (bis 1837). Tod Schlüters. Verbot der Hexenprozesse in Preußen.

1715   Preußen tritt auf Seiten der Gegner Schwedens in den »Nordischen Krieg« ein. Schweden überlässt Hannover das Fürstentum Bremen-Verden. Tod Ludwigs XIV. von Frankreich.

1717   Prinz Eugen erobert in den Türkenkriegen Belgrad. Geburt Maria Theresias, Erbtochter Kaiser Karls VI.

1718   Tod Karls XII. v. Schweden. Landreform zugunsten der Domänenbauern in Preußen.

1720   Preußen schließt mit Schweden Frieden und erhält das östliche Vorpommern mit Stettin. Gründung des Kupferstich-Kabinetts in Dresden.

1721   Ende des »Nordischen Krieges« und der schwedischen Großmachtstellung mit dem Frieden von Nystad. Russland erhält Livland, Estland, Ingermanland und Teile Kareliens und übernimmt Schwedens Großmachtrolle. Johann Sebastian Bach (1685–1750) schreibt die »Brandenburgischen Konzerte« für Markgraf Christian Ludwig v. Brandenburg.

1723   Verwaltungsreform in Preußen mit einem Generaldirektorium als zentraler Instanz.

1725   Tod Zar Peters des Großen von Russland. Giacomo Casanova geboren († 1798).

1729   Katharina II., russische Zarin 1762–1796, als Prinzessin v. Anhalt-Zerbst geboren. Gotthold Ephraim Lessing geboren († 1781). Moses Mendelssohn geboren († 1786). Aufführung von J. S. Bachs »Matthäuspassion«.

1730   Versuch des Kronprinzen Friedrich von Preußen, nach England zu fliehen.

PREUSSENS GLORIA

1732	Beginn der Ansiedlung von 17 000 Salzburger Protestanten in Preußen. Gründung des Hauptgestüts Trakehnen.
1733	Kurfürst August der Starke, König v. Polen, gestorben; Ausbruch des »Polnischen Thronfolgekrieges« um die Nachfolge zwischen dem von Frankreich und Spanien gestützten Stanislaus Leszczynski und dem von Österreich und Russland unterstützten Sachsen. Einführung des Kantonsystems in Preußen sichert ein stehendes Heer von 80 000 Mann (bei 2,5 Millionen Einwohnern). Friedrich Nicolai, führender Literaturkritiker der Aufklärung in Berlin († 1811) und Christoph Martin Wieland († 1813) geboren.
1736	Tod des Prinzen Eugen von Savoyen, kaiserlicher Feldmarschall seit 1693 (geb. 1663).
1738	Mit dem Frieden von Wien wird der »Polnische Thronfolgekrieg« beendet: Stanislaus Leszczynski erhält das Reichsherzogtum Lothringen (nach seinem Tod französisch), der sächsische Kurfürst bleibt König von Polen, Österreich verzichtet zugunsten der spanischen Bourbonen auf Neapel-Sizilien und erhält dafür Parma und Piacenza. Einrichtung der Berliner Börse.
1740	Friedrich II. wird nach dem Tod seines Vaters Friedrich Wilhelm I. König in Preußen. Tod Kaiser Karls VI. Bayern und Sachsen erheben im »Österreichischen Erbfolgekrieg« Ansprüche auf Österreich und werden dabei von Frankreich, Spanien und Preußen unterstützt. Ausbruch des 1. Schlesischen Krieges (bis 1742) mit dem Einfall der Preußen in Schlesien. Gründung des Ordens »Pour le mérite« (Friedensklasse 1742) und Abschaffung der Folter in Preußen. Pockenepidemie in Berlin. Gründung der »Haude- und Spenerschen Zeitung« in Berlin.
1741	Friedrich II. gewinnt die Schlacht von Mollwitz, Karl Albrecht v. Bayern kurzfristig die böhmische Krone. Der Mathematiker Leonhard Euler (1707–1783) wird an die Preußische Akademie der Wissenschaften berufen. Gründung des Wiener Burgtheaters. Krönung Karls VII. Albrechts zum Kaiser.
1742	Österreich besetzt Bayern. Preußen schließt mit Österreich gegen Überlassung Schlesiens und der Grafschaft

ZEITTAFEL 1688–1786

	Glatz den Frieden von Breslau. Bau des Elbe-Havel-Kanals. J. S. Bach komponiert die »Goldberg-Variationen«. Uraufführung von Georg Friedrich Händels (1685–1759) »Messias«.
1743	England greift auf Seiten Österreichs in den Krieg ein und zwingt die Franzosen zum Rückzug über den Rhein, Sachsen schließt Frieden.
1744	Friedrich II. eröffnet den 2. Schlesischen Krieg (bis 1745) gegen Österreich, indem er vorübergehend Böhmen mit Prag besetzt. Ostfriesland fällt an Preußen. Georg Wenzeslaus von Knobelsdorff baut das Berliner Schloss um.
1745	Karl VII. stirbt kurz nach der Rückkehr nach München, sein Sohn Max III. Joseph schließt mit Österreich einen Sonderfrieden. Friedrich II. kann Schlesien gegen die Österreicher halten (Siege von Hohenfriedeberg, Soor und Kesselsdorf, letzte Schlacht des »Alten Dessauers«). Im Frieden von Dresden verzichtet Maria Theresia auf Schlesien, Friedrich II. erkennt dafür ihren Mann, Franz Stephan von Lothringen, als Kaiser (Franz I.) an. Die Marquise de Pompadour wird Mätresse des französischen Königs Ludwig XV. Johann Stamitz (1717 bis 1803) begründet mit seinem frühklassischen Orchester- und Kompositionsstil die »Mannheimer Schule«.
1746	Von Friedrich II. erscheint (in französischer Sprache) die »Geschichte meiner Zeit«.
1747	Fürst Leopold I. von Anhalt-Dessau, der »Alte Dessauer« gestorben. J. S. Bach besucht Friedrich II. in Berlin (»Musikalisches Opfer«). Knobelsdorff beendet den Bau von Schloss Sanssouci bei Potsdam (begonnen 1745). Mit der Entdeckung des Rübenzuckers schafft der Chemiker Andreas Marggraf (1709–1782), Mitglied der Berliner Akademie, die Voraussetzung für den Aufbau einer künftigen deutschen Zuckerindustrie.
1748	Russland greift in den »Österreichischen Erbfolgekrieg« ein und unterstützt Maria Theresia. Der darauf folgende Friede von Aachen bringt keinen Ausgleich der kolonialen Interessen Englands und Frankreichs und begünstigt damit auch die Spannungen unter den deutschen Staaten. Lessings Schauspiel »Der junge Gelehrte« von der Schauspieltruppe der Caroline Neuber

PREUSSENS GLORIA

uraufgeführt. Von Johann Christoph Gottsched (1700 bis 1766) erscheint »Grundlegung einer deutschen Sprache«, von Friedrich Gottlieb Klopstock (1724–1803) ein erster Teil des »Messias«. Beginn einer intensiven Binnenkolonisation in Preußen mit Gründung zahlreicher Dörfer. Errichtung der ersten Seidenmanufaktur in Berlin.

1749 Der französische Philosoph Julien Offray de Lamettrie (1709–1751) flieht an den Hof Friedrichs II. Johann Wolfgang v. Goethe in Frankfurt am Main geboren. Die »Kunst der Fuge« von J. S. Bach und das lyrische Versepos »Der Frühling« von Ewald v. Kleist (1715–1759) vollendet.

1750 J. S. Bach in Leipzig gestorben. Voltaire am preußischen Hof (bis 1752).

1751 Erfindung des Hinterlader-Gewehrs. Lessing wird Kritiker an der Berliner »Vossischen Zeitung«.

1754 Erscheinen der Abhandlung »Über die Ungleichheit« von J. J. Rousseau. Erstes Eisenwalzwerk in England.

1755 Ausbruch des englisch-französischen Kolonialkrieges. Erdbeben von Lissabon (über 30 000 Tote).

1756 Beginn des »Siebenjährigen Krieges« Preußens mit Österreich, Russland, Frankreich, Sachsen und Schweden nach Abschluss eines Neutralitätsabkommens zwischen Friedrich II. und König Georg II. von England. Friedrich II. besetzt Sachsen (Schlacht bei Lobositz). Erscheinen von Voltaires geschichtsphilosophischem Hauptwerk »Essay über Sitten und Geist der Völker«. Wolfgang Amadeus Mozart geboren († 1791).

1757 Die Niederlagen der Preußen gegen die Österreicher (Schlacht bei Kolin) und Russen (Großjägersdorf) werden durch den Sieg über das Reichsheer bei Roßbach und die Österreicher bei Leuthen wettgemacht.

1758 Friedrich II. besiegt die Russen bei Zorndorf und kann Sachsen und Schlesien behaupten.

1759 Das vereinigte Heer der Österreicher und Russen unter General Laudon bringt den Preußen die vernichtende Niederlage von Kunersdorf bei. Dresden und der größte Teil Sachsens gehen verloren. Lessing bringt zusammen mit Nicolai, Mendelssohn und Kleist die »Briefe, die neueste Literatur betreffend« heraus. Voltaire ver-

ZEITTAFEL 1688–1786

öffentlicht »Candide«. Händel in London gestorben. Joseph Haydn (1732–1809) schreibt seine 1. Sinfonie. Johann Christian Friedrich Schiller geboren († 1805).

1760 Friedrich II. gelingt es durch die Siege bei Liegnitz und Torgau, Schlesien und Sachsen (außer Dresden) zu behaupten. England stellt nach dem Tod Georgs II. (geb. 1683) unter seinem Nachfolger Georg III. († 1820) die Subsidienzahlungen an Preußen ein. Tod von Nikolaus Graf von Zinzendorf (geb. 1700), Begründer der pietistischen Herrnhuter Brüdergemeine.

1762 Schweden und Russland (nach dem Tod der Zarin Elisabeth) scheiden aus der antipreußischen Koalition aus, Friedrich bleibt in den letzten Schlachten des Krieges siegreich. In Russland folgt auf den Bewunderer Friedrichs des Großen, Zar Peter III., dessen Frau Katharina II. aus dem Hause Anhalt-Zerbst.

1763 Maria Theresia schließt nach dem Pariser Frieden zwischen Frankreich und England (das Besitzungen in Indien, Kanada, Florida und Teile Louisianas erhält) mit Friedrich II. den Frieden von Hubertusburg, der Preußen im Besitz Schlesiens belässt. Erlass des Generallandschulreglements in Preußen.

1765 Tod Kaiser Franz I. Sein Sohn Joseph II. (1741–1790) wird deutscher Kaiser und Mitregent seiner Mutter Maria Theresia in den habsburgischen Ländern. Lessing geht nach Berlin. Die Kartoffel wird zu einem der wichtigsten Nahrungsmittel in Europa.

1766 Lothringen fällt an Frankreich. Tod Gottscheds. Von Wieland erscheint der erste deutsche Bildungsroman »Agathon«, von Lessing die kunsttheoretische Schrift »Laokoon oder über die Grenzen der Malerei und Poesie«. Georg Philipp Telemann gestorben (geb. 1681), Wilhelm von Humboldt geboren († 1835).

1768 Die Republik Genua verkauft Korsika an Frankreich.

1769 Napoleon Bonaparte auf Korsika geboren. Christian Fürchtegott Gellert gestorben. Anne Robert Turgot (1727–1781) veröffentlicht »Entstehung und Verteilung des Reichtums«.

1770 Friedrich Wilhelm III. geboren. Ludwig XVI. von Frankreich heiratet Marie Antoinette, die Tochter Maria Theresias. Matthias Claudius (1740–1815) wird Heraus-

391

PREUSSENS GLORIA

geber des »Wandsbeker Boten«, Immanuel Kant (1724 bis 1804) Professor in Königsberg. Ludwig van Beethoven geboren († 1827).

1772   Erste Teilung Polens zwischen Preußen, Österreich und Russland. Preußen erhält den Netze-Distrikt, Pommerellen, das Kulmerland und das Bistum Ermland. Frankreich schafft die Inquisition ab.

1774   Tod Ludwigs XV. von Frankreich und Nachfolge seines Enkels Ludwigs XVI. (geb. 1754, † 1793). Goethes »Götz von Berlichingen« in Berlin uraufgeführt. Johann Gottfried Herder (1744–1803) veröffentlicht »Auch eine Philosophie der Geschichte zur Bildung der Menschheit«. Caspar David Friedrich geboren († 1840). Erste Reformoper Christoph Willibald Glucks (1714 bis 1787) im französischen Stil »Iphigenie in Aulis« in Paris aufgeführt.

1775   Unabhängigkeitskrieg der britischen Kolonien in Amerika gegen das Mutterland (beendet 1783). Voltaire schreibt seine »Lobrede auf die Vernunft«.

1778   Im »Bayerischen Erbfolgekrieg« (bis 1779) verhindert Preußen im Bunde mit Russland, dass Kaiser Joseph II. Teile Bayerns erwirbt. Lessing veröffentlicht »Nathan der Weise«

1779   Im Frieden von Teschen erhält Österreich von Bayern das Innviertel. 1780 Tod Maria Theresias. Friedrich II. schreibt »Über die deutsche Literatur«, Lessing »Die Entstehung des Menschengeschlechts«.

1781   Joseph II. schafft in Österreich die Leibeigenschaft und die Folter ab und lässt nichtkatholische Religionen zu.

1782–84   Seekrieg zwischen England und den Niederlanden. J. J. Rousseaus »Bekenntnisse« erscheinen (1782).

1784   Von Immanuel Kant erscheint »Was ist Aufklärung?«, von Herder »Ideen zur Philosophie der Geschichte der Menschheit«.

1785   Friedrich II. verhindert durch Gründung des »Deutschen Fürstenbundes« den vom bayerischen Kurfürsten Karl Theodor zugunsten Österreichs geplanten Tausch seines bayerischen Erblandes gegen die österreichischen Niederlande.

ZEITTAFEL 1688–1786

1786   Tod Friedrichs II. Nachfolger wird sein Neffe Friedrich Wilhelm II. Moses Mendelssohn in Berlin gestorben. Gründung der Berliner Hofbühne. Erscheinen von Gottfried August Bürgers (1747–1794) »Wunderbare Reisen des Freiherrn von Münchhausen«. Uraufführung von Mozarts »Figaros Hochzeit«. Erstbesteigung des Montblanc.

Friedrich I. (VI.) * 1371, † 1440
Kfst. v. Br. (1417–25), Bggf. (1397
⚭ 1401 Elisabeth
v. Bayern-Landshut, † 1442

Johann der Alchimist, *1406, † 1464
Mkgf. v. Kulmbach-Bayreuth (1447)

Friedrich II., der Eiserne, * 1413, † 1
Kfst. v. Br. (1440–70)
⚭ 1441 Katharina v. Sachsen, † 14

brandenburg. Linie

Johann Cicero, * 1455, † 1499
Regent (1470), Kfst. (1486)
⚭ 1476 Margarete v. Sachsen, † 1501

Joachim I. Nestor, * 1484, † 1535
⚭ 1502 Elisabeth v. Dänemark, † 1555

Albrecht II., * 1490, † 1545
Eb. v. Magdeburg (1513)
Kfst. v. Mainz (1514)

Joachim II. Hektor, * 1505, † 1571
Kfst. (1535)
⚭ 1524 Magdalena v. Sachsen, † 1534

Johann Georg, * 1525, † 1598
Kfst. (1571)
⚭ (1) 1545 Sophie v. Liegnitz, † 1546

Joachim Friedrich, * 1546, † 1608
Kfst. (1598)
⚭ 1570 Katharina v. Br.-Küstrin, † 1602

Johann Sigismund, * 1572, † 1619
Kfst. (1608)
⚭ 1594 Anna von Preußen, † 1625

Georg Wilhelm, * 1595, † 1640
Kfst. (1619)
⚭ 1616 Elisabeth Charlotte
v. d. Pfalz, † 1660

Friedrich Wilhelm, * 1620, † 1688
der Große Kurfürst
Kfst. (1640)
⚭ (1) 1646 Luise Henriette v. Oranien, † 1667
⚭ (2) 1668 Dorothea v. Holstein-Glücksburg, † 1689

Friedrich I. (III.), * 1657, † 1713
Kg. in Preußen (1701), Kfst. (1688)
⚭ 1684 Sophie Charlotte v. Hannover, † 1705

Friedrich Wilhelm I., * 1688, † 1740
Kg. (1713)
⚭ 1706 Sophie Dorothea v. Hannover, † 1757

Friedrich II., der Große, * 1712, † 1786
Kg. (1740, seit 1772 von Preußen)

Friederike Luise, * 1714, † 1784
⚭ 1729 Karl v. Ansbach, † 1757

STAMMTAFEL DER HOHENZOLLERN

Albrecht III. Achilles, * 1414, † 1486
Kfst. v. Br. (1470)
⚭ (1) 1446 Margarete v. Baden, † 1457
⚭ (2) 1458 Anna v. Sachsen, † 1512

ältere fränk. Linie

Friedrich IV., * 1460, † 1536
Mkgf. v. Ansbach u. Kulmbach-Bayreuth
(1486 bzw. 1495)
⚭ 1479 Sophie v. Polen, † 1512

Kasimir, * 1481, † 1527
Mkgf. v. Ansbach u.
Kulmbach-Bayreuth (1515)
518 Susanne v. Bayern, † 1543

Georg der Fromme, * 1484, † 1543
Mkgf. v. Ansbach (1527) u.
Kulmbach-Bayreuth (1527–41)
⚭ 1532 Emilie v. Sachsen, † 1591

Albrecht, * 1490, † 1568
1. Hzg. in Preußen
⚭ 1550 Anna Marie
v. Braunschweig, † 1568

Albrecht Friedrich, * 1553, † 1618
Hzg. in Preußen (1568)
⚭ 1573 Marie Eleonore v.
Jülich-Kleve-Berg, † 1608

Anna, * 1576, † 1625
⚭ 1594 Johann Sigismund v. Br.
† 1619

Marie, * 1579, † 1649
⚭ 1604 Christian
v. Kulmbach-Bayreuth
† 1655

Eleonore, * 1583, † 1607
⚭ 1603 Joachim Friedrich v. Br.
† 1608

Abkürzungen:

Bggf. = Burggraf von Nürnberg
Eb. = Erzbischof
Hzg. = Herzog
Kg. = König
Mkgf. = Markgraf
Br. = Brandenburg
Gf. = Graf
Kfst. = Kurfürst

August Wilhelm, * 1722, † 1758
⚭ 1742 Luise v. Braunschweig-
Wolfenbüttel, † 1780

Heinrich, * 1726, † 1802

Wilhelmine, * 1709, † 1758
⚭ 1731 Friedrich v. Bayreuth, † 1763

rich Wilhelm II., * 1744, † 1797, Kg. (1786)
'69 Friederike v. Hessen-Darmstadt, † 1805

Zitierte Literatur

Von den zahllosen Quellen und Publikationen zum Thema Preußen werden nur die im Buch zitierten aufgeführt.

Vorwort
G. Mann, Deutsche Geschichte des 19. und 20. Jahrhunderts. Frankfurt 1958

1. Kapitel
A. Waddington, L'Aquisition de la Couronne Royale de Prusse par les Hohenzollern. 1888

A. Berney, König Friedrich und das Haus Habsburg 1701–1707. 1927

C. Hinrichs, Preußen als politisches Problem. Berlin 1954

M. Lehmann – H. Granier, Preußen und die katholische Kirche 1640–1807. 9 Bde., Leipzig 1881–1885

L. v. Ranke, Zwölf Bücher preußischer Geschichte. Krit. Ausg. v. G. Küntzel, 3. Band, 1931

E. Heyck, Friedrich I. und die Begründung des preußischen Königstums. Leipzig 1901

J. G. Droysen, Geschichte der Preußischen Politik. 5 Bde., Berlin 1881–1885

Œuvres de Frédéric le Grand. Säkularausgabe hg. v. J. Preuß, 31 Bde. Berlin 1845–1857

2. Kapitel
C. Hinrichs, Friedrich Wilhelm I., Hamburg 1941

G. G. Küster, Altes und Neues Berlin, Berlin 1737–1759.

Œuvres de Frédéric le Grand, a. a. O.

Hohenzollernjahrbuch. Festausgabe zur 200-jährigen Jubelfeier der Preußischen Königskrone. Berlin 1901

A. Streckfuß, 500 Jahre Berliner Geschichte, 2. Aufl. Berlin o. J.

Leben und Werk von Gottfried Wilhelm Leibniz. Eine Chronik, bearbeitet von K. Müller und G. Kröner. Frankfurt 1969

K. A. Varnhagen von Ense, Leben der Königin von Preußen Sophie Charlotte. Berlin 1837

ZITIERTE LITERATUR

K. L. v. Pöllnitz, Mémoires pour servir à l'histoire des quatres
    derniers souverains de Brandenbourg. 2. Bd., 1791
G. de la Batut, La cour de Monsieur, Frère de Louis XIV. Paris
    1927
G. Hinrichs, a.a.O.
K. L. v. Pöllnitz, a.a.O.
H. Ostwald, Das galante Berlin. Berlin o.J.

3. KAPITEL
Die Briefe der Liselotte von der Pfalz. Hg. von C. Künzel, 1958
W. Sahm, Geschichte der Pest in Ostpreußen. Leipzig 1905
Œuvres de Frédéric le Grand, a.a.O.
L. von Ranke, a.a.O.
C. Hinrichs, a.a.O.

4. KAPITEL
F. Förster, Friedrich Wilhelm I., König von Preußen. 3 Bde., 2 Ur-
    kundenbücher, Potsdam 1834–1835
Förster a.a.O.
O. Krauske, in: Hohenzollernjahrbuch I/1897
Manteuffel, Sächsisches Hauptarchiv Hohenzollernjahrbuch I/
    1897 a.a.O. Halle, Hauptbibliothek der Franckeschen Stiftun-
    gen
E. Vehse, Illustrierte Geschichte des preußischen Hofes. 2. Bde.,
    Stuttgart 1901
F. Förster, a.a.O.
F. Förster, a.a.O.
C. Hinrichs, a.a.O.
W. Coxe, Herzog Johann von Marlboroughs Leben und Denkwür-
    digkeiten. Wien 1820
F. Förster, a.a.O.
Acta Borussica. Briefe Friedrich Wilhelms I. an den Fürsten Leo-
    pold von Anhalt-Dessau. Bearbeitet von O. Krauske, 1905
K. von Lossow, Geschichte des Gren.-Regts. König Friedrich I., o.J.
C. Jany, Geschichte der preußischen Armee, Berlin 1928
C. Jany, a.a.O.
H. v. Koenigswald, Preußisches Lesebuch. München 1966
B. Erdmannsdörffer, Deutsche Geschichte. 2 Bde., Leipzig 1892/93
E. Vehse, Illustrierte Geschichte des preußischen Hofes. Stuttgart
    1901
J. Klepper, In tormentis pinxit. Stuttgart 1959

PREUSSENS GLORIA

L. v. Ranke, a. a. O.
Keesings Archiv der Gegenwart vom 22. und 23. Juli 1954
C. Jany, a. a. O.
F. Wagner, Friedrich Wilhelm I. in: Historische Zeitschrift, 181/
1956
Die politischen Testamente der Hohenzollern. Hg. von Küntzel
und Hass, 1. Bd., 1911

5. KAPITEL

Acta Borussica. Die Briefe König Friedrich Wilhelms I. an den
Fürsten Leopold zu Anhalt-Dessau. Bearbeitet von O. Kraus-
ke, 1905
F. Förster, a. a. O.
O. Hintze, Die Hohenzollern und ihr Werk. Berlin 1915
Theresius v. Seckendorff. Versuch einer Lebensbeschreibung des
Feldmarschalls Grafen v. Seckendorff. 4 Tle., Leipzig 1792
bis 1794
J. G. Droysen, Geschichte der preußischen Politik, 5 Bände, Ber-
lin 1855–1886
J. K. Mayr, Die Emigration der Salzburger Protestanten von
1731/32. 1933
C. Fr. Arnold, Die Vertreibung der Salzburger Protestanten und
ihre Aufnahme bei den Glaubensgenossen. Leipzig 1900
J. G. Droysen, a. a. O.
J. Chr. Bekmann, Historische Beschreibung der Chur und Mark
Brandenburg. Bd. I, 1751
A. von Harnacl, Geschichte der Königlich-Preußischen Akade-
mie der Wissenschaften zu Berlin. 2. Bde., Berlin 1900
M. Beheim-Schwarbach, Hohenzollernsche Colonisationen. Leip-
zig 1874
F. Terveen, Gesamtstaat und Retablissement. Dissertation Göt-
tingen 1954
C. Arnold, a. a. O.
Œuvres de Frédéric le Grand, a. a. O.
Th. Carlyle, History of Frederick of Prussia called Frederick the
Great. 6 Bde., London 1858–1869
Th. Fontane, Wanderungen durch die Mark Brandenburg. Mün-
chen 1966
Sieben Tage am Hofe Friedrich Wilhelms I. Tagebuch des Profes-
sors I. A. Freylinghausen über seinen Aufenthalt in Wuster-
hausen. Berlin 1900

ZITIERTE LITERATUR

G. Kramer, Neue Beiträge zur Geschichte A. H. Franckes. Halle 1875

F. Förster, a.a.O. Die nicht eigens bezeichneten Zitate hinsichtlich Friedrich Wilhelms I. beziehen sich auf Förster (der wegen seiner Materialfülle unentbehrlich ist) und selbstverständlich auf die Acta Borussica, Denkmäler der preußischen Staatsverwaltung im 18. Jahrhundert (1892–1936).

Briefe Friedrich des Großen und seiner erlauchten Brüder Prinz August Wilhelm und Prinz Heinrich von Preußen aus der Zeit von 1727 bis 1762 an die Gebrüder Friedrich Wilhelm und Friedrich Ludwig. Hg. von F. von Borcke, Potsdam 1881.

O. Krauske, a.a.O.

O. Krauske, Vom Hofe Friedrich Wilhelms I. Hohenzollernjahrbuch, Leipzig 1901

Briefe Friedrichs des Großen und seiner erlauchten Brüder ... a.a.O.

Œuvres de Frédéric le Grand, a.a.O.

6. KAPITEL

C. Hinrichs, Der Kronprinzenprozess. Hamburg 1936

Mémoires de Frédériques, a.a.O.

Beiträge zur neueren Geschichte aus dem britischen und französischen Reichsarchiv. Leipzig 1839

Vollständige Protokolle des Köpenicker Kriegsgerichts über Kronprinz Friedrich, Lieutenant von Katte, von Kait etc. Hg. von Danneil, Berlin 1861

F. Förster, a.a.O.

Th. Fontane, Wanderungen durch die Mark Brandenburg. München 1966

F. Förster, a.a.O.

Œuvres de Frédéric le Grand, a.a.O.

L. Reiners, Friedrich. München 1952

Der König. Friedrich der Große in seinen Briefen und Erlassen sowie in zeitgenössischen Briefen, Berichten und Anekdoten. Hg. von G. Mendelssohn-Bartholdy, Ebenhausen 1912

Politische Korrespondenz Friedrichs des Großen. Berlin 1879 ff.

Œuvres, a.a.O.

Journal secret du baron de Seckendorff. Tübingen 1811

E. Bratuschek, Die Erziehung Friedrichs des Großen. Berlin 1885

R. Koser, Geschichte Friedrichs des Großen. 4 Bde., Stuttgart/Berlin 1925

Unterhaltungen mit Friedrich dem Großen. Memoiren und Tage-
    bücher von Heinrich de Catt. Hg. v. R. Koser, Leipzig 1884

7. KAPITEL
Zeitschrift für Preußische Geschichte und Landeskunde. Berlin
    1864
Œuvres, a. a. O.
Der König Friedrich der Große in seinen Briefen und Erlassen
    sowie in zeitgenössischen Briefen, Berichten und Anekdoten.
    Hg. von G. Mendelssohn-Bartholdy, Ebenhausen 1912
R. Koser, a. a. O.
Œuvres, a. a. O.
Œuvres, a. a. O.
A. von Arneth, Geschichte Maria Theresias. 10 Bde., Wien 1863
    bis 1879.
H. Kretschmayr, Maria Theresia. Gotha 1925
Œuvres, a. a. O.
Œuvres, a. a. O.
C. Meyer, Briefe aus der Zeit des Ersten Schlesischen Krieges.
    Leipzig 1902
W. H. Nelson, The Soldier Kings. New York 1970
G. P. Gooch, Frederick the Great. London 1947 (dtsch.: Friedrich
    der Große. Göttingen 1951)
R. Koser, a. a. O.
E. Crankshaw, Maria Theresia. London 1966
Th. Carlyle, a. a. O.
Œuvres, a. a. O.
Politische Korrespondenz Friedrichs des Großen. Berlin 1879 ff.
A. von Arneth, a. a. O.
U. Bräker, Der arme Mann im Tockenburg. Zürich 1789
J. G. Droysen, a. a. O.
Politische Korrespondenz ... a. a. O.
O. R. Koser, a. a. O.
Die Briefe Friedrichs des Großen an seinen vormaligen Kammer-
    diener Fredersdorf. Hg. von J. Richter, Berlin 1926
Maria Theresia, Briefe und Aktenstücke in Auswahl. Hg. von F.
    Walters, Darmstadt 1968
Œuvres, a. a. O.
A. von Arneth, a. a. O.
Œuvres, a. a. O.

ZITIERTE LITERATUR

8. KAPITEL

E. Henriot, Voltaire et Frédéric II. Paris 1927

Vorberg, Der Klatsch über das Geschlechtsleben Friedrichs des Großen. Bonn 1921

Freymüthige Anmerkungen über des Herrn Ritters von Zimmermann Fragmente über Friedrich den Großen von einigen Brandenburgischen Patrioten. 2 Bde., Berlin und Stettin 1791/92

Die Randbemerkungen Friedrichs des Großen. Hg. v. G. Borchardt, Potsdam 1936

P. Gaxotte, Frédéric II. Paris 1938

R. W. Kaltenborn, Briefe eines alten preußischen Offiziers verschiedene Charakterzüge Friedrichs des Großen betreffend. 2 Bde., Hohenzollern 1790

H. Bleckwenn, Unter dem Preußen-Adler. München 1978

Œuvres, a. a. O.

A. von Arneth, a. a. O.

9. KAPITEL

Politische Korrespondenz Friedrichs des Großen. Berlin 1789 ff.

R. Koser, Vor und nach der Schlacht bei Leuthen.

Forschungen zur brandenburgischen und preußischen Geschichte. Leipzig 1888

G. P. Gooch, a. a. O.

O. Herrmann, Friedrich der Große im Spiegel seines Bruders Heinrich. In: Historische Vierteljahresschrift, 1931

R. Augstein, Preußens Friedrich und die Deutschen. Frankfurt, 1968

Napoleon I., Darstellung der Kriege Caesars, Turennes und Friedrichs des Großen. Berlin 1942

Th. Mann, Friedrich und die große Koalition. Gesammelte Werke, 1 Bd., Berlin

Friedrich der Große. Briefe und Schriften. Ausgewählt und erläutert von R. Fester, 2 Bde., Leipzig 1927

G. Ritter, Friedrich der Große. Königstein 1954

Die Briefe Friedrichs des Großen an seinen vormaligen Kammerdiener Fredersdorf. Hg. von J. Richter, Berlin 1926

W. Lange-Eichbaum, Genie, Irrsinn und Ruhm. München 1967

Friedrich der Große, Gespräche mit de Catt. Hg. von W. Schüssler, Leipzig 1949

Aus dem Siebenjährigen Krieg, Tagebuch des Musketiers Dominicus. Hg. von D. Kerler, München 1891

Chr. Duffy, Friedrich der Große und seine Armee. Stuttgart 1978

H. Bleckwenn, a. a. O.

F. Kugler, Geschichte Friedrichs des Großen. Leipzig 1842

D. Olivier, Elisabeth von Russland. Wien 1963

Z. Oldenbourg, Catherine the Great. New York 1965

Friedrich der Große und Maria Theresia in Augenzeugenberichten. Herausgegeben und eingeleitet von H. Jessen, München 1965

10. KAPITEL

Gespräche mit de Catt, a. a. O.

F. A .L. von der Marwitz, Lebensbeschreibung. Berlin 1908

G. Schmoller, Preußische Verfassungs-, Verwaltungs- u. Finanzgeschichte. Berlin 1921

A. Zottmann, Die Wirtschaftspolitik Friedrichs des Großen. Leipzig 1937

H. v. Koenigswald, Preußisches Lesebuch. München 1966

Th. Mann, Friedrich und die große Koalition. Gesammelte Werke, 1. Bd., Berlin 1956

A. von Arneth, a. a. O.

Politische Korrespondenz Friedrichs des Großen, a. a. O.

Œuvres, a. a. O.

H. Mirabeau, De la monarchie prussienne sous Frédéric le Grand. 7 Bde., London 1788

Friedrich der Große im Spiegel seiner Zeit. 3 Bde., hg. von G. B. Volz, Berlin o. J.

J. Ritter von Zimmermann, Ober Friedrich den Großen und meine Unterredungen mit ihm kurz vor seinem Tode. Karlsruhe, Leipzig 1788

BILDNACHWEIS

Archiv für Kunst und Geschichte, Berlin: S. 5, 9 unten, 10 oben,
11, 12 oben und unten, 14/15 oben und unten
Bildarchiv Preußischer Kulturbesitz, Berlin: S. 1, 2 unten, 4/5 oben,
8 unten, 13 unten
Deutsche Fotothek, Dresden: S. 2 oben, 9 oben
Archiv Gerstenberg, Frankfurt: S. 4 unten
Historia-Photo Charlotte Fremke, Bad Sachsa: S. 3, 13 oben
Staatliche Schlösser und Gärten Potsdam-Sanssouci: S. 6/7
Ullstein-Bilderdienst, Berlin: S. 8 oben, 10 unten

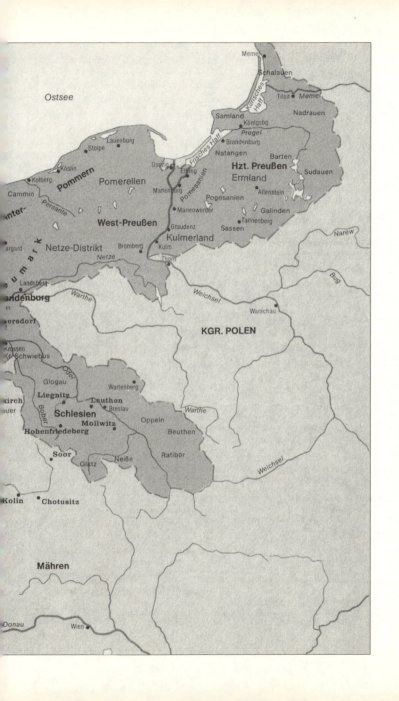

REGISTER

Absolutismus 13, 28
Alchimie 74 ff.
Alembert, Jean de Rond d'
370 f.
Allianzen 180, 298
»Alter Fritz«
s. Friedrich II. von Preußen
Amalie, Prinzessin von Eng-
land 182 ff.
Anhalt-Dessau, Leopold von
42, 82, 96, 116, 174, 226
Anhalt-Zerbst, Regiment 121
Anna Elisabeth von Mecklen-
burg 215
Anna von Russland 126
»Antimachiavell« (Friedrich II.)
241 f.
Argens, Jean-Baptiste d' 333,
341, 373
Armee 94 ff., 114, 116, 139,
146
Artillerie 320
Auer, Regiment 121
Aufklärung 26
August I. von Sachsen 26, 42,
75, 79, 98, 125, 171 f.
August II. von Polen
s. August I. von Sachsen
August III. von Sachsen und
Polen 237, 362
August der Starke
s. August I. von Sachsen
August Wilhelm (Bruder Fried-
richs II.) 162, 202 f., 305,
309 ff.

Auktumo 38

Barbarina (Barbara Campanini)
280 f.
Barock 18
Barten 38
Bayern 41, 367 ff.
Bayreuth, Markgräfin von
s. Wilhelmine, Prinzessin
von Preußen
Beamtentum 142 f.
Belle-Isle (Marschall) 249, 262
Benn, Gottfried 176
Berg s. Jülich-Berg
Berlin 45 ff., 111 f., 147, 158,
340
– Akademie der Künste 22
– Charité 101
Bonn 40
Brandenburg 32 f.
Brandenburg-Preußen 32
Braunschweig 26
Breisach 29
Breslau, Vertrag von 255 f.
Burkersdorf (Schlacht) 345

Calvin 108
Campanini, Barbara
s. Barbarina
Canstein, Karl Hildebrand
von 98
Carlyle, Thomas 165 f., 255
Carmer, Johann Heinrich
358 f.
Catt, Henri de 333 f.

406

REGISTER

Charlottenburg 98, 340
  s. a. Lietzenburg
Chotusitz (Schlacht) 254 ff.
Churchill, Winston 133
Clemens XI. 37 f.
Corps Cadets 134 ff.
Corpus Evangelicorum 153
Cramer (Hofmeister) 107

Danckelmann, Daniel Ludolf 66
Danckelmann, Eberhard von
  Zoff 21 ff., 102, 106 f.
Daun, Leopold von 307 f.
Desertionen 117 ff., 262
»Dessauer«
  s. Anhalt-Dessau, Leopold von
Determinismus 103
Dettingen (Schlacht) 257
Deutscher Ritterorden 38
Deutscher Fürstenbund 369
Dickens, Guy 191 f.
Diwan 38
Dohna, Graf Alexander zu 66,
  96, 107
Domänen 150
Dresden, Friede von 272 f.
Droysen, Johann Gustav 43

Elisabeth Christine, Prinzessin
  von Braunschweig-Bevern
  210, 213 ff., 372
Elisabeth von Russland 299 f.,
  342
Elsass 29
England 29, 72, 86, 170
  – im Österreichischen Erb-
    folgekrieg 237, 248, 257
  – im Siebenjährigen Krieg
    297 ff., 306, 345
Eosander von Göthe 51, 102,
  171

Erbfolgekrieg
  – Pfälzischer 19, 28 f.
  – Österreichischer 237 f.,
    248, 257 ff.
  – Spanischer 40 ff., 86
Erbzins 76 ff.
Eugen, Prinz von Savoyen
  40 f., 213 f., 218
Exerzieren 115 f.

Falschmünzerei 352 ff.
Firmian, Fürstbischof 152 f.,
  160 f.
Fischer von Erlach 48
Folter, Abschaffung der 230 f.
Fontane, Theodor 34, 133,
  158, 166, 206
Francke, August Hermann
  58 f., 167 f.
Frankreich 38, 53, 114, 146,
  178
  – im Österreichischen
    Erbfolgekrieg 237, 248 f.,
    255 ff.
  – im Siebenjährigen Krieg
    297 ff., 345
  – im Russ.-Türk. Krieg 363
Franz I. von Österreich 238 f.,
  259 f., 265 f.
Franz Stephan von Lothringen-
  Toskana
  s. Franz I. von Österreich
Fredersdorf, Michael Gabriel
  329 ff.
Freiberg (Schlacht) 345 f.
Friedrich I. von Preußen 17-89,
  97 f., 114 f., 181
Friedrich II. von Preußen 18,
  20, 33, 52, 82 ff.
  – als Kronprinz 168 f.,
    181-225

407

- Erziehung 186 ff.
- Fluchtversuch 191 ff.
- Inhaftierung 195-210
- »Küstriner Schule« 210 ff.
- in Rheinsberg 221
- als König 127, 226-377
  - Homosexualität? 281 ff.
  - Musik 284 ff.
  - Arbeitsleistung 286 f.
Friedrich III. Kurfürst von
  Brandenburg
  s. Friedrich I. von Preußen
Friedrich August I. von Sachsen
  s. August I. von Sachsen
Friedrich der Große
  s. Friedrich II. von Preußen
Friedrich Wilhelm I.
  (Großer Kurfürst) 18 f., 22,
  50, 71, 156 f.
Friedrich Wilhelm I.
  (Soldatenkönig)
  - als Thronfolger 27, 59 f.,
    68, 81, 89
  - als »Soldatenkönig« 90-225
  - Erziehung seines Sohnes
    Friedrich 168, 186 ff.
Fürstenberg, Prinz Wilhelm
  von 60

Geheimes Ratskollegium 65
Gens d'armes, Regiment 133
Georg II. von England 105,
  184 f., 257
Glande 38
Glappo 38
Graun, Karl Heinrich 231
Großer Kurfürst
  s. Friedrich Wilhelm I.
Grumbkow, Friedrich Wil-
  helm von 99, 112, 174,
  181 ff., 191 f., 199, 213

Gundling, Jakob Paul 103,
  174 f.

Habsburg 32, 85, 136, 177 ff.,
  234
  s. a. Österreich
Halberstadt 19
Halle 58 f.
Hannover 52, 68, 105, 125,
  170, 183 f., 299
Hastenbeck (Schlacht) 311
Haude, Ambrosius 203
Heeressystem 232
Heidelberg 29
Heiliges Römisches Reich
  Deutscher Nation 24
Heine, Heinrich 24
Heinrich, Prinz von Preußen
  326, 345 f., 373
Herkus Monte 38
Herrenhausen, Allianz von 177
Hessen 26, 197, 257
Hessen-Kassel, Landgraf von
  125
Heuss, Theodor 133
Hochkirch (Schlacht) 324 f.
Höchstädt (Schlacht) 41
Hofjuden 47
Hohenfriedeberg (Schlacht)
  265 ff.
Hohenzollern 33, 41, 84
Holland 29, 41 f., 102, 248
Hotham, Sir Charles 182 f.,
  191 f.
Hubertusburg, Friede zu 346
Hugenotten 53, 59, 156 ff., 173
Hygiene 214 f.

Ilgen, Heinrich Rüdiger 67, 96
Inspektionen 292 ff.

Jandun, Duhan de 186 f., 203, 228

Jesuiten 25, 132, 152

Joseph II. von Österreich 364 ff.

Jülich-Berg 136, 249, 177 f.

Justiz 356 ff.

Kantonsreglement 128

Karl II. von Spanien 29 f.

Karl VI., Kaiser 179 f., 234

Karl VII., Kaiser
  s. Karl Albert von Bayern

Karl XII. von Schweden 42

Karl Albert von Bayern 237, 249, 251 ff., 257, 263

Karl von Lothringen 265 ff., 318

Kartoffel 350

Katharina II. von Russland 342 ff., 361 ff.

Katte, Hans Hermann von 193 f.
  – Verurteilung und Hinrichtung 204 ff.

Kavallerie 246, 254

Keith, George 373

Keith, James 321 f.

Keith, Peter von 194 f., 204, 228

Kesselsdorf (Schlacht) 271 f.

Klein-Schnellendorf (Friedensverhandlungen) 251 f.

Knobelsdorff, Georg Wenzel von 231

Königsberg 33 ff., 144

Kolbe von Wartenberg, Kasimir und Katharina 23, 60 ff., 70, 81 f.

Kolin (Schlacht) 308

Kolonien 29, 72, 237, 253

Kompaniewirtschaft 135

Konduitenlisten 131

Korpsgeist 134 f.

Kriegs- und Domänenkammern 140

Kroatien 124

Krönung (Friedrich I.) 34 f.

Kronsteuer 35

Krontraktat (zw. Österreich u. Preußen) 40

Küstrin (Festung) 200

Kurfürsten von Brandenburg
  s. Friedrich Wilhelm I.
  s. Friedrich I. von Preußen

Kurische Nehrung 38

Kurpfalz 26

»Lange Kerls« 124 ff., 232

Laudon, Ernst Gideon von 325, 340, 369

Leibniz, Gottfried Wilhelm 19, 54 ff., 67, 103

Leibregiment 127

Leipzig 58

Leopold I. von Österreich 25, 28, 31, 237

Lessing, Gotthold Ephraim 276

Leuthen (Schlacht) 315 ff.

Liebmann, Esther 35, 46 f., 90

Liegnitz (Schlacht) 340

Lietzenburg 52 f.
  s. a. Charlottenburg

Liselotte von der Pfalz 60, 68, 82, 214

Lobositz (Schlacht) 323 f.

Lothringen 29, 234, 258 f.

Luben von Wulffen, Christian Friedrich 76 ff.

Ludwig XIV. von Frankreich 18, 28 ff., 52, 60, 70, 85, 156, 170

Ludwig XV. von Frankreich 258 f., 263, 298

Luise von Mecklenburg-
   Schwerin 62f.
Luise Ulrike 169
Lustschlösser 98f.
Lutheraner 26, 58, 87f., 157
   s. a. Protestanten

Männergesellschaft 173
Mailand 29, 40
Malplaquet (Schlacht) 41, 113,
   130
Manöver 296f.
Maria Theresia von Österreich
   215, 238ff., 243f., 251ff.,
   255, 257ff., 265, 269f.,
   298ff., 302, 304, 364, 367ff.
Marlborough, Herzog von 41,
   46, 72, 86, 113
Marwitz, Johann F. A. von der
   133
Maupertuis, Pierre Louis
   Moreau de 231, 277
Mecklenburg 26
Merkantilismus 146
Militarismus 136
Moers 42
Mollwitz (Schlacht) 245ff.
Moltke 133
Monbijou 61, 81, 98, 171f.

Nantes, Edikt von 156
Napoleon Bonaparte 327f.
Natangen 38
Nering, Johann A. 49
Neulandgewinnung 350f.
Nordischer Krieg 42, 85

Österreich 29, 32, 177ff.,
   234f., 244ff., 345f., 363ff.
   s. a. Habsburg
Offizierskorps 130ff.

Offiziersnachwuchs 134ff.
Ostpreußen 38f., 144, 149f.,
   159ff., 311, 321, 340
Oudenaarde (Schlacht) 41

Pannewitzsches Regiment 121
Peitz (Festung) 23
Pesne, Antoine 102
Peter III. von Russland 342ff.
Pest 78f., 151, 159
Peter der Große (Zar) 42, 52,
   126, 172
Pfalzgraf von Sulzbach 178
Pfälzischer Krieg
   s. Erbfolgekrieg, Pfälzischer
Philipp III. 30
Philipp von Anjou 30f.
Pirna, Kapitulation von 303f.
Podewils, Außenminister 233,
   237, 301f.
Pogesanien 38
Polen 33, 38, 353, 362f.
   – Polnische Teilung 364ff.
   – Polnischer Thronfolge-
     krieg 217f.
Pompadour, Marquise von 298
Poniatowski, Stanislaus 362
Potsdam 98, 142
Potsdamer Edikt 156
Präventivkrieg 300f.
Prag (Schlacht) 307
Pragmatische Sanktion 178,
   180, 235, 257
Preußentum 132f.
Protestanten 151ff.
   s. a. Lutheraner
Pruzzen-Aufstand 38f.
Pufendorf, Samuel von 24, 57

Ranke, Leopold von 35f.
Rebeur, Jean Philippe 107f.

410

REGISTER

Reformen (Friedrich II.)
230 ff.
Reichstag 24, 147 f., 363
Rekrutierungssystem 120 ff.,
128
Religiöse Toleranz 230 f.
Reunion 26
Revuen (Truppeninspektion)
296
Rheinkampagne 118, 137
Rheinsberg (Schloss) 221, 231,
236
Rijswijk (Friedenskonferenz)
19, 29
Ritter, Dorothea 203, 228
Roi Soleil
s. Ludwig XIV.
Roßbach (Schlacht) 312
Ruggiero, Domenico Manuel
Caetano Conte de 73 ff.
Ruppin 217
Russland 14, 114, 237, 248,
270, 298 ff., 342 ff., 362

Sachsen 248, 257, 270, 303 f.,
340
Salzburger 151 ff.
Samland 38
Sanitätswesen 336
Sanssouci (Schloss) 275 ff.,
358, 360, 371
Savoyen 29
»Schiefer Fritz«
s. Friedrich I. von Preußen
Schlesien 235 f.
  – Erster Schles. Krieg
  204-244
  – Zweiter Schles. Krieg
  258-273
Schlüter, Andreas 39, 48 ff.,
57, 63, 102

Schnitger, Arp 102
Schulzwang 163
Schweden 304 f.
  – Münchow, Ludwig Wilhelm von 209, 228, 243,
  262, 293
Schwerin, Kurt Christoph von
234, 246 f., 307
Seckendorff, Friedrich H. von
104, 126, 144, 174, 180 ff.,
184, 199
Seydlitz, Friedrich Wilhelm
von 322, 373
Siebenjähriger Krieg 133,
297 ff., 303-347
Sizilien 27
Soldatenkönig
s. Friedrich Wilhelm I.
Sonnenkönig
s. Ludwig XIV.
Soor (Schlacht) 267 f.
Sophie Charlotte 22, 25 f., 36,
52 ff., 63 f., 66, 93, 105 ff., 159
Sophie Dorothea 170 ff., 177,
181 f.
Sophie Luise von Mecklenburg
87 f.
Spanien 19, 29, 38, 177, 237
Städteordnung 148
Stände 18
Stanislaus II. von Polen
(Poniatowski) 362 f.
Steinsfurt 194 f.
Stettin 137
Steuern 70 ff., 148 f., 353 f.
Steuerpflicht 76 f.
Strafen 117 ff.
Straßburg 29

Tabakskollegium 173 ff.
Tataren 341

Teschen (Friede von) 369
Thomasius, Christian 58
Torgau (Schlacht) 336, 340
Traun (Marschall) 260f., 265
Truppenzahlen 114, 329
Türken 340ff., 363
Turin (Schlacht) 41

Ungarn 124
Utrechter Verhandlungen 86

Venedig 19
Verschwendungssucht 45ff.
Verwaltungsreform 139ff.
Verwaltungssystem 290
Voltaire 221, 236f., 256, 274
Vorpommern 137

Warmien 38
Wartenberg
  s. Kolbe von Wartenberg
Wartensleben (Feldmarschall)
  67f., 82, 95, 207, 256, 274ff.
Welfen 170
Westminsterkonvention 299

West-Preußen 33
Wien
  s. Österreich
Wilhelm, König von England
  18f.
Wilhelmine, Prinzessin von
  Preußen 165f., 177, 181ff.,
  190f., 199f., 222, 227, 329
Wilhelminismus 136
Wirtschaftskrise 112
Wittelsbacher 19
Wittgenstein, August Graf von
  Sayn 66f., 79ff.
Wolff, Christian 103, 231
Wreech, Louise Eleonore von
  212
Wusterhausen (Schloss) 92ff.,
  112f., 165ff., 173f.

York von Wartenburg 133

Zedlitz, Karl Abraham von
  357
Zorndorf (Schlacht) 321ff.
Zünfte, Reform 151

Karl der Große: Der »Vater Europas«

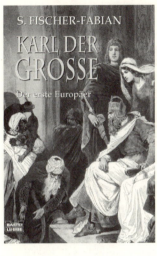

S. Fischer-Fabian
KARL DER GROSSE
Der erste Europäer
Biografie
344 Seiten
Mit 24 Seiten Bildtafelteil
ISBN 978-3-404-61493-6

Sein Beruf war der Krieg, sein Zuhause das Feldlager, seine Kleidung die Rüstung: Karl eroberte ein Reich, das von Aachen bis Rom, vom Ebro bis zur Küste der Nordsee, von der bretonischen Mark bis zur bairischen Ostmark reichte.

S. Fischer-Fabian erzählt die spannende Biografie Karls des Großen.

»S. Fischer Fabian erzählt in bewährter Manier: lebendig, anekdotisch, journalistisch.«
STUTTGARTER ZEITUNG

»Ein faszinierendes Buch, präzise und elegant geschrieben.«
SÜDDEUTSCHE ZEITUNG

Bastei Lübbe Taschenbuch

Wie waren die Germanen wirklich, und woher kamen sie?

S. Fischer-Fabian
DIE ERSTEN DEUTSCHEN
Über das rätselhafte Volk
der Germanen
Geschichte
416 Seiten
Mit 32 Seiten s/w-Bildtafelteil
ISBN 978-3-404-64192-5

S. Fischer-Fabian räumt auf mit den Klischeevorstellungen von den ersten Deutschen: Sie waren keine biertrinkenden Bärenjäger oder nordische Übermenschen. Uns tritt stattdessen ein Volk entgegen, in dem die Erdverbundenheit von Bauern mit der Kampfeslust von Hirtenkriegern aus dem Osten verschmolz.

Von Anbeginn »wohnten zwei Seelen in ihrer Brust«. Aus archäologischen Funden, den Werken antiker Schriftsteller und zahllosen anderen Quellen entstand ein faszinierendes Bild der Geschichte unserer Vorfahren.

Bastei Lübbe Taschenbuch

»Spannend geschriebene, gut fundierte Darstellung.«

DER TAGESSPIEGEL

S. Fischer-Fabian
DIE DEUTSCHEN KAISER
Triumph und Tragödie
der Herrscher des Mittelalters
416 Seiten
Mit 32 Seiten s/w-Bildtafelteil
ISBN 978-3-404-64197-0

S. Fischer-Fabian schildert in diesem Buch das Schicksal der Kaiser des Mittelalters. In zwölf Kapiteln werden die ottonischen, salischen und staufischen Kaiser vorgestellt, werden ihre Taten, aber auch ihre Untaten beschrieben. Das Ziel dieser Herrscher war es, Europa eine neue Ordnung im Zeichen des Christentums zu geben.

Eine glanzvolle Epoche der deutschen Geschichte wurde der Vergangenheit entrissen – die Triumphe der deutschen Kaiser und ihre Tragödien, ihr Aufstieg und ihr Fall.

Bastei Lübbe Taschenbuch

WWW.LESEJURY.DE

WERDEN SIE LESEJURYMITGLIED!

Lesen Sie unter www.lesejury.de die exklusiven Leseproben ausgewählter Taschenbücher

Bewerten Sie die Bücher anhand der Leseproben

Gewinnen Sie tolle Überraschungen